TRIBUTAÇÃO E DESIGUALDADE DE RENDA NA ECONOMIA DO CONHECIMENTO

PRISCILA ANSELMINI

Prefácio
Marciano Buffon

Apresentação
Álvaro A. Sánchez Bravo

TRIBUTAÇÃO E DESIGUALDADE DE RENDA NA ECONOMIA DO CONHECIMENTO

Belo Horizonte

FÓRUM
CONHECIMENTO JURÍDICO

2024

© 2024 Editora Fórum Ltda.

É proibida a reprodução total ou parcial desta obra, por qualquer meio eletrônico, inclusive por processos xerográficos, sem autorização expressa do Editor.

Conselho Editorial

Adilson Abreu Dallari
Alécia Paolucci Nogueira Bicalho
Alexandre Coutinho Pagliarini
André Ramos Tavares
Carlos Ayres Britto
Carlos Mário da Silva Velloso
Cármen Lúcia Antunes Rocha
Cesar Augusto Guimarães Pereira
Clovis Beznos
Cristiana Fortini
Dinorá Adelaide Musetti Grotti
Diogo de Figueiredo Moreira Neto (*in memoriam*)
Egon Bockmann Moreira
Emerson Gabardo
Fabrício Motta
Fernando Rossi
Flávio Henrique Unes Pereira

Floriano de Azevedo Marques Neto
Gustavo Justino de Oliveira
Inês Virgínia Prado Soares
Jorge Ulisses Jacoby Fernandes
Juarez Freitas
Luciano Ferraz
Lúcio Delfino
Marcia Carla Pereira Ribeiro
Márcio Cammarosano
Marcos Ehrhardt Jr.
Maria Sylvia Zanella Di Pietro
Ney José de Freitas
Oswaldo Othon de Pontes Saraiva Filho
Paulo Modesto
Romeu Felipe Bacellar Filho
Sérgio Guerra
Walber de Moura Agra

FÓRUM
CONHECIMENTO JURÍDICO

Luís Cláudio Rodrigues Ferreira
Presidente e Editor

Coordenação editorial: Leonardo Eustáquio Siqueira Araújo
Aline Sobreira de Oliveira

Rua Paulo Ribeiro Bastos, 211 – Jardim Atlântico – CEP 31710-430
Belo Horizonte – Minas Gerais – Tel.: (31) 99412.0131
www.editoraforum.com.br – editoraforum@editoraforum.com.br

Técnica. Empenho. Zelo. Esses foram alguns dos cuidados aplicados na edição desta obra. No entanto, podem ocorrer erros de impressão, digitação ou mesmo restar alguma dúvida conceitual. Caso se constate algo assim, solicitamos a gentileza de nos comunicar através do *e-mail* editorial@editoraforum.com.br para que possamos esclarecer, no que couber. A sua contribuição é muito importante para mantermos a excelência editorial. A Editora Fórum agradece a sua contribuição.

Dados Internacionais de Catalogação na Publicação (CIP) de acordo com ISBD

A618t   Anselmini, Priscila

Tributação e desigualdade de renda na economia do conhecimento / Priscila Anselmini. Belo Horizonte: Fórum, 2024.

330 p. 14,5x21,5cm
ISBN 978-65-5518-646-8

1. Tributação. 2. Desigualdade de renda. 3. Economia do conhecimento. 4. Inovação. 5. Estado empreendedor. I. Título.

CDD: 341.39
CDU: 34:336.(81)

Ficha catalográfica elaborada por Lissandra Ruas Lima – CRB/6 – 2851

Informação bibliográfica deste livro, conforme a NBR 6023:2018 da Associação Brasileira de Normas Técnicas (ABNT):
ANSELMINI, Priscila. *Tributação e desigualdade de renda na economia do conhecimento.* Belo Horizonte: Fórum, 2024. 330 p. ISBN 978-65-5518-646-8.

Aos meus pais, Marta e Wanderlei, por sempre me incentivarem a buscar, incansavelmente, o conhecimento. Vocês foram, são e sempre serão indispensáveis para tudo o que é relevante em minha vida.

Que el futuro sea digital, pero, ante todo, que sea un futuro humano.

(Shoshana Zuboff)

LISTA DE GRÁFICOS

Gráfico 1   Participação na Renda Total (40% mais pobres 2009-2019)
Gráfico 2   Renda Média *Per Capita* (2012-2016)
Gráfico 3   Coeficiente de Gini (0-100)
Gráfico 4   Índice de Gini (0 – 1) – Brasil 2002-2007
Gráfico 5   Índice de Gini (0 – 1) – Brasil 2015-2019
Gráfico 6   Taxa de Desocupação – Brasil 2017-2019
Gráfico 7   Desocupação entre mulheres pretas/pardas e homens brancos
Gráfico 8   Taxa de Desemprego 2019-2020
Gráfico 9   Carga Tributária 2021

LISTA DE TABELAS

Tabela 1   Imposto de Renda Pessoa Física 2015-2022

Tabela 2   Síntese das propostas

SUMÁRIO

PREFÁCIO
Marciano Buffon 17

APRESENTAÇÃO
Álvaro A. Sánchez Bravo 21

INTRODUÇÃO 23

CAPÍTULO 1
A EMBLEMÁTICA DESIGUALDADE DE RENDA 27
1.1 Marco teórico: União Europeia e Brasil 28
1.2 Desigualdade de renda: aspectos conceituais 33
1.3 A desigualdade de renda a partir do pós-guerra 38
1.3.1 A evolução da desigualdade na União Europeia 42
1.3.2 Desvendando a desigualdade de renda brasileira 56
1.4 O mundo dos contrastes extremos: pobreza *versus* riqueza na atual sociedade 69

CAPÍTULO 2
A ECONOMIA DO CONHECIMENTO 79
2.1 Análise histórica das revoluções industriais 80
2.2 A atual revolução industrial: a Indústria 4.0 91
2.3 A economia do conhecimento: o pilar da evolução tecnológica 100
2.3.1 A nova sociedade sob o véu do capitalismo da vigilância 106
2.3.2 Desafios da economia baseada no conhecimento: a exclusão e a desigualdade populacional 117
2.3.3 A necessidade da inclusão do conhecimento a partir de Roberto Mangabeira Unger 121

CAPÍTULO 3
O ESTADO NA ECONOMIA DO CONHECIMENTO 129

3.1 A crise do Estado-Nação 130
3.1.1 O abandono da identidade comum: reflexos na crise do Estado 130
3.1.2 A globalização na sociedade do conhecimento: impactos
à crise estatal 134
3.2 O papel do Estado no desenvolvimento e na inovação 145
3.2.1 O Estado empreendedor a partir de Mariana Mazzucato 151
3.2.1.1 O papel do Estado na inovação 153
3.2.1.2 Derrubando falácias: o Estado empreendedor 156
3.2.1.3 A recompensa das incertezas: do Estado empreendedor
a beneficiário 162
3.2.2 O Estado orientado por missões: a busca pelo bem comum 166

CAPÍTULO 4
UM ESTUDO CRÍTICO SOBRE A TRIBUTAÇÃO CONTEMPORÂNEA DO BRASIL 173

4.1 Um breve estudo comparativo: a tributação na Espanha
e na União Europeia 175
4.2 A tributação fiscal às avessas no Brasil: ignorando a desigualdade
de renda 180
4.2.1 A capacidade contributiva e a justiça fiscal: teoria ou realidade
brasileira? 183
4.2.2 A (in)justa carga tributária brasileira 198

CAPÍTULO 5
A TRIBUTAÇÃO EXTRAFISCAL E O (DES)ESTÍMULO À INOVAÇÃO E AO CONHECIMENTO NO BRASIL 211

5.1 Compreendendo a extrafiscalidade: aspectos conceituais
e históricos 212
5.2 A extrafiscalidade e o desenvolvimento sustentável na economia
do conhecimento 220
5.3 As políticas extrafiscais de inovação sob o viés da economia
do conhecimento 230
5.3.1 Uma política de inovação no Brasil orientada por missões 241

CAPÍTULO 6
PERSPECTIVAS TRIBUTÁRIAS FRENTE À ECONOMIA DO CONHECIMENTO.............247

6.1 A tributação nacional no quadro da economia do conhecimento: a iminente mudança 254
6.1.1 A tributação sobre a renda no novo mundo digital............255
6.1.2 Os bens de consumo e serviços na era digital............265
6.2 Solidariedade e cooperação estatal: a tributação internacional do futuro............275
6.2.1 A tributação sobre o capital e propriedade mundial de Piketty: ideias utópicas na era digital?............276
6.2.2 Tributos internacionais à luz das propostas da OCDE............280
6.3 A fiscalidade como meio redutor da desigualdade............285

CONSIDERAÇÕES FINAIS............291

REFERÊNCIAS............307

PREFÁCIO

A todo aquele que cumpre a incumbência de prefaciar uma obra, diz-se que tal tarefa consiste em uma inequívoca honraria. Por vezes, esse sentimento é revelado de uma forma protocolar, justamente por ser algo quase óbvio. Porém, não é este o caso aqui. De uma forma inconteste e mais profundamente possível, sinto-me muito grato pela oportunidade de, mediante breves palavras, contextualizar e fazer um singelo relato acerca dessa grandiosa obra.

Em vista disso, prezados leitores, recomendo firmemente sua leitura, especialmente aqueles que vislumbram na ideia da justiça o amálgama que nos unifica em sociedade e, para aqueles que com isso não comungam, que possam reavaliar seus conceitos prévios, os quais foram formatados a partir de outras bases epistemológicas.

Apresento-lhes, pois, a obra intitulada *Tributação e desigualdade de renda na economia do conhecimento*, de Priscila Anselmini. Decorrente de sua longa e profícua trajetória acadêmica, da qual tive o privilégio de formalmente assumir a condição de orientador, não se trata apenas de sua Tese de Doutoramento, devidamente aprovada por com nota máxima por banca examinadora, no Programa de Pós-Graduação em Direito, na Escola de Direito da UNISINOS. Mais do que isso, ela é fruto de anos de trabalho, o qual venho acompanhando desde a graduação, passando pela intensa participação em grupos de pesquisa e depois pelo mestrado, com inúmeras publicações, inclusive no formato de livros.

Como não poderia deixar de ser, o trabalho é multifacetado. Há o devido espaço para que se examinem aspectos de ordem econômica e social, com vistas a compreender as razões pelas quais se erigiu, no "paraíso dos trópicos", uma nação marcada pela história e, até agora, insuperável desigualdade de renda, não obstante o Texto Constitucional mais recente navegue por águas tão antagônicas a essa verdadeira chaga nacional.

Nesse aspecto, a autora entrega em seu texto uma profunda análise de dados comparativos com outros países, ao longo da história, com o objetivo de desmontar eventuais dogmas de que a realidade, que ora se apresenta, trata-se de algo natural e decorrente das (más) escolhas daqueles deserdados de expectativas que, triste e incrivelmente, aproximam-se a um contingente equivalente a um terço da população brasileira.

A partir disso, a obra direciona-se ao desvelamento do que se convencionou denominar "economia do conhecimento", especialmente com vistas a examinar um aspecto de crucial importância: o futuro será menos desigual do que o presente? Obviamente, quando se examina a economia do conhecimento, tal abordagem não pode ficar adstrita a limites geográficos típicos do século XX, prévios aos inimagináveis contornos traçados pelo processo de globalização que se agudiza desde o início deste século.

Infelizmente, a autora constata que será necessário um profundo realinhamento nos pressupostos conceituais e fáticos da economia baseada no conhecimento, pois os traços atuais são tendencialmente impulsionadores das iniquidades e da ampliação dos já insuportáveis e crescentes níveis de desigualdade de renda ora vivenciados, em especial naqueles países que não lograram êxito na tarefa de assegurar, em larga escala, o acesso ao conhecimento formal para a maioria de sua população.

Apoiada em literatura de vanguarda, a autora sustenta que há um inescapável papel a ser desempenhado pelo Estado nesse processo de readequação dos rumos da economia do conhecimento. Para tanto, não se omite de realizar um profundo escorço histórico acerca da ideia de Estado, suas crises e os caminhos ora percorridos, até porque reconhece que a Pandemia trouxe novos elementos de conflito e riscos.

Depois de tudo isso, nos oferece o que se denomina no jargão acadêmico "a tese da tese", ou seja, responde à pergunta formulada em seu problema central: como a tributação pode ser instrumento de redução da desigualdade na era da economia do conhecimento.

Para atingir tal intento, primeiramente faz um aprofundado diagnóstico da "tributação à brasileira", desnudando aquilo que, por vezes, passa despercebido para alguns, mas que não consegue minimamente se esconder de olhares, com um aguçado sentido de justiça, como aquele visivelmente comungado pela autora. Expõe de maneira incontestável os dados e razões pelas quais se tem no Brasil um modo de tributar que consegue a proeza de se traduzir em uma eficaz forma de "redistribuição de renda às avessas".

Uma vez feita a apresentação do mais injusto e complexo modelo de tributação do qual se tem notícias, a autora direciona-se a propugnar formas de superação dessa verdadeira iniquidade, a qual é inequivocamente, inclusive, um dos entraves mais salientes ao desenvolvimento econômico brasileiro.

O mérito maior dessa obra, porém, reside no fato de que a autora não se limita a mostrar a realidade sem o véu do individualismo, quase patológico, que tomou de assalto tantas mentes que sucumbem às teses que melhor convêm aos seus interesses. O trabalho é corajosamente um instrumento que propugna ideias. Nisso a autora entrega tudo o que promete na sua parte introdutória.

Os leitores encontrarão, na parte final do texto, uma série de ideias e uma profunda reflexão acerca de como a tributação pode se converter num eficaz meio de minimização da desigualdade de renda na economia do conhecimento, com a menção de várias experiências que vêm sendo implementadas em outros países ou concepções que estão sendo fortemente discutidas no âmbito internacional nesse momento.

Tudo isso foi possível, também, porque a autora realizou um aprofundado e profícuo período de pesquisa junto a Faculdad de Derecho da Universidad de Sevilla, na Espanha, sob a orientação do brilhante professor Álvaro Sanchez Bravo, o qual contribuiu significativamente para a excelência deste trabalho.

Enfim, a autora ousou pensar no futuro, não somente no sentido de descrevê-lo, como se ele fosse inexorável. Na mesma linha das palavras do Papa Francisco em sua inigualável "Laudato Si", Priscila não aceita que o futuro seja apenas "a rendição às circunstâncias". Ela se propõe, de forma audaciosa, porém com a devida fundamentação, a traçar os contornos de um tempo que possa ser diferente daquele que ora se vivencia.

É certo, pois, que quando se pensa no futuro, há de se ter a humildade de reconhecer que, tudo indica, será ele diferente do que se está a projetar, pois esse pretenso filme, cujo enredo vai se construindo na mente humana, invariavelmente se trata de uma obra ficcional. Conformar-se com isso não significa que se deva deixar de construir novos enredos. Apenas implica reconhecer que as cenas gravadas no futuro serão diferentes do que determinava o enredo fruto da imaginação.

Porém, pessoas com um profundo senso de justiça e comprometimento com o humanismo prosseguem nessa utópica tarefa de "construir um futuro melhor para todos", como ocorre no caso da autora dessa obra. Quando se fala em utopia está se referindo ao "modo Galeano" de entendê-la, como aquilo que, embora jamais seja alcançado, fará com que se encontre forças para prosseguir.

Por isso, também, esta obra precisa lida, posto que a autora, como se juntasse a mão dos seus leitores à sua, nos convida para caminhar para um futuro que rompe com as mazelas vislumbradas no presente, que tenta superar o destino escrito para aqueles que ficaram à margem de uma vida minimamente digna e, portanto, nos direciona a uma utopia que permitirá, a todos aqueles que aceitarem o convite, a olhar para trás em sua chegada e poder se orgulhar da trajetória de sua existência.

Por isso, muitíssimo obrigado à Priscila Anselmini por nos ter concedido a honra e a oportunidade de podermos trilhar esse caminho. Boa leitura a todos!

Outono gaúcho. Dia 17 de abril do ano da graça de 2023.

Marciano Buffon
Pós-Doutor em Direito pela Universidad de Sevilla.
Professor do Programa de Pós-Graduação em Direito da UNISINOS.

APRESENTAÇÃO

En la hora presente, y si volvemos la vista atrás, consideramos que la humanidad ha progresado bastante. Desarrollamos potentes investigaciones, viajamos al espacio, desarrollamos nuevos medicamentos, avanzamos en derechos sociales, o retrocedemos amparados en la crisis que todo lo justifica. Incluso en lo ambiental, hasta el capitalismo se ha travestido, en un "capitalismo verde", interesado, que no preocupado, en nuevos modelos de negocio, en nuevos horizontes de dominio de los mercados amparados en la militancia ciudadana o en la inacción de los dirigentes políticos.

No obstante, este "progreso" no es suficiente y queda, aún mucho camino por recorrer. Este avance es absolutamente asimétrico. Mientras los más ricos, individualmente considerados, y sus Estados avanzan hacia mayores cotas de calidad de vida, derechos y seguridad, una gran parte del mundo, sobrevive, en muchos casos, míseramente, soportando injusticia, hambre y escasez, con el horizonte de un mañana que les permita seguir alimentándose.

El origen de estas desigualdades es diverso, pero si existe un elemento que debe ser considerado. El origen de esta injusticia, de esta degradación humana, radica en las actividades comerciales y políticas insolidarias de aquellos poderosos. Por tanto, para restaurar la justicia socio-económica se hace necesario que se reconozcan las responsabilidades, asumiendo, y compensando por ello, por parte de quienes han construido su desarrollo, su calidad de vida, su riqueza en la explotación de sus semejantes.

Como señala el Libro de Jeremías (5, 26-28):

> Porque en mi pueblo se encuentran impíos que vigilan como cazadores al acecho; ponen trampa, atrapan hombres. Como una jaula llena de pájaros, así están sus casas llenas de engaño; por eso se engrandecieron y se enriquecieron. Han engordado y se han puesto lustrosos. También sobrepasan en obras de maldad; no defienden la causa, la causa del huérfano, para que prospere, ni defienden los derechos del pobre.

Además, esta restauración no puede hacerse de cualquier forma. Debe basarse indefectiblemente en el reconocimiento y satisfacción de derechos humanos. Porque la cuestión no se resuelve sólo en términos de aportaciones monetarias, ayudas o compensaciones más o menos caritativas, sino en una verdadera modificación de las formas tradicionales de relacionarse en el escenario internacional.

Precisamente, los estudios más avanzados sobre la eliminación de esas desigualdades se centran, desde el ámbito jurídico, en la reflexión acerca de cómo los sistemas tributarios pueden, y deben contribuir a propiciar sociedades más justas y equilibradas,

Es casa común considerar los impuestos, en una visión simplista, como una forma de generar ingresos que, al menos teóricamente, sirvan para sustentar las políticas públicas y las necesidades de los ciudadanos, de las que el Estado debe ser garante.

Ahora bien, debemos superar modelos desarrollistas y especulativos que sólo han traído enriquecimiento ilícito de unos pocos, frente a la mayoría social. Una vez más hay que manifestar alto y claro que no podemos depender únicamente de las leyes del mercado para determinar nuestras formas de vida, para organizar nuestras ciudades, para vivir e intentar ser felices. Si el interés comercial-especulativo llega a dominar la capacidad de los grupos y de los individuos para mantener el poder de decisión y establecer democráticamente nuestros modelos tributarios y recaudatorios, el ejercicio de nuestros derechos dependerá de la riqueza y no de una justicia social, que tenga en modelos tributarios las bases para sociedades verdaderamente democráticas, coadyuvando a la eliminación de las desigualdades.

Sobre todas estas cuestiones encontrará el lector referencias y acertadas reflexiones en esta obra, que es el fruto de la aportación generosa y el esfuerzo de la Dra. Priscila Anselmini, quien lo realiza, no sólo desde su atalaya intelectual, si no en coherencia con su sentir personal y su militancia en la consecución de un mundo mejor y más justo, y a quien debo el honor, inmerecido, de presentar esta relevante obra científica.

El éxito y la oportunidad de esta publicación son, por tanto, incuestionables, y contribuirá a formar a todos aquellos que se aproximen a estas temáticas, viniendo a colmar un vacío existente en la reflexión jurídica sobre estas cuestiones.

Sevilla, en el mes de abril, del año del Señor de 2023.

Álvaro A. Sánchez Bravo
Doctor en Derecho.
Profesor de la Facultad de Derecho de la Universidad de Sevilla.

INTRODUÇÃO

A sociedade modifica-se constantemente, refletindo no cotidiano do cidadão, assim como nas estruturas jurídicas, econômicas e sociais. Exemplo disso é o surgimento da economia do conhecimento, a qual, na medida em que se desenvolve, transforma o seu meio. Os impactos disso? Os mais variados possíveis, inclusive para a desigualdade de renda e o próprio ordenamento jurídico, em especial ao sistema tributário.

Por isso, esta obra se propõe a estudar, por meio da tributação, os meios mais eficazes para a redução da desigualdade de renda na nova realidade social-econômica proporcionada pela economia do conhecimento, a fim de serem efetivados os direitos fundamentais e constitucionais assegurados aos cidadãos.

Dessa forma, busca-se explorar a revisão da estrutura tributária brasileira como forma de efetivar os direitos fundamentais em face das novas mudanças geradas pelas inovações tecnológicas e pela – ainda mais abrangente – economia do conhecimento, garantindo uma melhor distribuição de renda, acesso às oportunidades, capacitação e concretização de direitos. Por conseguinte, o Direito Tributário se mostra detentor de grande influência na afirmação e proteção de bens jurídicos fundamentais à sociedade.

De forma geral, o enfoque do tema é verificar os requisitos e pressupostos para viabilizar a tributação como um instrumento de redução da desigualdade de renda, diante desta nova – e futura – realidade social e econômica, introduzida pela economia do conhecimento.

Neste contexto, alguns questionamentos precisam ser enfrentados: no contexto da economia do conhecimento, a tributação pode ser um instrumento eficaz na redução da desigualdade de renda? E quais propostas e experiências internacionais poderiam ser potencialmente úteis e aplicáveis ao cenário brasileiro?

Para tanto, serão analisados, no primeiro capítulo, aspectos conceituais e dados estatísticos sobre a desigualdade de renda em nível nacional, pontuando um comparativo com a União Europeia, tendo em vista o trabalho de pesquisa realizado na Universidade de Sevilla, na Espanha, durante o curso do Doutorado em Direito. Após definir o marco teórico, o segundo capítulo explica o fenômeno da economia do conhecimento e seus atuais reflexos na sociedade. Nesta senda, explorar-se-á a evolução das Revoluções Industriais, a fim de diferenciá-las do novo fenômeno econômico, bem como apontar aspectos sobre o capitalismo da vigilância e seus impactos na atual e futura sociedade.

Isto posto, ao definir e visualizar a economia do conhecimento na atual sociedade, se faz necessário partir para a análise do papel do Estado nesta nova era, a qual será feita no terceiro capítulo. Nele, abordar-se-á a crise do Estado-nação e possíveis causas para a atual conjuntura, a fim de explorar os benefícios de um Estado mais ativo, na figura de Empreendedor – nos termos defendidos por Mariana Mazzucato. Assim, verificar-se-á a sua contribuição para o desenvolvimento do conhecimento, inovação e tecnologia, como também para a evolução da economia do conhecimento.

Debater a função estatal na economia é fundamental para esclarecer a sua importância perante a sociedade e para a formação/estruturação do sistema tributário, o qual interfere diretamente na economia e no bem-estar populacional. Nesta linha, o quarto capítulo ocupa-se em analisar o atual sistema tributário nacional, por meio da leitura de seus princípios constitucionais e do uso da metodologia comparativa, especificamente com o ordenamento europeu.

Analisados estes preceitos, pretende-se apresentar propostas tributárias para o desenvolvimento da era do conhecimento e, por conseguinte, da redução da desigualdade de renda. Tal intento é apresentado de forma dividida entre o quinto e o sexto, e último, capítulo.

No quinto capítulo, apontam-se as deficiências, avanços e propostas no âmbito da extrafiscalidade, especificamente na temática envolvendo o desenvolvimento sustentável e a inovação, premissas estas consideradas fundamentais para o desenvolvimento da nação no futuro do conhecimento.

Posteriormente, o último capítulo apresenta as principais propostas ao ordenamento jurídico fiscal nacional, visando a sua adequação à era do conhecimento. Para tanto, expõem-se os debates internacionais sobre a temática e a necessidade da cooperação tributária internacional à luz das mudanças trazidas pela era digital e econômica, prezando pelo desenvolvimento do conhecimento, inovação, tecnologia e a concretização dos direitos básicos do cidadão.

Dito isso, resta claro que o objetivo é demonstrar que a tributação pode ser sim um instrumento de redução da desigualdade de renda no contexto da economia do conhecimento, buscando efetivar os direitos fundamentais dos cidadãos.

Como objetivos específicos, podem ser elencados os seguintes:

a) Demonstrar o marco teórico desta pesquisa, por meio do estudo da desigualdade de renda no Brasil e União Europeia, especialmente na Espanha;
b) Analisar os aspectos conceituais da economia do conhecimento e seus pressupostos para sua ampla difusão entre a população;
c) Verificar o papel do Estado empreendedor para a economia do conhecimento;
d) Analisar a função da tributação no Estado empreendedor por meio da abordagem da contemporânea fiscalidade e extrafiscalidade brasileira;
e) Examinar a tributação como meio redutor da desigualdade de renda, frente ao contexto atual e futuro da economia do conhecimento, identificando as propostas internacionais úteis e viáveis ao cenário nacional e global.

Enfim, note-se que a evolução da economia do conhecimento já está modificando o modo de viver da população brasileira, sendo cada vez mais frequente o uso de produtos e serviços tecnológicos para desempenhar certas atividades com mais eficiência. No entanto, a economia do conhecimento ainda está confinada, pois, embora se utilize o produto e serviço tecnológico ou digital, grande parte da indústria brasileira ainda não é detentora do conhecimento para produzir essa avançada prática de produção. Esse fato demonstra que o caminho para a concretização da economia do conhecimento será trilhado aos poucos nas sociedades periféricas e desiguais, como é o caso do Brasil.

Desse modo, a tributação poderia ser um instrumento eficaz na redução da desigualdade de renda no contexto da economia do conhecimento, caso houvesse um financiamento significativo em inovação e conhecimento e uma redistribuição justa do ônus fiscal. Para tanto, o sistema tributário nacional deveria se adequar às novas mudanças digitais e tecnológicas, naturalmente advindas da economia do conhecimento, seja com a criação de novos tributos, reformulando a forma de cobrá-los e/ou em cooperação com os demais países. Assim, as experiências internacionais sobre a tributação de organismos multinacionais, de bens intangíveis, a repartição de receitas tributárias entre países e a taxação mínima global – entre outras propostas – poderiam ser viáveis e úteis ao contexto tributário nacional, contribuindo para a modernização e eficácia do sistema tributário brasileiro, bem como à redução da desigualdade de renda.

Diante das constantes mudanças econômicas e sociais provenientes da economia do conhecimento, surgem inúmeras reflexões não só acerca de questões regulatórias, mas também acerca do melhor modelo tributário, a fim de ele que seja um instrumento de financiamento do Estado, sem deixar de redistribuir a renda de forma justa, assim reduzindo as iniquidades sociais. O novo cenário provocado pela evolução da economia do conhecimento – que ainda se encontra na fase insular e de estagnação no Brasil – já resulta numa profunda alteração das estruturas do Direito Tributário, desafiando conceitos fundamentais do Sistema Tributário Nacional. Nessa medida, surge a necessidade de profunda reflexão sobre o tema, a fim de que a renovação da matriz tributária seja um passo sob o olhar do futuro, sem que isso prejudique a migração para um sistema tributário eficiente, justo e em sintonia com os novos rumos da economia.

Justifica-se, assim, este estudo em razão de sua relevância para a estrutura tributária brasileira, bem como à aplicação jurisdicional do Direito frente a efetivação dos diretos fundamentais. Isso porque, mediante a arrecadação de tributos e a distribuição do ônus fiscal, o Estado possui meios para garantir o seu custeio e a redistribuição da renda entre a população, concretizando o "bem comum", isto é, a realização dos direitos constitucionais e fundamentais do cidadão.

Em vista disso, o Direito Tributário pode exercer grande influência na afirmação e proteção de bens jurídicos fundamentais à sociedade. E, apesar do direcionamento principal desta pesquisa, voltado à análise da tributação como instrumento redutor da desigualdade de renda no universo da economia do conhecimento, destaca-se que esta se insere em um âmbito de análise que ultrapassa a matéria Tributária. Isso se deve ao fato de a evolução do Direito Tributário não ser decorrente de fatores exclusivamente internos e isolados, mas que se insere no contexto histórico-social amplo, sendo influenciada pelo desenvolvimento do Direito como um todo e em relação ao meio externo no qual se insere, reconhecendo-se seu caráter transdisciplinar.

CAPÍTULO 1

A EMBLEMÁTICA DESIGUALDADE DE RENDA

Na atual sociedade mundial, o tema da desigualdade de renda deixou de ser um problema exclusivo dos países em desenvolvimento ou subdesenvolvidos. Contemporaneamente, tornou-se um assunto fundamental também aos países com economias avançadas, como os membros da União Europeia, os quais se deparam com o crescimento de iniquidades entre suas populações. Obviamente, nas economias emergentes (ou em desenvolvimento),[1] como o Brasil, a situação é ainda mais alarmante, trazendo diversas consequências indesejáveis para seus indivíduos e à inserção da economia do conhecimento entre a população.

Comumente, a desigualdade é enfatizada nos países subdesenvolvidos e emergentes, os quais estão com suas economias em desenvolvimento tardio e onde há uma distribuição de renda desigual entre os trabalhadores. A distância entre a riqueza e a pobreza são ainda mais nítidas em países como o Brasil. Esse fato prejudica o acesso a oportunidades, educação, saúde e à possibilidade de o cidadão-médio

---

[1] Os termos desenvolvido e subdesenvolvido são, em geral, utilizados para separar países com alto desenvolvimento socioeconômico daqueles países com expressivos problemas nas áreas sociais e/ou econômica. Ao longo do texto, utilizar-se-á a expressão países emergentes como sinônimo de países em desenvolvimento, visto que se trata de uma classificação de países que, embora sejam considerados subdesenvolvidos, apresentam crescimento significativo, seja nos aspectos econômicos, como nos indicadores sociais. O Brasil, juntamente com Rússia, Índia, China (BRIC) e África do Sul, compõe os países considerados emergentes por apresentarem avanços no crescimento econômico, industrial e do PIB, em comparação ao demais países subdesenvolvidos. VIEIRA, Flávio Vilela; VERÍSSIMO, Michele Polline. Crescimento econômico em economias emergentes selecionadas: Brasil, Rússia, Índia, China (BRIC) e África do Sul. *Economia e Sociedade*, Campinas, v. 18, n. 3 (37), p. 513-546, dez. 2009. Disponível em: https://www.scielo.br/j/ecos/a/ccGn4DV48xvBxhzTQ8WJ6tN/?lang=pt. Acesso em: 26 out. 2021.

empreender e inovar. Logicamente, afeta diretamente a economia do país como um todo.

Neste diapasão, a desigualdade de renda prejudica o acesso à tecnologia e inovação, uma vez que não se encontra disponível para todos os cidadãos. Conforme se verificará no segundo capítulo deste trabalho, o conhecimento sobre a tecnologia e inovação está sob o controle de uma elite empresarial e tecnológica, agravando ainda mais o quadro social e econômico mundial. Por isso, a desigualdade é um fator importante a ser examinado e estudado, a fim de compreender a emergência em se adotar instrumentos para a sua redução, como, por exemplo, o meio de tributação, para que o Estado possa estar apto a investir na capacitação das pessoas e inovações tecnológicas, bem como redistribuir de forma justa o ônus fiscal entre os cidadãos.

Todavia, como será visto adiante, nos países de economia avançada, como os pertencentes à União Europeia, a desigualdade de renda tem se elevado entre os seus cidadãos. Por isso, se faz necessário verificar o que leva a tal conjuntura, principalmente nesses países que possuem uma legislação que preza pela igualdade. Em vista disso, este trabalho aborda a desigualdade de renda, desde seu conceito, indicadores de medição e dados estatísticos, nos países da União Europeia e no Brasil. Essa análise comparativa deve-se ao fato de que, apesar de possuírem economias distintas, ambos os atores dispõem legalmente sobre a necessidade de uma sociedade igualitária e justa. Somente ao entender a desigualdade e demonstrar a sua elevada concentração entre a população é que se poderá sustentar a importância de sua redução para o desenvolvimento da economia e para o bem-estar dos cidadãos do globo.

1.1 Marco teórico: União Europeia e Brasil

Em países ditos em desenvolvimento, como o Brasil, é mais perceptível "a olho nu" a desigualdade de renda e a pobreza. Todavia, isso não significa que países com economias desenvolvidas, como os integrantes da União Europeia, não apresentem iniquidades sociais. Os dados estatísticos – abordados em seguida – demonstram que a desigualdade vem ascendendo no continente europeu, apesar de sua economia avançada. Este fato torna o estudo destes países necessário para entender o que leva a tal conjuntura e o que pode ser feito para reverter essa situação.

Aliado a isto, a União Europeia é considerada um marco jurídico importante para a proteção de direitos básicos e para a igualdade no Ordenamento Jurídico Brasileiro, visto que o Direito pátrio se inspirou em diversas normativas europeias, principalmente na elaboração da atual Constituição Federal. Por tais motivos, este trabalho se aprofunda na análise comparativa da desigualdade entre esses países e o Brasil, explorando suas semelhanças e diferenças jurídicas no que tange a este tema, bem como estudando a concentração desigual de renda entre os cidadãos.

Para iniciar o estudo, cabe ressaltar que a igualdade perante a lei é característica do constitucionalismo moderno, surgida principalmente com as revoluções liberais do século XVIII na França e Estados Unidos, as quais objetivavam acabar com os privilégios da nobreza e do clero.[2] A figura da igualdade, então, vincula-se com o direito à vida, liberdade, segurança e felicidade.

Neste contexto, a igualdade dita formal (perante a lei) surge nas declarações de direitos, como a Declaração dos Direitos do Homem e do Cidadão, de 1789, bem como nos textos constitucionais. Este momento consagra o Estado absoluto em Estado constitucional, limitando o seu poder e garantindo o acesso democrático ao poder e às normas constitucionais.[3]

Com base nestes preceitos, esclarece-se que a igualdade formal se torna um fundamento importante aos Estados e para o cidadão. Dito isso, a criação da União Europeia também está norteada por este fundamento, bem como pela paz mundial e pelo bem comum dos cidadãos. Por isso, deve-se levar em consideração o momento histórico em que tal conceituação foi criada, a fim de examinar os seus preceitos legais e sua eficácia, podendo-se analisar se a atual sociedade está respeitando os ditames jurídicos no que concerne à igualdade.

Neste diapasão, a criação da União Europeia ocorreu cinco anos após o fim da Segunda Guerra Mundial, momento em que as nações europeias acordaram uma fusão de interesses econômicos para

---

[2] LORENZETTO, Bruno Meses. *Os caminhos do constitucionalismo para a democracia*. 2014. 312 p. Tese (Doutorado em Direito) – UFPR, Curitiba, 2014. Disponível em: https://acervodigital.ufpr.br/bitstream/handle/1884/36517/R%20-%20T%20-%20BRUNO%20MENESES%20LORENZETTO.pdf?sequence=1&isAllowed=y, p. 68.

[3] FOLLONI, André; FLORIANO NETO, Antonio Bazílio. Desigualdade econômica na Constituição e as possibilidades de diminuição através dos impostos. *Revista Novos Estudos Jurídicos - Eletrônica*, v. 23, n. 2, maio/ago. 2018. Disponível em: www.univali.br/periodicos. Acesso em: 13 jan. 2022.

contribuir à qualidade de vida de seus cidadãos. Felipe Navalpotro[4] explica que a unificação da União Europeia objetivava o bem comum e, por isso, necessitou de uma reorganização das indústrias e de novos métodos para tratar dos problemas comuns. Para tanto, em 9 de maio de 1950, França, República Federal da Alemanha, Itália, Países Baixos, Bélgica e Luxemburgo, criaram a Comunidade Europeia do Carvão e do Aço (CECA), com vista a instituir um mercado comum do carvão e do aço entre os países fundadores.[5]

Esta iniciativa deu origem à atual União Europeia, contando com a Declaração Schuman, a qual foi proferida pelo ministro francês dos Negócios Estrangeiros, Robert Schuman.[6] Tal declaração continha o próprio Tratado, um protocolo sobre os privilégios e imunidade da comunidade, um Estatuto do Tribunal de Justiça, um protocolo sobre as relações da Comunidade com o conselho da Europa e entre os governos e, por último, uma Convenção sobre as disposições transitórias.[7]

O referido Tratado de CECA criou um mercado institucionalizado em uma instituição supranacional, dotada de poderes cedidos pelos Estados membros. Ao ser construída com base em um mercado e instituições comuns, a União Europeia contribuiria para a expansão da economia e da elevação do nível de vida.[8]

Neste cenário, a Declaração preza pela paz mundial e pela solidariedade entre os países por meio de bases comuns de desenvolvimento econômico, objetivando a elevação do nível de vida e o progresso das obras de paz. Em vista disso, à época, foram investidos 150 milhões de dólares em criação de empregos e para a formação de um sistema de garantias sociais, como ajudas à situação de desemprego e fundos

---

[4] NAVALPOTRO, Felipe R. Debasa. *Jean Monnet y la carta fundacional de la Unión Europea: la declaración de 9 de mayo de 1950*. Universidad Rey Juan Carlos. DIKINSON: Madrid, 2004, p. 140.

[5] UNIÃO EUROPEIA. Declaração Schuman, de maio de 1950. *Site oficial da União Europeia*. Disponível em: https://european-union.europa.eu/principles-countries-history/history-eu/1945-59/schuman-declaration-may-1950_pt. Acesso em: 12 jan. 2022.

[6] UNIÃO EUROPEIA. Declaração Schuman, de maio de 1950. *Site oficial da União Europeia*. Disponível em: https://european-union.europa.eu/principles-countries-history/history-eu/1945-59/schuman-declaration-may-1950_pt. Acesso em: 12 jan. 2022.

[7] NAVALPOTRO, Felipe R. Debasa. *Jean Monnet y la carta fundacional de la Unión Europea: la declaración de 9 de mayo de 1950*. Universidad Rey Juan Carlos. DIKINSON: Madrid, 2004, p. 141.

[8] NAVALPOTRO, Felipe R. Debasa. *Jean Monnet y la carta fundacional de la Unión Europea: la declaración de 9 de mayo de 1950*. Universidad Rey Juan Carlos. DIKINSON: Madrid, 2004, p. 141.

de formação profissional.⁹ Tais medidas demonstram a opção em cultivar a igualdade e a solidariedade entre os cidadãos, as quais possibilitaram uma redução entre os níveis de distribuição de renda, conforme será verificado adiante.

Ademais, com a criação da União Europeia, outros diplomas legais foram instituídos, como a Carta dos Direitos Fundamentais da União Europeia. Esse diploma estabelece os principais direitos dos cidadãos como os relativos à dignidade, liberdade, igualdade, solidariedade, cidadania e justiça. Em relação aos direitos da igualdade, a Carta dispõe que o indivíduo tem direito à igualdade perante a lei; à não discriminação em razão do sexo, raça, cor ou origem étnica ou social, características genéticas, língua, religião ou convicções, opiniões políticas ou outras, pertença a uma minoria nacional, riqueza, nascimento, deficiência, idade ou orientação sexual; igualdade entre homens e mulheres; à diversidade cultural, religiosa e linguística; e demais direitos igualitários em relação à criança, idoso e pessoa com deficiência.¹⁰

Contudo, quando a desigualdade de renda se torna crescente, estes direitos à igualdade são duramente atingidos. Isto porque a má distribuição de ingressos reflete no acesso aos cidadãos a estes direitos e não contempla a plena efetividade do diploma legal. Destaca-se que a Carta menciona expressamente a igualdade de riqueza, demonstrando a preocupação das autoridades com a questão. Dessa forma, uma sociedade com elevada desigualdade pode vir a diminuir a qualidade de vida do indivíduo e também dificultar a concretização dos seus direitos fundamentais.

De forma semelhante, o Ordenamento Jurídico Brasileiro dispõe sobre a redução da desigualdade, justamente por sua longa e emblemática história desigual, desde a sua colonização. Neste viés, o Brasil, ao promulgar a Constituição Federal de 1988, descreve um conjunto normativo de diretrizes, programas e objetivos realizado pelo Estado e sociedade, inspirando-se nas constituições e normas europeias.¹¹

Cabe ressaltar que o constitucionalismo contemporâneo sustenta a posição de destaque da norma constitucional perante o sistema

---

⁹ NAVALPOTRO, Felipe R. Debasa. *Jean Monnet y la carta fundacional de la Unión Europea*: la declaración de 9 de mayo de 1950. Universidad Rey Juan Carlos. DIKINSON: Madrid, 2004, p. 142.

¹⁰ COMISSÃO EUROPEIA. Carta dos Direitos Fundamentais da União Europeia. *Jornal Oficial da União Europeia*, 26 out. 2012. Disponível em: https://eur-lex.europa.eu/legal-content/PT/TXT/HTML/?uri=CELEX:12012P/TXT&from=EN. Acesso em: 12 jan. 2022.

¹¹ GRAU, Eros Roberto. *A ordem econômica na Constituição de 1988*. São Paulo: Malheiros, 2010, p. 164.

jurídico como um todo. Segundo Barroso, "nenhuma lei, nenhum ato normativo, a rigor, nenhum ato jurídico, pode subsistir validamente se for incompatível com a Constituição."[12]

Disso deriva sua aplicabilidade direta e imediata, servindo de parâmetro de validade para outras normas, bem como a obrigatoriedade de valores e fins previstos no texto constitucional. Essa aplicabilidade também se estende igualmente ao Estado e particulares, ensejando a chamada força normativa da Constituição.[13] Por isso, as normas constitucionais necessitam ser observadas e concretizadas continuamente, buscando a máxima efetividade de seus dispositivos e dos direitos fundamentais.

Neste sentido, a Constituição brasileira previu, em seu art. 3º, inciso III, a erradicação da pobreza e a redução das desigualdades sociais e regionais, como forma de apoiar projetos e políticas públicas que concretizem estes objetivos constitucionais. Percebe-se que tal disposição legal preza pela efetividade fática, estando o Estado obrigado a concretizar estes objetivos constitucionais.[14]

O combate à pobreza e à desigualdade social, nos moldes propostos no artigo 3º da Constituição, é condição de possibilidade para concretizar os demais objetivos ali colocados, como a busca por uma sociedade justa, livre e solidária, e o desenvolvimento nacional. Igualmente, é o principal norte da densificação da dignidade da pessoa humana, que orienta o caminho para a efetivação dos direitos fundamentais e, em especial, os direitos sociais.[15]

Bonavides,[16] neste aspecto, destaca que o Estado deve reconhecer e efetivar, desesperadamente, os direitos sociais contidos no diploma constitucional. Para o autor, o constitucionalismo contemporâneo está diante do desafio de determinar "o caráter jurídico ou não das normas

---

[12] BARROSO, Luís Roberto. *Curso de Direito Constitucional contemporâneo*. São Paulo: Saraiva, 2013, p. 221.

[13] BARROSO, Luís Roberto. *Curso de Direito Constitucional contemporâneo*. São Paulo: Saraiva, 2013, p. 108; 220.

[14] CAMBI, Eduardo; BARBOSA, Victor Hugo de Araújo. Desigualdade social e erradicação da pobreza. *Revista do Programa de Pós-Graduação em Direito da UFC*, v. 39, n. 1, p. 227-242, jan./jun. 2019. Disponível em: http://periodicos.ufc.br/nomos/article/view/31172/99398. Acesso em: 13 jan. 2022, p. 236.

[15] CAMBI, Eduardo; BARBOSA, Victor Hugo de Araújo. Desigualdade social e erradicação da pobreza. *Revista do Programa de Pós-Graduação em Direito da UFC*, v. 39, n. 1, p. 227-242, jan./jun. 2019. Disponível em: http://periodicos.ufc.br/nomos/article/view/31172/99398. Acesso em: 13 jan. 2022, p. 236.

[16] BONAVIDES, Paulo. *Curso de Direito Constitucional*. São Paulo: Malheiros, 2011, p. 185.

programáticas e sobretudo o grau de eficácia e aplicabilidade de todas as normas da Constituição."[17]

Dessa forma, deve-se reconhecer que o constituinte originário, ao dispor sobre a redução das desigualdades e a erradicação da pobreza, assume expressamente que a exclusão social brasileira é incompatível com a riqueza produzida em solo brasileiro, atribuindo aos poderes estatais e à sociedade a tarefa de efetivação dos objetivos fundamentais da República Federativa do Brasil.[18]

Portanto, o ordenamento jurídico, tanto no Brasil como na União Europeia, estabelece a necessidade de redução das desigualdades, a fim de que seja garantida a igualdade e a concretização dos demais direitos fundamentais ao cidadão. Para ter uma boa qualidade de vida, conforme dispõe a Declaração de Constituição da União Europeia, a população deve ter garantidos os seus direitos básicos, e isso não será possível numa sociedade repleta de desigualdade, com má distribuição de renda. Dito isso, este trabalho parte para o estudo, a partir deste momento, da desigualdade de renda e seus aspectos conceituais, instrumentos de medição, evolução nos países em objeto de estudo e sua concentração na sociedade.

1.2 Desigualdade de renda: aspectos conceituais

Como analisado acima, a proteção da igualdade é amplamente prevista no ordenamento jurídico da União Europeia, bem como no do Brasil, sendo a igualdade considerada "[...] um valor fundamental de desenvolvimento e um princípio ético irredutível."[19] Dessa forma, os diplomas legais das nações preocupam-se com a questão da igualdade e, consequentemente, de seu antônimo, ou seja, a desigualdade.

Todavia, o tema envolvendo a igualdade e desigualdade não se restringe aos aspectos legais, como ingenuamente induz a sua previsão em textos normativos. A sua discussão vai além. Neste viés, atenta-se para a descrição da igualdade material, que aborda a sua eficácia concreta perante a população.

---

[17] BONAVIDES, Paulo. *Curso de Direito Constitucional*. São Paulo: Malheiros, 2011, p. 236.
[18] CAMBI, Eduardo. *Neoconstitucionalismo e neoprocessualismo*: direitos fundamentais, políticas públicas e protagonismo judiciário. São Paulo: Almedina, 2016, p. 65.
[19] COMISIÓN ECONÓMICA PARA LATINOAMÉRICA Y EL CARIBE – CEPAL. *A ineficiência da desigualdade*. Síntese (LC/SES.37/4), Santiago, 2018, p. 6.

Flávia Piovesan descreve que a igualdade material corresponde ao ideal de justiça enquanto reconhecimento de identidades (igualdade orientada pelos critérios gênero, orientação sexual, idade, raça, etnia e demais critérios). E, além disso, a igualdade material pode ser conexa ao ideal de justiça social e distributiva (igualdade orientada pelo critério socioeconômico).[20]

Em relação a esta última concepção de igualdade, Bobbio denomina de "igualdade de fato", entendida como exigência ou ideal de igualdade real ou substancial entre os homens. Trata-se da igualdade relativa aos bens materiais, ou igualdade econômica, que se distingue da igualdade perante a lei e da igualdade de oportunidades na medida em que significa um maior grau de igualdade entre os homens.[21]

Por meio dela, legitima-se o tratamento desigual entre os contribuintes com capacidades econômicas distintas, objetivando que a igualdade preconizada na constituição seja realmente efetiva na sociedade.

Nesta linha, a igualdade também pode ser verificada ao analisar as questões sociais envolvendo o acesso aos meios, oportunidades, capacidade e reconhecimento aos seus cidadãos. Com base no estudo da CEPAL, verifica-se que a igualdade de meios considera uma distribuição mais equitativa da renda e da riqueza e uma maior participação da massa salarial no produto. Os cidadãos devem possuir uma renda que permita o acesso aos produtos, alimentação de qualidade, lazer, educação, saúde e outros direitos básicos.[22]

Já em relação à igualdade de oportunidades, refere-se à ausência de qualquer discriminação no acesso a posições sociais, econômicas ou políticas. A igualdade em matéria de acesso a capacidades, por sua vez, relaciona-se a habilidades, conhecimentos e destrezas que os indivíduos adquirem e que lhes permitem empreender projetos de vida que consideram valiosos. Nesta faceta da igualdade, o acesso à educação, tecnologia e inovação é fundamental para que os cidadãos possam empreender e obter um *status* econômico igualitário na sociedade.[23]

---

[20] PIOVESAN, Flávia. Ações afirmativas da perspectiva dos direitos humanos. *Cadernos de Pesquisa*, v. 35, n. 124, p. 47, jan./abr. 2005. Disponível em: http://www.scielo.br/pdf/cp/v35n124/a0435124.pdf. Acesso em: 16 jul. 2022.

[21] BOBBIO, Norberto. *Igualdade e liberdade*. Tradução de Carlos Nelson Coutinho. Rio de Janeiro: Ediouro, 1996.

[22] COMISIÓN ECONÓMICA PARA LATINOAMÉRICA Y EL CARIBE – CEPAL. *A ineficiência da desigualdade*. Síntese (LC/SES.37/4), Santiago, 2018, p. 6.

[23] COMISIÓN ECONÓMICA PARA LATINOAMÉRICA Y EL CARIBE – CEPAL. *A ineficiência da desigualdade*. Síntese (LC/SES.37/4), Santiago, 2018, p. 6.

Por outro lado, a igualdade como reconhecimento recíproco se expressa na participação de diversos atores no cuidado, trabalho e poder, na distribuição de custos e benefícios entre as gerações atuais e futuras e na visibilidade e afirmação de identidades coletivas. Neste viés, uma sociedade igualitária também está preocupada com o desenvolvimento sustentável e com as futuras gerações, proporcionando bem-estar para todos.[24]

Por isso, a igualdade e suas diversas concepções (formal, material, meios, oportunidades, reconhecimento e capacidade) torna-se um fator importante ao funcionamento da economia, porque condiciona o acesso dos agentes econômicos a capacidades e oportunidades, modelando as regras de jogo e os incentivos. Logo, a "não igualdade", isto é, a desigualdade, prejudica o crescimento econômico de um país como um todo e a inserção da economia do conhecimento, como será destacado no próximo capítulo.

Apesar das diversas formas de desigualdade na sociedade, para fins desta pesquisa concentrar-se-á o estudo na desigualdade de renda, pois está diretamente vinculada à distribuição de renda entre o cidadão e o seu acesso aos bens e direitos básicos. Por se tratar do fluxo de entrada de itens de valor econômico, uma sociedade com rendas desiguais reflete no acesso do cidadão às oportunidades, educação, saúde, lazer, bens, entre outros direitos, agravando o bem-estar de toda a população. Para Álvaro Carvajal,[25] a dimensão econômica da desigualdade tem relação direta com a produção de renda e sua distribuição. Desse modo, as medidas de distribuição de renda de uma sociedade permitem conhecer como se produz e se redistribui o crescimento e desenvolvimento entre as classes sociais.[26]

Harry Frankfurt[27] ocupou-se em explicar a igualdade econômica, defendendo a doutrina na qual todos deveriam ter a mesma quantidade de renda e riqueza para obter uma igualdade como ideal moral. Desse

---

[24] COMISIÓN ECONÓMICA PARA LATINOAMÉRICA Y EL CARIBE – CEPAL. *A ineficiência da desigualdade*. Síntese (LC/SES.37/4), Santiago, 2018, p. 6.
[25] CARVAJAL VILLAPLANA, Álvaro. El análisis filosófico de las nociones de pobreza y desigualdad económica. *Revista de Filosofía de la Universidad de Costa Rica*, v. 48, n. 123-124, p. 77-84, jan./ago. 2010, p. 81.
[26] SARRO, Iván Gonzáles. *Políticas Públicas Neoliberais y desigualdade*: México, Estados Unidos, Francia y España. Instituto Universitario de Investigación en Estúdios Latinoamericanos – Univesidad de Alcalá: Madrid, 2019, p. 98.
[27] FRANKFURT, Harry. Equality as a Moral Ideal. *Ethics*, The University of Chicago Press, v. 98, n. 1, p. 21-43, out. 1987.

modo, para o autor, não deveria haver desigualdade no que diz respeito à distribuição de dinheiro.

Nesta linha, como forma de medir a desigualdade, Atkinson propôs um índice que mede a perda social que está relacionada com a distribuição desigual da renda. Assim, a desigualdade da distribuição de renda é calculada pela redução do percentual de renda total sem que se diminua o bem-estar social.[28] De fato, a ideia de renda equivalente distribuída de forma igual entre os cidadãos relaciona-se diretamente o nível de desigualdade com a avaliação da política social, pois busca-se analisar o bem-estar dos cidadãos.[29]

Neste viés, para medir a desigualdade de renda, geralmente, utiliza-se o Coeficiente de Gini, desenvolvido em 1914 por Corrado Gini. Este coeficiente compara a renda de cada indivíduo com a renda das demais pessoas individualmente, dividindo a soma das diferenças bilaterais por número de pessoas que formam determinado grupo.[30] Em suma: "Ele aponta a diferença entre os rendimentos dos mais pobres e dos mais ricos. Numericamente, varia de zero a um (alguns apresentam de zero a cem). O valor zero representa a situação de igualdade, ou seja, todos têm a mesma renda."[31]

Eis que a desigualdade de renda reflete diretamente nos fatores sociais e políticos numa sociedade. Essa desigualdade deriva das rendas do trabalho, bem como das rendas provenientes do capital. No que diz respeito às rendas derivadas do trabalho, a sua desigualdade pode ser resultado de mecanismos como a oferta e demanda por qualificações, o sistema educacional e o processo de formação dos salários.[32]

Além disso, a desigualdade de renda também pode ser vista como a dificuldade do cidadão em obter capacidades básicas para uma vida minimamente digna. Estas capacidades vão desde elementos físicos essenciais como nutrição, vestimentas, saúde, até conquistas sociais mais complexas, tais como participar da vida em comunidade.

---

[28] ATKINSON, A. B. *On the Measurement of Inequality*. Journal of Economic Theory, 1970, p. 2.

[29] SEN, Amartya. *Nuevo examen de la desigualdad*. Madrid: Aianza Editorial, 1995, p. 114.

[30] MILANOVIC, Branko. *Los que tienen y los que no tienen*: una breve y singular historia de la desigualdad global. Traducción Francisco Muñoz de Bustillo Llorente, 2012. Madrid: Alianza Editorial, 2012, p. 51.

[31] WOLFFENBÜTTEL, Andréa. O que é – Índice de Gini. *Revista Desafios do Desenvolvimento*, ano 1, ed. 4, 2004. Disponível em: http://www.ipea.gov.br/desafios/index.php?option=com_content&id=2048:catid=28&Itemid=23. Acesso em: 25 mar. 2022.

[32] PIKETTY, Thomas. *O capital do século XXI*. Rio de Janeiro: Intrínseca, 2014, p. 249.

Logo, a desigualdade de renda dificulta ao cidadão atingir o bem-estar, justamente por falta de meios para isso.[33]

Amartya Sen explica que a privação relativa à renda pode produzir uma privação total no âmbito das capacidades. E, em um país com níveis alto de riqueza, o cidadão necessita de mais renda para comprar o suficiente bem-estar e alcançar o mesmo funcionamento social, isto é, aparecer em público sem "avergonhar-se". Esse funcionamento social pode ser relacionado com o consumo, variando conforme o que outros possuem nesta comunidade.[34]

De forma semelhante, Wolff argumenta que a igualdade social é a ausência de desigualdade social, isto é, não ter pobreza extrema, carência de matéria e dominação. Para a autora, os cidadãos que não possuem emprego se veem obrigados a optar entre uma pobreza dura ou desobedecer a lei. As altas taxas de desemprego em países da OCDE, explica Wolff, possuem programas de seguridade social que apenas cobrem as necessidades mais fundamentais, tendo o cidadão uma qualidade de vida muito baixa em sociedades com um nível de vida muito alto.[35]

Desse modo, o bem-estar social não se concretiza, estando-se diante de uma injustiça manifesta. De acordo com a obra de Amartya Sen, *The Ideal of Justice*, deve-se identificar estas injustiças manifestas e buscar soluções para estes males, e esta é exatamente a preocupação deste trabalho, por meio do estudo da desigual distribuição de renda.[36]

Em vista disso, ao analisar os aspectos conceituais sobre desigualdade de renda, pode-se perceber que uma sociedade muito desigual também se torna injusta com seus cidadãos, causando males indesejáveis à sua qualidade de vida. Por isso, este trabalho preocupa-se com a emblemática questão e busca verificar soluções para estas mazelas, que, conforme observar-se-á no próximo capítulo, também estão afetando o desenvolvimento da economia do conhecimento entre as nações.

Na tentativa de encontrar alternativas eficazes, é necessário estudar, de forma breve, a evolução da desigualdade de renda, principalmente nos países da União Europeia e Brasil. Destaca-se que o enfoque será após a década de 1980, em que as políticas neoliberais e

---

[33] SEN, Amartya. *Nuevo examen de la desigualdad*. Madrid: Aianza Editorial, 1995, p. 126-127.
[34] SEN, Amartya. *Nuevo examen de la desigualdad*. Madrid: Aianza Editorial, 1995, p. 132.
[35] WOLFF, Jonathan. Social equality and social inequality. *In*: FOURIE, C.; SCHUPPERT, F.; WALLIMANN-HELMER, I. (eds.). *Social Equality*: Essays on what it means to be Equals. Oxford: Oxford University Press, 2015, p. 209-227.
[36] SEN, Amartya. *The Ideal of Justice*. Cambridge: The Belknap Press, 2009.

a globalização[37] predominaram entre a população e tiveram um forte impacto à elevação da concentração de renda e riqueza, bem como para o enfraquecimento do poder estatal.

O estudo de possíveis causas para a elevação da desigualdade de renda, por meio da análise histórica, é fundamental para corrigir os erros do passado e avançar para um futuro mais equânime entre a população. Frisa-se que a pesquisa se atenta em comparar países considerados desenvolvidos e o Brasil, apontando diferenças e semelhanças, como será analisado no próximo tópico, visando buscar, juntos, soluções para a problemática mundial: a desigualdade de renda.

1.3 A desigualdade de renda a partir do pós-guerra

Uma sociedade repleta de desigualdades sempre esteve presente no cotidiano das nações. No entanto, há períodos em que as desigualdades apresentam-se de forma mais aguda entre os cidadãos, afetando impiedosamente o seu bem-estar. Por isso, é fundamental entender como a desigualdade de renda evolui na sociedade, a fim de se encontrarem formas de evitar e/ou solucionar estas mazelas. Para tanto, estudar a história e o passado pode ser um mecanismo útil para lidar com o presente e caminhar para o futuro.

Neste contexto, segundo Mandel,[38] vive-se numa sociedade capitalista, e esta sociedade é baseada, praticamente, em fases de expansão e declínios econômicos. Por exemplo, há um período de expansão ou "auge e prosperidade", em que ocorre um aumento na produção, comércio, investimento e no consumo. Em seguida, ocorre a fase de "superprodução", em que há um abundante crescimento da produção em geral e, consequentemente, maior será oferta do que a demanda. Assim, muitos produtos não serão mais vendidos, os preços cairão e as taxas de lucro também diminuirão. Daqui deriva um período de "crise e depressão", pois se há redução nas vendas, logo aumentarão os níveis de desemprego. E, finalmente, uma nova fase de "recuperação econômica", em que os excedentes das mercadorias foram reduzidos ou extintos, aumentando mais a demanda do que a oferta, subindo novamente os preços, os reinvestimentos da atividade produtiva e empresarial e os

---

[37] No terceiro capítulo estudar-se-á mais profundamente sobre os reflexos do neoliberalismo e globalização para a crise do Estado.
[38] MANDEL, Ernest. *O capitalismo tardio*. São Paulo: Abril Cultural, 1982, p. 75-76.

empregos.[39] Essas fases de declínio e expansão impactam diretamente na distribuição de renda entre os cidadãos e, consequentemente, na evolução da desigualdade numa nação.

De forma semelhante, Simon Kuznets[40] explica que uma sociedade igualitária passa para desigual e, posteriormente, volta a ser igual. O autor argumenta que a distribuição de renda é mais igualitária em sociedades basicamente agrícolas. Porém, na medida que a industrialização se desenvolve, os cidadãos migram para a cidade e a desigualdade aumenta. Isto porque há mais profissionais e mais cargos, resultando em distintas rendas entre os trabalhadores. No entanto, quando a sociedade se desenvolve mais, permite-se que ocorra uma redistribuição de renda às classes por meio da seguridade social, políticas públicas estatais e fiscalidade, tornando-se novamente igualitária.

Entretanto, a tendência pela igualdade voltou a diminuir nos últimos anos, inclusive nos países da União Europeia, devido a mudanças no cenário político e econômico. De fato, como será analisado detalhadamente a seguir, logo após a guerra, havia uma distribuição de renda e riqueza mais igualitárias entre as classes sociais, em que os salários aumentavam em consonância com a produtividade. Estava presente uma identidade comum entre a população, com propósitos semelhantes.[41]

Além disso, o Estado possuía um papel ativo, responsável por garantir o bem-estar dos cidadãos, intervindo na economia e criando políticas públicas para concretizar os direitos de toda a população. Entretanto, com a crise do petróleo, em 1973, o Estado foi perdendo sua credibilidade e os ideais neoliberais foram ganhando força. Havia chegado o momento de produzir, na prática, as políticas de liberação do mercado e de sua autonomia.

As décadas neoliberais trouxeram consequências prejudiciais às classes mais inferiores economicamente, isto porque as classes capitalistas, aliadas aos administradores de alto poder do setor financeiro, tinham o objetivo de reforçar a hegemonia e expandi-la mundialmente.

---

[39] MARX, Karl. *O capital*. Rio de Janeiro: Civilização Brasileira, 1980. Livro III, p. 277 e ss.
[40] KUZNETS, Simon. *Crescimento econômico moderno*: taxa, estrutura e *spread* (Estudo em Economia Comparada). New Haven: Yale University Press, 1967.
[41] SARRO, Iván Gonzáles. *Políticas Públicas Neoliberais y desigualdade*: México, Estados Unidos, Francia y España. Instituto Universitario de Investigación en Estúdios Latinoamericanos – Univesidad de Alcalá: Madrid, 2019, p. 24-34.

Deste modo, entre as consequências da adoção do neoliberalismo,[42] pode-se citar a concentração de riqueza e renda.

A concepção neoliberal, por ter como ideais o livre comércio e a livre mobilidade internacional de capital, trouxe uma crescente exploração do trabalho, deteriorando as condições dos trabalhadores, estagnando o poder de compra dos assalariados, bem como tornando mais banais os bens de consumo resultantes das importações de países com mão de obra barata.[43]

A globalização[44] contribuiu (e ainda contribui) também para o aumento da desigualdade, uma vez que as empresas, além de aumentar o seu poder negocial perante os trabalhadores, também influenciam na política no que se refere aos impostos. Exigem tributos menores, ou procurarão países que possuem alíquotas tributárias mais baixas, deixando os governos a mercê dessas indústrias. Dessa forma, os Estados acabam investindo mais na industrialização e menos em políticas sociais.[45]

Neste sentido, os Estados nacionais sofreram uma concorrência fiscal crescente em relação aos países menos exigentes. Na tentativa de melhorar o seu crescimento econômico, muitos Estados reduziram os

---

[42] O neoliberalismo é uma nova fase do capitalismo, que se impôs a partir do começo dos anos 1980. Considerando seus traços mais gerais nos países do Centro, como nos Estados Unidos e na Europa, destacam-se três características: uma dinâmica mais favorável da mudança tecnológica e da rentabilidade, a criação de rendas a favor das classes mais abastadas, e a redução da taxa de acumulação. O neoliberalismo pode ser tratado como uma configuração de poder particular dentro do capitalismo, na qual o poder e a renda da classe capitalista foram restabelecidos depois de um período de retrocesso. Considerando o crescimento da renda financeira e o novo progresso das instituições financeiras, esse período pode ser descrito como uma nova hegemonia financeira. O neoliberalismo coincidiu (a partir de meados dos anos 1980) com a afirmação de tendências de tecnologia e de distribuição mais favoráveis às empresas, além de criar novos fluxos de renda em favor das rendas altas. DUMÉNIL, Gérard; LÉVY, Dominique. Neoliberalismo: Neoimperialismo. *Revista Economia e Sociedade*, Campinas, v. 16, n. 1 (29), p. 1-19, abr. 2007. Disponível em: http://www.scielo.br/pdf/ecos/v16n1/a01v16n1. Acesso em: 21 mar. 2022.

[43] DUMÉNIL, Gérard; LÉVY, Dominique. *A crise do neoliberalismo*. São Paulo: Boitempo, 2014, p. 57-58.

[44] Neste contexto, o conceito de globalização, dado por Giddens, refere-se a intensificação das relações sociais em escala mundial e as conexões entre as diferentes regiões do globo, através das quais os acontecimentos locais sofrem a influência dos acontecimentos que ocorrem a muitas milhas de distância e vice-versa. As consequências de nossos atos estão encadeadas de tal forma que o que fizemos agora repercute em espaços e tempos distantes. Isto diz respeito às interconexões que se dão entre as dimensões global, local e cotidiana. Contudo, na perspectiva do sociólogo a globalização não é apenas um fenômeno de natureza econômica. A globalização é política, tecnológica e cultural, além de econômica. GUIDDENS, Anthony. *O mundo na era da Globalização*. Lisboa: Presença, 2000. Disponível em: http://www.ufjf.br/pur/files/2011/04/Texto-GIDDENS-Globalizacao.pdf Acesso em: 30 mar. 2022.

[45] STIGLITZ, Joseph E. *O preço da desigualdade*. Lisboa: Bertrand, 2013, p. 75-76.

salários e as prestações sociais nos escalões mais baixos do mercado e, nos escalões mais altos, o oposto: aumentaram o salário e reduziram as taxas de impostos.[46]

As políticas adotadas pelo Estado e seu papel governamental, seja econômico, social e fiscal, refletem diretamente nos índices de desigualdade da população. Por isso, para fins desta pesquisa, é necessário compreender a evolução da desigualdade de renda, em especial após a prática das políticas neoliberais e do Estado mínimo, a fim de analisar como o Estado pode influir nas futuras políticas para a construção de uma sociedade mais justa e igualitária.[47]

De acordo com Piketty, estudar a história ainda continua sendo a nossa principal fonte de conhecimento. Desse modo, a história pode auxiliar a compreender os erros do passado e modificar o futuro da sociedade. Em suas palavras: "A experiência histórica continua sendo nossa principal fonte de conhecimento. [...] No entanto, as lições imperfeitas que podemos tirar da história são de valor inestimável e insubstituível". (Tradução livre)[48]

Neste viés, ressalta que uma sociedade desigual, com desemprego crescente e ineficácia de seus direitos básicos, também reflete diretamente no crescimento econômico e na economia. Milanovic adverte que uma sociedade desigual produz consequências indesejáveis para a qualidade de vida das pessoas e para a economia, podendo, inclusive, desencadear revoluções. No caso de revoluções, o autor argumenta que uma desigualdade crescente põe em movimento forças de natureza destrutiva, como guerras e sofrimento social.[49]

Portanto, na atual sociedade, a redução da desigualdade é uma pauta de extrema urgência, com a qual todos os Estados-Nações deveriam se preocupar. A elevação da desigualdade de renda nos últimos anos é uma realidade de diversos países, inclusive aos membros da

---

[46] STREECK, Wolfgang. *Tempo comprado*: a crise adiada do capitalismo democrático. Lisboa: Conjuntura Actual, 2013, p. 110-111.

[47] SARRO, Iván Gonzáles. *Políticas Públicas Neoliberais y desigualdade*: México, Estados Unidos, Francia y España. Instituto Universitario de Investigación en Estúdios Latinoamericanos – Univesidad de Alcalá: Madrid, 2019, p. 24-34.

[48] Texto original: "La experiencia histórica sigue siendo nuestra principal fuente de conocimiento. [...] Sin embargo, las lecciones imperfectas que podemos extraer de la historia tienen un valor inestimable e irremplazable." PIKETTY, Thomas. Putting Distribution Back at the Center of Economics: Reflections on Capital in the Twenty-First Century. *Journal of Economic Perspectives*, v. 29, n. 1, p. 67-88, 2015. Disponível em: https://www.aeaweb.org/articles?id=10.1257/jep.29.1.67. Acesso em: 13 nov. 2023.

[49] MILANOVIC, Branko. *Global inequality a new approach for the age of globalization*. Cambridge: Harvard University Press, Massachusetts, 2016, p. 98.

União Europeia. Algumas causas merecem destaque, como o neoliberalismo e a globalização, visto que elas também enfraqueceram a soberania do Estado, conforme será estudado adiante. Ressalta-se a importância do estudo da evolução da desigualdade, a fim de analisar soluções para os erros cometidos no passado e avançar na concretização do bem comum de toda a população no futuro.

1.3.1 A evolução da desigualdade na União Europeia

Desigualdade de renda costumava ser associada aos países de baixa renda, com dificuldades econômicas e que não conseguiam efetivar os direitos básicos ao cidadão. Todavia, o crescimento da desigualdade, principalmente após a década de 1980, começou a se tornar um motivo de preocupação entre os países com economias mais sólidas, como os integrantes da União Europeia. Deste modo, o tema sobre desigualdade tornou-se um debate de extrema importância para toda a sociedade global, necessitando ser combatida urgentemente.

Neste viés, com base nos dados disponibilizados pela Instituição Eurostat, verifica-se o agravamento da desigualdade na União Europeia, mesmo em períodos pós-crise econômica, demonstrando que as classes mais altas se recuperam mais rápido do que as classes inferiores. Por exemplo, em 2009, os 20% mais ricos recebiam uma renda equivalente a 4,92 vezes maior que os 20% mais pobres. Já em 2019, esse número cresceu para 5,09.[50] Já os 40% mais pobres tiverem uma redução em sua renda de 21,3 (2009) para 21,1 em 2019 (período pós-crise).[51]

Quanto a este último dado, ressalta-se que alguns países integrantes da União Europeia também reduziram sua renda entre 2009-2019, como é o caso da Áustria, Malta, Hungria, Luxemburgo, Itália, Espanha, Alemanha e Bulgária. No caso do país alemão, em 2020, a participação na renda dos 40% mais pobres diminuiu mais ainda, ficando em 19,2% em relação à renda total.[52] Veja o comparativo no Gráfico 1 a seguir:

---

[50] EUROSTAT. Inequality of income distribution. *Centro de Documentación Europea*. Universidad de Sevilla/ES, 20 nov. 2021.

[51] EUROSTAT. Income share of the bottom 40 % of the population. *Centro de Documentación Europea*. Universidad de Sevilla/ES, 20 nov. 2021.

[52] EUROSTAT. Income share of the bottom 40 % of the population. *Centro de Documentación Europea*. Universidad de Sevilla/ES, 20 nov. 2021.

Gráfico 1 –Participação na Renda Total (40% mais pobres 2009-2019)

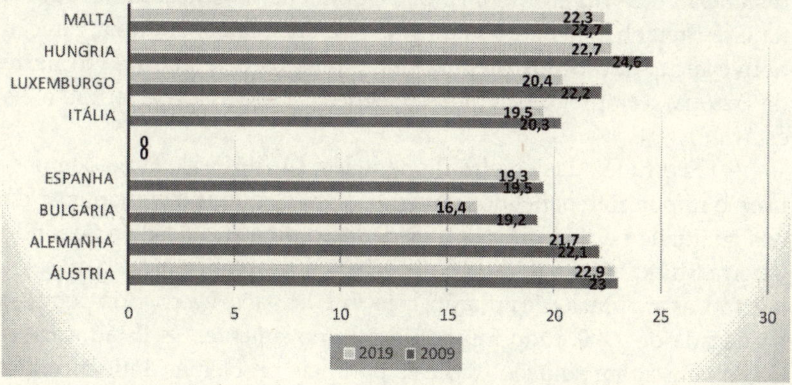

País	2019	2009
MALTA	22,3	22,7
HUNGRIA	22,7	24,6
LUXEMBURGO	20,4	22,2
ITÁLIA	19,5	20,3
ESPANHA	19,3	19,5
BULGÁRIA	16,4	19,2
ALEMANHA	21,7	22,1
ÁUSTRIA	22,9	23

Fonte: Elaborado pela autora com base nos dados fornecidos pela Instituição Eurostat.

Para tanto, é essencial entender o que causou o agravamento dessas iniquidades e o papel do Estado neste contexto. Assim, volta-se há alguns anos, especialmente ao período pós-Segunda Guerra Mundial, para analisar como a sociedade se desenvolveu em referida época, seus problemas e as políticas governamentais adotadas nos anos seguintes, visando explicar os atuais níveis de iniquidades nestes países da zona do euro.

No período do pós-guerra, a população reivindicava paz e prosperidade. Em vista disso, criou-se um marco mais aberto para negociações políticas internacionais e comércio, sob o qual todos pudessem se beneficiar. Havia um consenso no Ocidente sobre o papel do Estado, podendo ele, e devendo, intervir para limitar o mercado em nome do interesse público. O Estado deveria ser ativista, tanto no planejamento econômico como no investimento público.[53]

Dessa forma, a população acreditava que todos ganhariam com as oportunidades criadas pelo Estado. Havia fé no poder estatal e este deveria garantir o pleno emprego, o crescimento econômico e o bem-estar dos cidadãos.[54]

---

[53] SARRO, Iván Gonzáles. *Políticas Públicas Neoliberais y desigualdade*: México, Estados Unidos, Francia y España. Instituto Universitario de Investigación en Estúdios Latinoamericanos – Univesidad de Alcalá: Madrid, 2019, p. 46-47.

[54] SARRO, Iván Gonzáles. *Políticas Públicas Neoliberais y desigualdade*: México, Estados Unidos, Francia y España. Instituto Universitario de Investigación en Estúdios Latinoamericanos – Univesidad de Alcalá: Madrid, 2019, p. 47.

O resultado desse papel mais ativo do Estado foi a redução da distância entre ricos e pobres, principalmente nos Estados Unidos e na Grã-Bretanha, como aponta Judt.[55] Na Alemanha, em uma geração houve recuperação dos prejuízos ocasionados pela guerra. No norte da Europa, o emprego voltou a ser seguro e a sociedade se tornou mais estável.[56]

Os estudos das escolas de Berkeley, Oxford e de Paris demonstram o importante papel dos governos para diminuir o crescimento da desigualdade na maioria das sociedades capitalistas desde a Segunda Guerra Mundial até a década de 1980.[57] Todavia, com o avanço do capitalismo, as altas taxas de inflação, crescimento baixo e a crise do petróleo na década de 1970, tudo foi modificado novamente. Os Estados capitalistas buscaram soluções radicais para tais problemas, influenciados pelos ideais do mercado livre, visto que as políticas pós-guerra pareciam não mais servir para controlar a crise.[58]

Em meados da década de 1970, a ordem econômica do pós-guerra estava paralisada, com elevada inflação e baixo crescimento econômico. Neste cenário, foram se difundindo as teorias neoliberais, que pregavam pelo livre mercado, contrapondo as teorias totalitaristas e comunistas. Assim, defendia-se que o mercado deveria se autorregular, estando liberado de qualquer supervisão estatal.[59] Entretanto, essa autorregulação é profundamente destrutiva quando se permite que o mercado se desenvolva sem obstáculos, livre de leis e políticas, conforme enfatiza Polanyi.[60]

Como a concepção neoliberal encontrou um terreno forte para se expandir neste contexto, o Estado deveria limitar os gastos sociais e as

---

[55] JUDT, T. *Algo va mal*. Madrid: Taurus, 2010, p. 59.
[56] SARRO, Iván Gonzáles. *Políticas Públicas Neoliberais y desigualdade*: México, Estados Unidos, Francia y España. Instituto Universitario de Investigación en Estúdios Latinoamericanos – Univesidad de Alcalá: Madrid, 2019, p. 48-49.
[57] KLEIN, Herbert S. Klein, H. S. Estudiar la desigualdad: contribuciones de historia. *Historia Mexicana*, v. 70, n. 3, p. 1437-1474, 2020. Disponível em: https://doi.org/10.24201/hm.v70i3.4188. Acesso em: 26 out. 2021, p. 1459.
[58] SARRO, Iván Gonzáles. *Políticas Públicas Neoliberais y desigualdade*: México, Estados Unidos, Francia y España. Instituto Universitario de Investigación en Estúdios Latinoamericanos – Univesidad de Alcalá: Madrid, 2019, p. 49.
[59] ZUBOFF, Shoshana. *La era del capitalismo de la vigilancia*: la lucha por um futuro humano frente a las nuevas fronteras del poder. Tradución de Albino Santos Mosquera. Barcelona: Planeta (Paidós), 2020, p. 59.
[60] ZUBOFF, Shoshana. *La era del capitalismo de la vigilancia*: la lucha por um futuro humano frente a las nuevas fronteras del poder. Tradución de Albino Santos Mosquera. Barcelona: Planeta (Paidós), 2020, p. 61.

intervenções econômicas, bem como incentivar os agentes econômicos por meio de reformas fiscais. Em outras palavras, reduzir os impostos sobre os lucros e rendas mais altas. Resultado: crescimento da desigualdade nos países com economias mais avançadas.[61]

As políticas neoliberais introduziram uma maior flexibilidade nos mercados de trabalho, ajustes fiscais, impuseram políticas monetárias para controle de inflação dos preços, privatização dos setores de propriedade estatal, e os gastos sociais foram reduzidos. Tudo isso para que o ideal neoliberal fosse atingido, isto é, para os adeptos desta teoria, primeiro é preciso criar riqueza para só depois reparti-la. Todavia, convenientemente esqueceu-se da redistribuição.[62]

Para essa ideologia, o mercado era capaz de resolver os problemas sociais e econômicos sem a intromissão do Estado. E, como o Estado era supostamente o culpado dos problemas que a população estava sofrendo, deveria deixar que o mercado fosse livre e pouco regulado, para poder funcionar com eficiência.[63]

Neste cenário, ocorre a supremacia da empresa privada, sociedade desregulada, privatização e Estado mínimo. Segundo David Harvey,[64] as medidas de restauração e reconstrução do poder das elites econômicas estavam legitimadas neste novo cenário neoliberal.

Ademais, a globalização cooperou para a supremacia dos interesses econômicos destas elites econômicas. Conforme aponta Stiglitz, a globalização sem restrição contribui para a crescente desigualdade, pois os donos da riqueza requerem ainda mais direitos do Estado a favor da livre mobilidade de capitais, tanto dentro como fora do país. Nesta medida, os donos do dinheiro posicionam-se contrariamente às leis de transparência, justamente para não evidenciar seus abusos na prestação de serviços de crédito e fiscais.[65]

---

[61] SARRO, Iván Gonzáles. *Políticas Públicas Neoliberais y desigualdade*: México, Estados Unidos, Francia y España. Instituto Universitario de Investigación en Estúdios Latinoamericanos – Univesidad de Alcalá: Madrid, 2019, p. 51.

[62] SARRO, Iván Gonzáles. *Políticas Públicas Neoliberais y desigualdade*: México, Estados Unidos, Francia y España. Instituto Universitario de Investigación en Estúdios Latinoamericanos – Univesidad de Alcalá: Madrid, 2019, p. 37.

[63] SARRO, Iván Gonzáles. *Políticas Públicas Neoliberais y desigualdade*: México, Estados Unidos, Francia y España. Instituto Universitario de Investigación en Estúdios Latinoamericanos – Univesidad de Alcalá: Madrid, 2019, p. 51.

[64] HARVEY, D. *Breve historia del neoliberalismo*. Madrid: Ediciones Akal, 2007, p. 25.

[65] MORALES, E. Causas y posibles soluciones de la desigualdad en la sociedad desde la percepción de Joseph E. Stiglitz. *Economía Sociedad Y Territorio*, 19 ago. 2014. Disponível em: https://doi.org/10.22136/est002014399. Acesso em: 26 out. 2021.

Para avançar pelo caminho do crescimento econômico, era necessário executar cinco reformas nas áreas fiscal, laboral, financeira, comercial e estatal. Nas palavras de Ivan Gonzáles Sarro, estas reformas representam as seguintes modificações:

> 1) equilíbrio do orçamento público reduzindo o déficit fiscal; 2) redirecionamento do gasto público priorizando a seleção de mercado; 3) reformas fiscais que reduziram os impostos diretos e aumentaram os indiretos; 4) estabelecimento de taxas de juros positivas que atraiam capital e estimulem a poupança interna; 5) taxas de câmbio que permitam direcionar a economia para o exterior de forma competitiva; 6) liberalização do comércio com plena abertura das fronteiras; 7) recebimento de investimento estrangeiro direto; 8) privatização do setor público; 9) desregulamentação do mercado de trabalho, controles sobre empresas e capitais e desaparecimento de barreiras legais aos movimentos econômicos, e 10) garantias de direitos de propriedade. (Tradução livre)[66]

As transformações ocorridas a partir da década de 1990, em especial por conta da reforma neoliberal do Estado, implicaram consequências indesejáveis não só para os cidadãos, como também para os governos. Dentre elas, pode-se citar o endividamento dos Estados, já que eles acabaram tendo que contrair muitos empréstimos, enquanto não possuíam uma efetiva cobrança de impostos. Assim, os empréstimos ocuparam cada vez mais as receitas estatais, obrigando os Estados a adotarem a privatização de setores básicos, como educação, saúde, moradia, entre outros, que, por vezes, não prestam um serviço de qualidade à população. A precariedade desses serviços acarreta mais desigualdades sociais e econômicas, tornando mais difícil o acesso às necessidades básicas pelos cidadãos mais carentes.[67]

---

[66] Texto original: "1) equilíbrio del presupuesto público reduciendo el déficit fiscal; 2) reconducción del gasto público primando la selección del mercado; 3) reformas fiscales que redujeran los impuestos directos y aumentaran los indirectos; 4) establecimiento de tipos de interés positivos que atrajeran capitales y fomentasen el ahorro interno; 5) tipos de cambio que permitieran orientar la economia hacia el exterior de manera competitiva; 6) liberalización comercial com plena apertura de fronteras; 7)) recepción de inversión extranjera directa; 8) privatizaciones del sector público; 9) desregulación en lo referente al mercado laboral, a los controles a las empresas y a los capitales y desaparición de las barreras legales a los movimientos económicos, y 10) garantias a los derechos de propriedade." SARRO, Iván Gonzáles. *Políticas Públicas Neoliberais y desigualdade*: México, Estados Unidos, Francia y España. Instituto Universitario de Investigación en Estúdios Latinoamericanos – Univesidad de Alcalá: Madrid, 2019, p. 53-54.

[67] STREECK, Wolfgang. *Tempo comprado*: a crise adiada do capitalismo democrático. Lisboa: Conjuntura Actual, 2013, p. 118-123.

Ademais, as políticas fiscais também foram alteradas neste período. Segundo Gómez Sabaini,[68] as reformas fiscais que se procederam a partir dos anos de 1980 objetivavam uma maior simplificação dos tributos, a fim de buscar neutralidade e modernização do sistema e da administração tributária.

A consequência foi a centralidade em impostos indiretos e limitação da progressividade. Uma característica comum destas reformas foi a redução das taxas sobre a renda pessoal, sobre os dividendos e sobre o comércio exterior, que se compensaram – no caso europeu – nas taxas incidentes sobre o IVA, convertendo-se no principal instrumentos de arrecadação fiscal.[69]

Tais políticas, baseadas nos ideais neoliberais, provocaram impactos na distribuição de renda, inclusive nos países europeus. Analisando o Índice de Gini da França, percebe-se que a desigualdade aumentou na metade dos anos de 1990 até a crise de 2008 (a qual será abordada no próximo item), observando uma elevação na renda do grupo superior, o que aprofundou a distância entre as classes sociais francesas. Piketty ressalta que, a partir da década de 1990, houve uma elevação dos salários então já altos, principalmente dos executivos de grandes empresas e do mundo das finanças, o que pode ter contribuído para o agravamento das iniquidades relacionadas à distribuição de renda.[70]

Na Espanha, por exemplo, com a entrada em 1999 na zona do euro, os gestores políticos preferiram liberar e privatizar. Com estas privatizações, o setor público não ficou mais eficiente ou rentável, como era a promessa de tal movimento. Ao contrário, serviu para obter renda, de forma acelerada, ao Estado. Muitas dessas privatizações apenas transferiram o poder de domínio de mercado do setor público ao privado.[71]

Juntamente ao movimento de privatização, ocorreu a liberalização de mercados e dos monopólios estatais, possibilitando que o

---

[68] GÓMEZ SABAINI, J. C.; JUAN PABLO JIMÉNEZ PODESTÁ, A. Tributación, evasión y equidad en America Latina y el Caribe. *In:* JIMÉNEZ, J. P.; GÓMEZ SABAINI, J. C. y PODESTÁ, A. *Evasión y equidad em América Latina.* Documentos de Proyecto, nº 309 (LC/W.309), Santiago do Chile: Comisión Económica para América Latina y el Caribe (CEPAL), 2010, p. 23.

[69] SARRO, Iván Gonzáles. *Políticas Públicas Neoliberais y desigualdade:* México, Estados Unidos, Francia y España. Instituto Universitario de Investigación en Estúdios Latinoamericanos – Univesidad de Alcalá: Madrid, 2019, p. 151.

[70] PIKETTY, Thomas. *El capital del siglo XXI.* Madrid: Fondo de Cultura Económica FCE, 2014, p. 317.

[71] SARRO, Iván Gonzáles. *Políticas Públicas Neoliberais y desigualdade:* México, Estados Unidos, Francia y España. Instituto Universitario de Investigación en Estúdios Latinoamericanos – Univesidad de Alcalá: Madrid, 2019, p. 89-90.

particular assumisse plataformas digitais de televisão, emissão de futebol, telefonia móvel, setor aéreo, dentre outros. Com isso, em um primeiro momento, gerou aumento de empregos e renda. As instituições financeiras aproveitaram também a festa para oferecer intermináveis empréstimos para moradia, empreendimentos, sem uma efetiva regulação e limite. O resultado desta riqueza fictícia foi um mercado desequilibrado, baseado na criação e construção de postos de trabalho de baixa qualificação, endividamento da população, os quais desencadearam a crise financeira mundial de 2008.[72]

No país espanhol, verifica-se um aumento do Índice de Gini nos anos que procederem à crise de 2008. Em 2007, o índice estava em 0,319, subindo gradativamente para 0,342, em 2012. A desigualdade de renda neste país, analisando o índice de Gini, apresenta-se mais acentuado em determinados períodos, como os primeiros anos da década de 1990 e entre 2007-2012. Nota-se que no período entre 1998-2005, a Espanha produziu uma leve redução da desigualdade em comparação com o extraordinário crescimento econômico.[73]

Piketty ressalta que a França também tem experimentado um aumento significativo da desigualdade de renda. Entre 1983 e 2015, a renda média do 1% mais rico cresceu mais que a inflação, captando 21% do crescimento total. Nos anos anteriores a 1983, após o período da Guerra Mundial, a renda cresceu 4% para toda a população e apenas 1% para os mais ricos. É nítido o mito igualitário francês.[74]

Além disso, os patrimônios também cresceram consideravelmente. Por exemplo, 10 milhões de euros estão compostos por 90% dos profissionais financeiros. Assim, Piketty sustenta que é necessário pôr fim a negação da desigualdade francesa.[75]

Tanto na Espanha como na França, verifica-se que a desigualdade se acentua em momentos de crise econômica. Em contrapartida, em épocas consideradas de bonança, a desigualdade não se reduz

---

[72] SARRO, Iván Gonzáles. *Políticas Públicas Neoliberais y desigualdade*: México, Estados Unidos, Francia y España. Instituto Universitario de Investigación en Estúdios Latinoamericanos – Univesidad de Alcalá: Madrid, 2019, p. 90.

[73] SARRO, Iván Gonzáles. *Políticas Públicas Neoliberais y desigualdade*: México, Estados Unidos, Francia y España. Instituto Universitario de Investigación en Estúdios Latinoamericanos – Univesidad de Alcalá: Madrid, 2019, p. 131-132.

[74] PIKETTY, Thomas. *Viva el socialismo*: crónicas 2016-2020. Traducción de Daniel Fuentes. Barcelona: Ediciones Deusto, 2020, p. 114.

[75] PIKETTY, Thomas. *Viva el socialismo*: crónicas 2016-2020. Traducción de Daniel Fuentes. Barcelona: Ediciones Deusto, 2020, p. 116.

substancialmente. Isto é, a desigualdade aumenta em períodos de recessão, justamente pela elevação do desemprego, porém – em épocas de crescimento econômico – não se vislumbra uma significativa melhora na distribuição de renda.[76]

Além disso, o elevado nível de desigualdade de renda, seja de capital ou de trabalho, deprimiram a demanda de consumo e dificultaram a recuperação da economia global. Para se ter uma noção, segundo o estudo da CEPAL, "[...] o 1% mais rico do mundo capturou 27% do total acumulado do crescimento da renda entre 1980 e 2016, enquanto os 50% da distribuição capturaram somente 12%."[77]

O Fundo Monetário Internacional (FMI), diferentemente de sua posição na década de 1990, afirma que a má distribuição de rendimentos gera desigualdade e que esta desencadeia instabilidades financeiras, originando crises e mais desigualdades.[78] Fato este que pode ser verificado na crise de 2008, ocorrida inicialmente nos Estados Unidos, tendo gerado muitas consequências para os cidadãos norte-americanos, mas também, posteriormente, ao restante do mundo. Dessa forma, a desigualdade que já era expressiva nesse país, tornou-se ainda maior. Milhares de famílias tiveram seu poder de compra estagnado, perderam suas poupanças enquanto instituições financeiras decretavam falência, agravando ainda mais a concentração de renda e riqueza.

De fato, o Reino Unido e a maior parte da Europa, no início do século XXI, apresentavam níveis elevados de desigualdade comparados com os níveis enfrentados no século XIX pelos Estados Unidos. Ou seja, as políticas neoliberais contribuíram para o agravamento da desigualdade e, com isso, diminuiu o crescimento econômico, criando uma vulnerabilidade permanente para as crises econômicas.[79]

Os dados mostram que a pobreza atribuída à baixa formação e ao desemprego excluíram, em 2013, por exemplo, quase um terço da população inglesa das atividades sociais comuns. Tal fato evidencia que a autorregulação de mercados, sem obstáculos, beneficia apenas

---

[76] SARRO, Iván Gonzáles. *Políticas Públicas Neoliberais y desigualdade*: México, Estados Unidos, Francia y España. Instituto Universitario de Investigación en Estúdios Latinoamericanos – Univesidad de Alcalá: Madrid, 2019, p. 132-134.
[77] COMISIÓN ECONÓMICA PARA LATINOAMÉRICA Y EL CARIBE – CEPAL. *A ineficiência da desigualdade*. Síntese (LC/SES.37/4), Santiago, 2018, p. 13.
[78] STIGLITZ, Joseph E. *O preço da desigualdade*. Lisboa: Bertrand, 2013, p. 157.
[79] ZUBOFF, Shoshana. *La era del capitalismo de la vigilancia*: la lucha por um futuro humano frente a las nuevas fronteras del poder. Tradución de Albino Santos Mosquera. Barcelona: Planeta (Paidós), 2020, p. 65.

uma "elite econômica", enquanto a grande parte da população possui dificuldades ao acesso de oportunidades.[80]

Por tudo isso, as políticas governamentais e a opção pelos ideais neoliberais contribuíram para o aumento gradativo da desigualdade, inclusive em países desenvolvidos. Os dados demonstram que as iniquidades se destacaram ainda mais com a crise mundial de 2008, a qual, como sustentado acima, foi um resultado desencadeado por diversas políticas e desequilíbrio dos mercados. Está claro, portanto, que o mercado não conseguiu cumprir a promessa de redistribuição de renda e equilíbrio social.

A referida crise mundial de 2008 agravou ainda mais o cenário já desigual. Apesar de ter se iniciado nos Estados Unidos, aos poucos a agrura avançou para os demais países, como os da zona do euro. No país norte-americano, o acesso ao crédito cada vez mais fácil e a falta de regulação das instituições financeiras ocasionaram o endividamento de famílias e a estagnação das rendas baixas e médias, eclodindo numa crise mundial.

Neste sentido, explica Roberto Frenkel que as crises financeiras são sempre precedidas por um período de expansão econômica e financeira, que leva os agentes a investirem e assumir maiores riscos. Ocorre que, em algum momento, um episódio negativo chama a atenção para o elevado grau de exposição ao risco e perdas de riqueza começam a ser registradas.[81]

Destarte, alguns estudiosos explicam que o início da crise deu-se com a bolha do setor imobiliário nos Estados Unidos, a qual surgiu em face da "abundância de créditos sem as devidas garantias, impactando toda uma extensa cadeia de títulos dos mercados financeiros, dentro e fora daquele país."[82] O declínio dos mercados imobiliários, a partir de 2006, marcou uma nova recessão para os Estados Unidos e para sua economia, em que o saldo devedor de empréstimos hipotecários resultaram no aumento do PIB para 73% em 2007. Esse declínio se deve pelo fato de que, entre 1996 e 2006, houve um aumento considerável nos preços

---

[80] ZUBOFF, Shoshana. *La era del capitalismo de la vigilancia*: la lucha por um futuro humano frente a las nuevas fronteras del poder. Tradución de Albino Santos Mosquera. Barcelona: Planeta (Paidós), 2020, p. 65.

[81] FRENKEL, Roberto. *Sistema financeiro e política econômica em uma era de instabilidade:* lições sobre crises financeiras. Goiânia: UFG; Brasília: UnB, 1997. Fundo de Cultura, 1961, p. 9.

[82] KHAIR, Amir. O orçamento diante da crise. *Le Monde Diplomatique Brasil*, 4 jan. 2009. Disponível em: http://www.diplomatique.org.br/artigo.php?id=415. Acesso em: 25 out. 2021.

dos imóveis; logo, o estoque de casas à venda subiu drasticamente, passando para 4,6 milhões entre o final de 2005 e julho de 2008. Com muitas casas para vender, os preços voltaram a cair no início de 2006.[83]

Além disso, a partir do ano de 2000, houve um aumento da desigualdade entre as classes, resultado de uma nova ordem social formada pelos servidores públicos e gerentes que detêm altas remunerações e carteiras de ativos financeiros. Dessa forma, enquanto os assalariados possuíam o seu poder de compra limitado, essas novas classes sociais recebiam altas remunerações e acumulavam muita riqueza, resultando, inclusive, num *boom* de consumo. Esse exagerado consumo resultou no declínio da taxa de poupança das famílias, em que a parcela de remuneração do trabalho não acompanhou a crescente parcela do consumo.[84]

Outro fator é a falta de regulação financeira, decorrente, em parte, pela hegemonia financeira, em que as camadas superiores das classes capitalistas utilizam as instituições financeiras como instrumentos a serviço da dominação que exercem sobre a economia, com o propósito de alcançar seus interesses de poder e renda.[85] Com esses objetivos, não demorou muito para que os elevados investimentos e as consequentes dívidas resultassem numa crise econômica e financeira, como a vivenciada no ano de 2008.

Diante da crise americana, "as bolsas de valores acumularam perdas, o câmbio ganhou volatilidade e o contágio quase imediato da economia internacional gerou paralisia no mundo dos negócios e na produção de bens e serviços."[86] Logo, refletiu na perda de milhares de empregos por diversos lugares do mundo, aumentando a desigualdade já existente.

O avanço da crise nos Estados Unidos repercutiu mundialmente, inclusive nos países europeus. A zona europeia mais afetada certamente foi a do euro. É evidente que a crise atingiu muito mais os países da Europa (mais especificamente os que adotaram o euro) e demonstrou a fragilidade econômica de alguns países pertencentes a esta zona.

---

[83] DUMÉNIL, Gérard; LÉVY, Dominique. *A crise do neoliberalismo.* São Paulo: Boitempo, 2014, p. 95; 186-193.
[84] DUMÉNIL, Gérard; LÉVY, Dominique. *A crise do neoliberalismo.* São Paulo: Boitempo, 2014, p. 95; 158-159.
[85] DUMÉNIL, Gérard; LÉVY, Dominique. *A crise do neoliberalismo.* São Paulo: Boitempo, 2014, p. 65.
[86] BELKAÏD, Akram. O elo frágil da economia global. *Le Monde Diplomatique Brasil*, 4 dez. 2008. Disponível em: http://www.diplomatique.org.br/artigo.php?id=305. Acesso em: 14 nov. 2021.

Por ser uma moeda única adotada por diversos países, sem sequer haver um equilíbrio econômico entre eles, o euro acabou se tornando um dos responsáveis pelo agravamento de sua crise. Na verdade, o que se percebe com essa crise é que houve uma precipitação na adoção da moeda única em países com situações econômicas diversas. Essa disparidade econômica entre os países não colaborou para o sucesso do euro, tanto que a crise teve um "efeito dominó", o que dificultou a reestruturação da economia.

Nesse sentido, explica Luis Carlos Bresser Pereira que, "ao criarem o euro, deixaram de ter uma moeda nacional e passaram a ter uma moeda estrangeira – uma moeda que, nas crises, eles não podem emitir, nem desvalorizar".[87] Nas palavras de Wolfgang Streeck, o euro, seguindo o modelo neoliberal, obrigou os Estados-membros a adotar uma política de desvalorização interna:

> [...] amumento na produtividade e da competividade através de mercados de trabalho mais flexiveis, salários mais baixos, horários de trabalho mais prolongados, aumento da participação no mercado de trabalho e Estado-providência regido pela remercantilização.[88]

Dessa forma, a zona do euro foi diretamente prejudicada, principalmente com a queda das cotações das ações norte-americanas a partir de outubro de 2008, em que foi declarada, pelo Banco da Inglaterra, uma perda de 2,8 trilhões de dólares, e na zona do euro, cerca de 1 trilhão de dólares.[89]

O prejuízo também foi sentido na produção dos países capitalistas, onde houve uma queda na taxa de crescimento e do comércio internacional. Como exemplo, a produção de aço mundial caiu cerca de 30% no final de 2008. Ademais, as exportações de produtos tiveram uma queda de 32% a 45% nos países da zona do euro, nos Estados Unidos e Japão.[90]

---

[87] PEREIRA, Luis Carlos Bresser. Estratégia nem wage-led nem export-led, mas novo-desenvolvimentista. In: MODENESI, André de Melo et al. (org.). *Sistema financeiro e política econômica em uma era de instabilidade:* tendências mundiais e perspectivas para a economia brasileira. Rio de Janeiro: Elsevier, 2012, p. 28.

[88] STREECK, Wolfgang. *Tempo comprado*: a crise adiada do capitalismo democrático. Lisboa: Conjuntura Actual, 2013, p. 255.

[89] DUMÉNIL, Gérard; LÉVY, Dominique. *A crise do neoliberalismo*. São Paulo: Boitempo, 2014, p. 267.

[90] DUMÉNIL, Gérard; LÉVY, Dominique. *A crise do neoliberalismo*. São Paulo: Boitempo, 2014, p. 272-273.

De acordo com o Relatório Global de Riqueza de 2014, os cidadãos com menor poder aquisitivo pagaram o preço da crise, enquanto os mais capazes em termos financeiros tiveram um aumento significativo de suas riquezas. Ainda, o relatório demonstra um aumento de 20,1 trilhões de dólares na riqueza mundial ao longo do ano de 2013, sendo o maior registrado desde 2007. "O total tem aumentado a cada ano desde 2008 e, atualmente, está 20% acima de seu pico antes da crise."[91]

O índice de rendimentos da riqueza ficou por mais de um século entre 4 e 5, mas somente na década de 1990, com a bolha da internet, e entre 2005 e 2007 com a crise, passando o índice para 6. Logo, "trata-se de um sinal preocupante, visto que as taxas de rendimento da riqueza demasiado altas sempre sinalizaram, no passado, uma recessão." Como exemplo disso, nos estados norte-americanos, "a riqueza no ano de 2013 cresceu 12,3 trilhões de dólares, tanto quanto o país perdeu na crise financeira."[92]

Na União Europeia, os reflexos da crise do euro modificaram a renda da população de diversos países da zona do euro, como Espanha, Portugal e Grécia. No país espanhol, entre os anos de 2012 e 2016, houve uma significativa redução da renda, voltando a crescer nos anos seguintes.[93] De forma semelhante ocorreu com Portugal e Grécia, conforme se verifica no Gráfico 2 a seguir:

---

[91] 1% MAIS rico detém metade da riqueza mundial, diz Relatório Global de Riqueza 2014. *The Guardian*, tradução Isaque Gomes Correa, no EcoDebate. *Instituto Justiça Fiscal*, 28 out. 2014. Disponível em: http://www.ijf.org.br/?view=detalhe.publicacao&url_amigavel=1-mais-rico-detem-metade-da-riqueza-mundial-diz-relatorio-global-de-riqueza-2014. Acesso em: 16 out. 2021.

[92] 1% MAIS rico detém metade da riqueza mundial, diz Relatório Global de Riqueza 2014. *The Guardian*, tradução Isaque Gomes Correa, no EcoDebate. *Instituto Justiça Fiscal*, 28 out. 2014. Disponível em: http://www.ijf.org.br/?view=detalhe.publicacao&url_amigavel=1-mais-rico-detem-metade-da-riqueza-mundial-diz-relatorio-global-de-riqueza-2014. Acesso em: 16 out. 2021.

[93] EUROSTAT. Distribution of income by quantiles. *Centro de Documentanción Europea*. Universidad de Sevilla/ES. 14 out. 2021.

Gráfico 2 – Renda Média *Per Capita* (2012-2016)

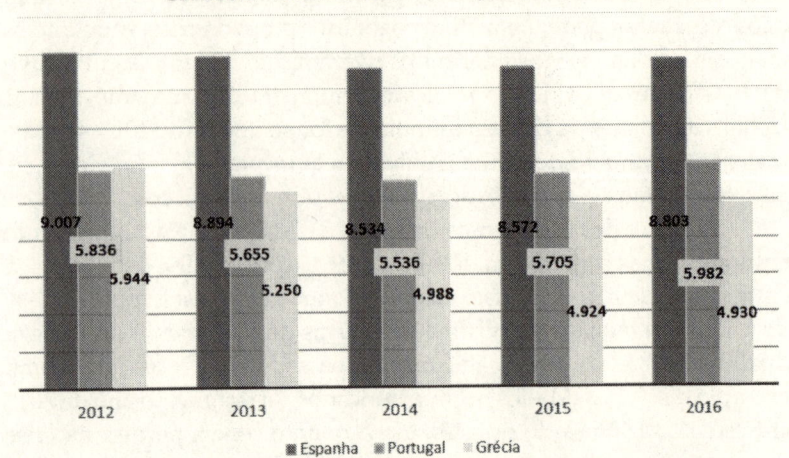

Ano	Espanha	Portugal	Grécia
2012	9.007	5.836	5.944
2013	8.894	5.655	5.250
2014	8.534	5.536	4.988
2015	8.572	5.705	4.924
2016	8.803	5.982	4.930

Fonte: Elaborado pela autora com base nos dados disponibilizados pela Eurostat.

Além disso, em relação ao coeficiente de Gini, a União Europeia teve uma elevação, principalmente, nos anos de 2014-2015, como consequência da economia fragilizada pela crise mundial.[94] Alguns países também seguiram essa tendência, como Espanha, Portugal e Grécia, de acordo com o gráfico:

Gráfico 3 – Coeficiente de Gini (0-100)

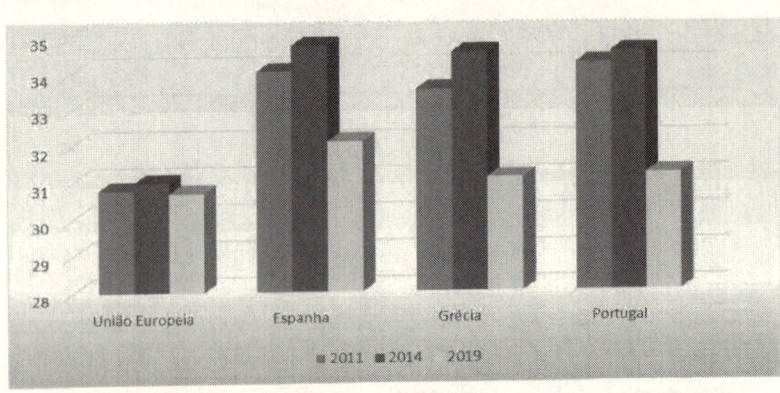

(Dados referentes aos anos 2011, 2014 e 2019 para União Europeia, Espanha, Grécia e Portugal)

Fonte: Elaborado pela autora com base nos dados disponibilizados pela Eurostat.

---

[94] EUROSTAT. Gini coefficient of equivalised disposable income. *Centro de Documentanción Europea*. Universidad de Sevilla/ES. 14 out. 2021.

Todavia, apesar de o coeficiente diminuir após este período, destaca-se que não foi uma redução drástica, persistindo a desigualdade de renda mesmo em períodos de melhora econômica. Isto ocorre porque não houve, de fato, um significativo aumento na distribuição de renda nas classes mais pobres. O que aconteceu foi a redução da distância entre as classes sociais, justamente pela diminuição da renda dos mais ricos.

Conforme os dados estatísticos fornecidos pela Instituição Eurostat, o grupo dos 40% mais pobres tiveram sua renda reduzida no período entre 2014-2016. Os dados gerais dos países da União Europeia demonstram que esta classe teve uma participação de 20,9% em relação à renda nacional, neste período, enquanto nos anos seguintes sua participação aumentou para 21,2%, cujo percentual é relativamente baixo em comparação com o avanço econômico desta região.[95] Segundo Emma Seery, da Oxfam,

> Estes números dão provas de que a desigualdade está extrema e crescendo, e que a recuperação econômica após a crise financeira tem ocorrido em favor dos mais ricos. Nos países pobres, o aumento da desigualdade significa a diferença entre os filhos terem, ou não, a oportunidade de ir para a escola/universidade e pessoas doentes de receber, ou não, medicamentos que salvam vidas.[96]

Segundo os órgãos do FMI (Fundo Monetário Internacional), a economia mundial ainda não recuperou o dinamismo anterior à crise de 2008.[97] Nas palavras de Herbert Klein:

> Várias das crenças estabelecidas sobre a economia e o papel das finanças não sobreviveram à grande depressão global de 2008. Isso nos obrigou a repensar a natureza do mercado e o comportamento de seus participantes, que não mais se enquadram nas teorias estáticas das gerações anteriores. (Tradução livre)[98]

---

[95] EUROSTAT. Income share of the bottom 40 % of the population. *Centro de Documentación Europea.* Universidad de Sevilla/ES.

[96] 1% MAIS rico detém metade da riqueza mundial, diz Relatório Global de Riqueza 2014. *The Guardian*, tradução Isaque Gomes Correa, no EcoDebate. *Instituto Justiça Fiscal*, 28 out. 2014. Disponível em: http://www.ijf.org.br/?view=detalhe.publicacao&url_amigavel=1-mais-rico-detem-metade-da-riqueza-mundial-diz-relatorio-global-de-riqueza-2014. Acesso em: 16 out. 2021.

[97] JUSTO, Marcelo. Quatro enigmas da economia da América Latina em 2015. *BBC Brasil*, 6 jan. 2015. Disponível em: http://www.bbc.co.uk/portuguese/noticias/2015/01/150105_america_latina_economia_mdb_lgb. Acesso em: 16 out. 2021.

[98] Texto original: "Varias de las creencias establecidas sobre la economía y el papel de las finanzas no sobrevivieron a la gran depresión mundial de 2008. Ésta nos forzó a repensar

De tal modo, percebe-se que as causas que desencadearam a crise de 2008 e suas consequências são sentidas pela população até aos dias atuais. Mesmo assim, ainda se caminha para o destino semelhante ao ocorrido em 2008. As desigualdades estão extremas e podem ser vislumbradas em vários países da Europa e da zona do euro. A desigualdade de renda tornou-se – novamente – uma preocupação de emergência mundial, afetando diretamente o cotidiano dos cidadãos e o crescimento econômico dos países do globo.

Se a desigualdade de renda é crescente nos países desenvolvidos, já se pode imaginar que tal situação também é encontrada nos países em desenvolvimento, como o Brasil. O processo de formação dos atuais níveis de desigualdade brasileira teve algumas causas distintas daquelas apresentadas acima. Desse modo, também imprescindível entender as causas da desigualdade de renda brasileira, focando no papel do Estado e suas políticas adotadas.

1.3.2 Desvendando a desigualdade de renda brasileira

O Brasil, apesar de apresentar uma economia considerada de médio porte, ainda não pode ser considerado um país desenvolvido. Isto porque há ainda um percentual acentuado de pessoas que vivem em situação de extrema pobreza, bem como altos níveis de desigualdade social e de renda.

A maioria dos países da América Latina estão conseguindo expandir sua economia, como também vêm aumentando os seus gastos sociais, incluindo o Brasil. Entretanto, contemporaneamente, verifica-se no estado brasileiro a excessiva concentração de renda e desigualdade de patrimônio, em que a riqueza se agrupa a uma parte minoritária da população. Na década de 1990, por exemplo, o Brasil apresentava uma taxa de desigualdade superior aos países da África do Sul e do Saara, regiões consideradas as mais pobres do mundo.[99]

Alguns fatores podem ser apontados como causa desse elevado índice de desigualdades, desde a época da colonização, sendo

---

la naturaleza del mercado y el comportamiento de sus participantes, que ya no se ajustan a las teorías estáticas de las generaciones anteriores." KLEIN, Herbert S. Klein, H. S. Estudiar la desigualdad: contribuciones de historia. *Historia Mexicana*, v. 70, n. 3, p. 1437-1474, 2020. Disponível em: https://doi.org/10.24201/hm.v70i3.4188. Acesso em: 26 out. 2021, p. 1438.

[99] GUIMARAES-IOSIF, Ranilce. *Educação, pobreza e desigualdade no Brasil*: impedimentos para a cidadania global emancipada. Brasília: Líber Livro, 2009, p. 102-104.

necessário saber as possíveis causas, principalmente no âmbito político e econômico, para, posteriormente, analisar instrumentos para reduzir essas iniquidades.

Destaca-se que a forma de desenvolvimento adotada pelo Brasil, desde a época da colonização, proporcionava o enriquecimento apenas dos que estavam no comando. Tal fato é percebido ao longo da história brasileira, com a predominância do funcionário patrimonial, em que a própria gestão política se apresentava (e ainda continua se apresentando) como assunto do interesse particular do funcionário.[100]

Neste modelo brasileiro de funcionalismo público, dá-se preferência aos que possuam alguma relação de intimidade com os gestores, presentes em círculos fechados, cuja influências são advindas do modelo de Estado baseado na família patriarcal. Exemplo disso são as regras firmadas no contato primário, sob as quais, no Brasil, predominou a cordialidade como sendo a forma ordinária de convívio social.[101]

Dessa forma, essas características históricas contribuíram para um grau acentuado de centralização política, predominando os interesses particulares dos políticos, como se fossem os "donos do poder".[102] Daí surge o patronato político, ainda presente no Brasil, que privilegia uma minoria influente, se expressando por meio da cordialidade, em que o homem brasileiro vê o público na ampliação do privado e o Estado como ampliação do círculo familiar.[103]

Prova disso é o autoritarismo dos coronéis, que em troca de favores políticos, dinheiro e empregos, influenciavam o voto de seus empregados. Esse coronelismo teve o seu declínio com o capitalismo, mas persiste na sociedade brasileira, de uma forma ou de outra, até os dias atuais.[104]

---

[100] HOLANDA, Sérgio Buarque de. *Raízes do Brasil*. São Paulo: Cia das Letras, 2006, p. 253-254.

[101] HOLANDA, Sérgio Buarque de. *Raízes do Brasil*. São Paulo: Cia das Letras, 2006, p. 253-254.

[102] FAORO, Raymundo. *Os donos do poder*: formação do patronato brasileiro. 15. ed. São Paulo: Globo, 2000. v. I e III.

[103] SANTOS, Graciele Mafalda dos. A (in)efetividade do controle democrático pela Administração Pública: uma abordagem a partir do caso do Conselho Estadual de Saúde do Rio Grande do Sul. 2010. 148 f. Dissertação (Mestrado em Direito) – UNISINOS, Programa de Pós-Graduação em Direito, São Leopoldo, 2010. Disponível em: http://www.repositorio.jesuita.org.br/bitstream/handle/UNISINOS/3264/inefetividade_controle.pdf?sequence=1&isAllowed=y. Acesso em: 5 out. 2021, p. 19.

[104] SANTOS, Graciele Mafalda dos. A (in)efetividade do controle democrático pela Administração Pública: uma abordagem a partir do caso do Conselho Estadual de Saúde do Rio Grande do Sul. 2010. 148 f. Dissertação (Mestrado em Direito) – UNISINOS, Programa

Essa herança colonial e autoritária se traduz em um obstáculo para a formação de um verdadeiro discurso democrático, com participação popular e controle social das políticas públicas, bem como para adoção de mecanismos de redistribuição de renda e riqueza. Logo, as decisões públicas são tomadas com base no interesse particular dos políticos ou dos que financiam sua eleição, o que, obviamente, nem sempre reflete a vontade e a necessidade da maioria da população.[105]

Além disso, o país foi marcado por três séculos de escravidão e, mesmo com a abolição legal, o povo negro não foi tratado como igual à elite branca dominante, resultando nas grandes periferias urbanas "desprovidas das mínimas condições de habitação, o que gera ainda mais desigualdades e separação de classes".[106] Paralelamente, a divisão de terras também ocupou certa importância na formação da sociedade brasileira desigual. Com os grandes latifúndios, a concentração de renda ficou restrita a uma pequena parcela da população, contribuindo para o distanciamento entre as classes sociais.[107]

Dessa forma, percebe-se que a desigualdade de renda e a consequente pobreza estiveram presentes ao longo de toda a história brasileira. Porém, agravou-se com o surgimento da globalização e a adoção ao modelo neoliberal. Por exemplo, ao adotar os ideais neoliberais, observa-se que o estado brasileiro optou por vender 76% de seu patrimônio rentável e fixar altos juros para atrair capital especulativo e internacional. O resultado foi o endividamento do governo brasileiro de

---

de Pós-Graduação em Direito, São Leopoldo, 2010. Disponível em: http://www.repositorio.jesuita.org.br/bitstream/handle/UNISINOS/3264/inefetividade_controle.pdf?sequence=1&isAllowed=y. Acesso em: 5 out. 2021, p. 20.

[105] SANTOS, Graciele Mafalda dos. A (in)efetividade do controle democrático pela Administração Pública: uma abordagem a partir do caso do Conselho Estadual de Saúde do Rio Grande do Sul. 2010. 148 f. Dissertação (Mestrado em Direito) – UNISINOS, Programa de Pós-Graduação em Direito, São Leopoldo, 2010. Disponível em: http://www.repositorio.jesuita.org.br/bitstream/handle/UNISINOS/3264/inefetividade_controle.pdf?sequence=1&isAllowed=y. Acesso em: 5 out. 2021, p. 20.

[106] BUFFON, Marciano. Desigualdade e tributação no Brasil do século XXI. *In:* STRECK, Lenio Luiz; ROCHA, Leonel Severo; ENGELMANN, Wilson (org.). *Constituição, sistemas sociais e hermenêutica*: anuário do programa de Pós-Graduação em Direito da UNISINOS: mestrado e doutorado. Porto Alegre: Livraria do Advogado; São Leopoldo: UNISINOS, 2014, p. 203.

[107] BUFFON, Marciano. Desigualdade e tributação no Brasil do século XXI. *In:* STRECK, Lenio Luiz; ROCHA, Leonel Severo; ENGELMANN, Wilson (org.). *Constituição, sistemas sociais e hermenêutica*: anuário do programa de Pós-Graduação em Direito da UNISINOS: mestrado e doutorado. Porto Alegre: Livraria do Advogado; São Leopoldo: UNISINOS, 2014, p. 203.

tal maneira que, entre 1995 e 2002, a dívida federal mobiliária chegava a 559 bilhões de reais e 200 bilhões de dólares no passivo internacional.[108]

Outrossim, as políticas neoliberais ocasionaram uma mudança no perfil e na composição das classes trabalhadoras no Brasil. Houve uma redução na quantidade de assalariados e de trabalhadores industriais, resultando, consequentemente, no crescimento da informalidade e na desigualdade de renda.[109]

Não bastasse isso, o ideário neoliberal também trouxe profundas mudanças na estrutura do sistema tributário, havendo uma redução de tributos que atingem pessoas jurídicas, a fim de que o mercado regulasse a organização social e a redistribuição de riquezas.[110] Ainda, a globalização ocasionou a liberação da circulação dos capitais, reduzindo a soberania fiscal dos Estados frente a concorrência entre os sistemas tributários dos países, objetivando a fixação de empresas em seu território nacional. Logo, a carga tributária diminui apenas para aqueles com maior capacidade contributiva, gerando um maior distanciamento entre as classes sociais.[111]

Dessa forma, no governo Collor, no início da década de 1990, a inflação era alta e persistente, em que a adoção de diversos pacotes econômicos e planos de estabilização não contribuiu para a sua diminuição. Além da alta inflação, houve um aumento da renda entre os mais ricos, acentuando a centralização de riqueza.[112]

Entre 1993 e 1995 há a adoção do Plano Real, que, segundo Fiori, foi importante "para viabilizar no Brasil a coalizão de poder ser capaz de dar sustentação e permanência ao programa de estabilização do FMI, e viabilidade política ao que falta ser feito das reformas preconizadas pelo

---

[108] BENDITA, Flávia da. Assistência social e pobreza: o esforço da inclusão. *In*: JOVCHELOVITCH, Marlova; WERTHEIN, Jorge (org.). *Pobreza e desigualdade no Brasil*: traçando caminhos para a inclusão social. Brasília: UNESCO, 2014, p. 41-43.

[109] FILGUEIRAS, Luiz. O neoliberalismo no Brasil: estrutura, dinâmica e ajuste do modelo econômico. *In*: BASUALDO, Eduardo M.; ARCEO, Enrique. Neoliberalismo y sectores dominantes. *Tendencias globales y experiencias nacionales*. CLACSO: Consejo Latinoamericano de Ciencias Sociales, Buenos Aires, ago. 2006. Disponível em: http://bibliotecavirtual.clacso.org.ar/ar/ libros/grupos/basua/C05Filgueiras.pdf. Acesso em: 27 out. 2021.

[110] BUFFON, Marciano. *Tributação e dignidade humana*: entre os direitos e deveres fundamentais. Porto Alegre: Livraria do Advogado, 2009, p. 64-71.

[111] NABAIS, José Casalta. Da sustentabilidade do Estado Fiscal. *In*: NABAIS, José Casalta; SILVA, Suzana Tavares da. *Sustentabilidade Fiscal em tempos de crise*. Coimbra: Almedina, 2011, p. 20-22.

[112] ROCHA, Sônia. Os "novos" programas de transferências de renda: impactos possíveis sobre a desigualdade no Brasil. *In*: BARROS, Ricardo Paes de; FOGUEL, Miguel Nathan; ULYSSEA, Gabriel. (org.). *Desigualdade de renda no Brasil*: uma análise da queda recente. Brasília: Ipea, 2006. v. 2, p. 132.

Banco Mundial."[113] Em vista disso, Fernando Henrique Cardoso obteve sucesso nas eleições com o Plano Real e baseava sua tese na necessidade de liberalização, "combate à inflação, através da dolarização da economia e valorização das moedas nacionais, associado a uma ênfase na necessidade de ajuste fiscal."[114] Além disso, preconizava ainda por "privatizações, terceirização[115] e reforma administrativa – desregulamentação dos mercados e liberalização comercial e financeira."[116]

Entretanto, países em desenvolvimento, como o Brasil, a globalização e as políticas neoliberais, praticadas pelo governo de Fernando Henrique Cardoso, resultaram no aumento da desigualdade de renda, haja vista a acumulação desregrada de grande quantidade do capital nas mãos de algumas corporações. Isto porque o Estado mínimo em sociedades com elevados desequilíbrios econômicos e sociais, como o Brasil, causam efeitos negativos, já que não há igualdade de tratamento e acesso às oportunidades, nem distribuição equitativa dos rendimentos. O Brasil, na década de 1990, foi atingido principalmente no que se refere ao trabalho, explodindo o desemprego, que sofre até hoje com os sintomas da privatização, terceirização, desregulação e flexibilização.[117]

Para fins de exemplificação, no início desse século, o Brasil ainda apresentava altos índices de desigualdade de renda, onde os 10% mais ricos se apropriavam de 50% do total da renda nacional, e os 50%

---

[113] CARINHATO, Pedro Henrique. Neoliberalismo, reforma do estado e políticas sociais nas últimas décadas do século XX no Brasil. *Aurora*, Ano 2, n. 3, p. 37-46, dez. 2008. Disponível em: http://www.marilia.unesp.br/Home/RevistasEletronicas/Aurora/aurora_n3_miscelanea_01.pdf. Acesso em: 27 nov. 2021.

[114] CARINHATO, Pedro Henrique. Neoliberalismo, reforma do estado e políticas sociais nas últimas décadas do século XX no Brasil. *Aurora*, Ano 2, n. 3, p. 37-46, dez. 2008. Disponível em: http://www.marilia.unesp.br/Home/RevistasEletronicas/Aurora/aurora_n3_miscelanea_01.pdf. Acesso em: 27 nov. 2021.

[115] Por meio da terceirização ocorre a delimitação da autuação do Estado e o governo transfere para o setor privado, por meio de licitação pública e contratos, serviços auxiliares ou de apoio, como a limpeza, o processamento de dados e o transporte. CARINHATO, Pedro Henrique. Neoliberalismo, reforma do estado e políticas sociais nas últimas décadas do século XX no Brasil. *Aurora*, Ano 2, n. 3, p. 37-46, dez. 2008. Disponível em: http://www.marilia.unesp.br/Home/RevistasEletronicas/Aurora/aurora_n3_miscelanea_01.pdf. Acesso em: 27 nov. 2021.

[116] CARINHATO, Pedro Henrique. Neoliberalismo, reforma do estado e políticas sociais nas últimas décadas do século XX no Brasil. *Aurora*, Ano 2, n. 3, p. 37-46, dez. 2008. Disponível em: http://www.marilia.unesp.br/Home/RevistasEletronicas/Aurora/aurora_n3_miscelanea_01.pdf. Acesso em: 27 nov. 2021.

[117] ACCURSO, Martha Campos. O advento do neoliberalismo no Brasil e os impactos nas relações de trabalho. *Jus Navigandi*, maio 2013. Disponível em: http://jus.com.br/artigos/24508/o-advento-do-neoliberalismo-no-brasil-e-os-impactos-nas-relacoes-de-trabalho. Acesso em: 27 nov. 2021.

mais pobres possuíam aproximadamente 10% da renda das famílias.[118] Já entre 2000 e 2014, essa realidade começou a mudar. Neste período, o Brasil registrou uma fase de confiança e estabilização econômica, com investimentos domésticos e estrangeiros, contratação de mão de obra formal e a queda nos índices de desigualdades.

A expansão dos gastos de investimento e de consumo geraram 1,3 milhão de postos de trabalho formais anuais, em média, nesse período. Entre os anos de 2004 e 2008, o estado brasileiro obteve crescimento do PIB, valorização cambial e inflação declinante. Em 2009, a economia sofreu os impactos da crise internacional, mas recuperou-se logo em seguida (já em 2010), atingindo a marca de 7,5% de crescimento anual do PIB.[119]

De fato, entre 2001 e 2014, a economia brasileira trilhou um caminho de redução da desigualdade de renda, conforme aponta o índice de Gini, em que a distribuição pessoal de renda entre a população estava mais equânime, diminuindo a distância entre as classes sociais, conforme se verifica no Gráfico 4 a seguir:

---

[118] ROCHA, Sônia. Pobreza e transferência de renda. *In:* JOVCHELOVITCH, Marlova; WERTHEIN, Jorge (org.). *Pobreza e desigualdade no Brasil*: traçando caminhos para a inclusão social. Brasília: UNESCO, 2014, p. 64.

[119] MATTOS, Fernando Augusto Mansor de; NETO, João Hallak Neto; PRONI, Marcelo Weishaupt. A visão utópica da CEPAL e a desigualdade de renda no Brasil. *Revista Crítica de Ciências Sociais*, v. 124, p. 131-156, 26 maio 2021. Disponível em: http://journals.openedition.org/rccs/11605. Acesso em: 27 out. 2021. DOI: https://doi.org/10.4000/rccs.11605

Gráfico 4 – Índice de Gini (0 – 1) – Brasil 2002-2007

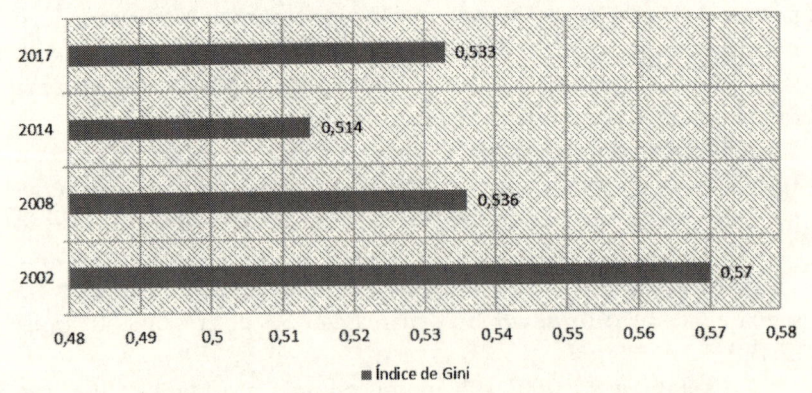

Ano	Índice de Gini
2017	0,533
2014	0,514
2008	0,536
2002	0,57

Fonte: Elaborado pela autora a partir de dados retirados do *site* do Instituto Brasileiro de Geografia e Estatística (IBGE), nomeadamente da Pesquisa Nacional por Amostra de Domicílios (PNAD).

No governo de Dilma Rousseff, algumas políticas de redistribuição foram mantidas – como o Bolsa Família –, as quais possibilitaram que os índices sociais continuassem a diminuir. Todavia, o plano de redução de juros e a consequente desvalorização cambial, ocorridas entre setembro de 2011 e o início de 2013, não foram suficientes para redinamizar a economia (como a industrialização doméstica). Somado a isto, houve a redução da demanda externa, devido à desaceleração da economia chinesa. Outra estratégia estatal foi a concessão de isenções fiscais a diversos setores da atividade econômica, com o objetivo declarado de promover a redução de preços e a retomada de investimentos produtivos. Ocorre que as empresas não realizaram tais investimentos, não produzindo os resultados esperados.[120]

Diante da desaceleração econômica, combinado com as isenções tributárias concedidas, o cenário fiscal se deteriorou e debilitou a arrecadação. Aliado a isso, o processo político, que culminou na deposição da Presidente Dilma Rousseff e na ascensão de Michel Temer ao comando

---

[120] MATTOS, Fernando Augusto Mansor de; NETO, João Hallak Neto; PRONI, Marcelo Weishaupt. A visão utópica da CEPAL e a desigualdade de renda no Brasil. *Revista Crítica de Ciências Sociais*, v. 124, p. 131-156, 26 maio 2021. Disponível em: http://journals.openedition.org/rccs/11605. Acesso em: 27 out. 2021. DOI: https://doi.org/10.4000/rccs.11605.

do Governo Federal, deflagrou uma sucessão de medidas neoliberais que impactaram fortemente no mercado de trabalho e na economia.[121]

Desde o ano de 2000, os índices de desigualdade e pobreza brasileiros diminuíram. A renda média das famílias cresceu mais de 30%, a desigualdade medida pelo coeficiente de Gini caiu mais de 10% e as taxas de extrema pobreza e de pobreza recuaram, respectivamente, 4 e 12 pontos percentuais.[122] Assim, o brasileiro possuía a esperança de que a nova década (2010-2020) também seria promissora. Entretanto, infelizmente, não foi o que se passou.

A partir de 2014, houve retração geral da renda nacional, dobrando o desemprego no país, "[...] de 6,8% em 2014 para 12,7% em 2017."[123] Todos esses fatores, de cunho político e econômico, possibilitaram que a desigualdade brasileira voltasse a subir, em patamares próximos aos vivenciados no início do século XX.

A recessão brasileira enfrentada a partir de 2014, com baixo crescimento econômico, adoção de políticas neoliberais (novamente) e a instabilidade política, conforme visto acima, foram algumas das causas que revertem "o jogo". O índice de Gini, que mede a distribuição de renda da população e sua desigualdade, havia decrescido desde 2000. Porém, a partir de 2015, o índice volta a subir, nos termos vislumbrados no Gráfico 5 a seguir:

---

[121] MATTOS, Fernando Augusto Mansor de; NETO, João Hallak Neto; PRONI, Marcelo Weishaupt. A visão utópica da CEPAL e a desigualdade de renda no Brasil. *Revista Crítica de Ciências Sociais*, v. 124, p. 131-156, 26 maio 2021. Disponível em: http://journals.openedition.org/rccs/11605. Acesso em: 27 out. 2021. DOI: https://doi.org/10.4000/rccs.11605

[122] SOUZA, Pedro H. G. Ferreira de; OSORIO, Rafael Guerreiro; PAIVA, Luis Henrique; SOARES, Sergei. *Os efeitos do Programa Bolsa Família sobre a pobreza e a desigualdade*: um balanço dos primeiros quinze anos. Texto para discussão / Instituto de Pesquisa Econômica Aplicada. Brasília: Rio de Janeiro: Ipea, 1990.

[123] GEORGES, Rafael. País estagnado: um retrato das desigualdades brasileiras. *Oxfam Brasil*, 2018. Disponível em: https://www.oxfam.org.br/pais-estagnado. Acesso em: 2 abr. 2021, p. 11.

Gráfico 5 – Índice de Gini (0 – 1) – Brasil 2015-2019

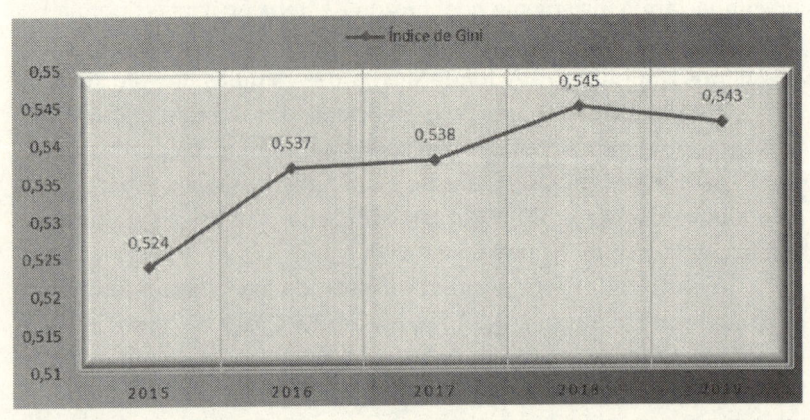

[Gráfico: 2015: 0,524; 2016: 0,537; 2017: 0,538; 2018: 0,545; 2019: 0,543]

Fonte: Elaborado pela autora a partir de dados retirados do *site* do Instituto Brasileiro de Geografia e Estatística (IBGE), nomeadamente da Pesquisa Nacional por Amostra de Domicílios (PNAD).

Entre 2015 e 2017, com o avanço do desemprego, da desaceleração do crescimento e da informalidade, os abalos e perdas na renda do trabalho guiaram a queda da renda domiciliar.[124] Aliado a isto, os programas sociais e trabalhistas, como Seguro-desemprego e Bolsa Família, foram basicamente irrelevantes para a redução das iniquidades. Em períodos de crise como a vivida pelo Brasil neste período, espera-se que a proteção social atuasse de forma particularmente mais intensa. Isso, contudo, não aconteceu. Pelo contrário. No Bolsa Família, houve redução de beneficiários e do valor dos benefícios. Já o Seguro-desemprego não conseguiu contrabalancear a perda da renda auferida no mercado de trabalho, bem como o seu acesso foi, inclusive, dificultado após 2015 – com a exigência de um período maior de carência.[125]

Ademais, o Brasil possui uma taxa elevada de empregos informais. Por exemplo, em 2019, quatro em cada dez trabalhadores ocupados estavam na informalidade. A informalidade no mercado de trabalho brasileiro, de caráter estrutural, atingia 41,6% dos trabalhadores do país

---

[124] BARBOSA, Rogério. Estagnação desigual: desemprego, desalento, informalidade e a distribuição de renda do trabalho no período recente (2012-2019). *Boletim Mercado de Trabalho*, n. 67, p. 59-67, out. 2019. Disponível em: https://repositorio.ipea.gov.br/bitstream/11058/9949/1/bmt_67_nt_estagnacao_desigual_desemprego.pdf. Acesso em: 10 nov. 2021.

[125] BARBOSA, Rogério; FERREIRA DE SOUZA, Pedro; SOARES, Serguei. Desigualdade de renda no Brasil de 2012 a 2019. *Dados*, 16 jul. 2020. Disponível em: http://dados.iesp.uerj.br/desigualdade-brasil/. Acesso em: 28 nov. 2021.

em 2019, ou 39,3 milhões de pessoas. A proporção era maior na região Norte (61,6%) e menor na Sul (29,1%).[126]

O levantamento do Conselho Nacional da Instituições Financeiras, elaborado pelos economistas Adriano Pitoli, Camila Saito e Ernesto Guedes, com base nos dados da Receita Federal e da Pesquisa Nacional por Amostra de Domicílios (PNAD), revelou que as 2,5 milhões de famílias da classe A brasileiras são responsáveis por 37,4% da massa da renda nacional. Nos dados obtidos por meio da Pesquisa Nacional por Amostra de Domicílio (PNAD), estimava-se que os mais ricos detinham 16,7% da renda nacional. Além disso, a renda das famílias da classe A é 40,9 vezes mais elevada do que as da classe D/E (média e baixa).[127]

Comparando o grau de pobreza no Brasil com outros países com renda *per capita* similar, observa-se que o grau de pobreza aqui é superior à média dos países com renda *per capita* similar à nossa. Isso revela que a má distribuição dos recursos é uma explicação para o elevado nível de pobreza do Brasil. A pesquisa demonstra que, no Brasil, "a população pobre representa cerca de 30% da população total, nos países com renda *per capita* similar à brasileira este valor corresponde a menos de 10%".[128]

Ainda, o Coeficiente de Gini mostra que o Brasil continua sendo o nono mais desigual do mundo, segundo o Banco Mundial. Em 2019, o país galgou um grau de valor próximo a 0,60, subindo de 0,514 no quarto trimestre de 2014 para 0,543 no mesmo período de 2019. Em 2017, estava em 0,532.[129]

Segundo os dados recentes divulgados pelo IBGE, do ano de 2018 para 2019, a pobreza medida pela linha de US$5,5 PPC caiu de 25,3%

---

[126] INSTITUTO BRASILEIRO DE GEOGRAFIA E ESTATÍSTICA – IBGE. Informativo PNAD Contínua de 2012 a 2019. *Síntese de Indicadores Sociais:* em 2019, proporção de pobres cai para 24,7% e extrema pobreza se mantém em 6,5% da população. Editora: Estatísticas Sociais, 12 nov. 2020. Disponível em: https://agenciadenoticias.ibge.gov.br/agencia-sala-de-imprensa/2013-agencia-de-noticias/releases/29431-sintese-de-indicadores-sociais-em-2019-proporcao-de-pobres-cai-para-24-7-e-extrema-pobreza-se-mantem-em-6-5-da-populacao. Acesso em: 18 mar. 2022.

[127] CONFEDERAÇÃO NACIONAL DAS INSTITUIÇÕES FINANCEIRAS. *Apenas 4% da população detêm 37,4% da renda, revela estudo.* Disponível em: https://cnf.org.br/apenas-4-da-populacao-detem-374-da-renda-revela-estudo/. Acesso em: 29 mar. 2022.

[128] BARROS, Ricardo Paes de; HENRIQUES, Ricardo. MENDONÇA, Rosane. Desigualdade e pobreza no Brasil: retrato de uma estabilidade inaceitável. *Revista Brasileira de Ciências Sociais*, São Paulo, v. 15, n. 42, fev. 2000. Disponível em: http://www.scielo.br/scielo.php?script=sci_arttext&pid=S0102-69092000000100009. Acesso em: 2 abr. 2022.

[129] BÔAS, Bruno Villas. Mais de 37 milhões de lares do Brasil têm renda muito baixa, nota Ipea. *Valor Econômico*, 20 mar. 2019. Disponível em: https://www.valor.com.br/brasil/6170641/mais-de-37-milhoes-de-lares-do-brasil-tem-renda-muito-baixa-nota-ipea. Acesso em: 29 mar. 2021.

para 24,7% das pessoas. Já a extrema pobreza (US$1,90 PPC) se manteve em 6,5% da população, em 2018 e em 2019, afetando mais da metade dos nordestinos e 39,8% das mulheres pretas ou pardas.[130]

Entre 2018 e 2019, a taxa de desocupação caiu de 12% para 11,7%. Porém, a proporção dos desocupados há pelo menos dois anos subiu de 23,5% em 2017 para 27,5% em 2019, como se verifica nos Gráficos 6 a seguir:[131]

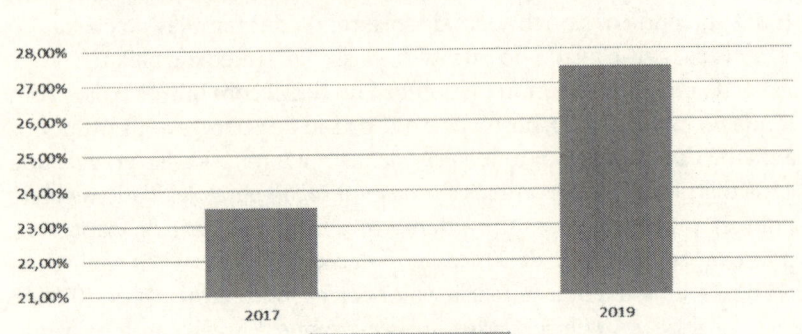

Gráfico 6 – Taxa de Desocupação – Brasil 2017-2019

Fonte: Elaborado pela autora a partir de dados retirados do *site* do Instituto Brasileiro de Geografia e Estatística (IBGE), nomeadamente da Pesquisa Nacional por Amostra de Domicílios (PNAD).[132]

---

[130] INSTITUTO BRASILEIRO DE GEOGRAFIA E ESTATÍSTICA – IBGE. Informativo PNAD Contínua de 2012 a 2019. *Síntese de Indicadores Sociais:* em 2019, proporção de pobres cai para 24,7% e extrema pobreza se mantém em 6,5% da população. Editora: Estatísticas Sociais, 12 nov. 2020. Disponível em: https://agenciadenoticias.ibge.gov.br/agencia-sala-de-imprensa/2013-agencia-de-noticias/releases/29431-sintese-de-indicadores-sociais-em-2019-proporcao-de-pobres-cai-para-24-7-e-extrema-pobreza-se-mantem-em-6-5-da-populacao. Acesso em: 18 mar. 2022.

[131] INSTITUTO BRASILEIRO DE GEOGRAFIA E ESTATÍSTICA – IBGE. Informativo PNAD Contínua de 2012 a 2019. *Síntese de Indicadores Sociais:* em 2019, proporção de pobres cai para 24,7% e extrema pobreza se mantém em 6,5% da população. Editora: Estatísticas Sociais, 12 nov. 2020. Disponível em: https://agenciadenoticias.ibge.gov.br/agencia-sala-de-imprensa/2013-agencia-de-noticias/releases/29431-sintese-de-indicadores-sociais-em-2019-proporcao-de-pobres-cai-para-24-7-e-extrema-pobreza-se-mantem-em-6-5-da-populacao. Acesso em: 18 mar. 2022.

[132] INSTITUTO BRASILEIRO DE GEOGRAFIA E ESTATÍSTICA – IBGE. Pesquisa Nacional por Amostra de Domicílios (PNAD), 2019. Disponível em: https://www.ibge.gov.br/estatisticas/sociais/populacao/9127-pesquisa-nacional-por-amostra-de-domicilios.html. Acesso em: 26 out. 2021.

Quando analisada a taxa de desocupação entre jovens e mulheres pretas ou pardas, os dados impressionam ainda mais. Verifica-se que, entre os jovens de 15 a 29 anos de idade, 22,1% não estudavam e não estavam ocupados em 2019. Já em relação as mulheres pretas ou pardas de 15 a 29 anos de idade, 32% não estudavam e não tinham ocupação em 2019, proporção 2,4 vezes maior que a dos jovens brancos nessa situação (13,2%), como se analisa no Gráfico 7 a seguir:[133]

Gráfico 7 – Desocupação entre mulheres pretas/pardas e homens brancos

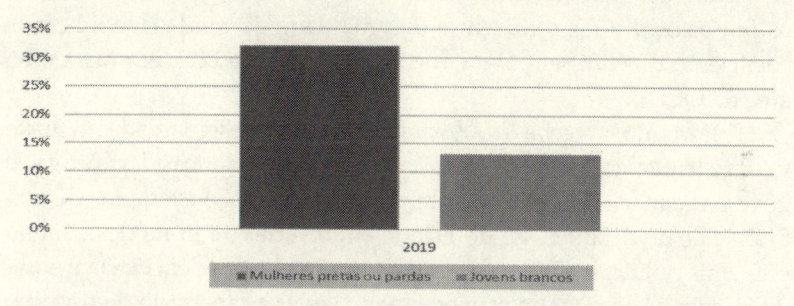

Fonte: Elaborado pela autora a partir de dados retirados do *site* do Instituto Brasileiro de Geografia e Estatística (IBGE), nomeadamente da Pesquisa Nacional por Amostra de Domicílios (PNAD).[134]

Em outras palavras, o Brasil possui cerca de 210 milhões de habitantes, dos quais 40 milhões estão desempregados. Mais 27,98 milhões gostariam de trabalhar, mas não procuraram emprego, e outros 12,23 milhões estão desocupados. Ou seja, mais de 80 milhões de pessoas estão sem trabalhar no país, convivendo diariamente com a incerteza se conseguirão pagar as despesas das necessidades básicas ao fim do mês.[135]

---

[133] INSTITUTO BRASILEIRO DE GEOGRAFIA E ESTATÍSTICA – IBGE. Informativo PNAD Contínua de 2012 a 2019. *Síntese de Indicadores Sociais:* em 2019, proporção de pobres cai para 24,7% e extrema pobreza se mantém em 6,5% da população. Editora: Estatísticas Sociais, 12 nov. 2020. Disponível em: https://agenciadenoticias.ibge.gov.br/agencia-sala-de-imprensa/2013-agencia-de-noticias/releases/29431-sintese-de-indicadores-sociais-em-2019-proporcao-de-pobres-cai-para-24-7-e-extrema-pobreza-se-mantem-em-6-5-da-populacao. Acesso em: 18 mar. 2022.

[134] INSTITUTO BRASILEIRO DE GEOGRAFIA E ESTATÍSTICA – IBGE. Pesquisa Nacional por Amostra de Domicílios (PNAD), 2019. Disponível em: https://www.ibge.gov.br/estatisticas/sociais/populacao/9127-pesquisa-nacional-por-amostra-de-domicilios.html. Acesso em: 26 out. 2021.

[135] ALCANTARA, Charles. A desigualdade no Brasil é um projeto. *Le Monde Diplomatique Brasil*, ed. 159, 1 out. 2021. Disponível em: https://diplomatique.org.br/a-desigualdade-no-brasil-e-um-projeto/. Acesso em: 27 nov. 2021.

Diante deste contexto, o Estado brasileiro e seu governo poderiam adotar medidas para minimizar as atuais iniquidades. No entanto, os gastos sociais e a tributação brasileira desempenham um papel menor na redução da desigualdade em comparação com a maioria dos países da OCDE.

Embora tenha uma carga tributária total semelhante à média da OCDE (acima de um terço do PIB), o sistema tributário brasileiro como um todo, levando em conta os impostos diretos e indiretos, contribui, em realidade, para aumentar ainda mais a desigualdade. Por exemplo, os impostos diretos reduzem a desigualdade de renda (medida pelo coeficiente de Gini) em 5%, em comparação com 12%, em média, na área da OCDE.

Portanto, percebe-se – novamente – que a desigualdade no Brasil foi construída ao longo da história, por opções políticas, legislativas e governamentais. As políticas tributárias e sociais são exemplos da ineficiência e do desinteresse do Estado em reverter o retrato desigual no país. Tais políticas podem desempenhar um papel de eficiência e equidade, sobretudo quando estiverem vinculadas ao mercado de trabalho inclusivo, à educação e às políticas de formação profissional. Consoante o que será analisado no próximo capítulo, os tempos estão mudando e o Estado, bem como suas políticas públicas, exigem modificações para concretizar o bem comum da população.

Sob esta perspectiva, Amartya Sen[136] explica que, para o crescimento econômico e a redução da desigualdade, são necessárias políticas de redistribuição de renda e riqueza eficazes. Na era da economia do conhecimento isso se torna ainda mais urgente.[137]

Se não bastasse o cenário catastrófico e desigual no Brasil em 2019, bem como em diversos países da União Europeia, em 2020 todos foram surpreendidos com a pandemia do coronavírus (COVID-2019). O mundo "parou" diante do surgimento da pandemia, a qual trouxe diversas consequências, não somente para a saúde da população, como também para a sua situação econômica. Em todos os países, claramente os mais pobres sofreram os maiores impactos, perdendo emprego e renda, enquanto os mais ricos conseguiram se recuperar em tempo recorde.

---

[136] SEN, Amartya. *A ideia de Justiça*. Rio de Janeiro: Companhia das Letras, 2011.
[137] HENRIQUES, Ricardo. Desnaturalizar a desigualdade e erradicar a pobreza no Brasil. In: JOVCHELOVITCH, Marlova; WERTHEIN, Jorge (org.). *Pobreza e desigualdade no Brasil: traçando caminhos para a inclusão social*. Brasília: UNESCO, 2014, p. 65.

As políticas governamentais em relação à pandemia do COVID-19 expuseram, alimentaram e aumentaram as desigualdades econômicas, assim como as de raça e gênero por toda a parte, tornando o contexto ainda mais instável na atual sociedade.

1.4 O mundo dos contrastes extremos: pobreza *versus* riqueza na atual sociedade

De todo exposto, verificou-se que a crise ocorrida em 2008, bem como as políticas públicas adotada pelo Estado e o seu papel perante o mercado, influenciaram no crescimento da desigualdade em todo o mundo. Nos países referidos, em especial os integrantes da União Europeia, percebe-se que a desigualdade aumentou gradativamente após as práticas neoliberais e, em período de crise, potencializaram-se.

A história mostra que, após as crises, a classe dos detentores de riqueza se recupera rapidamente em comparação aos mais pobres. Os níveis de desigualdade não voltam ao *status quo ante*. Em suma, a crise faz o trabalho de limpar o mercado, aprofundando a vulnerabilidade social, enquanto há um aumento na centralização de renda e riqueza.[138]

O estudo da Oxfam revelou que a riqueza dos bilionários aumentou, desde 2010, em média, 13% ao ano – seis vezes mais do que os salários dos trabalhadores (2%). Ainda, o estudo apontou que um conjunto de oito homens têm a mesma riqueza que os 3,6 bilhões mais pobres do mundo. Em 2017, cerca de 82% da riqueza produzida no mundo foram parar nas mãos dos 1% mais ricos do globo.[139]

Em 2020, ainda com o cenário econômico mundial se recuperando dos reflexos de 2008, a pandemia provocada pelo coronavírus (COVID-2019) acelerou o processo para um novo nível de crise. Seguindo as orientações dos infectologistas, OMS (Organização Mundial de Saúde) e profissionais da saúde em geral, os governos adotaram medidas de distanciamento social para impedir o avanço da, então, desconhecida e temível doença. Tais medidas provocaram "[...] interrupção das atividades normais de circulação de pessoas, produção

---

[138] GOULARTI, Juliano Giassi. A escalada da desigualdade em meio à "coronacrise". *Le Monde Diplomatique Brasil*. ed. 155, 1 jun. 2020. Disponível em: https://diplomatique.org.br/a-escalada-da-desigualdade-em-meio-a-coronacrise/. Acesso em: 30 out. 2021.

[139] GOULARTI, Juliano Giassi. A escalada da desigualdade em meio à "coronacrise". *Le Monde Diplomatique Brasil*. ed. 155, 1 jun. 2020. Disponível em: https://diplomatique.org.br/a-escalada-da-desigualdade-em-meio-a-coronacrise/. Acesso em: 30 out. 2021.

de mercadorias, consumo corrente, trocas comerciais, investimentos programados e linhas de crédito."[140]

Tais efeitos refletiram no progresso econômico e no aumento da desigualdade, principalmente dos mais pobres, que perderam seus postos de trabalho. Stiglitz adverte que a pandemia afetou as pessoas com deficiências de saúde e aquelas cuja vida diária as obriga a ter contato com outras pessoas, como comerciantes e trabalhadores informais. Isso significa que afeta desproporcionalmente os pobres, especialmente nos países pobres.[141]

Para Angus Deaton,[142] ganhador do prêmio Nobel de economia, o elemento presente e amplificador das desigualdades econômicas e sociais é, acima de tudo, a disparidade educacional. Tal elemento, na pandemia do COVID-2019, foi uma linha divisória, durante a qual muitos profissionais qualificados conseguiram trabalhar de e em casa, protegendo a si próprios e a sua renda, enquanto os empregados em serviços e na atividade comercial perderam seus empregos ou enfrentaram maior risco ocupacional. Obviamente, não é difícil concluir que as mortes e a perda de renda seguiram este grupo mais atingido desigualmente.[143]

Por certo, a pandemia realçou e aprofundou mais ainda a desigualdade existente no globo. Julio Serrano Espinosa explica que países e regiões desiguais sofreram demasiadamente com o cenário da pandemia, devido à presença de três fatores, principalmente: (1) desigualdade de acesso à saúde de qualidade, (2) desigualdade de renda e (3) de educação. A primeira inequidade resultou em um maior número de mortes e contágio nos cidadãos que não podiam pagar por tratamentos e medicamentos, restando dependentes do precário e superlotado sistema público de saúde. A segunda aprofundou a concentração de renda, visto que os empregos mais atingidos foram no setor de serviços

---

[140] GOULARTI, Juliano Giassi. A escalada da desigualdade em meio à "coronacrise". *Le Monde Diplomatique Brasil*. ed. 155, 1 jun. 2020. Disponível em: https://diplomatique.org.br/a-escalada-da-desigualdade-em-meio-a-coronacrise/. Acesso em: 30 out. 2021.

[141] NAVARRETE, Jorge Eduardo. Pandemia y desigualdad: 3 viñetas. *CE Noticias Financieras*, ed. Espanhol; Miami, 7 jan. 2021. Disponível em: https://www.proquest.com/docview/2476305664/citation/C7BC3EEDA0B04A60PQ/1?accountid=14744. Acesso em: 2 nov. 2021.

[142] NAVARRETE, Jorge Eduardo. Pandemia y desigualdad: 3 viñetas. *CE Noticias Financieras*, ed. Espanhol; Miami, 7 jan. 2021. Disponível em: https://www.proquest.com/docview/2476305664/citation/C7BC3EEDA0B04A60PQ/1?accountid=14744. Acesso em: 2 nov. 2021.

[143] NAVARRETE, Jorge Eduardo. Pandemia y desigualdad: 3 viñetas. *CE Noticias Financieras*, ed. Espanhol; Miami, 7 jan. 2021. Disponível em: https://www.proquest.com/docview/2476305664/citation/C7BC3EEDA0B04A60PQ/1?accountid=14744. Acesso em: 2 nov. 2021.

e informalidade, nos quais laboram, em sua maioria, a população de baixa renda.[144]

Já a terceira iniquidade evidenciou as disparidades na educação, em que muitos alunos foram prejudicados por não terem condições econômicas de acesso aos meios digitais, dificultando, ou até mesmo inviabilizando, a aprendizagem. Neste sentido, explica Juio Serrano Espinosa:

> A pandemia aumentou a distância entre alunos de escolas pobres e ricas. Quem tem acesso à internet e computadores, que frequenta escolas particulares com boa infraestrutura física e humana para lidar com a nova realidade, conseguiu se adaptar melhor ao ensino a distância. Em contrapartida, aquelas crianças sem a possibilidade de ter uma plataforma digital de aprendizagem e que frequentam escolas públicas são obrigadas a aprender pela televisão, meio que está longe de ser o ideal para oferecer a interação que se exige no ensino. A consequência será um distanciamento cada vez maior entre os bem-educados e os mal-educados, com sérias repercussões a médio e longo prazo no poder aquisitivo dos alunos. (Tradução livre)[145]

Como resultado das tendências descritas, a CEPAL, em relatório divulgado por sua secretária-executiva, Alicia Bárcenas, informou o impacto social alarmante da pandemia no mundo: o nível do PIB *per capita* em 2020 caiu, voltando aos registrados em 2010, com significativa deterioração do emprego, e, principalmente, do indicador de pobreza. Quanto a este último, o estudo concluiu que houve uma queda de 12 anos na versão moderada e 20 anos na extrema pobreza.[146] Neste viés, o

---

[144] ESPINOSA, Julio Serrano. La pandemia de la desigualdade. *CE Noticias Financieras*, Spanish ed. Miami, 26 nov. 2020. Disponível em: https://www.proquest.com/docview/2464852492?accountid=14744&pq-origsite=primo. Acesso em: 2 nov. 2021.

[145] Texto original: "La pandemia ha ampliado las diferencias entre los estudiantes en escuelas pobres y ricas. Aquellos con acceso a internet y computadoras, que asisten a escuelas privadas con buena infraestructura física y humana para lidiar con la nueva realidad, han logrado adaptarse mejor a la educación remota. En contraste, aquellos niños sin las posibilidades de contar con una plataforma digital de aprendizaje y que asisten a escuelas públicas, están obligados a aprender por televisión, un medio que está lejos de ser idóneo para ofrecer la interacción que se requiere en la enseñanza. La consecuencia será una brecha cada vez mayor entre los bien y los mal educados, con serias repercusiones en el mediano y largo plazos en el poder adquisitivo de los estudiantes." ESPINOSA, Julio Serrano. La pandemia de la desigualdade. *CE Noticias Financieras*, Spanish ed. Miami, 26 nov. 2020. Disponível em: https://www.proquest.com/docview/2464852492?accountid=14744&pq-origsite=primo. Acesso em: 2 nov. 2021.

[146] MURAT, José. Pandemia agrava desigualdade social. *CE Noticias Financieras*, ed. Espanhol; Miami, 8 mar. 2021. Disponível em: https://www.proquest.com/docview/2499354257/fullt

Banco Mundial estima que a pobreza tenha aumentado, em 2020, entre 88 e 115 milhões.[147]

Quanto ao desemprego, estima-se que, em nível mundial, em 2020, cresceu para 6,5%, enquanto em 2019 estava com uma taxa de 5,4%. Na Europa e Ásia Central, o número elevou-se para 7,4%. Dos países europeus, chama à atenção o caso da Espanha, que teve um aumento significativo no desemprego de sua população em comparação com ano anterior à pandemia (2019). Os dados do Instituto Nacional de Estatística (INE) apontam que, no final de 2020, a taxa de desemprego era 16,13%, enquanto em 2019 era 13,78%. Um aumento de 2,35%.[148]

Ainda, no país espanhol houve uma queda na massa salarial de 12,7%, devido à perda de posto de trabalho e redução das horas trabalhadas. Não bastasse isso, a diferença salarial entre os mais ricos e mais pobres aumentou consideravelmente. Estima-se que o aumento dessa diferença entre os 10% mais ricos e os 10% mais pobres seja mais concentrada na Espanha em comparação aos outros países europeus.[149] Observa-se no Gráfico 8 a seguir a comparação do crescimento do desemprego mundial entre os países europeus, especialmente na Espanha, África e América:

---

ext/1A86FB41B5054F3BPQ/1?accountid=14744. Acesso em: 2 nov. 2021.

[147] POVERTY and Shared Prosperity 2020: Reversals of Fortune. *World Bank*, 2020. Disponível em: https://elibrary.worldbank.org/doi/abs/10.1596/978-1-4648-1602-4WorldBank. Acesso em: 2 nov. 2021.

[148] BELINCHÓN, Fernando. España, el país de la Unión Europea donde más crece la desigualdad salarial. *El País*. Cinco dias, 2021-03-01. Madrid: Prisacom. ISSN: 1699-3594. Disponível em: https://cincodias.elpais.com/cincodias/2021/02/26/economia/1614345251_263718.html. Acesso em: 2 nov. 2021.

[149] BELINCHÓN, Fernando. España, el país de la Unión Europea donde más crece la desigualdad salarial. *El País*. Cinco dias, 2021-03-01. Madrid: Prisacom. ISSN: 1699-3594. Disponível em: https://cincodias.elpais.com/cincodias/2021/02/26/economia/1614345251_263718.html. Acesso em: 2 nov. 2021.

GRÁFICO 8 – Taxa de Desemprego 2019-2020

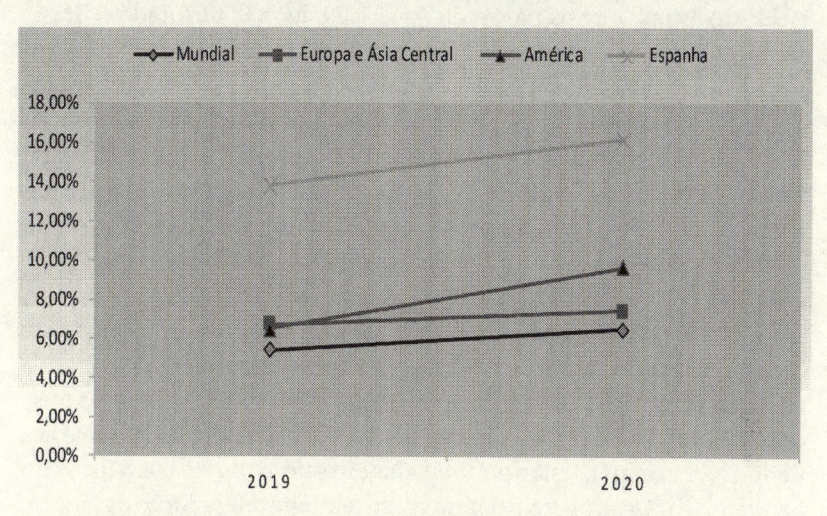

```
                Mundial      Europa e Ásia Central      América      Espanha
18,00%
16,00%
14,00%
12,00%
10,00%
 8,00%
 6,00%
 4,00%
 2,00%
 0,00%
              2019                                         2020
```

Fonte: Elaboração da autora com base nos dados publicados pelo El País.[150]

Em relação à avaliação da desigualdade social mundial, houve aumento de 4,7% no coeficiente de Gini, o que demonstra em concreto a elevação da desigualdade.[151] Enquanto isso, na medida em que há mais pobres no mundo, os ricos aumentam suas contas bancárias.

Neste sentido, os dados obtidos pela Oxfam revelam que os 1.000 maiores bilionários do mundo recuperam as perdas da pandemia em apenas 9 (nove) meses, enquanto os mais pobres levarão mais de uma década para voltar ao nível que estavam antes da crise. Ainda, mesmo com o caos econômico provocado pela pandemia, estima-se que os 10 (dez) homens brancos mais ricos do mundo acumularam cerca de US$500 bilhões desde que a pandemia começou. Isso é mais do que o suficiente para pagar vacinas contra a COVID-19 para todas e todos, por exemplo.[152]

---

[150] BELINCHÓN, Fernando. España, el país de la Unión Europea donde más crece la desigualdad salarial. *El País.* Cinco dias, 2021-03-01. Madrid: Prisacom. ISSN: 1699-3594. Disponível em: https://cincodias.elpais.com/cincodias/2021/02/26/economia/16143 45251_263718.html. Acesso em: 2 nov. 2021.

[151] MURAT, José. Pandemia agrava desigualdade social. *CE Noticias Financieras*, ed. Espanhol; Miami, 8 mar. 2021. Disponível em: https://www.proquest.com/docview/2499354257/fullt ext/1A86FB41B5054F3BPQ/1?accountid=14744. Acesso em: 2 nov. 2021.

[152] O VÍRUS da desigualdade. *Oxfam Brasil.* Disponível em: https://www.oxfam.org.br/ wp-content/uploads/2021/01/bp-the-inequality-virus-110122_PT_Final_ordenado.

O estudo da Comissão Econômica para América Latina e Caribe (CEPAL) estima que os países da América Latina,[153] incluindo o Brasil, alcançarão níveis extremos de pobreza no futuro, níveis estes não observados nos últimos 20 anos. De acordo com a pesquisa, em 2020 a taxa de pobreza extrema situou-se em 12,5% e a taxa de pobreza alcançou 33,7%. Com isso, o total de pessoas pobres chegaria a 209 milhões no fim de 2020, isto é, 22 milhões de pessoas a mais do que no ano anterior. Desse total, 78 milhões de pessoas estariam em situação de pobreza extrema, significando 8 milhões de cidadãos a mais do que o registrado em 2019.[154]

As mulheres também foram duramente atingidas por este cenário, segundo dados da CEPAL. Dentre as razões que explicam a elevação da desigualdade para este grupo, estão os retrocessos no mercado laboral, assim como o fato de que 56,9% das mulheres na América Latina, por exemplo, estão empregadas em setores de risco em razão da pandemia, o que provoca o desemprego feminino e a redução das fontes de renda.[155]

O mercado também sentiu as consequências na oferta e na demanda. Entretanto, a história mostra que a crise não causou o fim do neoliberalismo e de suas políticas, tampouco do capitalismo. Para reverter esta situação, os detentores de capital recorreram ao Estado, o qual ficou incumbido do processo de socialização do prejuízo. Conforme afirma Juliano Goularti:

> O Estado exerce uma influência considerável na economia de mercado por meio da demanda efetiva, seja adquirindo bens, comprando equipamentos, contratando serviços ou reciclando títulos podres. Sabem

---

pdf?utm_campaign=davos_2021_-_pre_lancamento%26utm_medium=email%26utm_source=RD+Station. Acesso em: 18 mar. 2022.

[153] Países incluídos: Argentina, Bolívia (Estado Plurinacional da), Brasil, Chile, Colômbia, Costa Rica, El Salvador, Equador, Guatemala, Honduras, México, Nicarágua, Panamá, Paraguai, Peru, República Dominicana, Uruguai e Venezuela.

[154] COMISIÓN ECONÓMICA PARA LATINOAMÉRICA Y EL CARIBE – CEPAL. *Panorama Social da América Latina 2020*. (LC/PUB.2021/3-P). Santiago, p. 18-20, 2021. Disponível em: https://www.cepal.org/sites/default/files/publication/files/46784/S2000967_pt.pdf. Acesso em: 27 abr. 2022

[155] COMISIÓN ECONÓMICA PARA LATINOAMÉRICA Y EL CARIBE – CEPAL. La autonomía económica de las mujeres en la recuperación sostenible y con igualdad. *Informe especial COVID-19*, 2021. Disponível em: https://www.cepal.org/es/publicaciones/46633-la-autonomia-economica-mu-jeres-la-recuperacion-sostenible-igualdad. Acesso em: 2 nov. 2021.

também que, no decurso de uma transação de salvamento, bilhões e mais bilhões de dólares são injetados para sustentar a não desvalorização do valor.[156]

Dessa forma, o Estado de Bem-Estar volta a ser requisitado, mas não como sinônimo de ascensão social das classes marginalizadas, mas para recuperação do valor e capital dos detentores dos meios de produção. Os chamados "pacotes de estímulo" criados no Brasil, por exemplo, são medidas paliativas e que não significam a construção de um Estado de Bem-Estar.

Medidas estruturais, como tributação progressiva, imposto sobre o capital, redução da carga tributária sobre os bens de consumo e serviços (impostos indiretos) e garantias de direitos sociais, como trabalhistas e previdenciários, não estão na pauta Estatal, principalmente no Brasil. A atual política pública brasileira e seu sistema fiscal objetivam sustentar o exorbitante gasto estatal com o sistema financeiro e com os programas de subsídios creditícios e incentivos fiscais para o capital. Logo, não está protegendo a classe marginalizada da crise do COVID-2019, mas sim aumentando ainda mais as iniquidades entre os grupos sociais a longo-prazo.

Como visto, a informalidade no Brasil já vinha aumentando consideravelmente nos últimos anos, e com o surgimento da pandemia, estes níveis se elevaram ainda mais, considerando-se a perda de emprego e de sustento para milhões de pessoas desde o início do isolamento social. Milhares de microempreendedores foram obrigados a fechar as portas de seus estabelecimentos, trabalhadores autônomos ficaram sem renda e o resultado foi o flagrante desemprego entre a população. Segundo os dados divulgados pela Oxfam, o desemprego entre os jovens de 18 e 24 anos também aumentou durante a pandemia, chegando a 27,1% (média nacional), afetando mais as mulheres negras e pardas.[157]

Os salários também diminuíram e as pessoas passaram a receber cerca de 82% de seus habituais rendimentos mensais. Os trabalhadores autônomos chegaram a receber apenas 60% do habitual. A população brasileira empobreceu, perdeu empregos e está diante de um cenário

---

[156] GOULARTI, Juliano Giassi. A escalada da desigualdade em meio à "coronacrise". *Le Monde Diplomatique Brasil*. ed. 155, 1 jun. 2020. Disponível em: https://diplomatique.org.br/a-escalada-da-desigualdade-em-meio-a-coronacrise/. Acesso em: 30 out. 2021.

[157] COMPREENDA quais são os efeitos sociais da pandemia no trabalho e renda. *Oxfam Brasil*, São Paulo, 23 set. 2020. Disponível em: https://www.oxfam.org.br/blog/trabalho-e-renda/. Acesso em: 18 mar. 2022.

de fome. Esta, que vinha recuando na última década, voltou à cena. Estima-se que mais de 10 milhões de pessoas estão em situação de insegurança alimentar grave e mais de 74 milhões encontram-se com insegurança alimentar leve ou moderada, totalizando quase 85 milhões de pessoas atingidas ou ameaçadas pela fome no Brasil.[158]

Além disso, a Forbes divulgou que 11 (onze) novos bilionários brasileiros integraram a lista no ano de 2020, justamente no ano em que a pandemia causou mais desigualdades e desempregos no país. Neste sentido, segundo os dados da Oxfam, apenas nos cinco primeiros meses da pandemia (março a julho de 2020), o patrimônio líquido de 42 bilionários brasileiros cresceu US$34 bilhões (cerca de R$187 bilhões pela cotação atual do dólar).[159] Atualmente, o Brasil apresenta 57 (cinquenta e sete) bilionários na lista Forbes.[160]

Em vista disso, percebe-se que o cenário da pandemia realçou a profunda desigualdade de renda da população, como também evidenciou a importância do meio digital e o seu conhecimento para poder ter acesso ao trabalho e educação. Neste viés, o debate da economia do conhecimento torna-se ainda mais relevante, visto que o investimento por parte do Estado em inovação e conhecimento poderia contribuir para a evolução da economia do conhecimento de toda a população, como também para o seu acesso às oportunidades, melhorando o cenário causado pela (pós) pandemia.

Percebe-se que o poder público e suas políticas podem desempenhar um papel fundamental na luta contra a desigualdade. Neste sentido, Ivan Sarro afirma que o Estado pode

> [...] gerar, reproduzir, atenuar ou acentuar diferentes formas de iniquidade. Um dos principais determinantes para explicar as mudanças nos indicadores de desigualdade é a capacidade da intervenção pública de corrigir diferenças de renda entre os domicílios. (Tradução livre)[161]

---

[158] ALCANTARA, Charles. A desigualdade no Brasil é um projeto. *Le Monde Diplomatique Brasil*, ed. 159, 1 out. 2021. Disponível em: https://diplomatique.org.br/a-desigualdade-no-brasil-e-um-projeto/. Acesso em: 27 nov. 2021.

[159] ALCANTARA, Charles. A desigualdade no Brasil é um projeto. *Le Monde Diplomatique Brasil*, ed. 159, 1 out. 2021. Disponível em: https://diplomatique.org.br/a-desigualdade-no-brasil-e-um-projeto/. Acesso em: 27 nov. 2021.

[160] CAMPOS, Álvaro. No ano da pandemia, Brasil ganha 11 novos bilionários na lista da Forbes. *Valor Econômico*, 6 abr. 2021, São Paulo. Disponível em: https://valor.globo.com/financas/noticia/2021/04/06/brasil-ganha-11-novos-bilionarios-na-lista-da-forbes.ghtml Acesso em: 10 abr. 2022.

[161] Texto original: "[...] generar, reproducir, atenuar o acentuar diferentes formas de inequidad. Uno de los determinantes principales para explicar los câmbios en los

Embora seja uma tragédia humana, a pandemia do COVID-19 também evidenciou a importância de construir um mundo mais igualitário e sustentável, reunindo os governos, cidadãos, sociedade civil, empresas e tantos outros em torno de uma causa comum.

Neste diapasão, a educação e a tecnologia digital devem ser dois grandes aceleradores da mudança e da igualdade, pois oferecem, ao longo da vida, a possibilidade de aprender, se adaptar e de adquirir novas competências para o desenvolvimento da economia. Além disso, deve haver a incidência de uma tributação e redistribuição justa da renda e do patrimônio, com financiamento de políticas que permitam a cobertura universal de saúde e uma renda básica que alcance a todos. A riqueza e a oportunidade devem ser distribuídas de forma mais ampla e justa em todo o mundo.[162]

Mangabeira Unger explica que a escassez relativa de empregos e a desigualdade aprofundam a segmentação hierárquica da economia do conhecimento, a qual, ressalta-se, será estudada no próximo capítulo. Uma proporção crescente de riqueza é produzida por uma parte cada vez menor da força de trabalho e, por isso, a própria desigualdade de renda e a falta de distribuição de apoio, instrumentos, capacitações e oportunidades, impedem que a economia do conhecimento seja includente e se torne a rota promissora para organização de uma nova e mais produtiva sociedade.[163]

E, nesse contexto, verifica-se a importância da adoção de instrumentos, via tributação, para a redução dessas iniquidades. Conforme ensina Costa, essa realidade pode ser mudada por meio de alguns fatores como:

> [...] mecanismos de distribuição de rendas através de uma estrutura tributária progressiva, um amplo processo de reforma agrária, investimento em políticas sociais básicas e democratização do acesso ao poder político [...].[164]

---

indicadores de desigualdad es la capacidad de la intervención pública para corregir la diferencias de renta entre los hogares." SARRO, Iván Gonzáles. *Políticas Públicas Neoliberais y desigualdade*: México, Estados Unidos, Francia y España. Instituto Universitario de Investigación en Estúdios Latinoamericanos – Univesidad de Alcalá: Madrid, 2019, p. 136.

[162] GUTERRES, António. Enfrentando a pandemia da desigualdade: um novo contrato social para uma nova era. *CE Noticias Financieras*, ed. Espanhol; Miami. 31 jul. 2020. Disponível em: https://www.proquest.com/docview/2429519372?accountid=14744&pq-origsite=primo. Acesso em: 2 nov. 2021.

[163] UNGER, Roberto Mangabeira. *Economia do conhecimento*. Tradução de Leonardo Castro. São Paulo: Autonomia Literária, 2018, p. 72.

[164] COSTA, Lúcia Cortes da. Pobreza, desigualdade e exclusão social. *In*: COSTA, Lúcia Cortes da; SOUZA, Maria Antonia de. *Sociedade e cidadania desafios para o século XXI*. Ponta Grossa: UEPG, 2005, p. 179-180.

Portanto, mostra-se como é imprescindível aplicar soluções céleres e eficazes para a redução da desigualdade de renda. As reformas no sistema político, estatal e fiscal não podem mais ser postergadas. Todavia, tais reformas necessitam espelhar-se na atual sociedade. Por isso, o trabalho aborda o estudo sobre a economia do conhecimento, justamente para verificar quais os mecanismos que podem ser eficazes diante das novas tecnologias e do mundo virtual. A vida em sociedade mudou e velhas soluções já não mais surtirão o efeito desejado. As alterações devem ser coerentes com o contexto social e econômico atual da sociedade. Na nova era do conhecimento, será ainda mais urgente a adoção da solidariedade comunitária, a fim de construir uma sociedade inclusiva. A sua inexistência divide a sociedade entre os que têm riquezas e os que não a têm, gerando desigualdades, injustiças e mazelas para a grande parte da população mundial e isto precisa ser combatido.[165]

---

[165] MORALES, E. Causas y posibles soluciones de la desigualdad en la sociedad desde la percepción de Joseph E. Stiglitz. *Economía Sociedad Y Territorio*, 19 ago. 2014. Disponível em: https://doi.org/10.22136/est002014399. Acesso em: 26 out. 2021.

CAPÍTULO 2

A ECONOMIA DO CONHECIMENTO

Nos termos estudados no capítulo anterior, vislumbrou-se como a desigualdade de renda está ascendendo entre a população, principalmente nos últimos anos. Observou-se que tanto o Brasil quanto a União Europeia possuem uma ampla disposição legal acerca da proteção da igualdade e do bem-estar aos seus cidadãos. Todavia, alguns eventos, como a adoção de políticas neoliberais, industrialização e globalização, crises financeiras e de saúde, reforçaram a distância econômica entre as classes sociais.

Tal conjuntura, além de abalar o bem comum da população, também prejudica o desenvolvimento da economia e sua ampla difusão entre todos os setores e nações do mundo. Atualmente, a sociedade está criando novos rumos, devido à introdução da tecnologia, industrialização, conhecimento e inovação. Desse modo, para um Estado desenvolver sua economia eficientemente e proporcionar uma boa qualidade de vida ao cidadão, necessita também participar deste cenário inovador. E, para tanto, a redução da desigualdade de renda se torna uma pauta urgente para possibilitar o acesso ao cidadão a este novo mundo tecnológico.

Ora, ver-se-á nos próximos tópicos, que a sociedade modificou-se com o surgimento da industrialização a partir da Primeira Revolução Industrial. Um novo mundo de oportunidades abriu-se para os cidadãos e alterou o modo de vida em sociedade. Com o passar dos anos, novas revoluções industriais ocorreram e também implicaram mudanças ao cenário social e econômico, até se chegar ao momento social atual. Hoje é possível deparar-se com uma sociedade tecnológica, com o amplo uso da internet e da necessidade de se estar 24 horas por dia conectado ao mundo virtual.

Por isso, diante dessa profunda mudança, não há como repensar alterações e sugestões à redução da desigualdade de renda sem analisar como está o atual contexto social e econômico da população. E, por este motivo, se mostra imprescindível explorar sobre a contemporânea economia do conhecimento.

Por certo, muitos confundem a economia do conhecimento com os seus produtos e serviços, como as novas tecnologias digitais e de informação. Os termos "economia do conhecimento", "Quarta Revolução Industrial" ou a "Indústria 4.0", são comumentemente utilizados para referir-se às novas mudanças na sociedade. Todavia, estes termos possuem significados distintos e, para compreensão deste trabalho, se faz necessário defini-los e individualizá-los.

Para tanto, novamente, sustenta-se a importância em analisar a história para compreender o presente. Em vista disso, o estudo sobre a compreensão da economia do conhecimento inicia-se com a abordagem sobre as revoluções industriais e suas inovações até o surgimento da Quarta Revolução Industrial, por meio de sua digressão histórica.

2.1 Análise histórica das revoluções industriais

As diversas inovações industriais introduziram transformações no modo de vida da população, no seu trabalho, lazer, educação, entre tantas outras modificações, que facilmente podem ser relatadas pelos cidadãos. Assim, cada revolução industrial trouxe inovações e mudanças, porém todas elas possuem características próprias, que possibilitam a sua compreensão.

Dentre estas características comuns, pode-se citar a transformação tecnológica em aceleração e sem precedentes em comparação com os padrões históricos, isto é, há uma mudança impactante na sociedade. Além disso, ocorre uma difusão do uso das novas tecnologias por todo o sistema econômico, como indústrias, comércio, educação, lazer e saúde. Por fim, pode-se citar o surgimento dessas mesmas tecnologias em todo o tecido social.[166]

Cada revolução industrial proporcionou uma substituição de tecnologias existentes por tecnologias superiores e mais avançadas, bem como à revitalização de setores industriais.[167] Tais modificações

---

[166] COSTA, Ana Maria Nicolaci da. Revoluções tecnológicas e transformações subjetivas. *Psicologia – Teoria e Pesquisa*, Brasília, v. 18, n. 2, páginas inicial-final, maio/ago. 2002. Disponível em: https://www.scielo.br/j/ptp/a/B8YrM538mSbqLJk6hwSdcPN/?format=pdf&lang=pt . Acesso em: 21 jul. 2022, p. 194.

[167] FREEMAN, C; LOUÇÃ, F. *As time goes by*: from the Industrial Revolution to the Information Revolution. New York: Oxford University Press, 2001.

também acarretam transformações na organização da sociedade e, com isso, a necessidade de reajustes do marco institucional e regulatório para a funcionalidade destas novas tecnologias.[168]

Dessa forma, na história das revoluções industriais, o papel das instituições foi fundamental para dar suporte à geração, à difusão e à exploração do conhecimento tecnológico, bem como à implementação das mudanças organizacionais e estratégias das firmas. Percebe-se que as nações que foram favoráveis às mudanças de suas instituições tiveram um rápido crescimento econômico e tecnológico.[169]

Sob uma perspectiva histórica, as diferentes revoluções tecnológicas surgiram por meio do movimento da economia capitalista, nas palavras de Marx. Isto significa que, para o autor, o capital revolucionou as técnicas e a organização do trabalho, a fim de aumentar a produtividade do trabalho. Assim, a concorrência capitalista introduz e permite o progresso técnico, o qual origina as revoluções industriais.[170]

Inspirado nas ideias de Marx, Schumpeter analisa o papel da mudança tecnológica, isto é, a inovação, para os processos de evolução e para as modificações do sistema econômico. Todavia, afirma a importância do lucro para o surgimento do empresário, e que este, juntamente com a firma, são os veículos da inovação. Desse modo, o empresário, apoiado nas descobertas de cientistas e inventores, cria novas oportunidades para o investimento, crescimento e emprego.[171] De forma resumida,

> [...] os lucros dessas inovações são o impulso decisivo para as novas ondas de crescimento, atuando como mecanismos de atração para imitadores. À medida que esse processo ocorre, a lucratividade vai sendo disputada até a recessão se configurar, e todo o processo pode seguir para uma depressão, até que inicie o rápido crescimento da nova onda de mudança tecnológica, organizacional e social.[172]

---

[168] PEREZ, C. Technological revolutions and techno-economic paradigms. *Cambridge Journal of Economics*, v. 34, Issue 1, p. 185-202, jan. 2010. https://doi.org/10.1093/cje/bep051.

[169] CONCEIÇÃO, César S.; FARIA, Luiz A. E. Padrões históricos da mudança tecnológica e ondas longas do desenvolvimento capitalista. *In*: DATHEIN, R. (org.). *Desenvolvimentismo*: o conceito, as bases teóricas e as políticas [online]. Porto Alegre: Ed. UFRGS, 2003. Estudos e pesquisas IEPE series, p. 223-255. Disponível: http://books.scielo.org/id/8m95t/pdf/dathein-9788538603825-07.pdf. Acesso em: 21 jul. 2022. ISBN 978-85-386-0382-5, p. 224.

[170] MARX, Karl. *O capital*: crítica da economia política. São Paulo: Difel, 1982, p. 510.

[171] SCHUMPETER, J. A. *Capitalismo, socialismo e democracia*. Rio de Janeiro: Ed. Unesp, 2017.

[172] CONCEIÇÃO, César S.; FARIA, Luiz A. E. Padrões históricos da mudança tecnológica e ondas longas do desenvolvimento capitalista. *In*: DATHEIN, R. (org.). *Desenvolvimentismo*: o conceito, as bases teóricas e as políticas [online]. Porto Alegre: Ed. UFRGS, 2003. Estudos

A análise das causas dos movimentos de evolução é imprescindível para entender como se desenvolveram as diversas revoluções industriais no decorrer dos séculos. Antes da indústria, a produção era manual, com pequenas produções, o que se tornou inviável diante do elevado crescimento da população e o consequente aumento na demanda de mercado. Por isso, diante da necessidade de produzir mais e mais rápido, surge a Primeira Revolução Industrial, que ocorreu a partir do século XVIII, com a predominância da produção industrial sobre a agrícola.[173]

Entre os séculos XVI a XVIII, a vida econômica europeia foi marcada pela acumulação primitiva e pelo domínio do capital comercial. Neste sentido, a Inglaterra emergia frente aos demais países europeus, visto que possuía, no âmbito interno, um forte mercado nacional e uma alfândega nacional, como também, no âmbito externo, consolidou a expansão ultramarina como Estado Nacional, diminuindo as tensões sociais.[174]

Estes fatores contribuíram para que o país inglês tivesse uma significativa apropriação dos lucros comerciais no mercado mundial, como também fomentasse a concorrência comercial. Assim, era necessária a modernização dos meios de produção, para que se produzisse mais rápido e em maior quantidade, dando início à Revolução Industrial, tendo como pioneira a Inglaterra.[175]

Em vista disso, surgiram as máquinas a vapor e a utilização do carvão como combustível. Isso proporcionou o baixo custo na produção de alimentos e outros produtos, bem como a otimização do tempo na fabricação destes produtos, que deixaram de ser produzidos artesanalmente. Essa revolução tornou a sociedade industrial e mais urbana, com

---

e pesquisas IEPE series, p. 223-255. Disponível: http://books.scielo.org/id/8m95t/pdf/dathein-9788538603825-07.pdf. Acesso em: 21 jul. 2022. ISBN 978-85-386-0382-5, p. 228.

[173] MACEDO, M. F. G.; BARBOSA, A. L. F. *Patentes, pesquisa & desenvolvimento*: um manual de propriedade intelectual [*online*]. Rio de Janeiro: FIOCRUZ, 2000. 164 p. ISBN 85-85676-78-7, p. 11. Disponível em: http://books.scielo.org/id/6tmww/pdf/macedo-9788575412725-02.pdf . Acesso em: 21 jul. 2022, p. 11.

[174] LIMA, Elaine Carvalho de; NETO, Calisto Rocha de Oliveira. Revolução Industrial: considerações sobre o pioneirismo industrial inglês. *Revista Espaço Acadêmico*, n. 94, p. 102-113, jul. 2017. Disponível em: https://periodicos.uem.br/ojs/index.php/EspacoAcademico/article/download/32912/19746/. Acesso em: 22 jul. 2022, p. 107.

[175] LIMA, Elaine Carvalho de; NETO, Calisto Rocha de Oliveira. Revolução Industrial: considerações sobre o pioneirismo industrial inglês. *Revista Espaço Acadêmico*, n. 94, p. 102-113, jul. 2017. Disponível em: https://periodicos.uem.br/ojs/index.php/EspacoAcademico/article/download/32912/19746/. Acesso em: 22 jul. 2022, p. 107.

o crescente número de fábricas, mecanização e o surgimento de trens como meio de transporte.[176]

Destaca-se que o padrão industrial inglês concedeu a posição monopolista no mercado mundial de produtos manufaturados. Por exemplo, em 1880, a Inglaterra respondia por um quarto de todo produto industrial do mundo. Além disso,

> [...] sua condição imperial manteve relações prevalentes entre metrópoles e colônias, o que impossibilitou praticamente a difusão de políticas de caráter nacional, mesmo em países já plenamente constituídos.[177]

O avanço da industrialização, principalmente na indústria têxtil inglesa, desencadeou o processo de urbanização e, consequentemente, fomentou a construção civil e de infraestrutura na abertura de canais de transporte. Então, há o aumento da utilização do carvão, tanto pelo consumo doméstico, como pelo transporte ferroviário, com as máquinas a vapor.[178]

Por outro lado, o progresso impactou a área social, justamente pelo êxodo rural e o aumento populacional nas cidades, que ofereciam condições precárias para as pessoas com menor poder aquisitivo. Além disso, as fábricas eram geralmente insalubres, com altíssimas jornadas de trabalho e com salários baixos. Enquanto isso, com a expansão dos investimentos e ampliação dos lucros, a burguesia inglesa obtinha cada vez mais capital, conseguindo financiar fábricas, adquirir matérias-primas e maquinários, além de contratar e manter trabalhadores.[179] Tais fatos contribuíram para o surgimento de duas classes

---

[176] SOARES, Matias Gonsales. A Quarta Revolução Industrial e seus possíveis efeitos no direito, economia e política. *Boletim Jurídico*, Uberaba/MG, a. 13, n. 1524. Disponível em: https://www.boletimjuridico.com.br/doutrina/artigo/4566/a-quarta-revolucao-industrial-seus-possiveis-efeitos-direito-economia-politica. Acesso em: 11 jun. 2022.

[177] POCHMANN, M. Capitalismo e desenvolvimento. *In: Brasil sem industrialização*: a herança renunciada [*online*]. Ponta Grossa: Ed. UEPG, 2016, p. 16-64. Disponível em: http://books.scielo.org/id/yjzmz/pdf/pochmann-9788577982165-02.pdf . Acesso em: 22 jul. 2021. ISBN 978-85-7798-216-5, p. 28.

[178] POCHMANN, M. Capitalismo e desenvolvimento. *In: Brasil sem industrialização*: a herança renunciada [*online*]. Ponta Grossa: Ed. UEPG, 2016, p. 16-64. Disponível em: http://books.scielo.org/id/yjzmz/pdf/pochmann-9788577982165-02.pdf . Acesso em: 22 jul. 2021. ISBN 978-85-7798-216-5, p. 26.

[179] OLIVEIRA, Rosane Machado de. Revolução Industrial na Inglaterra: um novo cenário na Idade Moderna. *Revista Científica Multidisciplinar Núcleo do Conhecimento*. Edição 7, Ano 2, v. 01, p. 89-116, out. 2017. Disponível em: https://www.nucleodoconhecimento.com.br/wp-content/uploads/artigo-cientifico/pdf/revolucao-industrial-na-inglaterra.pdf . Acesso em: 22 jul. 2022. ISSN:2448-0959, p. 9.

sociais opostas: a burguesia capitalista e o proletariado. Nas palavras de Engels:

> [....] aos mestres e companheiros de outrora sucedera os grandes capitalistas e operários sem perspectiva de se elevarem acima da sua classe; o artesanato industrializou-se, a divisão do trabalho operou-se com rigor, e os pequenos artesões que não podiam concorrer com os grandes estabelecimentos foram atirados para as fileiras da classe proletária.[180]

Por tudo isso, verifica-se que a Primeira Revolução Industrial consolidou o capitalismo, criou novas formas de acumulação de capital, novos modelos políticos, substituiu as habilidades humanas por máquinas, houve o domínio da energia de fonte inanimada perante a força humana e animal, melhora acentuada dos métodos de extração e transformação das matérias-primas, bem como o surgimento de novas formas de organização industrial, transmutações estas que, por sua vez, modificaram a estrutura social.[181] [182]

A partir da última metade do século XIX, surge a eletricidade e o aço, juntamente com inovações na área da química, de comunicações e o uso do petróleo. Estas inovações acarretaram uma nova onda de crescimento tecnológico e econômico, chamada de Segunda Revolução Industrial.[183]

Nesta evolução, o aço assumiu um papel fundamental na indústria, substituindo o ferro, por poupar trabalho e material, além de economizar combustível. Assim, houve uma intensa substituição de ferro pelo aço nas ferrovias, na construção naval e nos armamentos. Aliado a isto, foram introduzidos vários elementos na metalúrgica, como o manganês, cromo, níquel e tungstênio.[184]

---

[180] ENGELS, F. *A situação da classe trabalhadora na Inglaterra*. São Paulo: Global, 1986, p. 26.

[181] CAVALCANTE, Z. V.; SILVA, M. L. S. da. A importância da Revolução Industrial no mundo da Tecnologia. *In*: ENCONTRO INTERNACIONAL DE PRODUÇÃO CIENTÍFICA, 7., 2011. Maringá. *Anais eletrônico*, Maringá. 2011. Disponível em: https://www.unicesumar.edu.br/epcc-2011/wpcontent/uploads/sites/86/2016/07/zedequias_vieira_cavalcante2.pdf. Acesso em: 21 jul. 2022.

[182] LIMA, Elaine Carvalho de; NETO, Calisto Rocha de Oliveira. Revolução Industrial: considerações sobre o pioneirismo industrial inglês. *Revista Espaço Acadêmico*, n. 94, p. 102-113, jul. 2017. Disponível em: https://periodicos.uem.br/ojs/index.php/EspacoAcademico/article/download/32912/19746/. Acesso em: 22 jul. 2022, p. 109.

[183] MACEDO, M. F. G.; BARBOSA, A. L. F. *Patentes, pesquisa & desenvolvimento*: um manual de propriedade intelectual [*online*]. Rio de Janeiro: FIOCRUZ, 2000. 164 p. ISBN 85-85676-78-7. Disponível em: http://books.scielo.org/id/6tmww/pdf/macedo-9788575412725-02.pdf. Acesso em: 21 jul. 2022, p. 11.

[184] HOBSBAWM, Eric J. (1968). *Da Revolução Industrial Inglesa ao Imperialismo*. Rio de Janeiro: Forense-Universitária, 1983.

Outra inovação de destaque é a eletricidade e, consequentemente, o uso de meios telegráficos e telefônicos, os quais possibilitaram o intercâmbio comercial entre países.[185] Essa tecnologia modificou totalmente a economia, a indústria, e, por conseguinte, também o cotidiano da população:

> A energia elétrica permitiu que os motores fossem acoplados aos instrumentos, diminuindo o uso de eixos e correias de transmissão. A facilidade de transmissão deu à energia elétrica um caráter onipresente e colocou-a ao alcance de uma parcela muito mais ampla da população, dado seu baixo custo. Facilitou também o desenvolvimento de pequenas indústrias, que podiam agora utilizar a mesma fonte geradora de energia das grandes e pagar de acordo com o seu consumo.[186]

Além disso, a eletricidade promoveu progressos significativos nas comunicações, como o telégrafo sem fio, o tráfego de trens, o telefone e as ondas de rádio, em 1883.[187]

As descobertas tecnológicas se expandiram também no ramo da química, em que formaram as bases para a indústria dos plásticos e farmacêutica, como também na indústria de adubos, explosivos, papel, cimento e fibras artificiais, por exemplo. Uma característica importante do desenvolvimento da química foi o intenso uso da ciência e de laboratórios onde trabalhavam cientistas profissionais.[188]

Por fim, nesta época surgiu uma nova fonte de energia, ainda comumente utilizada nos dias atuais, o petróleo. Em 1850, James Young desenvolveu as bases para a refinação do petróleo. Tal descoberta possibilitou o motor à gasolina para veículos, como carros, barcos, navios, entre outros meios de transporte. Entretanto, apesar do desenvolvimento dos motores elétricos e de combustão interna, o motor a vapor

---

[185] SILVA, M. C. A. da; GASPARIN, J. L. *A Segunda Revolução Industrial e suas influências sobre a Educação Escolar Brasileira*. 2015. Disponível em: http://www.histedbr.fe.unicamp.br/acer_histedbr/seminario/seminario7/TRABALHOS/M/Marcia%20CA%20Silva%20e%20%20Joao%20L%20Gasparin2.pdf. Acesso em: 10 jun. 2022.

[186] DATHEIN, Ricardo. Inovação e revoluções industriais: uma apresentação das mudanças tecnológicas determinantes nos séculos XVIII e XIX. *Publicações DECON Textos Didáticos 02/2003*. DECON/UFRGS, Porto Alegre, p. 1-8, fev. 2003. Disponível em: https://lume-redemonstracao.ufrgs.br/artnoveau/docs/revolucao.pdf. Acesso em: 22 jul. 2022, p. 6.

[187] LANDES, David S. (1969). *Progreso Tecnologico y Revolucion Industrial*. Madrid: Editorial Tecnos, 1979.

[188] DATHEIN, Ricardo. Inovação e revoluções industriais: uma apresentação das mudanças tecnológicas determinantes nos séculos XVIII e XIX. *Publicações DECON Textos Didáticos 02/2003*. DECON/UFRGS, Porto Alegre, p. 1-8, fev. 2003. Disponível em: https://lume-redemonstracao.ufrgs.br/artnoveau/docs/revolucao.pdf. Acesso em: 22 jul. 2022, p. 5.

continuou predominando por muito tempo, devido ao seu baixo custo e pela disponibilidade das reservas de carvão.[189]

Dito isso, vislumbra-se nas duas primeiras revoluções industriais o processo de substituição do homem pela máquina, tendo forte relação com o Conhecimento. Contudo, na Primeira Revolução, a observação empírica prevalecia sobre a produção intelectual para fins econômicos e industriais. Isto é, os trabalhadores inventavam as novas técnicas de produtos e processos durante a produção, sem sofrer significativa influência do conhecimento científico. Já a partir do século XIX, na fase da Segunda Revolução, há novos rumos para a produção do conhecimento produtivo e criativo. Por exemplo, Thomas Edison criou, nesta época,

> [...] o primeiro departamento de pesquisa e desenvolvimento (P&D), buscando dar à produção do conhecimento produtivo industrial o suporte e a precisão do conhecimento científico, eliminando a aleatoriedade das criações intelectuais do trabalhador durante o próprio processo de produção de mercadorias.[190]

O desenvolvimento em pesquisa e em novas tecnologias permitiu que ocorresse a Terceira Revolução Industrial, marcada, principalmente, pelas tecnologias digitais. Um novo rumo para a economia, a indústria e a sociedade, transformando não apenas as relações de trabalho, como também as relações pessoais.

Dessa forma, na segunda metade do século XX, há o início da Terceira Revolução Industrial, também conhecida como Revolução Digital. Surge a automatização dos aparatos de trabalho, inserção dos computadores, utilização em massa da internet, desenvolvimento de microprocessadores e comunicações de alta tecnologia no seio da sociedade.[191]

O desenvolvimento tecnológico até a década de 1970 contribuiu para o aumento do ritmo de acumulação de capital. Com isso, há

---

[189] CIPOLLA, Carlo M. (1974). *História Econômica da População Mundial*. Rio de Janeiro: Zahar, 1977, p. 52.

[190] MACEDO, M. F. G.; BARBOSA, A. L. F. *Patentes, pesquisa & desenvolvimento*: um manual de propriedade intelectual [*online*]. Rio de Janeiro: FIOCRUZ, 2000. 164 p. ISBN 85-85676-78- 7. Disponível em: http://books.scielo.org/id/6tmww/pdf/macedo-9788575412725-02.pdf . Acesso em: 21 jul. 2022, p. 11.

[191] SOARES, Matias Gonsales. A Quarta Revolução Industrial e seus possíveis efeitos no direito, economia e política. *Boletim Jurídico*, Uberaba/MG, a. 13, n. 1524. Disponível em: https://www.boletimjuridico.com.br/doutrina/artigo/4566/a-quarta-revolucao-industrial-seus-possiveis-efeitos-direito-economia-politica. Acesso em: 11 jun. 2022.

novas mudanças no setor industrial, como o uso da maquinaria mais poupadora de mão de obra, as novas formas de organização industrial, o advento das tecnologias de informação, a globalização como aprofundamento da internacionalização e novas bases para a competitividade.[192]

Percebe-se que, com a ascensão da microeletrônica, há uma nova organização laboral, de modo que haja um menor emprego da força humana nos processos produtivos, sendo substituídos pela automação e robótica. Esse novo paradigma, caracterizado pela utilização da eletrônica na produção, se deu por meio da automação flexível, isto é:

> [...] consiste na aplicação de técnicas e utilização de *softwares* e/ou equipamentos específicos em uma determinada máquina ou processo industrial com o objetivo de aumentar a sua eficiência, além da integração via telemática – que por meio de avançados sistemas de comunicação em tempo real – permite a operação de uma série de máquinas e equipamentos através de um único dispositivo, normalmente um computador.[193]

Desse modo, os processos industriais do século XX, caracterizados pela eletromecânica, com automação dedicada, repetitiva e não programável, sofreram transformações por meio da difusão acelerada de mecanismos digitalizados, que programavam o processo de automação. Assim, a eletrônica substitui a eletromecânica, de modo que os computadores passam a guiar o sistema de máquinas.[194]

A automação eletrônica modifica os padrões da competitividade do sistema capitalista, até então predominante. Devido ao fato da produção programada flexível poder realizar peças diferenciadas sem aumento do custo, a padronização de produtos perde importância como fator da competitividade. Outrossim, é a diversificação dos produtos,

---

[192] COUTINHO, Luciano. A Terceira Revolução Industrial e tecnológica: as grandes tendências das mudanças. *Economia e Sociedade*, Campinas, v. 1, n. 1, p. 69-87, ago. 1992. Disponível em: https://periodicos.sbu.unicamp.br/ojs/index.php/ecos/article/view/8643306/10830. Acesso em: 23 jul. 2022, p. 71.

[193] PAULO, Sávio Freitas. A Terceira Revolução Industrial e a estagnação da acumulação capitalista. *Revista Mundo Livre*, Campos dos Goytacazes, v. 5, n. 2, p. 54-77, ago./dez. 2019. Disponível em: https://periodicos.uff.br/mundolivre/article/view/40349/24031, Acesso em: 23 jul. 2022, p. 56.

[194] COUTINHO, Luciano. A Terceira Revolução Industrial e tecnológica: as grandes tendências das mudanças. *Economia e Sociedade*, Campinas, v. 1, n. 1, p. 69-87, ago. 1992. Disponível em: https://periodicos.sbu.unicamp.br/ojs/index.php/ecos/article/view/8643306/10830. Acesso em: 23 jul. 2022, p. 72.

para atender as diversas especificidades do consumidor, que passa a se destacar no mercado.[195]

O trabalho específico e difícil de ser executado pelas máquinas das revoluções anteriores, agora era facilmente possível com o uso de *softwares*, que permitia a reprodução de sequências e moldes até então não produzidos. Entretanto, não é difícil chegar à conclusão que todo este processo de automação flexível, com o uso demasiado de máquinas, iria substituir um grande número de trabalhadores. Com isso, a qualificação dos trabalhadores necessita ser cada vez maior e mais específica, requerendo a capacitação mínima em raciocínios abstratos, matemática, programação, códigos, entre outros, a fim de que se aprofunde nas técnicas da automação flexível.[196]

Além disso, a Revolução Digital também traz novas características ao paradigma tecnológico, chamado de "Toyotismo", como:

> [...] cooperação, coordenação, qualidade, valorização dos recursos humanos, descentralização das responsabilidades com participação dos trabalhadores, elevado nível de qualificação, interação em P&D, produção, marketing, diferenciação de produtos em atenção às preferências dos usuários, utilização de técnicas de automação flexível – viabilizando a "customização em massa" da oferta de produtos [...].[197]

Esse paradigma, nas palavras de Navarro e Padilha, visa obter pequenas séries de produtos variados com custos reduzidos, pretendendo vender rapidamente, sem a utilização em massa de bens ou de grandes estoques de mercadorias. E a tecnologia cumpre um papel fundamental para a redução destes custos.[198]

---

[195] SALM, Cláudio. Modernização industrial e a questão dos recursos humanos. *Economia e Sociedade*, Campinas, v. 1, n. 1, p. 111-133, ago. 1992. Disponível em: https://periodicos.sbu.unicamp.br/ojs/index.php/ecos/article/view/8643311/14360. Acesso em: 23 jul. 2022, p. 112.

[196] COUTINHO, Luciano. A Terceira Revolução Industrial e tecnológica: as grandes tendências das mudanças. *Economia e Sociedade*, Campinas, v. 1, n. 1, p. 69-87, ago. 1992. Disponível em: https://periodicos.sbu.unicamp.br/ojs/index.php/ecos/article/view/8643306/10830. Acesso em: 23 jul. 2022, p. 75.

[197] COUTINHO, Luciano. A Terceira Revolução Industrial e tecnológica: as grandes tendências das mudanças. *Economia e Sociedade*, Campinas, v. 1, n. 1, p. 69-87, ago. 1992. Disponível em: https://periodicos.sbu.unicamp.br/ojs/index.php/ecos/article/view/8643306/10830. Acesso em: 23 jul. 2022, p. 75.

[198] NAVARRO, Vera Lúcia; PADILHA, Valquíria. Dilemas do trabalho no capitalismo contemporâneo. *Psicologia & Sociedade*, Porto Alegre, v. 19, n. spe, p. 14-20, 2007. Disponível em: http://www.scielo.br/scielo.php?script=sci_arttext&pid=S0102-71822007000400004. Acesso em: 23 jul. 2022.

Todavia, o uso da tecnologia e automação faz com que as empresas necessitem investir mais em pesquisas, inovação, marketing, entre outros ramos, para manterem-se competitivas no mercado. Assim, há uma crescente interação entre os centros privados e públicos de P&D ou entre engenheiros de empresas diferentes. Tal fato ocasiona novas formas de concorrência oligopolista, isto é, a fusão ou cooperação entre empresas que visam reduzir os gastos e os riscos com P&D, além de impor padrões tecnológicos (*standards*) dominantes em determinadas áreas.[199]

A concorrência oligopolista, com a ampliação de capital cada vez mais concentrada, apresenta-se ainda mais atrelada ao avançado sistema financeiro, interligado globalmente, que possibilitaram

> [...] grandes conglomerados industriais e financeiros que, em consequência de sua grande relevância para a economia de certa nação, passam a ter papel considerável e, na maioria das vezes, prioritário, no tocante das tomadas de decisões macroeconômicas e políticas públicas adotadas, enviesando as decisões da esfera governamental cada vez mais às benesses capitalistas.[200]

A busca pela manutenção da taxa de lucro neste novo paradigma tecnológico ocasionou o aumento da desigualdade e da concentração de renda, assim como do desemprego, exploração degradante dos recursos naturais, entre outras consequências negativas. Segundo os dados evidenciados por Piketty, houve um crescimento considerável de concentração de renda a partir da década de 1980 e, "[...] se a tendência à concentração crescente da renda do trabalho observada nos Estados Unidos ao longo das últimas décadas continuar, 50% dos mais mal remunerados poderão receber menos da metade da massa salarial que ganham os 10% mais bem pagos até 2030."[201]

Além disso, o economista Piketty afirma que a concentração de capital também aumentou consideravelmente, não estando muito diferente daquela evidenciada no século XVIII, "[...] somente a forma

---

[199] COUTINHO, Luciano. A Terceira Revolução Industrial e tecnológica: as grandes tendências das mudanças. *Economia e Sociedade*, Campinas, v. 1, n. 1, p. 69-87, ago. 1992. Disponível em: https://periodicos.sbu.unicamp.br/ojs/index.php/ecos/article/view/8643306/10830. Acesso em: 23 jul. 2022, p. 84.

[200] PAULO, Sávio Freitas. A Terceira Revolução Industrial e a estagnação da acumulação capitalista. *Revista Mundo Livre*, Campos dos Goytacazes, v. 5, n. 2, p. 54-77, ago./dez. 2019. Disponível em: https://periodicos.uff.br/mundolivre/article/view/40349/24031, Acesso em: 23 jul. 2022, p. 61.

[201] PIKETTY, Thomas. *O capital do século XXI*. Rio de Janeiro: Intrínseca, 2014, p. 327.

mudou: se antes o capital era fundiário, ele tornou-se imobiliário, industrial e financeiro."[202]

Não obstante, verifica-se que, apesar dos avanços tecnológicos e industriais proporcionados pelas revoluções abordadas acima, nem todos os cidadãos possuem acesso a estas tecnologias. No estudo feito por Klaus Schwab,[203] vislumbra-se que muitas sociedades ainda não têm acesso a produtos oriundos da Primeira Revolução Industrial.

Segundo os dados publicados por Schwab, há muitas pessoas que ainda não desfrutam de todos os benefícios das últimas revoluções industriais. Por exemplo, 600 milhões de pessoas ainda vivem em fazendas de pequeno porte sem qualquer acesso a mecanização, que foi um dos grandes avanços trazidos pela Primeira Revolução Industrial.[204]

Quanto à Segunda Revolução Industrial, aproximadamente um terço da população mundial não possui água potável e saneamento básico seguro. E cerca de um sexto, o que equivale a 1,2 bilhões de pessoas, não possuem acesso à eletricidade.[205]

Estes fatos evidenciam que nem todos desfrutam dos benefícios surgidos com as revoluções industriais. Atualmente, cerca de 3,9 bilhões de pessoas não têm acesso à internet, o grande avanço alcançado na Terceira Revolução Industrial.[206]

Neste viés, o acesso à internet é ainda mais precário quando analisado nos países em desenvolvimento, onde 85% da população encontra-se *offline*, isto é, não possuem internet em suas residências. Os benefícios não precisam ser iguais entre todas as partes, mas o suficiente para que o cidadão possa ter uma vida à qual possa dar valor e que o empodere, de modo que os recursos tecnológicos possibilitem uma vida boa e digna.[207]

Conceição e Faria explicam o porquê dessa propagação tardia dos avanços tecnológicos em alguns países, impedindo o acesso universal das tecnologias:

---

[202] PIKETTY, Thomas. *O capital do século XXI*. Rio de Janeiro: Intrínseca, 2014, p. 477.
[203] SCHWAB, Klaus; DAVIS, Nicholas. *Aplicando a Quarta Revolução Industrial*. Tradução de Daniel Moreira Miranda. São Paulo: EDIPRO, 2018.
[204] SCHWAB, Klaus; DAVIS, Nicholas. *Aplicando a Quarta Revolução Industrial*. Tradução de Daniel Moreira Miranda. São Paulo: EDIPRO, 2018, p. 91.
[205] SCHWAB, Klaus; DAVIS, Nicholas. *Aplicando a Quarta Revolução Industrial*. Tradução de Daniel Moreira Miranda. São Paulo: EDIPRO, 2018, p. 91.
[206] SCHWAB, Klaus; DAVIS, Nicholas. *Aplicando a Quarta Revolução Industrial*. Tradução de Daniel Moreira Miranda. São Paulo: EDIPRO, 2018, p. 91-92.
[207] SCHWAB, Klaus; DAVIS, Nicholas. *Aplicando a Quarta Revolução Industrial*. Tradução de Daniel Moreira Miranda. São Paulo: EDIPRO, 2018, p. 92.

À medida que as tecnologias evoluem e os paradigmas mudam nos países avançados, os países da periferia continuam subdesenvolvidos, atrasados tecnologicamente e dependentes de importação de tecnologia moderna. [...] No entanto, na fase de esgotamento do paradigma e da revolução tecnológica, com a redução do ritmo de crescimento das indústrias, perda de dinamismo tecnológico e saturação dos mercados, induz a um processo de deslocamento das indústrias-núcleo do paradigma para os países atrasados, viabilizando assim, as oportunidades para o processo de industrialização nesses países.[208]

Dessa forma, uma parte da população ainda não possui acesso às tecnologias das últimas revoluções industriais, acarretando um atraso no desenvolvimento e disseminação da atual revolução industrial. Apesar desse atraso tecnológico em alguns países, outras nações continuaram avançando na formação das habilidades, no aprendizado tecnológico e em inovação, ensejando uma nova onda de crescimento tecnológico e econômico, a Quarta Revolução Industrial.

A nova revolução industrial é muitas vezes correlacionada à economia do conhecimento, inclusive confundindo os conceitos e características. Todavia, trata-se de conceitos diversos e sua compreensão é fundamental para poder distingui-las. Por isso, neste momento, passa-se à abordagem dos aspectos conceituais e históricos da atual revolução tecnológica para, posteriormente, avançar no estudo da economia do conhecimento, a qual é o foco deste trabalho.

2.2 A atual revolução industrial: a Indústria 4.0

O termo Quarta Revolução Industrial foi utilizado no Fórum Econômico Mundial em 2016, por seu presidente Sr. Klaus Schwab, e é utilizado para definir a nova revolução tecnológica, que irá afetar a qualidade de vida, o trabalho e os relacionamento entre as pessoas.[209]

A Quarta Revolução Industrial – ou Indústria 4.0 – visa à digitalização e automação do ambiente de manufatura. Isto é, por meio da conexão de máquinas, sistemas e ativos, as empresas podem criar

---

[208] CONCEIÇÃO, César S.; FARIA, Luiz A. E. Padrões históricos da mudança tecnológica e ondas longas do desenvolvimento capitalista. *In:* DATHEIN, R. (org.). *Desenvolvimentismo: o conceito, as bases teóricas e as políticas* [*online*]. Porto Alegre: Ed. UFRGS, 2003. Estudos e pesquisas IEPE series, p. 223-255. Disponível em: http://books.scielo.org/id/8m95t/pdf/dathein-9788538603825-07.pdf. Acesso em: 21 jul. 2022. ISBN 978-85-386-0382-5, p. 250.

[209] SCHWAB, Klaus; DAVIS, Nicholas. *Aplicando a Quarta Revolução Industrial*. Tradução de Daniel Moreira Miranda. São Paulo: EDIPRO, 2018.

redes inteligentes e assim controlar os módulos de produção de forma autônoma.²¹⁰

Por isso fala-se em Tecnologia Disruptiva, representando inovações no mercado em forma de produtos amigáveis e preços módicos. Nesta nova era, haverá uma integração das tecnologias, por meio da junção dos domínios físico, digital e biológico, além de uma internet móvel onipresente.²¹¹

Os pesquisadores preveem a disponibilização de novos instrumentos, como digitalização, internet das coisas, *blockchain, big data*, impressão 3D, engenharia genética, Inteligência Artificial, computação em nuvem e veículos autônomos. Além dos avanços na biotecnologia, geoengenharia e na medicina.²¹²

Neste viés, a nova revolução promete trazer novas mudanças, as quais serão comentadas a partir de agora. Assim, destaca-se o fenômeno de implantação de tecnologias no corpo humano: os dispositivos não estão apenas sendo usados, mas também sendo implantados em corpos, servindo às comunicações, localização e monitoramento de comportamento e funções de saúde.²¹³

Um exemplo dessa tecnologia já utilizada são os marca-passos. Porém, novos dispositivos pretendem evoluir ainda mais, sendo capazes de detectar doenças, que indivíduos enviem dados para centros de monitoramento ou, potencialmente, liberar medicamentos de cura. Obviamente, não há somente vantagens nesta tecnologia, sendo apontados possíveis malefícios à privacidade e à segurança de dados particulares dos cidadãos.²¹⁴

---

[210] SAKURAI, Ruudi; ZUCHI, Jederson Donizete. As revoluções industriais até a Indústria 4.0. *Revista Interface Tecnológica*, p. 480-491. Disponível em: https://revista.fatectq.edu.br/index.php/interfacetecnologica/article/download/386/335/2147. Acesso em: 10 jun. 2022. DOI: 10.31510/infa.v15i2.386.

[211] SOARES, Matias Gonsales. A Quarta Revolução Industrial e seus possíveis efeitos no direito, economia e política. *Boletim Jurídico*, Uberaba/MG, a. 13, n. 1524. Disponível em: https://www.boletimjuridico.com.br/doutrina/artigo/4566/a-quarta-revolucao-industrial-seus-possiveis-efeitos-direito-economia-politica. Acesso em: 11 jun. 2022, p. 6.

[212] SCHWAB, Klaus; DAVIS, Nicholas. *Aplicando a Quarta Revolução Industrial*. Tradução de Daniel Moreira Miranda. São Paulo: EDIPRO, 2018.

[213] WORLD ECONOMIC FORUM. Deep Shift: Technology Tipping Points and Societal Impact. *Survey Report*, September, 2015. Disponível em: http://www3.weforum.org/docs/WEF_GAC15_Technological_Tipping_Points_report_2015.pdf . Acesso em: 27 jul. 2022, p. 8.

[214] WORLD ECONOMIC FORUM. Deep Shift: Technology Tipping Points and Societal Impact. *Survey Report*, September, 2015. Disponível em: http://www3.weforum.org/docs/WEF_GAC15_Technological_Tipping_Points_report_2015.pdf . Acesso em: 27 jul. 2022, p. 8.

Seguindo na lista de novas tecnologias, a presença digital das pessoas é mais uma característica da revolução industrial, a qual vem impactando o cotidiano da população, suas relações pessoais e de trabalho. Isto porque as interações digitais das pessoas acompanham uma infinidade de plataformas *online* e de mídia. Muitas pessoas têm mais de uma presença digital, como uma página no Facebook, Twitter, perfil do Linkedin, conta do Instagram, entre outras. Desse modo, a vida digital está se tornando ligada à vida física (real) de uma pessoa.[215]

A presença digital possibilita uma maior transparência, maior e mais rápida interconexão entre indivíduos e grupos, aumento da liberdade de expressão, divulgação e troca de informações mais rápida, como também o uso mais eficiente dos serviços governamentais. Por outro lado, toda essa exposição também pode implicar problemas para a privacidade, bem como disseminar informações imprecisas, visto que qualquer um poderá publicar sua opinião e documentos, sem conhecimento dos algoritmos de informação.[216]

Além da presença digital, também pode-se citar o uso de óculos e dispositivos de rastreamento ocular, que permitem uma nova interface, ou seja, possibilitam a conexão da visão com a internet, de forma direta e imediata, fornecendo instrução, visualização e interação, podendo mudar radicalmente a forma de aprendizagem e navegação.[217]

Por isso, percebe-se que a internet e o uso da computação estão diretamente ligados com estas novas tecnologias. Estima-se que três quartos da população, em alguns anos, possuam acesso à internet. Além disso, os *smartphones* e *tablets* atuais contêm mais poder de computação do que muitos dos anteriormente conhecidos supercomputadores, que ocupavam uma sala inteira. Na medida em que a tecnologia avança para fabricar dispositivos menores, aumenta-se o poder de computação e, especialmente, diminui-se o preço dos eletrônicos, possibilitando a adoção – cada vez maior – de *smartphones*.[218]

---

[215] WORLD ECONOMIC FORUM. Deep Shift: Technology Tipping Points and Societal Impact. *Survey Report*, September, 2015. Disponível em: http://www3.weforum.org/docs/WEF_GAC15_Technological_Tipping_Points_report_2015.pdf . Acesso em: 27 jul. 2022, p. 9.
[216] WORLD ECONOMIC FORUM. Deep Shift: Technology Tipping Points and Societal Impact. *Survey Report*, September, 2015. Disponível em: http://www3.weforum.org/docs/WEF_GAC15_Technological_Tipping_Points_report_2015.pdf . Acesso em: 27 jul. 2022, p. 9.
[217] WORLD ECONOMIC FORUM. Deep Shift: Technology Tipping Points and Societal Impact. *Survey Report*, September, 2015. Disponível em: http://www3.weforum.org/docs/WEF_GAC15_Technological_Tipping_Points_report_2015.pdf . Acesso em: 27 jul. 2022, p. 10.
[218] WORLD ECONOMIC FORUM. Deep Shift: Technology Tipping Points and Societal Impact. *Survey Report*, September, 2015. Disponível em: http://www3.weforum.org/docs/WEF_GAC15_Technological_Tipping_Points_report_2015.pdf . Acesso em: 27 jul. 2022, p. 13.

Consequentemente, o aumento da computação e do acesso internet também possibilitou o avanço da "internet das coisas",[219] ou seja, a conexão de qualquer coisa à internet. Neste sentido,

> Os especialistas sugerem que, no futuro, todos os produtos (físicos) poderiam ser conectados a uma infraestrutura de comunicação onipresente, e sensores em todos os lugares permitirão que as pessoas percebam totalmente seu ambiente. (Tradução livre)[220]

A internet das coisas também poderá ser aplicada na residência, por meio da automação residencial. Assim, o indivíduo poderá controlar as luzes, cortinas, ventilação, ar-condicionado, áudio e vídeo, sistemas de segurança e eletrodomésticos.[221]

No mesmo sentido, surgem as cidades inteligentes. Muitas cidades conectarão serviços, serviços públicos e estradas à internet. Essas cidades inteligentes gerenciarão sua energia, material, fluxos, logística e tráfego, por meio do gerenciamento entre sua rede de tecnologia de sensores e suas plataformas de dados. Cingapura e Barcelona podem ser citadas como cidades que já utilizam algumas dessas novas tecnologias.[222]

Sem dúvidas, a atual revolução industrial já está impactando a sociedade mediante a criação, existência e uso de todas as tecnologias

---

[219] Internet das coisas é um termo genérico usado para caracterizar objetos que estão conectados à internet. Também é conhecida pelo apelido IoT, significando a interconexão de dispositivos físicos com capacidades computacionais de detecção de dados e comunicação. Em suma, a IoT deve ser entendida como uma rede que promove a interconexão entre dispositivos grandes e pequenos, ou seja, é um estado onde "coisas" ou pequenos dispositivos e máquinas localizados em certos ambientes ou cidades serão capazes de se comunicar uns com os outros em tempo real. Esta rede de conexão inclui comunicação com seres humanos inseridos no ecossistema ou cenário em questão. MENEZES, Laura Nunes de; LIRA, Marcela Cristine de Alencar; NEIVA, Laédna Souto. IoT and knowledge Economy: Two Strong Pillars of Industry 4.0. *Scientia Cum Industria*, v. 9, n. 1, p. 10-15, 2021. Disponível em: http://www.ucs.br/etc/revistas/index.php/scientiacumindustria/article/view/8919. Acesso em: 29 jul. 2022, p. 2.

[220] WORLD ECONOMIC FORUM. Deep Shift: Technology Tipping Points and Societal Impact. *Survey Report*, September, 2015. Disponível em: http://www3.weforum.org/docs/WEF_GAC15_Technological_Tipping_Points_report_2015.pdf . Acesso em: 27 jul. 2022, p. 16.

[221] WORLD ECONOMIC FORUM. Deep Shift: Technology Tipping Points and Societal Impact. *Survey Report*, September, 2015. Disponível em: http://www3.weforum.org/docs/WEF_GAC15_Technological_Tipping_Points_report_2015.pdf . Acesso em: 27 jul. 2022, p. 17.

[222] WORLD ECONOMIC FORUM. Deep Shift: Technology Tipping Points and Societal Impact. *Survey Report*, September, 2015. Disponível em: http://www3.weforum.org/docs/WEF_GAC15_Technological_Tipping_Points_report_2015.pdf . Acesso em: 27 jul. 2022, p. 18.

já abordadas. Todavia, muitos destes avanços tecnológicos, como carro "automático", sem a necessidade de motorista, cidades inteligentes e etc., são possíveis devido à Inteligência Artificial.

Comumente, afirma-se que a origem da Inteligência Artificial – IA – ocorreu em uma conferência sobre informática nos Estados Unidos, em 1956. Na ocasião, os cientificos, Allen Newell e Herbert Simon, apresentaram um programa de computador que simulava características próprias do cérebro humano. Mas foi a partir da década de 1980 que apareceram as primeiras aplicações comerciais da IA em áreas como a produção, controle de processos e contabilidade.[223]

A partir disso, conceitua- se a IA:

> Es um campo de la ciência y la ingeniería que se ocupa de la comprensión, desde el punto de vista informático, de lo que se denomina comumente comportamento inteligente. También se ocupa de la creácion de artefactos que exhiben este comportamiento.[224]

Neste viés, o termo Inteligência Artificial é uma intelectualidade semelhante ao do ser humano, por meio de instrumentos ou sistemas que analisam os dados à sua disposição e decide com base nas possibilidades de acerto a um problema requerido.[225] O conhecimento é gerado entre informações dos computadores em rede e sua comunicação, sendo armazenado em *softwares*, os quais analisam os dados coletados e buscam uma solução ao caso concreto. Isto permite uma evolução no pensar e agir por meio de máquinas.[226]

Cabe ressaltar que um sistema de IA necessita de uma sequência de instruções, que visa especificar as diferentes ações que a máquina deve executar para resolver um problema. Essa sequência de instruções é a estrutura algorítmica empregada na IA. Esse sistema de inteligência

---

[223] NAVAS NAVARRO, Susana *et al*. *Inteligencia artificial*: tecnologia derecho. Valencia/España: Tirant lo blanch, 2017, p. 25.

[224] PINO DÍEZ, Raul; GÓMES, Alberto; ABAJO MARTÍNEZ, Nicolás de. *Introdución a la inteligencia artificial*: sistemas expertos, redes neuronales atificiales y computación evolutiva. Universidade de Oviedo, servicio de publicaciones, 2001, p. 5-8.

[225] ABDALA NETO, Elias; DEL DEBBIO, Alessandra. A transformação digital no universo jurídico. *Jota*, 20 out. 2017. Disponível em: https://www.jota.info/opiniao-e-analise/artigos/a-transformacao-digital-no-universo-juridico-20102017. Acesso em: 27 jul. 2022.

[226] SOARES, Matias Gonsales. A Quarta Revolução Industrial e seus possíveis efeitos no direito, economia e política. *Boletim Jurídico*, Uberaba/MG, a. 13, n. 1524. Disponível em: https://www.boletimjuridico.com.br/doutrina/artigo/4566/a-quarta-revolucao-industrial-seus-possiveis-efeitos-direito-economia-politica. Acesso em: 11 jun. 2022, p. 7-8.

permite que sejam simuladas as capacidades cerebrais, sintetizando e automatizando tarefas intelectuais.[227]

Desse modo, um dos objetivos mais importante da IA é justamente distinguir e extrair padrões de dados a fim de construir seu próprio conhecimento. Isto significa que as máquinas estão adquirindo conhecimento, permitindo que os computadores resolvam problemas que requerem certa compreensão do mundo real e tomem decisões, inclusive de ordem subjetiva.[228]

Com base nos Objetivos de Desenvolvimento do Milênio (ODM), podem-se destacar alguns elementos característicos da IA. O primeiro refere-se à transferência de inteligência, no qual é possível utilizar sistemas de inteligência produzidos em outro lugar, à distância. Em combinação com as telecomunicações, a Inteligência Artificial produzida em outro ambiente pode auxiliar em lugares com carência de recursos ou com pouca pesquisa. Como exemplo, pode-se citar o uso dessa tecnologia no campo da educação e saúde, com a educação à distância automatizada e os diagnósticos à distância para tratar diversas enfermidades.[229]

O segundo elemento é relacionado à capacidade da IA se adaptar a contextos e requisitos locais, aplicando-se de forma autônoma. Junto a isso, analisa outra característica que permite a manipulação da realidade, isto é, a possibilidade de criar uma realidade virtual e aumentada, como os veículos autônomos. Estes podem usar mapas tridimensionais para tomar decisões em tempo real. Outro exemplo é o desenho de átomos do mundo real e objetos moleculares, como alimentos, duplicando a sua estrutura para desenvolver uma versão mais sustentável.[230]

Em suma, a Inteligência Artificial (IA) combina padrões e automatiza processos, o que torna a tecnologia receptiva a muitas funções em grandes organizações. Por isso, no futuro, estima-se que a IA substituirá uma série de funções desempenhadas hoje por pessoas. Por exemplo:

---

[227] NAVAS NAVARRO, Susana *et al*. *Inteligencia artificial*: tecnologia derecho. Valencia/España: Tirant lo blanch, 2017, p. 24.

[228] SÁNCHEZ BRAVO, Álvaro. Marco europeo para uma inteligencia artificial basada en las personas. *In*: SÁNCHEZ BRAVO, Álvaro. *Derecho, Inteligencia Artificial y Nuevos Entornos Digitales*. Sevilha/Espanha, 2020. ISBN: 978-84-18416-15-6, p. 76.

[229] SÁNCHEZ BRAVO, Álvaro. Marco europeo para uma inteligencia artificial basada en las personas. *In*: SÁNCHEZ BRAVO, Álvaro. *Derecho, Inteligencia Artificial y Nuevos Entornos Digitales*. Sevilha/Espanha, 2020. ISBN: 978-84-18416-15-6, p. 76.

[230] SÁNCHEZ BRAVO, Álvaro. Marco europeo para uma inteligencia artificial basada en las personas. *In*: SÁNCHEZ BRAVO, Álvaro. *Derecho, Inteligencia Artificial y Nuevos Entornos Digitales*. Sevilha/Espanha, 2020. ISBN: 978-84-18416-15-6, p. 77.

Um estudo da Oxford Martin School investigou a suscetibilidade dos empregos à informatização da IA e da robótica, e veio com alguns resultados preocupantes. Seu modelo previu que até 47% dos empregos nos EUA em 2010 eram altamente propensos a se tornar informatizado nos próximos 10-20 anos. (Tradução livre)[231]

Nesta linha, a robótica também é considerada um dos avanços da Quarta Revolução Industrial, em que há um crescimento expressivo na utilização de robôs na indústria. Logo, tal cenário afeta o setor de empregos de manufatura, agricultura, varejo e serviços. De acordo com a Federação Internacional de Robótica, o mundo agora inclui 1,1 milhão de robôs ativos, e as máquinas respondem por 80% do trabalho na fabricação de um carro.[232]

Além da robótica, outro avanço que vem chamando a atenção é o fenômeno do *blockchain* e as moedas virtuais. *Bolckchain* são arquivos de registros e informações descentralizadas e partilhadas, visando gerar um index universal para movimentações de um negócio específico. É baseado na nuvem, a qual busca uma segurança lógica por meio de desconcentração das ações de seus clientes.[233] O *blockchain* é uma forma de manter o controle de transações confiáveis de forma distribuída, permitindo uma maior transparência, uma vez que ele é essencialmente um livro-razão global que armazena todas as transações.[234]

Em 2008, surgiu a criptomoeda chamada Bitcoin. Trata-se de uma moeda virtual que utiliza o *blockchain* como livro-razão contábil, de maneira transparente, distribuída e global, na qual produz conformidade e credibilidade no relacionamento entre duas pessoas, sem necessidade de participação de bancos ou financeiras.[235] Basicamente, a Bitcoin foi

---

[231] WORLD ECONOMIC FORUM. Deep Shift: Technology Tipping Points and Societal Impact. *Survey Report*, September, 2015. Disponível em: http://www3.weforum.org/docs/WEF_GAC15_Technological_Tipping_Points_report_2015.pdf . Acesso em: 27 jul. 2022, p. 22.

[232] KNIGHT, W. This Robot Could Transform Manufacturing. *MIT Technology Review*, 18 set. 2012. Disponível em: http://www.technologyreview.com/news/429248/this-robot-could-transform-manufacturing/. Acesso em: 27 jul. 2022.

[233] SOARES, Matias Gonsales. A Quarta Revolução Industrial e seus possíveis efeitos no direito, economia e política. *Boletim Jurídico*, Uberaba/MG, a. 13, n. 1524. Disponível em: https://www.boletimjuridico.com.br/doutrina/artigo/4566/a-quarta-revolucao-industrial-seus-possiveis-efeitos-direito-economia-politica. Acesso em: 11 jun. 2022, p. 7-8.

[234] WORLD ECONOMIC FORUM. Deep Shift: Technology Tipping Points and Societal Impact. *Survey Report*, September, 2015. Disponível em: http://www3.weforum.org/docs/WEF_GAC15_Technological_Tipping_Points_report_2015.pdf . Acesso em: 27 jul. 2022, p. 24.

[235] SOARES, Matias Gonsales. A Quarta Revolução Industrial e seus possíveis efeitos no direito, economia e política. *Boletim Jurídico*, Uberaba/MG, a. 13, n. 1524. Disponível em:

desenvolvida por meio de uma rede de computadores descentralizada, configurada por pontos de articulações interconectados. Os registros de dados transacionados nesta rede são operados por meio de uma cadeia de blocos de algoritmos, que realiza o processamento por meio de criptografia.[236]

A tecnologia *blockchain* criou desafios e oportunidades aos países. Por um lado, as moedas virtuais trazem insegurança até mesmo aos investidores, sendo inclusive proibida em alguns países. Isto ocorre porque elas não são emitidas por agências reguladoras, autorizadas ou supervisionadas pelo Estado e nem pelas instituições financeiras vinculadas ao ente estatal. Dessa forma, possuem forma, denominação e valores próprios, diferente das moedas consideradas nacionais. Em vista disso, o investidor está sujeito aos riscos da perda do capital investido, além da variação do preço.[237]

Além do risco em relação ao investidor, o fato de os Estados não possuírem controle sobre essas moedas somado ao anonimato de seus detentores podem acarretar a evasão fiscal e na dificuldade em se tributar os referidos valores, o que gera problemas tanto na ordem tributária e financeira das nações, como também problemas sociais e econômicos aos cidadãos.

Apesar dos desafios citados, os Estados devem pensar em alternativas que visem utilizar as novas tecnologias no combate desses problemas. Isto porque a tecnologia *blockchain*, utilizada nas moedas virtuais, pode, por outro lado, auxiliar no controle da sonegação fiscal. Como visto, o *blockchain* conecta organizações e sistemas aplicando regras de negócio de maneira automatizada por meio de contratos inteligentes, garantindo a imutabilidade da informação e privacidade, devido à criptografia, assim como transparência transacional mediante um consenso sistêmico envolvendo os participantes da rede.[238]

---

https://www.boletimjuridico.com.br/doutrina/artigo/4566/a-quarta-revolucao-industrial-seus-possiveis-efeitos-direito-economia-politica. Acesso em: 11 jun. 2022, p. 7-8.

[236] PIRES, Hindenburgo Francisco. Bitcoin: a moeda do ciberespaço. *GEOUSP Espaço e Tempo* [online], v. 21, n. 2, p. 407-424, 2017. Disponível em: https://doi.org/10.11606/issn.2179-0892.geousp.2017.134538. Acesso em: 24 jun. 2022. DOI: 10.11606/issn.2179-0892.geousp.2017.134538, p. 411.

[237] MOEDAS VIRTUAIS. *Site do Banco do Brasil*. Disponível em: https://www.bcb.gov.br/acessoinformacao/legado?url=https:%2F%2Fwww.bcb.gov.br%2Fpre%2Fbc_atende%2Fport%2Fmoedasvirtuais.asp%3Fidpai%3DFAQCIDADAO. Acesso em: 24 jun. 2022.

[238] BORINI, Guilherme. *Blockchain* contra a sonegação de impostos. *IT Forum 365*, 13 set. 2017. Disponível em: https://itforum365.com.br/*blockchain*-contra-sonegacao-de-impostos/ Acesso em: 1 jul. 2022.

Desse modo, por exemplo, a Receita Federal brasileira, como participante da rede, poderia fazer a auditoria e o recolhimento fiscal "direto na fonte", ou seja, na hora que é executada a transação no *blockchain*. Além de reduzir os recursos, custos e tempo investido do lado do contribuinte, também ofereceria uma declaração consistente, transparente e segura.[239]

Seguindo no estudo sobre os avanços trazidos pela atual revolução industrial, a impressão 3D não poderia ficar de fora dessa lista. A manufatura aditiva – como também é chamada – "é o processo de criação de um objeto físico, imprimindo-o camada sobre camada de um desenho ou modelo 3D digital." (Tradução livre)[240]

Atualmente, já está sendo usada em uma variedade de aplicações, desde a fabricação de turbinas eólicas até brinquedos. Mas cogita-se, com o tempo, que as impressoras 3D superarão os obstáculos de velocidade, custo e tamanho e se tornarão mais difundidas.[241]

Em vista disso, há previsão de que as impressoras 3D podem, inclusive, criar órgãos humanos. Tal processo é de "bioimpressão". Dessa forma, o material usado para imprimir um órgão seria diferente do que é usado para imprimir uma bicicleta, como, por exemplo, o pó de titânio para fazer ossos.[242]

Como se pode perceber, as mudanças estão ocorrendo em um ritmo rápido, trazendo incertezas, não apenas tecnologicamente como também econômica, política e socialmente. Apesar dos avanços tecnológicos, a desigualdade entre os países de renda alta e média ou baixa continuará a se expandir, uma vez que muitos ainda não possuem as tecnologias advindas das revoluções anteriores, como já mencionado acima.[243]

---

[239] BORINI, Guilherme. *Blockchain* contra a sonegação de impostos. *IT Forum 365*, 13 set. 2017. Disponível em: https://itforum365.com.br/*blockchain*-contra-sonegacao-de-impostos/ Acesso em: 1 jul. 2022.

[240] WORLD ECONOMIC FORUM. Deep Shift: Technology Tipping Points and Societal Impact. *Survey Report*, September, 2015. Disponível em: http://www3.weforum.org/docs/WEF_GAC15_Technological_Tipping_Points_report_2015.pdf . Acesso em: 27 jul. 2022, p. 27.

[241] WORLD ECONOMIC FORUM. Deep Shift: Technology Tipping Points and Societal Impact. *Survey Report*, September, 2015. Disponível em: http://www3.weforum.org/docs/WEF_GAC15_Technological_Tipping_Points_report_2015.pdf . Acesso em: 27 jul. 2022, p. 27.

[242] WORLD ECONOMIC FORUM. Deep Shift: Technology Tipping Points and Societal Impact. *Survey Report*, September, 2015. Disponível em: http://www3.weforum.org/docs/WEF_GAC15_Technological_Tipping_Points_report_2015.pdf . Acesso em: 27 jul. 2022, p. 29.

[243] PELLINI, Arnaldo; WEYRAUCH, Vanesa; MALHO, Maria; CARDEN, Fred. State Capability, Policymaking and the Fourth Industrial Revolution: Do Knowledge Systems Matter? *Discussion paper*, p. 1-3. Disponível em: https://demoshelsinki.fi/wp-content/uploads/2019/02/ks4ir-discussion-paper-final_15-feb.pdf . Acesso em: 29 jul. 2022.

Para superar essas iniquidades, os países deverão adequar seus sistemas de conhecimento e formulação de políticas para estas tecnologias. Neste sentido,

> A fim de reduzir os efeitos negativos da transformação e criar um ambiente mais positivo e igual, os sistemas de governança precisam reagir; eles precisam se adaptar e liderar a transformação. Os governos têm que acompanhar muito rápido os avanços tecnológicos e de conhecimento e lidar com as mudanças que ocorrem simultaneamente em múltiplas áreas das economias e sociedades. Isto significa submeter suas estruturas aos níveis de transparência e eficiência que lhes permitirá manter sua vantagem competitiva. Se eles não podem evoluir, eles enfrentarão interrupções crescentes. (Tradução livre)[244]

Todavia, não basta que os governos e suas instituições se adaptem a estas tecnologias, é necessário um envolvimento ativo dos cidadãos, do setor privado, da academia e da sociedade civil como um todo.[245] Isto porque a nova revolução industrial ainda está em progresso e avançando a passos largos, devido à evolução constante da economia do conhecimento. Por isso, para compreender e imaginar o futuro, faz-se imprescindível estudar sobre os rumos que o conhecimento pode nos levar, o qual será tratado no próximo tópico.

2.3 A economia do conhecimento: o pilar da evolução tecnológica

O termo Quarta Revolução Industrial, por vezes, é confundido com economia do conhecimento e vice-versa. Isto se deve ao fato de relacionarem a economia intelectual com os produtos e serviços produzidos pela nova revolução, como as novas tecnologias digitais e de informação. De fato, o conceito de Indústria 4.0, como visto no tópico anterior, demanda mudanças nos processos de inovação, produção,

---

[244] PELLINI, Arnaldo; WEYRAUCH, Vanesa; MALHO, Maria; CARDEN, Fred. State Capability, Policymaking and the Fourth Industrial Revolution: Do Knowledge Systems Matter? *Discussion paper*, p. 1-3. Disponível em: https://demoshelsinki.fi/wp-content/uploads/2019/02/ks4ir-discussion-paper-final_15-feb.pdf . Acesso em: 29 jul. 2022, p. 8.

[245] PELLINI, Arnaldo; WEYRAUCH, Vanesa; MALHO, Maria; CARDEN, Fred. State Capability, Policymaking and the Fourth Industrial Revolution: Do Knowledge Systems Matter? *Discussion paper*, p. 1-3. Disponível em: https://demoshelsinki.fi/wp-content/uploads/2019/02/ks4ir-discussion-paper-final_15-feb.pdf . Acesso em: 29 jul. 2022, p. 8-10.

logística e serviços, a fim de avançar tecnologicamente. Essas inovações e transformações são possíveis graças à economia do conhecimento ou capital intelectual, isto é, quanto maior o investimento e a valorização em conhecimento, maior também será a produção industrial e a qualidade da operação técnica da internet das coisas, contribuindo para a evolução da Quarta Revolução Industrial.

Ao analisar as revoluções industriais, vislumbra-se que há um grande lapso de tempo entre elas, em que a evolução foi se dando gradativamente, num ritmo muito mais ameno do que o da Terceira para a Quarta Revolução Industrial. Ricardo Neves[246] tenta explicar tal fenômeno devido à dificuldade de comunicação e de disseminação de informação.

Em vista disso, Bernstein[247] explica que o progresso humano acelerou significativamente a partir do ano de 1820. Para o autor, esse desenvolvimento acelerado foi resultado de quatro condições fundamentais. A primeira refere-se ao direito de propriedade, justificando que este direito motiva tanto o inventor como o empresário a criar e produzir quando recebe incentivos para isso, como o direito de propriedade intelectual.[248]

A segunda condição é a racionalidade científica, que permite o questionamento contínuo sobre os métodos investigativos e hipóteses, isto é, o conhecimento é sempre provisório e não verdade dogmáticas.[249] Já a terceira condição relaciona-se com a inovação de um mercado diversificado, no qual objetiva que os empreendedores prossigam em seus sonhos visionários de empreendimento, desencadeando desenvolvimento e progresso econômico.[250]

A última condição apontada por Bernstein é a liberdade e o aumento de mobilidade e circulação de pessoas, bens, serviços e informação. Assim, estas quatros condições permitiram que, a partir do século XVIII, houvesse um maior desenvolvimento econômico, aceleração do

---

[246] NEVES, Ricardo. *Tempo de pensar fora da caixa*: a grande transformação das organizações rumo à economia do conhecimento. Rio de Janeiro: Elsevier, 2009.
[247] BERNSTEIN, William J. *The Birth of Plenty*: how the prosperity of the Modern World Was Created. Nova York: McGrawHill, 2004.
[248] NEVES, Ricardo. *Tempo de pensar fora da caixa*: a grande transformação das organizações rumo à economia do conhecimento. Rio de Janeiro: Elsevier, 2009, p. 10.
[249] NEVES, Ricardo. *Tempo de pensar fora da caixa*: a grande transformação das organizações rumo à economia do conhecimento. Rio de Janeiro: Elsevier, 2009, p. 11.
[250] NEVES, Ricardo. *Tempo de pensar fora da caixa*: a grande transformação das organizações rumo à economia do conhecimento. Rio de Janeiro: Elsevier, 2009, p. 11-12.

progresso humano e, consequentemente, elevação da riqueza material das pessoas e da sociedade.²⁵¹

Estas quatro condições apontadas por Bernstein possibilitaram que o progresso humano evoluísse rapidamente, desencadeando inovações e um novo tipo de economia – diversa daquela do século XX. Nessa nova economia, as mais importantes formas de produção e consumo estão ligadas à produção e ao consumo do conhecimento e não de produtos e bens.²⁵²

Na nova era digital, a reforma econômica necessita de velocidade, em que as modificações evoluem rapidamente, como uma inovação sem permissão. Schumpeter avalia que, no processo evolutivo econômico, apenas algumas mudanças são consideradas duradouras. Essas mutações que perduram no tempo ocorrem quando seus novos objetivos e práticas se transformam em novas formas institucionais. Isto significa novos bens de consumo, novos métodos de produção, de organização industrial, novos mercados e acontecimentos que modificam para sempre as situações sociais e econômicas da sociedade. O autor explica que a mutação cria novas formas institucionais integradas com novas necessidades das pessoas, como está acontecendo na nova era da economia do conhecimento.²⁵³

Por isso, a inovação tem um papel fundamental, segundo Schumpeter, pois esta é a "aplicação do conhecimento para produzir novo conhecimento."²⁵⁴ Desse modo, explica o autor que o indivíduo ou empresa muda as regras do jogo econômico justamente por sua capacidade criativa de produzir inovações.²⁵⁵

Outrossim, o progresso humano e a inovação trazem impactos ao próprio Estado. A partir disso, o estado preocupa-se em romper a hegemonia acadêmica e mudar o padrão acadêmico, objetivando um padrão que reflita nas políticas públicas. Tal fato contribuiu também

---

[251] NEVES, Ricardo. *Tempo de pensar fora da caixa*: a grande transformação das organizações rumo à economia do conhecimento. Rio de Janeiro: Elsevier, 2009, p. 12.

[252] NEVES, Ricardo. *Tempo de pensar fora da caixa*: a grande transformação das organizações rumo à economia do conhecimento. Rio de Janeiro: Elsevier, 2009, p. 15.

[253] ZUBOFF, Shoshana. *La era del capitalismo de la vigilancia*: la lucha por um futuro humano frente a las nuevas fronteras del poder. Tradución de Albino Santos Mosquera. Barcelona: Planeta (Paidós), 2020, p. 76-77.

[254] NEVES, Ricardo. *Tempo de pensar fora da caixa*: a grande transformação das organizações rumo à economia do conhecimento. Rio de Janeiro: Elsevier, 2009, p. 20.

[255] NEVES, Ricardo. *Tempo de pensar fora da caixa*: a grande transformação das organizações rumo à economia do conhecimento. Rio de Janeiro: Elsevier, 2009, p. 20.

para a mudança no tipo de conhecimento, que agora é criado e empregado, inclusive em benefício da economia. Isto permite que o estado possa analisar – por meio de resultados, avaliação objetiva e sistema de recompensas – os constituintes da boa educação e pesquisa nas escolas e na educação superior e, assim, converter formas precisas e quantificadas de conhecimento em recompensas e penalidade autorizadas.[256] Em outras palavras, o conhecimento ganha relevância econômica, inclusive para o estado e suas organizações estatais.

A partir deste cenário, principalmente na década de 1990, surge o termo economia do conhecimento, utilizado pelos países desenvolvidos na formulação de suas políticas, afirmando ser a principal forma de prosperidade futura. Em vista disso, os países que investissem no conhecimento de seus trabalhadores teriam mais êxito – econômico e competitivo – do que investir somente em instalações e máquinas.[257]

Mangabeira Unger apresenta alguns conceitos sobre a economia do conhecimento, alegando que ela pode ser entendida como "[...] a atual prática produtiva mais avançada tem potencial para transformar radicalmente a vida humana. Pode significar mudança de grande vulto no caráter da atividade econômica."[258]

Para entender o que significa a economia do conhecimento é necessário distingui-la do uso dos produtos e serviços, derivados da indústria de alta tecnologia, como computadores e tecnologias digitais. Por mais que se utilize os seus produtos, há uma diferença entre mudar o seu modo de operar.

Em um primeiro momento, "[...] a economia do conhecimento consiste na acumulação de capital, tecnologia, capacitações tecnológicas e ciência aplicados à condução das atividades produtivas."[259] Ela busca a inovação permanente em processos e métodos, assim como em produtos e tecnologias. Logo, a economia do conhecimento não almeja

---

[256] KOGAN, Maurice. Modos de conhecimento e padrões de poder. *In: Sociedade de conhecimento versus economia do conhecimento*: conhecimento, poder e política. Brasília: UNESCO, SESI, 2005.
[257] MENEZES, Laura Nunes de; LIRA, Marcela Cristine de Alencar; NEIVA, Laédna Souto. IoT and knowledge Economy: Two Strong Pillars of Industry 4.0. *Scientia Cum Industria*, v. 9, n. 1, p. 10-15, 2021. Disponível em: http://www.ucs.br/etc/revistas/index.php/scientia cumindustria/article/view/8919. Acesso em: 29 jul. 2022, p. 2.
[258] UNGER, Roberto Mangabeira. *Economia do conhecimento*. Tradução de Leonardo Castro. São Paulo: Autonomia Literária, 2018, p. 12.
[259] UNGER, Roberto Mangabeira. *Economia do conhecimento*. Tradução de Leonardo Castro. São Paulo: Autonomia Literária, 2018. p 25-26.

somente produzir bens e serviços sob arranjos típicos de equipamentos e tecnologias, mas se propõe a ser um paradigma de produção que continuamente reinventa a si mesma.[260]

Neste sentido, o professor Dr. Álvaro Sanchez Bravo afirma que o objetivo das novas tecnologias, desencadeadas pela economia do conhecimento, como a Inteligência Artificial é "[...] distinguir e extrair padrões de dados sem processar para construir seu próprio conhecimento. Diante de sistemas especialistas, a solução atual não é trabalhar com uma base de dados de conhecimento, mas sim aprender conhecimento". (Tradução livre)[261]

Uma economia baseada no conhecimento depende das capacidades intelectuais dos indivíduos, sendo que as matérias-primas para a produção não são os insumos físicos ou recursos naturais, mas sim recursos imateriais e não consumíveis. Em outras palavras, pode-se "[...] entender a Economia do Conhecimento como a arte de realizar ou saber fazer algo a favor da produção, geração ou distribuição de bens ou serviços com alto valor adicionado."[262]

Dito isso, compreender a economia do conhecimento envolve também o estudo do capital intelectual, o qual ganha extrema relevância para a economia, possuindo um papel primordial na evolução tecnológica e industrial. Isto é, o sucesso da dessas evoluções dependem do potencial intelectual de sua população.[263]

Por isso, o capital intelectual em uma empresa vem ganhando cada vez mais destaque na sociedade do conhecimento. O desenvolvimento desse capital intelectual humano envolve um aumento de suas

---

[260] UNGER, Roberto Mangabeira. *Economia do conhecimento*. Tradução de Leonardo Castro. São Paulo: Autonomia Literária, 2018. p 25-26.

[261] Texto original: "[...] distinguir y extraer patrones de datos sin procesar para construir su propio conocimiento. Frente a los sistemas expertos, la solución actual no es trabajar con una base de datos de conocimiento, sino aprender conocimiento." SÁNCHEZ BRAVO, Álvaro. Marco europeo para uma inteligencia artificial basada en las personas. *In*: SÁNCHEZ BRAVO, Álvaro. *Derecho, Inteligencia Artificial y Nuevos Entornos Digitales*. Sevilha/Espanha, 2020. ISBN: 978-84-18416-15-6, p. 75.

[262] MENEZES, Laura Nunes de; LIRA, Marcela Cristine de Alencar; NEIVA, Laédna Souto. IoT and knowledge Economy: Two Strong Pillars of Industry 4.0. *Scientia Cum Industria*, v. 9, n. 1, p. 10-15, 2021. Disponível em: http://www.ucs.br/etc/revistas/index.php/scientia cumindustria/article/view/8919. Acesso em: 29 jul. 2022, p. 3-4.

[263] MENEZES, Laura Nunes de; LIRA, Marcela Cristine de Alencar; NEIVA, Laédna Souto. IoT and knowledge Economy: Two Strong Pillars of Industry 4.0. *Scientia Cum Industria*, v. 9, n. 1, p. 10-15, 2021. Disponível em: http://www.ucs.br/etc/revistas/index.php/scientia cumindustria/article/view/8919. Acesso em: 29 jul. 2022, p. 3-4.

habilidades intelectuais, acúmulo de conhecimento, produtividade em treinamentos e especializações e, principalmente, o interesse por seus próprios processos de crescimento e formação profissional.[264]

Neste viés, Edvinsson e Malone[265] introduzem um conceito de coeficiente de Capital Intelectual como parâmetro para eficiência de sua utilização, isto é, o valor de uma empresa no mercado é calculado da seguinte forma: capital físico + capital monetário + capital humano +capital de inovação + capital de processos + capital de relacionamentos.[266]

Pela teoria de Sveiby,[267] o capital intelectual numa empresa é formado pela estrutura externa, interna e habilidades individuais. A estrutura externa "corresponde aos relacionamentos mantidos com os consumidores e fornecedores, marcas, identidade, reputação e imagem."[268] Na estrutura interna depara-se com as patentes, conceitos, modelos e sistemas organizacionais e computacionais criados pelos funcionários e colaboradores da empresa. Já nas habilidades individuais pode-se citar a capacidade dos profissionais, o que inclui educação, proficiência, experiência, valores, sociabilidade etc. Estas habilidades são possuídas pelo seu detentor original, tornando os trabalhadores como colaboradores voluntários de uma organização e agregando valor de mercado a esta.[269]

Na era do conhecimento, o capital intelectual torna-se tão importante quanto o capital financeiro na era industrial. Assim, pode-se definir o capital intelectual como um "conjunto de recursos intangíveis que contribuem para o sucesso e para o valor de uma organização,

---

[264] OLOPADE, Bosede Comfort; OKODUA, Henry; OLADOSUN, Muyiwa; MATTHEW, Oluwatoyin; URHIE, Ese; OSABOHIEN, Romanus; ADEDIRAN, Oluwasogo; JOHNSON, Olubunmi H. Economic Growth, Energy Consumption and Human Capital Formation: Implication for Knowledge-based Economy. *International Journal of Energy Economics and Policy*, v. 10, n. 1, p. 37-43, 2020.

[265] EDVINSSON, L; MALONE, M. S. *Capital intelectual*: descobrindo o valor real de sua empresa pela identificação de seus valores internos. São Paulo: Makron, 1998.

[266] REZENDE, José Francisco de Carvalho. *Balanced Scorecard e a gestão do Capital Intelectual*: alcançando a mensuração equilibrada na economia do conhecimento. 6. reimp. Rio de Janeiro: Elsevier, 2003, p. 53.

[267] SVEIBY, K. E. *Measuring intangibles and intelectual capital*: na emerging first standard. Suécia, 1988. Disponível em: www.sveiby.com.au/library. Acesso em: 19 jul. 2022.

[268] REZENDE, José Francisco de Carvalho. *Balanced Scorecard e a gestão do Capital Intelectual*: alcançando a mensuração equilibrada na economia do conhecimento. 6. reimp. Rio de Janeiro: Elsevier, 2003, p. 63.

[269] REZENDE, José Francisco de Carvalho. *Balanced Scorecard e a gestão do Capital Intelectual*: alcançando a mensuração equilibrada na economia do conhecimento. 6. reimp. Rio de Janeiro: Elsevier, 2003, p. 63-64.

podendo ser expresso pela diferença maior registrada entre preço de mercado e valor contábil."[270]

De um modo geral, o progresso humano acelerado possibilitou a formação de uma nova economia, em que o capital intelectual passa agregar valor de mercado à empresa. Assim, José Francisco Rezende[271] afirma que a Economia do conhecimento ainda preza pela distribuição de valores aos acionistas, como era feito anteriormente, mas este objetivo passa a levar em consideração o profissional e os processos de negócios e produtos sustentáveis, favorecendo um equilíbrio entre desempenho, respeito ao meio ambiente e responsabilidade social. Neste sentido:

> O compromisso com a proatividade nos trabalhos relacionados ao meio ambiente, às carências sociais e ao desenvolvimento do Capital Intelectual é parte do esforço das organizações de vanguarda para se tornarem líderes em soluções para um mercado mutante.[272]

Uma nova era econômica se aproxima cada vez mais de todos os cidadãos do globo e já se podem citar mudanças e consequências no cotidiano social, laboral e econômico, conforme será abordado no próximo tópico.

2.3.1 A nova sociedade sob o véu do capitalismo da vigilância

As transformações econômicas e práticas concorrenciais já podem ser vislumbradas no cotidiano das organizações do conhecimento, tanto na formação de novos setores na economia, como no desenvolvimento dos profissionais e dos consumidores.

Dentre as mudanças referentes à organização laboral e profissional, podem ser citadas as seguintes: a) o valor do mercado não está mais atrelado somente a ativos financeiros; b) a diferenciação de categorias profissionais se dá em função da natureza, do volume e da sensibilidade

---

[270] REZENDE, José Francisco de Carvalho. *Balanced Scorecard e a gestão do Capital Intelectual:* alcançando a mensuração equilibrada na economia do conhecimento. 6. reimp. Rio de Janeiro: Elsevier, 2003, p. 65.

[271] REZENDE, José Francisco de Carvalho. *Balanced Scorecard e a gestão do Capital Intelectual:* alcançando a mensuração equilibrada na economia do conhecimento. 6. reimp. Rio de Janeiro: Elsevier, 2003, p. 68-69.

[272] REZENDE, José Francisco de Carvalho. *Balanced Scorecard e a gestão do Capital Intelectual:* alcançando a mensuração equilibrada na economia do conhecimento. 6. reimp. Rio de Janeiro: Elsevier, 2003, p. 69.

do conhecimento embarcado no processo produtivo; c) o consumidor caracterizará a organização fornecedora por atributos como sucessores anteriores, exclusividade da solução, qualificação da equipe e benefícios oferecidos; d) as políticas de recursos humanos estão buscando cada vez mais atrair, desenvolver, manter e recompensar profissionais de alta performance; e, e) os valores e crenças relacionados à importância das equipes de trabalhadores do conhecimento na formação do resultado serão a seiva que nutre as organizações.[273]

Além disso, a nova era do capital intelectual fez surgir novos setores na economia. Comumente, são referidos três setores na economia: o primário, secundário e terciário. O primeiro é relacionado com a produção de alimentos, vegetais e animais, como agricultura, agropecuária; já o segundo remete às atividades industriais; e, terciário, o comércio e serviços.[274]

Entretanto, na nova economia, há o surgimento dos setores quaternário e quinário. O setor quaternário está calcado na base de dados, visto que, apesar da base de dados não representar conhecimento, ela se torna matéria-prima que precisa ser processada para se tornar conhecimento, ou seja, é informação com maior valor agregado. Este setor codifica a informação no formato base de dados digital e a processa para transformá-la em conhecimento.[275]

O setor quinário também é fruto da nova economia, em que os trabalhadores são "envolvidos na criação de produtos, serviços e soluções inovadoras, diferenciadas e únicas, mais do que envolvidos com problemas rotineiros."[276] Os trabalhadores deste setor desenvolvem patentes de alta tecnologia, soluções consultivas, eventos culturais, obras de arte, produção de conteúdo midiático, moda, *design*, entre outros.[277] Para o autor Ricardo Neves, quem investir nos trabalhadores dos setores quaternário e quinário irá se destacar na sociedade do conhecimento.[278]

---

[273] REZENDE, José Francisco de Carvalho. *Balanced Scorecard e a gestão do Capital Intelectual:* alcançando a mensuração equilibrada na economia do conhecimento. 6. reimp. Rio de Janeiro: Elsevier, 2003, p. 67-68.
[274] NEVES, Ricardo. *Tempo de pensar fora da caixa:* a grande transformação das organizações rumo à economia do conhecimento. Rio de Janeiro: Elsevier, 2009, p. 23-24.
[275] NEVES, Ricardo. *Tempo de pensar fora da caixa:* a grande transformação das organizações rumo à economia do conhecimento. Rio de Janeiro: Elsevier, 2009, p. 25-26.
[276] NEVES, Ricardo. *Tempo de pensar fora da caixa:* a grande transformação das organizações rumo à economia do conhecimento. Rio de Janeiro: Elsevier, 2009, p. 27.
[277] NEVES, Ricardo. *Tempo de pensar fora da caixa:* a grande transformação das organizações rumo à economia do conhecimento. Rio de Janeiro: Elsevier, 2009, p. 27-28.
[278] NEVES, Ricardo. *Tempo de pensar fora da caixa:* a grande transformação das organizações rumo à economia do conhecimento. Rio de Janeiro: Elsevier, 2009, p. 28.

Estes novos setores econômicos são frutos das novas mudanças proporcionadas pela era do conhecimento e do chamado capitalismo de vigilância. Isto porque o capitalismo, conforme já afirmou Piketty,[279] não "morre", mas se reinventa constantemente. Por isso, diante destas mutações, o capitalismo industrial também sofreu alterações em diversos aspectos.

O chamado capitalismo da vigilância, nas palavras de Shosana Zuboff, promoveu uma mudança no tradicional capitalismo. Na metáfora de Karl Marx, o capitalismo se alimenta do trabalho. Porém, neste o capitalismo a sua fonte de alimento é qualquer experiência do ser humano. Explico.[280]

Os capitalistas da vigilância correm atrás de condutas humanas e apostam no comportamento humano futuro. Isto inclui as emoções e personalidades humanas. Assim, não basta apenas informações referidas ao ser humano, mas também é necessário automatizar, a fim de que seja possível criar meios de modificação da conduta.[281]

Nesta nova era, o acúmulo de conhecimento pelas empresas será o diferencial para se obter mais poder. Os capitalistas sabem "tudo" sobre a pessoa, mas ela não tem acesso e conhecimento sobre isso. Há previsão sobre o futuro das pessoas para o bem da empresa e não para a própria pessoa. Evidentemente, a busca pelo poder e lucro continuam, mas agora por meio da previsão e modificação das condutas humanas.[282]

Para Shosana, a empresa Google é a pioneira do capitalismo de vigilância. Por meio das buscas e pesquisas, o Google consegue reunir dados sobre a pessoa e criam um "sensor de comportamento humano". Tudo isso acaba resultando o Google como uma Inteligência Artificial extensa.[283]

---

[279] PIKETTY, Thomas. *O capital do século XXI*. Rio de Janeiro: Intrínseca, 2014.
[280] ZUBOFF, Shoshana. *La era del capitalismo de la vigilancia*: la lucha por um futuro humano frente a las nuevas fronteras del poder. Tradución de Albino Santos Mosquera. Barcelona: Planeta (Paidós), 2020, p. 23.
[281] ZUBOFF, Shoshana. *La era del capitalismo de la vigilancia*: la lucha por um futuro humano frente a las nuevas fronteras del poder. Tradución de Albino Santos Mosquera. Barcelona: Planeta (Paidós), 2020, p. 21-22.
[282] ZUBOFF, Shoshana. *La era del capitalismo de la vigilancia*: la lucha por um futuro humano frente a las nuevas fronteras del poder. Tradución de Albino Santos Mosquera. Barcelona: Planeta (Paidós), 2020, p. 25.
[283] ZUBOFF, Shoshana. *La era del capitalismo de la vigilancia*: la lucha por um futuro humano frente a las nuevas fronteras del poder. Tradución de Albino Santos Mosquera. Barcelona: Planeta (Paidós), 2020, p. 99.

Ademais, a empresa Google introduziu o fenômeno chamado de "Ciclo de reinversão do valor de conduta", em que o usuário descreve o que quer e com isso o Google vai melhorando seu serviço ao público. Esse método de melhorar o serviço por meio do consumo dos usuários também é utilizado por outras empresas na era digital. Dar o que o consumidor quer, com base em suas exigências, melhorando constantemente o produto e suas vendas.[284]

O Google também evoluiu ao detectar quais as necessidades dos usuários e produzir anúncios específicos e individuais para solucionar tais necessidades. Assim, diversas empresas investem neste ramo digital de publicidade e consumo. Tudo com base nos dados comportamentais do indivíduo.[285]

Por isso, o Google contribui para a formação do capitalismo de vigilância, que é uma invenção humana. Diferentemente do capitalismo industrial, em que requeria que as economias produzissem um alto rendimento produtivo com baixo preço de produção, o capitalismo de vigilância requer a extração das informações sobre o comportamento/conduta humanos.[286]

Essa extração de informações permitiu que as empresas melhorassem seus serviços e atraíssem ainda mais usuários. Desse modo, os dados e informações sobre a conduta se tornam matérias-primas na economia de vigilância, que auxiliam a detectar o comportamento futuro e vender produtos com base nisso. Obviamente, o lucro não é pensado nas pessoas, mas sim nas empresas ou, no caso do Google, no lucro de seus clientes.[287]

Essa ascensão do Google, como do capitalismo de vigilância, foi beneficiada pelo fenômeno do neoliberalismo. Conforme visto no primeiro capítulo, o neoliberalismo diminuiu a supervisão estatal e a sua regulação na economia. Assim, proporcionou às empresas um campo

---

[284] ZUBOFF, Shoshana. *La era del capitalismo de la vigilancia*: la lucha por um futuro humano frente a las nuevas fronteras del poder. Tradución de Albino Santos Mosquera. Barcelona: Planeta (Paidós), 2020, p. 101.

[285] ZUBOFF, Shoshana. *La era del capitalismo de la vigilancia*: la lucha por um futuro humano frente a las nuevas fronteras del poder. Tradución de Albino Santos Mosquera. Barcelona: Planeta (Paidós), 2020, p. 120-121.

[286] ZUBOFF, Shoshana. *La era del capitalismo de la vigilancia*: la lucha por um futuro humano frente a las nuevas fronteras del poder. Tradución de Albino Santos Mosquera. Barcelona: Planeta (Paidós), 2020, p. 125.

[287] ZUBOFF, Shoshana. *La era del capitalismo de la vigilancia*: la lucha por um futuro humano frente a las nuevas fronteras del poder. Tradución de Albino Santos Mosquera. Barcelona: Planeta (Paidós), 2020, p. 135-137.

fértil para a autorregulação e o uso dos dados pessoais, fixando suas próprias normas, vigiando o seu cumprimento e adotando sanções por eventuais descumprimentos.[288]

Em vista disso, a autorregulação destas empresas, aliada à busca por liberdade de expressão e individualidade, permitiram que órgãos privados tenham acesso a informações restritas das pessoas, o que torna o capitalismo de vigilância destruidor dos valores e direitos fundamentais dos indivíduos.[289] De fato, essa nova economia se expropria da experiência humana, a traduz em dados e os usam no mercado competitivo. O capital baseado no conhecimento se originou no meio digital, principalmente com o Google, Facebook, e está se espalhando rapidamente pelo mundo real.

Por isso, atualmente não é mais a divisão do trabalho que domina a sociedade, como era no capitalismo industrial. Hoje a divisão da aprendizagem social reina. E quem possui o capital de vigilância, como os dados sobre a pessoa, controla a infraestrutura material e a potência intelectual que são necessárias para administrar a divisão de aprendizagem na sociedade.[290]

Neste sentido, na nova era econômica, ganha mais quem tem os melhores algoritmos e mais dados.[291] E quanto mais se sabe sobre a pessoa, mais fácil de controlá-la. O uso da informação sobre a pessoa auxilia a empresa a vender o seu produto e com isso ganhar mais poder e capital econômico.[292]

E seguindo este objetivo, os capitalistas de vigilância já não se contentam apenas com o acesso virtual destas informações. Também há a necessidade de ter o acesso dos dados no mundo "real", isto é, ter informações sobre as conversas no café da manhã, na sala de estar,

---

[288] ZUBOFF, Shoshana. *La era del capitalismo de la vigilancia*: la lucha por um futuro humano frente a las nuevas fronteras del poder. Tradución de Albino Santos Mosquera. Barcelona: Planeta (Paidós), 2020, p. 151-152.

[289] ZUBOFF, Shoshana. *La era del capitalismo de la vigilancia*: la lucha por um futuro humano frente a las nuevas fronteras del poder. Tradución de Albino Santos Mosquera. Barcelona: Planeta (Paidós), 2020, p. 154-155.

[290] ZUBOFF, Shoshana. *La era del capitalismo de la vigilancia*: la lucha por um futuro humano frente a las nuevas fronteras del poder. Tradución de Albino Santos Mosquera. Barcelona: Planeta (Paidós), 2020, p. 256-257.

[291] ZUBOFF, Shoshana. *La era del capitalismo de la vigilancia*: la lucha por um futuro humano frente a las nuevas fronteras del poder. Tradución de Albino Santos Mosquera. Barcelona: Planeta (Paidós), 2020, p. 262.

[292] ZUBOFF, Shoshana. *La era del capitalismo de la vigilancia*: la lucha por um futuro humano frente a las nuevas fronteras del poder. Tradución de Albino Santos Mosquera. Barcelona: Planeta (Paidós), 2020, p. 263.

no shopping, como também aspectos da nossa personalidade, ânimo e emoções. Isto tudo já está caminhando para que seja totalmente possível na economia do conhecimento.[293]

Comumente estas futuras modificações são relacionadas como computação ambiental, computação ubíqua ou internet das coisas. Mas todas essas três expressões compartilham o mesmo ideal: instrumentalização, conexão, comunicação e computação de todas as coisas, animadas ou não, e de todos os processos, como os naturais, humanos, fisiológicos, administrativos, físicos, químicos, veiculares e financeiros.[294]

Portanto, o próximo passo tecnológico será a agregação de contexto, que é justamente o fenômeno de integrar a rápida informação adquirida pelos sensores distribuídos nos espaços físicos.[295] O objetivo é conectar as coisas para visualizar, interpretar e monetizar os dados. A chamada internet das coisas, como já foi abordado no capítulo 3.[296]

Esses novos mecanismos também possibilitam a economia de ação, isto é, a internet das coisas, por meio de seus diversos sensores, também poderá utilizá-los para desenvolver ações. Estas ações poderão ser voltadas a modificar as ações em mundo real. Assim, do mesmo modo que há a facilidade em alterar o comportamento dos dispositivos eletrônicos, também haverá em relação ao comportamento humano.[297]

O resultado da economia da ação é que os meios de produção se subordinam à modificação de condutas que recorrem a diversos processos de máquinas, técnicas e táticas para modelar a conduta não só individual, mas grupal e até mesmo populacional, a fim de alcançar os resultados.[298]

---

[293] ZUBOFF, Shoshana. *La era del capitalismo de la vigilancia*: la lucha por um futuro humano frente a las nuevas fronteras del poder. Traducíón de Albino Santos Mosquera. Barcelona: Planeta (Paidós), 2020, p. 274.

[294] ZUBOFF, Shoshana. *La era del capitalismo de la vigilancia*: la lucha por um futuro humano frente a las nuevas fronteras del poder. Traducíón de Albino Santos Mosquera. Barcelona: Planeta (Paidós), 2020, p. 275.

[295] ZUBOFF, Shoshana. *La era del capitalismo de la vigilancia*: la lucha por um futuro humano frente a las nuevas fronteras del poder. Traducíón de Albino Santos Mosquera. Barcelona: Planeta (Paidós), 2020, p. 284.

[296] ZUBOFF, Shoshana. *La era del capitalismo de la vigilancia*: la lucha por um futuro humano frente a las nuevas fronteras del poder. Traducíón de Albino Santos Mosquera. Barcelona: Planeta (Paidós), 2020, p. 305-306.

[297] ZUBOFF, Shoshana. *La era del capitalismo de la vigilancia*: la lucha por um futuro humano frente a las nuevas fronteras del poder. Traducíón de Albino Santos Mosquera. Barcelona: Planeta (Paidós), 2020, p.395-396.

[298] ZUBOFF, Shoshana. *La era del capitalismo de la vigilancia*: la lucha por um futuro humano frente a las nuevas fronteras del poder. Traducíón de Albino Santos Mosquera. Barcelona: Planeta (Paidós), 2020, p. 456.

Os capitalistas da vigilância estão em busca do poder e, nas palavras de Shoshana, este poder é chamado de instrumentário, no qual objetiva a modificação, predição, monetização e controle da conduta humana.[299] Em vista disso, esse poder produz constantemente conhecimento, mas uma liberdade decrescente para as pessoas, o que representa o domínio do capitalismo de vigilância sobre a divisão de aprendizagem social.[300]

Na economia do conhecimento, a potência de conhecimento das máquinas cresce de maneira exponencial na medida em que os dispositivos aprendem mutuamente por meio de suas experiências. As máquinas se alimentam da inteligência dos centros de operação e se servem dela para evoluir constantemente.[301] Assim, por exemplo, os veículos autônomos aprendem com o erro cometido por outro. Porém, o ser humano aprende apenas com seus erros e não com as experiências dos outros. Essa habilidade das máquinas, ocasionada pela Inteligência Artificial, permite que a evolução tecnológica modifique rapidamente e constantemente.[302]

A população humana deverá aprender a conviver com as máquinas, em que a interação humana seja um reflexo das relações entre essas máquinas inteligentes, a partir do momento em que os indivíduos aprendem a pensar e atuar uns com os outros. Logo, nessa nova era, a liberdade humana acaba se sacrificando em benefício da ação e conhecimento coletivo.[303]

Além disso, pode-se citar a utilização das criptomoedas, como as chamadas bitcoins, como um fenômeno que demonstra a perda da privacidade e do uso avançado das novas tecnologias. Estas moedas funcionam como cadeias de bloco e são resultados da erosão geral do

---

[299] ZUBOFF, Shoshana. *La era del capitalismo de la vigilancia*: la lucha por um futuro humano frente a las nuevas fronteras del poder. Tradución de Albino Santos Mosquera. Barcelona: Planeta (Paidós), 2020, p. 427.

[300] ZUBOFF, Shoshana. *La era del capitalismo de la vigilancia*: la lucha por um futuro humano frente a las nuevas fronteras del poder. Tradución de Albino Santos Mosquera. Barcelona: Planeta (Paidós), 2020, p. 506.

[301] ZUBOFF, Shoshana. *La era del capitalismo de la vigilancia*: la lucha por um futuro humano frente a las nuevas fronteras del poder. Tradución de Albino Santos Mosquera. Barcelona: Planeta (Paidós), 2020, p. 544.

[302] ZUBOFF, Shoshana. *La era del capitalismo de la vigilancia*: la lucha por um futuro humano frente a las nuevas fronteras del poder. Tradución de Albino Santos Mosquera. Barcelona: Planeta (Paidós), 2020, p. 551.

[303] ZUBOFF, Shoshana. La era del capitalismo de la vigilancia: la lucha por um futuro humano frente a las nuevas fronteras del poder. Tradución de Albino Santos Mosquera. Barcelona/España: Planeta (Paidós), 2020, p. 552.

tecido social, concordando com o instrumentalismo, visto que são moedas anônimas e não oferecem privacidade. Qualquer transação pode ser rastreada, assim como sua origem. Mais uma vez é nítido o papel do instrumentalismo, em que, na realidade, não se tem privacidade de seus dados, mas que a pessoa acredita no contrário, pois as máquinas refletem a sensação de informação perfeita e certa em detrimento da democracia e da confiança social.[304]

Essa perda da individualidade em detrimento do conhecimento coletivo é reflexo desse poder instrumentário, em que o controle científico e tecnológico do comportamento humano coletivo é administrado por uma classe de especialistas privados, isto é, donos do capital de vigilância.[305]

Mas o que fazer para mudar tal situação? Questionamento complexo de responder em uma sociedade dominada já pelo mundo digital, em que para ser "alguém" é necessário estar nas redes sociais, expondo seus dados privados, fotos, contatos, número de documento, entre outras informações. Para se ter uma ideia desta realidade, um estudo de 2018, realizado por Pew Reserch, constatou que quase 40% dos jovens entre 18-29 anos estão conectados em rede quase constantemente, sendo que 95% utilizam telefones inteligentes.[306]

Analisando mais dados, observa-se que uma a cada duas pessoas estão conectadas a um dos serviços digitais fornecidos por estas cinco empresas: Google, Microsoft, Facebook, Apple e Amazon. Estas referidas empresas dominam o mercado do conhecimento, por intermédio de suas plataformas tecnológicas. Por exemplo, o Google lidera as buscas, a publicidade e a aprendizagem automatizada. O Facebook controla uma boa parte do mercado de notícias e informação. A Apple lidera o mundo dos telefones inteligentes. E a Amazon o comércio em grande parte do Ocidente e já está distribuindo seus produtos para o restante do mundo. Em vista disso, o chamado "clube dos cinco" possui acesso e conhecimento sobre os dados de seus usuários, tornando-as poderosas

---

[304] ZUBOFF, Shoshana. *La era del capitalismo de la vigilancia*: la lucha por um futuro humano frente a las nuevas fronteras del poder. Tradución de Albino Santos Mosquera. Barcelona: Planeta (Paidós), 2020, p. 586.
[305] ZUBOFF, Shoshana. *La era del capitalismo de la vigilancia*: la lucha por um futuro humano frente a las nuevas fronteras del poder. Tradución de Albino Santos Mosquera. Barcelona: Planeta (Paidós), 2020, p. 588-589.
[306] ZUBOFF, Shoshana. *La era del capitalismo de la vigilancia*: la lucha por um futuro humano frente a las nuevas fronteras del poder. Tradución de Albino Santos Mosquera. Barcelona: Planeta (Paidós), 2020, p. 594.

economicamente, a ponto de grande parte da economia, da sociedade e das decisões sobre o futuro, passar pelas mãos delas.[307]

Desse modo, verifica-se que, enquanto o capitalismo industrial dependia da exploração e controle da natureza, o capitalismo da vigilância necessita do controle e exploração da natureza humana. Isto significa que o atual mercado utiliza a "nossa conduta" como produto de consumo, adquirindo cada vez mais poder.[308]

Por fim, percebe-se que o capitalismo da vigilância no atual contexto da economia do conhecimento possui três fatos que demonstram a ruptura com o capitalismo de mercado. O primeiro é a busca incessante por liberdade – de leis e regulações – e conhecimento. Os capitalistas de vigilância requerem liberdade para ordenar o conhecimento e utilizam este conhecimento para proteger e expandir sua liberdade.[309]

O segundo fato refere-se ao abandono da reciprocidade com as pessoas. No capitalismo industrial era necessário a reciprocidade com o consumidor e seus trabalhadores para poder vender seu produto e a empresa ter êxito econômico. Porém, nessa nova forma do capitalismo, não há mais dependência de consumidores, pois a oferta e demanda mudam conforme o comportamento das pessoas. E este comportamento pode ser previsto e modificado pelas próprias empresas, visto que a conduta humana é matéria-prima neste processo de produção.[310]

Estas duas características analisadas acima provocam exclusão social e econômica das pessoas, em que interesses privados de elites econômicas se sobressaem em detrimento das políticas de inclusão. Tais fatos fazem surgir outro fenômeno característico deste capitalismo de vigilância que pode ser chamado de indiferença radical. Essa indiferença consiste no fato de que o conhecimento e a liberdade se concentram dentro do domínio do mercado e não do Estado. Assim, a democracia e o Estado vêm sendo considerados incompatíveis com a ideia de

---

[307] ZUAZO, Natalia. Los dueños de internet. In: STANCANELLI, Pablo. El atlas de la revolución digital: del sueño libertario al capitalismo de vigilancia. Madrid/España: Clave Intelectual, 2020, p. 14.

[308] ZUBOFF, Shoshana. *La era del capitalismo de la vigilancia*: la lucha por un futuro humano frente a las nuevas fronteras del poder. Tradución de Albino Santos Mosquera. Barcelona: Planeta (Paidós), 2020, p. 623.

[309] ZUBOFF, Shoshana. *La era del capitalismo de la vigilancia*: la lucha por un futuro humano frente a las nuevas fronteras del poder. Tradución de Albino Santos Mosquera. Barcelona: Planeta (Paidós), 2020, p. 657-661.

[310] ZUBOFF, Shoshana. *La era del capitalismo de la vigilancia*: la lucha por un futuro humano frente a las nuevas fronteras del poder. Tradución de Albino Santos Mosquera. Barcelona: Planeta (Paidós), 2020, p. 662.

liberdade humana, justamente para poder expandir ainda mais o poder instrumentário deste novo capitalismo.³¹¹

As empresas digitais, como Facebook e Google possuem ferramentas para inibir, por exemplo, as chamadas *fake news*, porém muitas das informações não são retiradas para poder privilegiar certas ações políticas e econômicas. Do mesmo modo, muitos anúncios em rede são dirigidos a fim de influenciar opiniões e condutas. Isto demonstra a total indiferença com a verdade e com as pessoas, buscando o lucro e a acumulação, tanto de conhecimento, como de capital.³¹²

O atual cenário se tornou um campo fértil para a desinformação, por meio da publicação de informações falsas, para prosseguir propósitos econômicos e políticos. Essa desinformação pode desestabilizar as instituições democráticas e prejudicar a confiança dos cidadãos. Especialmente durante a pandemia, registraram-se inúmeras informações falsas referentes ao coronavírus, as quais prejudicaram a difusão dos tratamentos médicos realmente eficazes e as políticas públicas estatais relacionadas ao tema sanitário.³¹³

Com a pandemia, muitos atores estatais e não estatais apropriaram-se de dados e da extrema conectividade em rede dos indivíduos para constituir novas narrativas de censura ao discurso crítico e constituir novos sistemas tecnológicos de controle social. Desse modo, há uma tendência na consolidação do chamado nacionalismo digital, no qual as autoridades nacionais estão tomando medidas para proteger o ciberespaço e satisfazer as vontades das empresas tecnológicas, em detrimento dos direitos humanos e contra os objetivos da sociedade civil local e a comunidade internacional.³¹⁴

Por tudo isso, Shoshana entende que o capitalismo de vigilância é antidemocrático. São os diversos sensores, anúncios dirigidos, informações requeridas em *sites* e redes sociais, dentre outras diversas formas

---

[311] ZUBOFF, Shoshana. *La era del capitalismo de la vigilancia*: la lucha por um futuro humano frente a las nuevas fronteras del poder. Tradución de Albino Santos Mosquera. Barcelona: Planeta (Paidós), 2020, p. 680-669.

[312] ZUBOFF, Shoshana. *La era del capitalismo de la vigilancia*: la lucha por um futuro humano frente a las nuevas fronteras del poder. Tradución de Albino Santos Mosquera. Barcelona: Planeta (Paidós), 2020, p. 668-678.

[313] SÁNCHEZ BRAVO, Álvaro. Estrategia ambiental europea de recuperación pos-COVID: Plan Verde. *In*: SÁNCHEZ RUBIO, David; SÁNCHEZ BRAVO, Álvaro (ed.). *Temas de teoría y filosofía del derecho en contextos de pandemia*. Madrid: Dykinson, 2020, p. 39-47.

[314] SÁNCHEZ BRAVO, Álvaro. Estrategia ambiental europea de recuperación pos-COVID: Plan Verde. *In*: SÁNCHEZ RUBIO, David; SÁNCHEZ BRAVO, Álvaro (ed.). *Temas de teoría y filosofía del derecho en contextos de pandemia*. Madrid: Dykinson, 2020, p. 51-52.

de capturar conhecimentos sobre as pessoas, que possibilitaram aos capitalistas modificar a conduta humana e, com isso, obter êxito comercial. A busca constante pelo lucro e acumulação de poder transformou este capitalismo numa nova forma de soberania administrada por forças privadas. Direitos de privacidade, políticas de inclusão e a democracia estão ficando de lado diante do poder instrumentário das empresas capitalistas de vigilância.[315]

Diante deste cenário, é necessário garantir o acesso público à informação e proteger as liberdades fundamentais, em conformidade com a lei e com os acordos internacionais. As empresas, neste viés, devem respeitar um código de conduta estabelecido por uma lei e revisada por reguladores independentes. Isto é, a autorregulação deve terminar, para que sejam respeitados os direitos humanos universais. Uma adequada regulação das plataformas digitais é imprescindível para que essas empresas tecnológicas se convertam como únicos agentes "guardiões do acesso de dados" e que decidam sobre a liberdade de informação e expressão na internet.[316]

Em vista disso, a democracia e o Estado são necessários para retomar o controle do capitalismo e possibilitar a inclusão e expansão dos benefícios do conhecimento econômico. Nas palavras de Álvaro Sánchez, devem-se constituir Estados fortes, com uma educação digital que contribua para criar um espírito crítico em relação aos avanços tecnológicos, revertendo as tendências antidemocráticas e de censuras no mundo virtual.[317]

A economia do conhecimento, com as novas transformações econômicas, organizacionais e concorrenciais, pode contribuir para o aumento da produtividade juntamente com o melhoramento da qualidade, isto é, fazer mais com menos.[318] Pode também auxiliar a humanidade com soluções, produtos e serviços aos problemas ligados ao meio ambiente, como poluição, efeito estufa, extinção de animais e vegetais,

---

[315] ZUBOFF, Shoshana. *La era del capitalismo de la vigilancia*: la lucha por um futuro humano frente a las nuevas fronteras del poder. Tradución de Albino Santos Mosquera. Barcelona: Planeta (Paidós), 2020, p. 680-681.

[316] SÁNCHEZ BRAVO, Álvaro. Estrategia ambiental europea de recuperación pos-COVID: Plan Verde. *In*: SÁNCHEZ RUBIO, David; SÁNCHEZ BRAVO, Álvaro (ed.). *Temas de teoría y filosofía del derecho en contextos de pandemia*. Madrid: Dykinson, 2020, p. 56-57.

[317] SÁNCHEZ BRAVO, A. Estrategia ambiental europea de recuperación pos-COVID: Plan Verde. *In*: SÁNCHEZ RUBIO, David; SÁNCHEZ BRAVO, Álvaro (ed.). *Temas de teoría y filosofía del derecho en contextos de pandemia*. Madrid: Dykinson, 2020, p. 59.

[318] NEVES, Ricardo. *Tempo de pensar fora da caixa*: a grande transformação das organizações rumo à economia do conhecimento. Rio de Janeiro: Elsevier, 2009, p. 22-23.

desastres ambientais, biológicos, nucleares, entre outros.[319] Para tanto, deve ser utilizada para tais fins coletivos e o Estado democrático possui um papel fundamental nisso. São necessárias mudanças, pois, no atual estágio, verifica-se que ainda não está amplamente difundida na sociedade, prejudicando o estímulo de seus reflexos para a população de forma completa e igualitária, assim como para as instituições públicas.

2.3.2 Desafios da economia baseada no conhecimento: a exclusão e a desigualdade populacional

Segundo Mangabeira Unger, na atual realidade, a economia do conhecimento está restrita a vanguardas produtivas insuladas, isto é, sob gerência de uma elite empresarial e tecnológica. Apesar de aparecer em praticamente todos os setores da economia, ainda se exibe como uma "franja", excluindo a maior parte da força de trabalho. Logo, o controle da operação está nas mãos de uma minoria, agravando ainda mais a desigualdade de renda entre as classes sociais, especialmente nas sociedades periféricas.[320]

Nas palavras de Marciano Buffon, "[...] de la forma como actualmente está estructurada, la economía del conocimiento ha sido un elemento inductor de la desigualdad de renta y riqueza."[321] Continuando, o professor explica:

> Ocorre que a economia do conhecimento, como agora se apresenta, é, portanto, um novo elemento indutor da desigualdade no século XXI, como se não bastassem as herdadas do século anterior. Isso se verifica, porque – nos termos usados por Unger – essa tem sido apenas a "economia do conhecimento insular", ou seja, está tão restrita a certos guetos (na antítese da palavra), que tem sido fonte de expansão das desigualdades existentes nos países periféricos e aparentemente inédita nos países centrais. (Tradução livre)[322]

---

[319] NEVES, Ricardo. *Tempo de pensar fora da caixa:* a grande transformação das organizações rumo à economia do conhecimento. Rio de Janeiro: Elsevier, 2009, p. 22-23.

[320] UNGER, Roberto Mangabeira. *Economia do conhecimento.* Tradução de Leonardo Castro. São Paulo: Autonomia Literária, 2018. p 11-13.

[321] BUFFON, Marciano. ¿La economía del conocimiento reduce la desigualdad de renta y riqueza? *In:* SÁNCHEZ BRAVO, Álvaro. *Derecho, Inteligencia Artificial y Nuevos Entornos Digitales.* Sevilha: Punto Rojo, 2020. ISBN: 978-84-18416-15-6, p. 477.

[322] Texto original: "Ocurre que la economía del conocimiento, tal como ahora se presenta, se trata, pues, de un nuevo elemento inductor de la desigualdad en pleno siglo XXI, como si no bastasen aquellos heredados del siglo precedente. Eso se verifica, porque – en los términos utilizados por Unger – esa ha sido tan solo la "economía del conocimiento

Quando se refere à economia do conhecimento como insular, está-se dizendo que, apesar das empresas comercializarem amplamente seus produtos e serviços, bem como o acesso a suas plataformas e redes, não é pela utilização desses produtos e serviços que uma empresa ou indivíduo passa a fazer parte da prática mais avançada de produção. Por certo, a empresa pode usar esses produtos e serviços para desempenhar certas atividades com mais eficiência, mas não é detentora do conhecimento para produzir essa avançada prática de produção.[323]

Embora já sejam visíveis as mudanças na sociedade pelo uso de seus produtos e serviços, deve-se atentar que a economia do conhecimento está limitada a poucos. Isto porque, como visto no capítulo anterior, há uma intensa desigualdade de renda global, principalmente nos países em desenvolvimento, como o Brasil. Isto dificulta o acesso ao conhecimento e capacitações para operar esta nova prática de produção mais avançadas. Ora, utilizam-se as novas tecnologias, mas não se sabe o modo de operá-las e modificá-las constantemente.

Atualmente, os países com economia bem-sucedida possuem altos padrões de vida, com tecnologias, conhecimentos e capacidade de usar e desenvolver a tecnologia. Em contrapartida, muitos países em desenvolvimento não possuem, por exemplo, acesso a redes digitais de alta velocidade e nem habilidades avançadas no uso das atuais tecnologias. Esse fato, além de impedir a utilização dos produtos e serviços da economia do conhecimento, impede que estes países invistam em inovação, empreendedorismo, infraestrutura e industrialização. Por exemplo, as tecnologias trazidas pelas Terceira Revolução Industrial, como o celular, foram oferecidas aos consumidores, mas não houve um incentivo na inovação ou desenvolvimento desta tecnologia. Logo, isso dificultará que a economia do conhecimento se torne includente, nas palavras de Mangabeira Unger.[324]

O confinamento da economia do conhecimento traz consequências graves para a economia e para a sociedade. Hoje, tornou-se a mais

---

insular", o sea, está tan restricta a determinados guetos (en la antítesis de la palabra), que ha sido fuente de ampliación de las elásticas desigualdades existentes en los países periféricos y aparentemente inédita en los países centrales." BUFFON, Marciano. ¿La economía del conocimiento reduce la desigualdad de renta y riqueza? *In*: SÁNCHEZ BRAVO, Álvaro. *Derecho, Inteligencia Artificial y Nuevos Entornos Digitales*. Sevilla: Punto Rojo, 2020. ISBN: 978-84-18416-15-6, p. 481.

[323] UNGER, Roberto Mangabeira. *Economia do conhecimento*. Tradução de Leonardo Castro. São Paulo: Autonomia Literária, 2018, p. 11-13.

[324] SCHWAB, Klaus; DAVIS, Nicholas. *Aplicando a Quarta Revolução Industrial*. Tradução de Daniel Moreira Miranda. São Paulo: EDIPRO, 2018, p. 94-95.

importante causa tanto da estagnação econômica quanto do agravamento da desigualdade. Ora, os países que não possuírem habilidades tecnológicas somente poderão oferecer mão de obra a baixo custo. Ocorre que, com a Quarta Revolução Industrial, serão priorizadas tecnologias automatizadas, como robôs, impressão 3D, que atrairão novas empresas aos países. Países sem este conhecimento e investimento em inovação tecnológica serão significativamente prejudicados.

A nova economia está presente em todas as grandes economias, bem como em todas as partes delas. Porém, mantém-se como prerrogativa de uma elite. E o preço a pagar por essa exclusão é justamente a estagnação econômica e a desigualdade.

Como visto no tópico anterior, o capitalismo de vigilância necessita de dados sobre as pessoas para manter o seu poder e adquirir cada vez mais conhecimento. Mas tal poder está restrito a poucas empresas, como as relativas do "clube dos cinco" – Google, Facebook, Apple, Microsoft e Amazon.[325]

Observa-se que tal dominação dos capitalistas de vigilância fomentou ainda mais a desigualdade de renda. Como exemplo, observa-se que oito grandes bilionários concentram a mesma riqueza da metade da população mundial. Desses, quatro fazem parte do "clube dos cinco".[326]

Não há dúvidas de que a economia do conhecimento e as tecnologias advindas dela contribuem para melhorar a vida dos indivíduos, como pode ser notada no âmbito da saúde, com o crescimento da expectativa de vida, cura e tratamentos eficazes para diversas enfermidades, vacinas, diminuição da taxa de morte por malária e câncer, bem como em outras diversas áreas.[327] Porém, algo não mudou: a desigualdade. Enquanto o conhecimento não for compartilhado por toda a coletividade, estes oligopólios mundiais continuarão enriquecendo à custa dos dados das pessoas.

O controle dos dados do Google, a pouca transparência do Facebook sobre as notícias, os conflitos de trabalho e urbanísticos da Uber e o impacto comercial da Amazon, são alguns exemplos da

---

[325] MALASPINA, Lucas. El regresso de los Estados-Nación. *In*: STANCANELLI, Pablo. *El atlas de la revolución digital*: del sueño libertário al capitalismo de vigilancia. Madrid: Clave Intelectual, 2020, p. 16-17.
[326] MALASPINA, Lucas. El regresso de los Estados-Nación. *In*: STANCANELLI, Pablo. *El atlas de la revolución digital*: del sueño libertário al capitalismo de vigilancia. Madrid: Clave Intelectual, 2020, p. 16-17.
[327] BYUNG-CHUL, Han. Psicopolítica, Herber, Barcelona, 2014.

dominação do poder e do uso restrito do conhecimento por uma elite econômica.[328] A economia do conhecimento ainda não está includente.

O ambiente digital e o capitalismo de vigilância contribuíram para o surgimento de novas tendências mundiais, como a posição dominante conquistada pelos oligopólios globais, a desigualdade e o abandono de uma parcela cada vez maior da força de trabalho ao emprego precário, tanto nas economias ricas quanto nos países mais carentes.[329]

No ambiente de trabalho, verificam-se as fortes disputas no mercado, com mudanças demográficas, diversificados, mais feminino e com pessoas mais ativas. Todavia, devido ao fato de o conhecimento estar concentrado nas mãos de elites empresariais e não estar amplamente difundido na sociedade, a economia do conhecimento se torna um indutor de desigualdade, atualmente. Isto porque, segundo Francisco:

> [...] os poderes econômicos continuam a justificar o atual sistema mundial, onde predomina uma especulação e uma busca por receitas financeiras que tendem a ignorar o contexto dos efeitos sobre a dignidade humana e sobre o meio ambiente. (Tradução livre)[330]

O trabalho precário é apontado como uma realidade nesta nova era, uma vez que: "Muitos empregos da produção padronizada em grande escala são terceirizados para empresas que pagam salários baixos em países mais pobres. Outros são substituídos por trabalho parcial e temporário, especialmente no setor de serviços."[331]

Além da terceirização, o trabalhador pode vir a ter emprego substituído pelas novas tecnologias. Logo, com a escassez relativa de empregos há o aprofundamento da segmentação hierárquica da

---

[328] MALASPINA, Lucas. El regresso de los Estados-Nación. *In*: STANCANELLI, Pablo. *El atlas de la revolución digital*: del sueño libertário al capitalismo de vigilancia. Madrid: Clave Intelectual, 2020, p. 16-17.

[329] UNGER, Roberto Mangabeira. *Economia do conhecimento*. Tradução de Leonardo Castro. São Paulo: Autonomia Literária, 2018, p. 58-61.

[330] Texto original: "[...] los poderes económicos continúan justificando el sistema mundial actual, donde predomina una especulación y una búsqueda de recetas financieras que tienden a ignorar todo el contexto de los efectos sobre la dignidad humana y sobre el medio ambiente." FRANCISCO, Santo Padre. *Carta Encíclica Laudato Si*: sobre el cuidado de la casa común. 24 de mayo de 2015. Disponível em: http://w2.vatican.va/content/francesco/pt/encyclicals /documents/papa-francesco_20150524_enciclica-laudato-si.html. Acesso em: 27 mar. 2021, p. 56.

[331] UNGER, Roberto Mangabeira. *Economia do conhecimento*. Tradução de Leonardo Castro. São Paulo: Autonomia Literária, 2018, p. 66.

economia. Uma proporção crescente de riqueza é produzida por uma parte cada vez menor da força de trabalho.[332]

Ocorre que a precarização do trabalho, a estagnação econômica, desigualdade, falta de investimento em inovação e educação, como também um sistema tributário desigual, impossibilitam e/ou dificultam a disseminação da economia intelectual. E, nas palavras de Mangabeira Unger, a "incapacidade de disseminá-la resulta em uma impossibilidade de aprofundá-la."[333]

Na nova era, a sua disseminação não ocorre no mesmo formato das antigas revoluções industriais, nem segue o mesmo modelo de difusão e influência ampla sobre o conjunto da economia que a prática produtiva mais avançada de seu tempo. Isto pode ser explicado por duas razões:

> A primeira razão para tal fato é que ela não é formulaica: desde seus aspectos mais superficiais até seus atributos mais profundos, ela não pode, como a produção em massa podia ser reduzida a um estoque de máquinas e processos facilmente portáveis e habilidades facilmente reprodutíveis. Baseia-se na disrupção da rotina e da repetição e introduz a inovação na prática cotidiana da produção. A segunda razão é que seu progresso e sua disseminação profunda dependem de requisitos exigentes.[334]

Estes requisitos para que seja possível a sua ampla disseminação, ao ponto que se torne includente, serão analisados no próximo tópico. Será percebido que a nova era ainda promete muitas mudanças e que é necessário um conjunto de requisitos educacionais, cognitivos, institucionais, sociais e jurídicos, a fim de que isso seja concretizado e não fique apenas na imaginação.

2.3.3 A necessidade da inclusão do conhecimento a partir de Roberto Mangabeira Unger

A Quarta Revolução Industrial e a economia do conhecimento devem ser inclusivas e permitir que os cidadãos e os países, especialmente

---

[332] UNGER, Roberto Mangabeira. *Economia do conhecimento*. Tradução de Leonardo Castro. São Paulo: Autonomia Literária, 2018, p. 72.
[333] UNGER, Roberto Mangabeira. *Economia do conhecimento*. Tradução de Leonardo Castro. São Paulo: Autonomia Literária, 2018, p. 80.
[334] UNGER, Roberto Mangabeira. *Economia do conhecimento*. Tradução de Leonardo Castro. São Paulo: Autonomia Literária, 2018, p. 87-88.

as economias em desenvolvimento, participem do debate acerca dos avanços tecnológicos dessa nova revolução, visando não só proporcionar o acesso igualitário, mas também a diminuição das desigualdades econômicas e sociais entre a população global, não podendo ignorar os efeitos sobre o meio ambiente e a dignidade da pessoa humana.

Conforme visto no primeiro capítulo, a pandemia de COVID-2019 aprofundou as desigualdades existentes e evidenciou a necessidade da inclusão das novas tecnologias a todos na sociedade. Os países menos desenvolvidos e que possuem dificuldades de acesso à internet, por exemplo, foram prejudicados economicamente e sofreram com a exclusão. As classes sociais se distanciaram ainda mais, conforme o acesso ao conhecimento e as novas tecnologias digitais.

Deste modo, Mangabeira Unger afirma que para superar o confinamento avançando em direção a um vanguardismo includente seria necessário "[...] retomar o crescimento acelerado e começar a corrigir as fontes da desigualdade extrema na segmentação hierárquica da economia."[335] Isto porque, nas palavras do autor:

> Uma economia do conhecimento da qual muitos possam participar faz mais do que aumentar a produtividade e diminuir a desigualdade. Ela tem potencial para nos elevar juntos, para nos proporcionar grandeza compartilhada. Vista sob a perspectiva do advento dessa economia, a história de nossa vida material registra o longo e vacilante triunfo da imaginação.[336]

Quanto mais desenvolvida e disseminada ela se torna, mais igualitária a sociedade se torna. Para tanto, Mangabeira Unger sustenta ser necessário um conjunto de condições para a disseminação da economia do conhecimento, tornando-a includente: as condições educacionais e cognitivas, as condições sociais e morais as condições jurídico-institucionais.[337]

Quanto ao requisito educacional e cognitivo, o autor defende que a educação técnica deve repudiar o modelo de treinamento profissional que o mundo aprendeu com a Alemanha, no qual o trabalhador

---

[335] UNGER, Roberto Mangabeira. *Economia do conhecimento*. Tradução de Leonardo Castro. São Paulo: Autonomia Literária, 2018, p. 71.
[336] UNGER, Roberto Mangabeira. *Economia do conhecimento*. Tradução de Leonardo Castro. São Paulo: Autonomia Literária, 2018, p. 279.
[337] UNGER, Roberto Mangabeira. *Economia do conhecimento*. Tradução de Leonardo Castro. São Paulo: Autonomia Literária, 2018, p. 89.

necessitava habilidades apenas para operar as máquinas. Desse modo, a economia era em torno de profissões e ofícios históricos, rigidamente delimitados.[338]

Ocorre que a nova era econômica deve substituir este modelo por capacidades mais genéricas e flexíveis, nas quais o trabalhador possa ter capacidade dos inventores destas máquinas. Isto é, "[...] demanda um trabalhador que saiba fazer com que a máquina dê o melhor de si nas tarefas formulaicas para se dedicar às tarefas não formulaicas."[339]

A economia do conhecimento necessita de constante inovação. Esta inovação não pode ser episódica, mas contínua, tanto em produtos como em tecnologias. Por isso, deve haver uma modificação educacional, voltada ao avanço do capital intelectual e, consequentemente, à disseminação da nova economia.[340]

Para Mangabeira Unger, a educação na nova era necessita de três instrumentos essenciais. O primeiro refere-se a um sistema nacional de avaliação de desempenho escolar, que seja capaz de descobrir o que funciona melhor. O segundo requisito está ligado à existência de um mecanismo de redistribuição de recursos, a fim de evitar a dependência exclusiva das escolas aos orçamentos locais. E, o último mecanismo, é um procedimento de intervenção corretiva.

Esses mecanismos juntos possibilitariam o repasse de recursos de forma justa, pois permitiria que os governos, em todos os seus níveis, pudessem ter conhecimento da eficácia do sistema escolar e, com isso, repassassem o orçamento para eventuais sistemas escolares mais deficientes. Dessa forma, os governos local, regional e federal estariam agindo conjuntamente, assumindo o comando da rede escolar deficiente e designando seu gerenciamento a administradores e especialistas independentes, para recuperá-la e devolvê-la recuperada.[341]

Por outro lado, o autor defende também a necessidade do preenchimento de requisitos sociais e morais. Estes requisitos estão ligados com o modo de operar laboral, em que, na era do capital intelectual, é importante a cooperação na produção. Isto significa que o modo de

---

[338] UNGER, Roberto Mangabeira. *Economia do conhecimento*. Tradução de Leonardo Castro. São Paulo: Autonomia Literária, 2018, p. 92.
[339] UNGER, Roberto Mangabeira. *Economia do conhecimento*. Tradução de Leonardo Castro. São Paulo: Autonomia Literária, 2018, p. 93.
[340] UNGER, Roberto Mangabeira. *Economia do conhecimento*. Tradução de Leonardo Castro. São Paulo: Autonomia Literária, 2018, p. 96.
[341] UNGER, Roberto Mangabeira. *Economia do conhecimento*. Tradução de Leonardo Castro. São Paulo: Autonomia Literária, 2018, p. 98.

trabalhar exigirá elevação no nível de confiança e discricionariedade de todos aqueles que compartilham o trabalho.[342]

Para tanto, exige-se, da mesma maneira, o aprimoramento das práticas cooperativas com características distintivas e exigentes. Em outras palavras, imprescindível o aumento da confiança e discricionariedade, como também do fortalecimento e refinamento da disposição para cooperar.[343]

A cooperação e confiança no modo laboral permitirá que se modifique o trabalho assalariado, deixando de ser a forma predominante. Por isso, a inovação para o acesso descentralizado dos recursos produtivos, o que significa dizer o regime de propriedade, também possui um papel primordial para tal avanço na economia do conhecimento.[344]

Neste aspecto, analisam-se os requisitos jurídicos e institucionais, pois a lei é a forma institucionalizada da vida de um povo, possuindo essencial importância na disseminação das novas práticas econômicas. Todavia, a inovação legal e institucional deve ampliar acesso às oportunidades e recursos para a produção, como também deve ajudar a organizar o processo para alcançar o vanguardismo includente.[345]

Neste caminho para o vanguardismo includente – como é chamada a disseminação ampla da economia do conhecimento por Mangabeira Unger – o governo pode ajudar na tarefa de criar múltiplas agências independentes e concorrentes, inclusive com recursos públicos iniciais, para possibilitar que diversos atores econômicos possam usufruir da prática mais avançada de produção. Por isso, os requisitos jurídicos e institucionais devem estar alinhados com tal objetivo.[346]

Todos estes requisitos educacionais, sociais, morais, institucionais e jurídicos permitirão a sua disseminação perante toda a sociedade mundial, alcançando o seu propósito superior. Assim, na medida em que se aprofunda e se dissemina, vai se transformando na prática de produção mais semelhante ao funcionamento da imaginação. Isto significa que a economia do conhecimento difundida amplamente não

---

[342] UNGER, Roberto Mangabeira. *Economia do conhecimento*. Tradução de Leonardo Castro. São Paulo: Autonomia Literária, 2018, p. 100.
[343] UNGER, Roberto Mangabeira. *Economia do conhecimento*. Tradução de Leonardo Castro. São Paulo: Autonomia Literária, 2018, p. 102-103.
[344] UNGER, Roberto Mangabeira. *Economia do conhecimento*. Tradução de Leonardo Castro. São Paulo: Autonomia Literária, 2018, p. 103.
[345] UNGER, Roberto Mangabeira. *Economia do conhecimento*. Tradução de Leonardo Castro. São Paulo: Autonomia Literária, 2018, p. 116-117.
[346] UNGER, Roberto Mangabeira. *Economia do conhecimento*. Tradução de Leonardo Castro. São Paulo: Autonomia Literária, 2018, p. 117.

é apenas formulaica, mas também avança desafiando seus próprios pressupostos e extrapolando os métodos nos quais se baseia.[347]

A disseminação desta nova economia permitirá que as pessoas deixem de trabalhar apenas para sustentabilidade, ou para identificar quem somos ou como forma de mutilação/inevitabilidade. A economia intelectual reproduz a ideia de vocação transformadora, em que o ser humano poderá, com seu trabalho, transformar parte do mundo em seu entorno, tornando-se maior e mais livre.[348]

Em relação ao Brasil, o tema envolvendo a economia do conhecimento ganhou importância a partir do debate ocorrido no XIV Fórum Nacional, no qual se buscou introduzir a questão da economia do conhecimento no Brasil. Neste fórum, concluiu-se que o conhecimento – a ciência, a tecnologia, a informação – é considerado o fator de produção por excelência, determinante do progresso e da riqueza das nações. Porém, o Brasil apresenta um desafio e um risco. Conforme João Paulo dos Reis Velloso, o desafio consiste em avançarmos para um novo estágio do desenvolvimento, que envolve a construção de uma economia baseada no conhecimento. O risco está em o país brasileiro "ficar para trás nessa corrida", dado o atraso que ainda apresenta, por exemplo, em matéria de escolarização.

Assim, o autor defende que, no modelo de economia do conhecimento adotado, o Brasil deve privilegiar duas dimensões: uma dimensão econômica, que implica em levar o conhecimento a todos os setores produtivos, inclusive à agricultura; e uma dimensão econômico-social, que significa estendê-lo a todos os segmentos da sociedade – inclusive as classes de baixa renda, para evitar a exclusão digital e outras formas de exclusão social.

Por isso, diante dessa nova realidade econômica-social, imprescindível o investimento em educação, qualificação e pesquisa, bem como desenvolvimento nacional, para que gere menos desigualdade e distribua mais amplamente apoio, instrumentos, capacitações e oportunidades. Em vista disso, a economia do conhecimento e suas profundas mudanças no cotidiano da população devem primar pelos "[...] interesses das pessoas, conforme os valores, direitos fundamentais e as normas jurídicas próprias dos Estados Democráticos de Direito".

---

[347] UNGER, Roberto Mangabeira. *Economia do conhecimento*. Tradução de Leonardo Castro. São Paulo: Autonomia Literária, 2018, p. 277-278.
[348] UNGER, Roberto Mangabeira. *Economia do conhecimento*. Tradução de Leonardo Castro. São Paulo: Autonomia Literária, 2018, p. 277-278.

(Tradução livre).³⁴⁹ Isto por que, diante do enorme impacto da economia do conhecimento na vida das pessoas, segundo Ávaro Sanchez Bravo, "[...] o ponto de partida deve ser gerar confiança na sua utilização e, para isso, deve basear-se em valores e direitos fundamentais, como a dignidade humana e a proteção da intimidade". (Tradução livre)³⁵⁰

É nesse ponto que o sistema tributário pode contribuir, tanto para o avanço da economia do conhecimento, como para redução das desigualdades. Isto porque para o avanço promissor da economia do conhecimento em uma sociedade é necessária uma organização de economia que gere menos desigualdade e distribua apoio, instrumento, capacitações e oportunidades. Logo, a tributação possui um papel fundamental no alcance de tal finalidade.³⁵¹ Para o autor, Mangabeira Unger, o "[...] imposto progressivo e gasto social redistribuidor podem ser efetivos na mitigação de desigualdades geradas pelos arranjos estabelecidos da economia de mercado."³⁵²

Em vista disso, o atual sistema tributário também deverá se adaptar a este novo contexto, a fim de que consiga financiar o Estado para o investimento em qualificação, infraestrutura e inovações tecnológicas, bem como redistribuir de forma justa o ônus tributário em frente às mudanças provocadas por esse novo ambiente tecnológico.

Neste sentido, o autor defende uma tributação que seja capaz de financiar o Estado e este invista

> [...] nas pessoas e em sua capacitação tanto quanto em infraestrutura física de produção, patrocinar inovações tecnológicas mais custosas e radicais formando parcerias, para esse fim, com empresas privadas estabelecidas ou emergentes em troca de participações futuras.³⁵³

---

[349] Texto original: "[...] intereses de las personas, conforme los valores, derechos fundamentales y las normas jurídicas propias de Estados democráticos de Derecho." SÁNCHEZ BRAVO, Álvaro. Marco europeo para uma inteligencia artificial basada en las personas. *In*: SÁNCHEZ BRAVO, Álvaro. *Derecho, Inteligencia Artificial y Nuevos Entornos Digitales*. Sevilha/Espanha, 2020. ISBN: 978-84-18416-15-6, p. 75.

[350] Texto original: "[...] el punto de partida debía ser generar confianza en su uso, y para ello, debe cimentarse en los valores y derechos fundamentales, como la dignidad humana y la protección de la intimidad." SÁNCHEZ BRAVO, Álvaro. Marco europeo para uma inteligencia artificial basada en las personas. *In*: SÁNCHEZ BRAVO, Álvaro. *Derecho, Inteligencia Artificial y Nuevos Entornos Digitales*. Sevilha/Espanha, 2020. ISBN: 978-84-18416-15-6, p. 77.

[351] BUFFON, Marciano. *Tributação, desigualdade e mudanças climáticas*: como o capitalismo evitará seu colapso. Curitiba: Brazil Plublisching, 2019, p. 272.

[352] UNGER, Roberto Mangabeira. *Economia do conhecimento*. Tradução de Leonardo Castro. São Paulo: Autonomia Literária, 2018, p. 73.

[353] UNGER, Roberto Mangabeira. *Economia do conhecimento*. Tradução de Leonardo Castro. São Paulo: Autonomia Literária, 2018, p. 74.

Ademais, o autor defende que a tributação também deve cumprir o seu papel redistributivo, com a utilização da progressividade, conforme a hierarquia do padrão de vida, resultante da renda e riqueza de cada cidadão, bem como a progressividade com base no exercício econômico, isto é, obtida pela acumulação de riqueza e sua transmissão hereditária, pós-morte ou por meio de doações em vida.[354]

A tributação, sob esta ótica, pode ser um meio para reduzir a desigualdade e, com isso, permitir a evolução da economia do conhecimento e sua fase includente. Muitas mudanças irão acontecer nos meios social, econômico e jurídico. Por isso, o ordenamento tributário precisa acompanhar e se adaptar a esta nova realidade social-fiscal, de modo que a tributação possa concretizar os direitos dos cidadãos, reduzindo as iniquidades sociais. Caminha-se para a mudança e esta deve possibilitar a formação de uma sociedade justa e igualitária para todos e não somente para um seleto grupo. Nas palavras de Mangabeira Unger:

> Uma economia do conhecimento da qual muitos possam participar faz mais do que aumentar a produtividade e diminuir a desigualdade. Ela tem potencial para nos elevar juntos, para nos proporcionar grandeza compartilhada. Vista sob a perspectiva do advento dessa economia, a história de nossa vida material registra o longo e vacilante triunfo da imaginação.[355]

Em vista disso, a democracia e o papel ativo do Estado são necessários para retomar o controle do capitalismo, tornar-se includente à economia intelectual e possibilitar a inclusão populacional nessa nova sociedade. E tal fato foi realçado no contexto da pandemia do COVID-2019. Conforme Piketty destaca, "para retomar o controle do capitalismo, verdadeiramente não há mais opções que apostar na democracia até suas últimas consequências."[356]

Assim, a tomada das decisões e o controle sobre o conhecimento não poderão ficar à mercê de interesses privados e econômicos. As decisões devem se pautar na humanidade e o papel do Estado é imprescindível para o alcance de tal êxito. Nas palavras de Shoshana,

---

[354] UNGER, Roberto Mangabeira. *Economia do conhecimento*. Tradução de Leonardo Castro. São Paulo: Autonomia Literária, 2018, p. 78-79.
[355] UNGER, Roberto Mangabeira. *Economia do conhecimento*. Tradução de Leonardo Castro. São Paulo: Autonomia Literária, 2018, p. 279.
[356] PIKETTY, Thomas. *O capital do século XXI*. Rio de Janeiro: Intrínseca, 2014, p. 571.

"que o futuro seja digital, mas, sobretudo, que seja um futuro humano". (Tradução livre)[357]

A economia do conhecimento e suas diversas facetas, como o capitalismo da vigilância, devem atentar para os interesses coletivos. Logo, o capitalismo também deve ser inclusivo e que defenda uma divisão de aprendizagem social como fonte de uma renovação democrática genuína. Isto porque o poder, quando não domesticado pela democracia, só pode conduzir à desesperança e exílio.[358] Por isso, o papel do Estado é tão importante neste novo contexto baseado no conhecimento e tecnologia. É necessário limite, regulação, inclusão e investimento público para o "bem comum".

Por tudo isso, percebe-se a importância do Estado na economia do conhecimento e da vigilância, seja por meio da tributação e seu financiamento em inovação e tecnologia, seja em relação à melhoria na qualidade da educação de seus cidadãos, seja pela eficácia da democracia. É imprescindível, antes de adentrar no tema da tributação, analisar detalhadamente a função do Estado na atual economia, para, posteriormente, abordar a contribuição do sistema tributário para a expansão do conhecimento e para a redução da desigualdade de renda.

---

[357] Texto original: "[...] que el futuro sea digital, pero, ante todo, que sea un futuro humano." ZUBOFF, Shoshana. La era del capitalismo de la vigilancia: la lucha por um futuro humano frente a las nuevas fronteras del poder. Tradución de Albino Santos Mosquera. Barcelona/España: Planeta (Paidós), 2020, p. 690.

[358] ZUBOFF, Shoshana. *La era del capitalismo de la vigilancia*: la lucha por um futuro humano frente a las nuevas fronteras del poder. Tradución de Albino Santos Mosquera. Barcelona: Planeta (Paidós), 2020, p. 692-693.

CAPÍTULO 3

O ESTADO NA ECONOMIA DO CONHECIMENTO

Como visto, para a evolução da economia do conhecimento, ao ponto de todo cidadão ter acesso aos seus benefícios, é fundamental o investimento em inovação, tecnologia, educação e um sistema tributário justo e eficaz. Tais medidas devem levar em consideração a redução da desigualdade de renda, para possibilitar a todas as nações e cidadãos o acesso ao conhecimento e ao desenvolvimento tecnológico. Neste viés, o Estado é um meio imprescindível para tal finalidade, tornando-se, como Mazzucato define, empreendedor.[359]

Todavia, atualmente, vive-se uma crise política e econômica a qual enfraqueceu a figura do Estado de Bem-Estar Social, surgido após a Segunda Guerra Mundial. Para entender o que levou à atual conjuntura, necessário analisar o cenário pós-guerra até os dias atuais, com o surgimento das novas tecnologias digitais, o avanço da globalização, a crise do próprio capitalismo e a ideia de perda da identidade comum, explicada por Collier.[360]

Entender o que causou o atual cenário de desconfiança no Estado é necessário para poder defender o seu papel no desenvolvimento econômico e na inovação. Por isso, mudanças e reformas são imprescindíveis para a concretização do bem comum e, o Estado – juntamente com o mercado – pode finalmente atingir o equilíbrio econômico e social prometido pelo capitalismo.

---

[359] MAZZUCATO, Mariana. *O Estado empreendedor*: desmascarando o mito do setor público *vs.* setor privado. Tradução de Elvira Serapicos. 1. ed. São Paulo: Portfolio-Penguin, 2014.
[360] COLLIER, Paul. *O futuro do capitalismo*: enfrentando as novas inquietações. Tradução de Denise Bottmann. 1. ed. Porto Alegre: L&PM, 2019.

3.1 A crise do Estado-Nação

As novas tecnologias e o ambiente mundial interconectado promoveram profundas mudanças na sociedade. E estas mudanças não são apenas relacionadas com a qualidade de vida ou uso dos novos produtos. Também houve uma mudança no modo de pensar do indivíduo.

A busca pelo lucro e o crescimento econômico e pessoal modificaram o trabalho, a relação entre as pessoas e o sentimento de pertencimento a um lugar. A individualidade está cada vez mais presente nas decisões cotidianas dos cidadãos, em que o interesse coletivo fica "deixado de lado". Isso pode ser notado nas empresas, como também na própria Administração Pública.

A perda de identidade comum, como ressalta Collier,[361] trouxe implicações profundas no modo de conviver e trabalhar. Tal modificação reflete na credibilidade perante o Estado, em que o cidadão não o vê mais como algo necessário para a concretização de suas necessidades e direitos.

A globalização, a economia digital e o capitalismo reforçaram ainda mais estes novos ideais individuais. O outro já não é mais problema nosso. Em vista desse panorama, deve-se repensar a atual situação e a crise estatal, pois o equilíbrio social e econômico ainda não foi alcançado, nem se estará caminhando para tal fim. Algo precisa ser feito e, por isso, entender os motivos da atual conjuntura é essencial para buscar soluções.

3.1.1 O abandono da identidade comum: reflexos na crise do Estado

É inegável que se vive numa sociedade cada vez mais individualista, em que a pessoa se preocupa apenas com o seu bem-estar, deixando as questões relacionadas à coletividade de lado. O bem comum não é mais essencial e, por isso, a figura do Estado como garantidor também não é mais necessária. Entretanto, nem sempre a sociedade foi assim.

No cenário pós-guerra, a sociedade estava encoberta por um sentimento de perda, tristeza, pobreza e o Estado se tornou paternalista. Assim, o êxito da social-democracia e da figura estatal paternalista, garantidor dos direitos básicos dos cidadãos, foi resultado do empenho

---

[361] COLLIER, Paul. *O futuro do capitalismo*: enfrentando as novas inquietações. Tradução de Denise Bottmann. 1. ed. Porto Alegre: L&PM, 2019.

conjunto baseado nas narrativas de pertencimento e de obrigação mútua.[362]

Dessa forma, os cidadãos têm reconhecidos diversos direitos sociais, como educação, saúde, moradia, emprego e seguridade social, para o bem coletivo de todos na sociedade. O Estado, representante da população, passa a ser o responsável por garantir estes direitos, por meio do gasto público.[363]

Por ser a nação considerada uma comunidade, com senso de identidade comum, obrigação e reciprocidade, os cidadãos contribuíam com a manutenção do Estado, a fim de garantir os direitos a todos. Por exemplo, nas primeiras décadas do pós-guerra, os ricos aceitavam alíquotas de imposto de renda que ultrapassassem 80%, os jovens concordavam com o serviço militar obrigatório e os cidadãos vinculavam as ações individuais a consequências coletivas. Houve uma expansão do papel do Estado.[364]

O Estado de Bem-Estar, assim chamado, deveria garantir o mínimo de bem-estar para sua população. Isto significava que deveria atuar para garantir a igualdade de oportunidades aos cidadãos e, desse modo, amenizasse as causas que se encontravam por trás da vulnerabilidade e desigualdade social, as quais causam sofrimento às pessoas e ao coletivo.[365]

De fato, a desigualdade salarial no pós-guerra era modesta e a nação tinha prestígio, isto é, todos recebiam apreço por sua identidade nacional e não por seu salário. Dessa forma, uma série de ações coletivas foram postas em prática. Os conservadores aceitaram impor restrições legais aos bens e propriedades privadas para garantir a função social; os social-democratas formularam políticas públicas igualitárias e redistributivas; e os liberais propuseram um nível mínimo de assistência pública, visando concretizar os ideais de nação-comunidade.[366]

---

[362] COLLIER, Paul. *O futuro do capitalismo*: enfrentando as novas inquietações. Tradução de Denise Bottmann. 1. ed. Porto Alegre: L&PM, 2019, p. 57.

[363] GARCIA, Rubio. El tercer sector frente a las transformaciones del Estado de Bienestar. *Cuadernos de Trabajo Social*, v. 20, p. 275-287, 2007. Disponível em: https://revistas.ucm.es/index.php/CUTS/article/view/CUTS0707110275A/7554. Acesso em: 4 nov. 2021.

[364] COLLIER, Paul. *O futuro do capitalismo*: enfrentando as novas inquietações. Tradução de Denise Bottmann. 1. ed. Porto Alegre: L&PM, 2019, p. 58.

[365] GARCIA, Rubio. El tercer sector frente a las transformaciones del Estado de Bienestar. *Cuadernos de Trabajo Social*, v. 20, p. 275-287, 2007. Disponível em: https://revistas.ucm.es/index.php/CUTS/article/view/CUTS0707110275A/7554. Acesso em: 4 nov. 2021.

[366] MORENO, Luis; SARASA, Sebastià. Génesis y desarrollo del estado del bienestar en España. *Revista Internacional de Sociología*, Madrid, n. 6, p. 27-69, set./dez. 1993. Disponível

Por certo, de 1945 a 1970, percebe-se que havia uma identidade comum entre todos os tipos e classes de cidadãos, isto é, um esforço nacional pelo bem comum. Todavia, com o crescimento econômico, cada vez é maior o número de pessoas que recebem uma boa instrução, com empregos condizentes e um bom salário, proporcional à sua qualificação. Logo, conforme afirma Collier, os mais qualificados deixam de dar realce à nacionalidade e passam dar à qualificação. Perde-se a reciprocidade e o sentimento de identidade comum.[367]

Ao perder a reciprocidade, com o surgimento dos intelectuais da classe média, as pautas políticas dos sociais-democratas também ficam sem fundamentação, prejudicando a sua eleição ao governo. A sociedade e a sua desigualdade de renda exigem novas ideologias políticas, afetando as tradicionais políticas sociais-democratas, baseadas na equidade e liberdade.[368]

O aumento do desemprego após a década de 1970, bem como o envelhecimento da população, disparam os gastos sociais do Estado e, com isso, a noção de Estado garantidor fica prejudicada. Ideais egoístas retomam a pauta e os menos instruídos e mais pobres não se sentem mais protegidos pelo Estado.[369]

Neste diapasão, aos menos instruídos se instala o sentimento de medo e de distanciamento social e cultural, o que provoca inquietações em relação à lealdade e confiança política nas pessoas e no próprio governo. Os mais favorecidos parecem abocanhar os benefícios estatais e recebem mais apreço, enquanto aos outros há a sensação de perda da proteção social.[370]

As privatizações do setor público, desregulação dos mercados, liberdade de mercado, são alguns exemplos de políticas que realçaram essa perda de proteção social do Estado.[371] A identidade comum já não

---

em: https://www.proquest.com/docview/1299264733?pq-origsite=primo&accountid=14744&imgSeq=16. Acesso em: 4 nov. 2021.

[367] COLLIER, Paul. *O futuro do capitalismo*: enfrentando as novas inquietações. Tradução de Denise Bottmann. 1. ed. Porto Alegre: L&PM, 2019, p. 60.

[368] COLLIER, Paul. *O futuro do capitalismo*: enfrentando as novas inquietações. Tradução de Denise Bottmann. 1. ed. Porto Alegre: L&PM, 2019, p. 10-19.

[369] GARCIA, Rubio. El tercer sector frente a las transformaciones del Estado de Bienestar. *Cuadernos de Trabajo Social*, v. 20, p. 275-287, 2007. Disponível em: https://revistas.ucm.es/index.php/CUTS/article/view/CUTS0707110275A/7554. Acesso em: 4 nov. 2021.

[370] COLLIER, Paul. *O futuro do capitalismo*: enfrentando as novas inquietações. Tradução de Denise Bottmann. 1. ed. Porto Alegre: L&PM, 2019, p. 5.

[371] GARCIA, Rubio. El tercer sector frente a las transformaciones del Estado de Bienestar. *Cuadernos de Trabajo Social*, v. 20, p. 275-287, 2007. Disponível em: https://revistas.ucm.es/index.php/CUTS/article/view/CUTS0707110275A/7554. Acesso em: 4 nov. 2021.

está mais presente. Esta foi substituída pela luta por sobrevivência no mercado capitalista e neoliberal.

Por conseguinte, ao perder a identidade comum e a ideia de pertencimento, prejudica-se a disposição dos favorecidos em aceitar que têm obrigações para com os menos favorecidos. Desse modo, a noção de obrigações recíprocas é tragicamente afetada. Segundo Collier, ajudar os outros leva em consideração três narrativas: a ideia de pertencimento, obrigações recíprocas e o propósito. Essas narrativas se perderam com o surgimento de profissionais qualificados *versus* menos qualificados.[372] Tal movimento pode ser vislumbrado pela diminuição da carga tributária sobre a renda e patrimônio, principalmente a partir da Teoria da Tributação Ótima,[373] em que o Estado deveria ter a participação mínima, de modo que a tributação não prejudicasse o mercado competitivo.

A adoção de políticas de intervenção mínima do Estado demonstra a quebra da identidade comum e a predominância do individualismo, os quais resultaram na atual crise política e do enfraquecimento do Estado do bem-estar-social, da social-democracia e do Estado paternalista. O egoísmo e a perda do senso de obrigação com os concidadãos podem ser notados na relutância das regiões mais ricas em pagar impostos para as regiões mais pobres.

A referida perda de identidade comum nacional traz reflexos não somente na tributação, mas também nas empresas, em que se busca o lucro e não o interesse público coletivo. Tal fato é perceptível nas decisões dos diretores-executivos que, objetivando aumentar o lucro, acabam reduzindo despesas não indispensáveis à produção, que geralmente são os investimentos em pesquisa e desenvolvimento.[374]

Como visto no capítulo anterior, para o desenvolvimento da economia do conhecimento é necessário o compartilhamento da informação e conhecimento, justamente por ser considerado um bem público. Por isso, enquanto as empresas "cortam" despesas em inovação

---

[372] COLLIER, Paul. *O futuro do capitalismo*: enfrentando as novas inquietações. Tradução de Denise Bottmann. 1. ed. Porto Alegre: L&PM, 2019, p. 63.

[373] Pela Teoria da Tributação Ótima, o sistema tributário deveria ser o mais neutro possível. E isso significa que deveria ensejar o mínimo possível de distorções econômicas e comportamentais, maximizando o bem-estar da sociedade, por meio da ponderação entre os ganhos derivados de uma melhor distribuição de renda e das perdas decorrentes do impacto negativo dos impostos. GOBETTI, Sérgio Wulff. Tributação do Capital no Brasil e no mundo. Texto para discussão. *Instituto de Pesquisa Econômica Aplicada*. Brasília: Rio de Janeiro: Ipea, 1990, p. 14.

[374] COLLIER, Paul. *O futuro do capitalismo*: enfrentando as novas inquietações. Tradução de Denise Bottmann. 1. ed. Porto Alegre: L&PM, 2019, p. 88-96.

e desenvolvimento, prejudicam o interesse público coletivo, resultado pela busca individual ao lucro e poder, impulsionado pelo capitalismo.

Neste viés, o capitalismo gerou novas inquietações, justamente por não conseguir resolver os problemas da sociedade e obter o equilíbrio social. Logo, os Estados necessitam corrigir essas falhas. Porém, para isso, precisam reconhecer suas obrigações éticas de corrigir estes novos problemas e removê-los o mais rápido possível. Os Estados podem reforçar as obrigações recíprocas e persuadir ao povo a assumir novas.[375]

Por tudo isso, Collier explica que a crise do Estado pela perda da identidade comum também pode ser considerada consequência do capitalismo e do avanço da globalização, como o surgimento das tecnologias em rede e da economia digital. Todavia, o autor não defende o fim do capitalismo, pelo contrário, afirma que "para funcionar para todos, o capitalismo precisa ser regido de uma forma que traga não só produtividade, mas também um propósito. [...] Ele precisa ser reformado."[376]

Dessa forma, percebe-se que a economia e o Estado falharam e tal fato transcende o mundo econômico e político: está impactando a sociedade e a identidade. Conforme alerta Stiglitz, "[...] uma economia e um Estado desequilibrados, egoístas e míopes geram indivíduos desequilibrados, egoístas e míopes, o que reforça as fragilidades do nosso sistema econômico e político."[377]

Conforme será abordado no próximo tópico, não somente a perda de identidade reflete na crise estatal e política, mas a economia e a globalização também contribuíram para tal panorama e para o surgimento do sentimento de desconfiança e incredibilidade em relação ao Estado, governo, política e a própria democracia.

3.1.2 A globalização na sociedade do conhecimento: impactos à crise estatal

A perda da identidade comum é nítida na atual sociedade e enfraqueceu o poder do Estado, justamente por não ser mais importante

---

[375] COLLIER, Paul. *O futuro do capitalismo*: enfrentando as novas inquietações. Tradução de Denise Bottmann. 1. ed. Porto Alegre: L&PM, 2019, p. 56.
[376] COLLIER, Paul. *O futuro do capitalismo*: enfrentando as novas inquietações. Tradução de Denise Bottmann. 1. ed. Porto Alegre: L&PM, 2019, p. 21.
[377] Texto original: "[...] una economia y un Estado desequilibrados, egoístas y miopes generan indivíduos desequilibrados, egoístas y miopes, lo que refuerza las debilidades de nuestro sistema económico y político." STIGLITZ, Joseph E. *Capitalismo progressista*: la respuesta a la era del malestar. Tradución Jaime Collyer. Barcelona: Taurus, 2019, p. 37.

o interesse coletivo, prevalecendo a individualidade e a busca pelo lucro e poder. Aliado a isso, as políticas neoliberais e a globalização fortaleceram esse sentimento individual e não modificaram só a economia, mas também a sociedade como um todo. O Estado perdeu importância para o desenvolvimento da economia e a sociedade deparou-se com o aumento desenfreado da desigualdade, como visto no primeiro capítulo.

Em vista disso, para compreender a crise estatal, faz-se necessário novamente abordar a globalização, mas agora com um viés voltado aos seus efeitos ao Estado e do seu poder perante a população. Busca-se, assim, refletir como o poder estatal perdeu credibilidade na medida em que a globalização se fortalecia entre as nações, a fim de analisar se realmente é necessário um papel estatal mais ativo para a concretização do bem comum.

Pois bem, a dita globalização é considerada um dos elementos centrais da ideologia liberal-burguesa e do capitalismo financeiro, especulativo e neotecnológico, nas palavras de Alfonso Orti.[378] Esse fenômeno seria a última fase de um processo de mundialização – começado há vários séculos – intensificando-se com o modo de produção capitalista e do modelo de estado-nação.[379]

Carles Ramió descreve que a globalização, de fato, não é um fenômeno novo. Entre 1870 e 1914, o comercio internacional de bens e serviços era tão livre quanto atualmente. Como por exemplo, em 1900, se haviam produzido grandes inovações no transporte e comunicações, que facilitaram o desenvolvimento da globalização, conforme visto no capítulo anterior sobre as fases da Revolução Industrial. Todavia, nos anos de 1980, a revolução neoliberal impulsionou a globalização por meio da desregulação sobre o comércio internacional e do fluxo de capitais, instaurando um único sistema econômico, político, cultural e comunicacional em todo o globo.[380]

Ocorre que esse sistema exclui parte da humanidade do regime da atividade capitalista, em que não se tem acesso à formalização do trabalho, salários mais elevados, proteção laboral e seguridade social.

---

[378] ORTI, Alfonso. De la dualización a la democratización del trabajo. *Éxodo*, n. 22, p. 40-46, Madrid, 1996.

[379] MORENO, Isidoro. Mundialización, globalización y nacionalismos: la quebra del modelo de estado-nación. *In:* ATIENZA, Javier Corcuera. *Los nacionalismos:* globalización y crisis del estado-nación. Madrid: Consejo General Del Poder Judicial, 1999, p. 17.

[380] RAMIÓ, Carles. *La Administración pública del futuro (Horizontes 2050).* Instituciones, política, mercado y sociedad de la innovación. Madri: Editorial Tecnos, 2017, p. 53-54.

Tais direitos são relativizados em detrimento da acumulação de capital e poder de uma minoria.[381]

O trabalho e o salários são afetados na era da globalização, principalmente os dos trabalhadores não qualificados. Isto ocorre porque o mercado nacional tem a possibilidade de importar mercadorias produzidas com mão de obra mais barata, com o custo inferior, reduzindo a produção destes produtos nacionalmente. Assim, os trabalhadores não qualificados ou perdem seus empregos ou são obrigados a receber salários mais baixos. Nas palavras de Stiglitz:

> Para que haja emprego, os salários desses trabalhadores – ajustados pela inflação – devem cair. E se eles não caírem o suficiente, o desemprego aumenta. Qualquer um que confie na lei da oferta e da demanda deve entender por que a globalização (na ausência de programas governamentais para mitigar seus efeitos) prejudica os trabalhadores não qualificados. (Tradução livre)[382]

Em vista disso, a exclusão produzida pelo sistema capitalista e globalizado possui várias dimensões. No plano econômico, significa a incapacidade de acesso a um emprego remunerado formal, que garanta as necessidades básicas. Na área política, a exclusão implica a falta de acesso a fontes de poder e de participação das decisões. E em âmbito social, a exclusão reflete na perda de respeitabilidade e dignidade. Em suma, é negação de acesso ao direito de inclusão a diversos setores da vida pública, econômica, cultural, social e política.[383]

Dessa forma, os interesses econômicos de uma minoria provocam a exclusão de parte da população a estes setores. Consequentemente, o poder e a acumulação dessa minoria estão aumentando muito, a- ponto de influenciar nas decisões políticas, econômicas e sociais do Estado. Logo, a exclusão de direitos do cidadão fica ainda mais evidente, refletindo na crise do estado nação, por não conseguir cumprir – de forma eficaz – os objetivos constitucionais perante a população.[384]

---

[381] GIRALDO, Pedro Chaves; CAMPO, Carlos Prieto Del; GALLEGOS, René Ramírez. *Crisis del capitalismo neoliberal, poder constituyente y democracia real*. Madrid: Traficantes de Sueños, 2013, p. 71.

[382] STIGLITZ, Joseph E. *Capitalismo progressista*: la respuesta a la era del malestar. Tradución Jaime Collyer. Barcelona: Taurus, 2019, p. 125.

[383] GIRALDO, Pedro Chaves; CAMPO, Carlos Prieto Del; GALLEGOS, René Ramírez. *Crisis del capitalismo neoliberal, poder constituyente y democracia real*. Madrid: Traficantes de Sueños, 2013, p. 63.

[384] GIRALDO, Pedro Chaves; CAMPO, Carlos Prieto Del; GALLEGOS, René Ramírez. *Crisis del capitalismo neoliberal, poder constituyente y democracia real*. Madrid: Traficantes de Sueños, 2013, p. 63-64.

Não bastasse isso, a globalização também reflete na diminuição de impostos em relação à grandes corporações e empresas, a fim de atraí-las ao seu território nacional. O efeito é uma bola de neve, pois, ao conseguir a referida redução, estas empresas comunicam a outros países, com a intenção de baixar ainda mais os impostos.[385] Ou seja, os Estados diminuem os impostos, perdem receitas que seriam destinadas à população e os trabalhadores têm seus empregos/salários afetados, tudo isso sob a promessa de crescimento econômico e social.

Por óbvio, as promessas das elites econômicas, de que a redução de impostos, a globalização e a liberalização do mercado conduziriam a um crescimento mais rápido e estável, beneficiando a todos, falharam. Há uma enorme discrepância do que foi prometido e a realidade. Expectativas não atendidas geram insatisfação popular, inclusive perante o Estado, que não consegue resolver todos os problemas sociais-econômicos atuais.[386]

Neste diapasão, a ideia de Estado como nação encontra-se em retrocesso, colocando em dúvida a visão tradicional de Estado e sua relação com seus cidadãos. Em vista disso, Álvaro Sanchez explica que tal crise pode ser causa de dois fatos. O primeiro está relacionado com as atuais transformações dos sistemas econômicos globais, que estagnaram o Estado de Bem-Estar Social, frente à universalização dos mercados mundiais. O segundo fato comporta os diversos ataques e ideologias proferidas por setores políticos, econômicos e sociais contra o Estado, afirmando a sua incapacidade de resolver os problemas do globo.[387]

A ideia de crise do Estado de Bem-Estar se expandiu pelo globo, perdendo cada vez mais a sua capacidade de cumprir a sua função de redistribuidor de renda, de garantidor de direitos e pacificador social. Assim, na nova era econômica o Estado acaba se submetendo

---

[385] Texto original: "Para que haya empleo, los salarios de esos trabajadores – reajustados según la inflación – debe descender. Y si no bajan lo suficiente, el desemplo aumenta. Cualquier que confíe en la ley de la oferta y la demanda debería entender por qué a globalización (em ausencia de programas gubernamentales que atenúen sus efectos) prejudica a los trabajadores no cualificados." STIGLITZ, Joseph E. *Capitalismo progressista*: la respuesta a la era del malestar. Tradución Jaime Collyer. Barcelona: Taurus, 2019, p. 129.

[386] STIGLITZ, Joseph E. *Capitalismo progressista*: la respuesta a la era del malestar. Tradución Jaime Collyer. Barcelona: Taurus, 2019, p. 53-54.

[387] SÁNCHEZ BRAVO, Álvaro. Prognosis Marxista sobre globalización y la crisis del estado: la necesidad de la revolución. *In*: SÁNCHEZ BRAVO, Álvaro; ARAUJO, Thiago Luiz Rigon de; MENUZZI, Jean Mauro. *Crise e transformações do estado*: apontamentos e perspectivas. Erechim: Deviant, 2018, p. 15.

a programas de ajustes e controle de déficit de impostos em favor das organizações internacionais financeiras e dos oligopólios mundiais.[388]

O Estado vai diminuindo o seu poder de regular os processos econômicos e a criação de emprego. Na realidade, a própria crise do Estado de Bem-Estar é a crise do Estado nacional e de suas instituições democráticas.[389] É dizer que a crise do Estado contemporâneo comporta dois tipos de elementos: o primeiro é exógeno e deriva das mudanças no âmbito econômico, político e social; e o segundo refere-se ao elemento de ordem interna (endógeno), que se relaciona com a crise interna. Logo, a crise do Estado também guarda relação com a própria crise da Administração Pública e do Estado-nação.[390]

É cada vez mais comum os discursos apolíticos entre a população e o crescimento do sentimento de desconfiança em relação a política institucionalizada. Isto porque a sociedade, com as novas transformações econômicas e tecnológicas, busca alternativas para sobreviver ante a ineficiência do Estado. A economia do conhecimento e a colaborativa, com os seus novos produtos e serviços se mostram mais adequados e confiantes perante o cidadão.[391]

O mercado mundial tem afirmado que se autorregula por meio de suas instituições, e que isto basta para o desenvolvimento econômico e equilíbrio social, não necessitando de intervenções políticas e estatais. Em vista disso, os Estados estão perdendo o monopólio de elaboração do discurso político e social diante do empoderamento da sociedade da internet.[392]

Tanto o Estado como a Administração Pública se deparam com os seguintes problemas, elencados por Ramió: o Estado proporciona alguns serviços, mas não possui poder de decisão e controle; se converte em Estado neoliberal, pois permite a liberdade de movimento e delega a setores privados a maioria de suas responsabilidades; a incidência do global sobre o local gera um efeito paralisante sobre a administração,

---

[388] SÁNCHEZ BRAVO, Álvaro. Prognosis Marxista sobre globalización y la crisis del estado: la necesidad de la revolución. In: SÁNCHEZ BRAVO, Álvaro; ARAUJO, Thiago Luiz Rigon de; MENUZZI, Jean Mauro. *Crise e transformações do estado*: apontamentos e perspectivas. Erechim: Deviant, 2018, p. 16.

[389] SOTELO, I. Globalización y crisis de Estado Social. *El País*. 21 dez. 1998.

[390] RAMIÓ, Carles. *La Administración pública del futuro (Horizontes 2050)*. Instituciones, política, mercado y sociedad de la innovación. Madri: Editorial Tecnos, 2017, p. 92.

[391] RAMIÓ, Carles. *La Administración pública del futuro (Horizontes 2050)*. Instituciones, política, mercado y sociedad de la innovación. Madri: Editorial Tecnos, 2017, p. 92.

[392] RAMIÓ, Carles. *La Administración pública del futuro (Horizontes 2050)*. Instituciones, política, mercado y sociedad de la innovación. Madri: Editorial Tecnos, 2017, p. 67.

que comporta relações rotineiras e cada vez menos capaz de resolver problemas mundiais.[393]

Com este panorama, a crise do estado resulta na privatização e desqualificação do serviço público, como na educação superior e, parcialmente, na educação primária e secundária, debilitando as organizações sindicais, reduzindo salários, distanciando os ganhos de capital entre o empregado e empregador e transformando o capital público em privado.[394] Logo, afeta diretamente a população mais carente e o poder do Estado-nação em prover direitos básicos à população.[395]

Conforme explica Carles Ramió, os efeitos da globalização, apesar de ser um processo incentivado pelos Estado durante os últimos 70 anos, têm gerado uma assimetria em favor dos mercados – como as grandes multinacionais e oligopólios mundiais – em detrimento das instituições públicas. Assim, as empresas vêm ganhando cada vez mais destaque e poder, enquanto os Estados vão diminuindo.[396]

Consequentemente, com o avanço da "mundialização" do mercado e do empoderamento de organismos privados internacionais, se impõem condições para que o Estado possa participar do comércio mundial, redistribuindo a riqueza conforme os critérios de geoinfluência e não de redistribuição humanitária. Em outras palavras, para a realização dos processos de produção geralmente são escolhidos países que possuem baixas exigências laborais e salários reduzidos. Obviamente, quem paga o preço dessa crise estatal é a população.[397]

Tudo isso reflete também na perda de identidade comum entre os cidadãos, visto que o mercado globalizado dissemina a ideia de hegemonização, excluindo da zona de poder tudo que for diferente.

---

[393] RAMIÓ, Carles. *La Administración pública del futuro (Horizontes 2050)*. Instituciones, política, mercado y sociedade de la innovación. Madri: Editorial Tecnos, 2017, p. 92-93.
[394] SÁNCHEZ BRAVO, Álvaro. Prognosis Marxista sobre globalización y la crisis del estado: la necesidad de la revolución. In: SÁNCHEZ BRAVO, Álvaro; ARAUJO, Thiago Luiz Rigon de; MENUZZI, Jean Mauro. *Crise e transformações do estado*: apontamentos e perspectivas. Erechim: Deviant, 2018, p. 19.
[395] MORENO, Isidoro. Mundialización, globalización y nacionalismos: la quebra del modelo de estado-nación. In: ATIENZA, Javier Corcuera. *Los nacionalismos*: globalización y crisis del estado-nación. Madrid: Consejo General Del Poder Judicial, 1999, p. 23-24.
[396] RAMIÓ, Carles. *La Administración pública del futuro (Horizontes 2050)*. Instituciones, política, mercado y sociedade de la innovación. Madri: Editorial Tecnos, 2017, p. 57.
[397] SÁNCHEZ BRAVO, Álvaro. Prognosis Marxista sobre globalización y la crisis del estado: la necesidad de la revolución. In: SÁNCHEZ BRAVO, Álvaro; ARAUJO, Thiago Luiz Rigon de; MENUZZI, Jean Mauro. *Crise e transformações do estado*: apontamentos e perspectivas. Erechim: Deviant, 2018, p. 18.

A internet e suas redes sociais, como ressaltado no capítulo anterior, produzem uma cultura padrão. Assim, a sociedade da informação e conhecimento acaba perdendo sua identidade cultural, própria de sua região ou Estado, em detrimento dos costumes de organização e culturas dominantes.[398]

A sociedade global de conhecimento deve ser entendida como a sociedade mundial que compartilha conhecimento e que não fique restrita a uma elite. Deve unir os povos para resolver problemas comuns e não impor modelos de conduta ou de pensamentos. Assim, a perda de identidade comum também reflete no agravamento da crise do Estado de Bem-Estar e na sua falta de credibilidade como garantidor e redistribuidor de renda e riqueza.[399]

A crise do Estado também causa impactos no princípio de soberania, pois atualmente está se vivendo um processo de transnacionalização e interdependência em todas as ordens da vida social, econômica, cultural e política, sendo cada vez mais difícil distinguir as instituições privadas e públicas, ou entre sociedade civil e Estado.[400]

A quebra do princípio de soberania produz consequência no âmbito do poder estatal, em que o Estado-nação já não é mais o único que agente internacional que negocia questões políticas, isto é, a ação coletiva cada vez mais está distante das mãos estatais. Logo, o papel de garantidor também está sendo prejudicado.[401]

Todavia, a interdependência, a livre circulação dos fatores de produção, o intercâmbio econômico igualitário e a autorregulação de desequilíbrios devem ser democráticos e, para isso, possuir o controle político dos Estados-nações. Conforme Touraine afirma:

---

[398] SÁNCHEZ BRAVO, Álvaro. Prognosis Marxista sobre globalización y la crisis del estado: la necesidad de la revolución. *In:* SÁNCHEZ BRAVO, Álvaro; ARAUJO, Thiago Luiz Rigon de; MENUZZI, Jean Mauro. *Crise e transformações do estado*: apontamentos e perspectivas. Erechim: Deviant, 2018, p. 24-25.

[399] SÁNCHEZ BRAVO, Álvaro. Prognosis Marxista sobre globalización y la crisis del estado: la necesidad de la revolución. *In:* SÁNCHEZ BRAVO, Álvaro; ARAUJO, Thiago Luiz Rigon de; MENUZZI, Jean Mauro. *Crise e transformações do estado*: apontamentos e perspectivas. Erechim: Deviant, 2018, 2018, p. 22-25.

[400] BERECIARTU, Gurutz Jáuregui. Globalización y crisis del estado-nación: soberanía y autodeterminación en la perspectiva del siglo XXI. *In:* ATIENZA, Javier Corcuera. *Los nacionalismos*: globalización y crisis del estado-nación. Madrid: Consejo General Del Poder Judicial, 1999, p. 178.

[401] BERECIARTU, Gurutz Jáuregui. Globalización y crisis del estado-nación: soberanía y autodeterminación en la perspectiva del siglo XXI. *In:* ATIENZA, Javier Corcuera. *Los nacionalismos*: globalización y crisis del estado-nación. Madrid: Consejo General Del Poder Judicial, 1999, p. 179.

Verificar o aumento das trocas globais, o papel das novas tecnologias e a multipolarização do sistema produtivo é uma coisa; Dizer que constitui um sistema mundial auto-regulado e, portanto, que a economia escapa e deve escapar aos controles políticos, é outra coisa bem diferente. (Tradução livre)[402]

A economia capitalista, apesar de estar elevando o poder econômico de uma elite, não está resolvendo os problemas da sociedade. Contemporaneamente, o modelo capitalista mostra sua impotência para digerir a revolução da informação tecnológica e do conhecimento, visto que rompe seus princípios fundamentais de desenvolvimento e equilíbrio social-econômico. Como visto no primeiro capítulo, a desigualdade cresceu consideravelmente nos últimos anos. Nos países ricos, por exemplo, houve um aumento significativo no patrimônio pessoal, de 200-300% em 1970 para 400-600% em 2010.[403]

Não bastasse isso, a crise da COVID-2019 aprofundou ainda mais a crise mundial, em que os governos se depararam com a escassez de EPIs e testes para combater o vírus, necessitando realizar empréstimos e criando um alto déficit público. Neste sentido, as tensões e desigualdades antes já vivenciadas, intensificaram-se com a perda de empregos, refletindo na desconfiança no governo, na política e na democracia.[404]

As empresas, por outro lado, necessitaram de empréstimos governamentais e auxílios para se manterem, afetando o governo e seu gasto público. Neste viés, Mazzucato explica que as empresas se autofinanciam com a compra de ações ao invés de investir em produção. Tudo para manter suas ações com um valor alto. O resultado disso é a falta de investimento em inovação e produção, o que prejudicou o combate à COVID-2019.[405]

---

[402] Texto original: "Constatar el aumento de los intercâmbios mundiales, el papel de las nuevas tecnologias y las multipolarización del sistema de producción es uma cosa; decir qie constituye un sistema mundial autoregulado y, por tanto, que la economía escapa y debe escapar a los controles políticos, es outra muy distinta." TOURAINE, Alain. La globabalización como ideologia. *El país*, 29 set. 1996, p. 17.

[403] MAZZUCATO, Mariana. *Misión economía*: una carrera espacial para cambiar el capitalismo. Traducción de Ramón Gonzáles Férriz y Marta Valdivieso Rodríguez. Taurus: Barcelona, 2021, p. 28-29.

[404] MAZZUCATO, Mariana. *Misión economía*: una carrera espacial para cambiar el capitalismo. Traducción de Ramón Gonzáles Férriz y Marta Valdivieso Rodríguez. Taurus: Barcelona, 2021, p. 29.

[405] MAZZUCATO, Mariana. *Misión economía*: una carrera espacial para cambiar el capitalismo. Traducción de Ramón Gonzáles Férriz y Marta Valdivieso Rodríguez. Taurus: Barcelona, 2021, p. 28-30.

Para a economista Mazzucato, o capitalismo encontra-se em crise devido a quatro problemas centrais: 1) as empresas estão se autofinanciando com a compra de ações; 2) as empresas estão centrando nos benefícios trimestrais, como os auxílios governamentais; 3) o planeta está aquecendo e os combustíveis fósseis ainda são a principal fonte de energia, as empresas emitem significativas proporções de carbono e tanto as elas como os governos estão apoiando esta disfuncionalidade; e 4) os governos estão tentando consertar e não liderar.[406]

Quanto a este último problema, a ideologia do capitalismo atual apoia o seu funcionamento no mercado, juntamente com a ideia de que os indivíduos devem perseguir seus próprios interesses. Ao governo resta corrigir as externalidades, como a investigação básica e a poluição.[407]

O resultado desta postura do capitalismo são os atuais problemas mundiais, que vão desde a poluição e aquecimento global até a severa desigualdade de renda e pobreza da população. A crise do capitalismo necessita ser combatida, pois ela gera a crise do Estado, da política e da própria concepção de democracia representativa.[408]

A crise política, ou melhor dizendo, a crise dos partidos políticos é nítida nas democracias representativas, visto que as atuais preocupações dos cidadãos são temas interconexos e que não pertencem a nenhum partido político tradicional. Os tempos mudaram, mas certas ideologias partidárias continuam as mesmas, dificultando que o cidadão se identifique com a política convencional na hora de votar ou que queira fazer parte desta política. Com isso, a população tem uma participação cada vez menor nas eleições, optam por candidatos populares por conta de sua imagem e não por sua política e não se sentem representados por governantes, que planejam políticas pública com base em interesses privados.[409]

O sufrágio universal, na democracia representativa, é uma forma indireta de participação política, em que o cidadão escolhe

---

[406] MAZZUCATO, Mariana. *Misión economía*: una carrera espacial para cambiar el capitalismo. Traducción de Ramón Gonzáles Férriz y Marta Valdivieso Rodríguez. Taurus: Barcelona, 2021, p. 31-35.

[407] MAZZUCATO, Mariana. *Misión economía*: una carrera espacial para cambiar el capitalismo. Traducción de Ramón Gonzáles Férriz y Marta Valdivieso Rodríguez. Taurus: Barcelona, 2021, p. 36.

[408] RAMIÓ, Carles. *La Administración pública del futuro (Horizontes 2050)*. Instituciones, política, mercado y sociedade de la innovación. Madri: Editorial Tecnos, 2017p. 70.

[409] RAMIÓ, Carles. *La Administración pública del futuro (Horizontes 2050)*. Instituciones, política, mercado y sociedade de la innovación. Madri: Editorial Tecnos, 2017, p. 107.

seus representantes políticos por meio do voto, presumindo-se que o representante vá decidir conforme a vontade do povo.[410]

Entretanto, percebe-se que essa ideia de democracia está em crise. Isso porque o político eleito sofre influências de outras áreas da sociedade, como o financeiro, mídia e elite oligárquica brasileira, havendo um distanciamento entre as reinvindicações da sociedade e do Estado e, consequentemente, diminuindo a confiança da população no processo democrático.[411]

Como afirma Bonavides, no caso do Brasil, por exemplo, não se eliminaram as oligarquias, não foi transferido ao povo o comando e negócios públicos e nem se legitimou a presença dos partidos políticos no exercício de poder.[412] Desse modo, na democracia representativa o povo se limita a escolher um representante dentre os candidatos de certos partidos políticos, inclusive alguns envolvidos em escândalos de corrupção e gestão de recursos públicos, fato esse que contribui para o aumento da desconfiança da população perante o sistema governamental.[413]

Os partidos políticos fazem coligações entre si, a fim de atingir mais espaço na exibição de suas propagandas políticas nos canais de mídia, enfraquecendo a ideia de ideologia dos partidos e de uma estrutura eficiente. Assim, os partidos acabam sendo influenciados pelas elites e grupo econômicos, tornando o sistema político instável e à deriva de manipulações, fragilizando todo o sistema da democracia representativa.[414]

---

[410] MOREIRA NETO, Diogo Figueiredo. *Direito de Participação política*: legislativa, administrativa, judicial: fundamentos e técnicas constitucionais da democracia. Imprenta: Rio de Janeiro: Renovar, 1992, p. 35.

[411] SANTOS, Graciele Mafalda dos. A (in)efetividade do controle democrático pela Administração Pública: uma abordagem a partir do caso do Conselho Estadual de Saúde do Rio Grande do Sul. 2010. 148 f. Dissertação (Mestrado em Direito) – UNISINOS, Programa de Pós-Graduação em Direito, São Leopoldo, 2010. Disponível em: http://www.repositorio.jesuita.org.br/bitstream/handle/UNISINOS/3264/inefetividade_controle.pdf?sequence=1&isAllowed=y. Acesso em: 5 out. 2021, p. 27.

[412] BONAVIDES, Paulo. *Ciência Política*. São Paulo: Malheiros, 2003.

[413] SANTOS, Graciele Mafalda dos. A (in)efetividade do controle democrático pela Administração Pública: uma abordagem a partir do caso do Conselho Estadual de Saúde do Rio Grande do Sul. 2010. 148 f. Dissertação (Mestrado em Direito) – UNISINOS, Programa de Pós-Graduação em Direito, São Leopoldo, 2010. Disponível em: http://www.repositorio.jesuita.org.br/bitstream/handle/UNISINOS/3264/inefetividade_controle.pdf?sequence=1&isAllowed=y. Acesso em: 5 out. 2021, p. 30.

[414] SANTOS, Graciele Mafalda dos. A (in)efetividade do controle democrático pela Administração Pública: uma abordagem a partir do caso do Conselho Estadual de Saúde do Rio Grande do Sul. 2010. 148 f. Dissertação (Mestrado em Direito) – UNISINOS, Programa de Pós-Graduação em Direito, São Leopoldo, 2010. Disponível em: http://www.repositorio.jesuita.org.br/bitstream/handle/UNISINOS/3264/inefetividade_controle.pdf?sequence=1&isAllowed=y. Acesso em: 5 out. 2021, p. 34.

Conforme Ramió alerta, será inevitável o surgimento de governos e líderes políticos populistas autoritários, diante desta crise política e democrática. Todavia, este quadro pode ser modificado desde que o sistema político sofra algumas modificações, como a escolha de candidatos políticos por seus méritos, tanto nas eleições, como no processo interno dos candidatos. Isto seria uma forma de impulsionar novos partidos políticos e líderes políticos mais em sintonia com a sociedade da informação e com a nova economia.[415]

Dessa forma, a democracia e os partidos políticos recuperariam a confiança perante a população, tornando o Estado mais forte. Mas somente isto não basta. Segundo o autor, também é necessário equilibrar os dois mundos (Estado e mercado), por meio de uma governança política e institucional internacional ou uma associação dos Estados em macrorregiões.[416] Em outras palavras, o Estado não deve desaparecer, mas se configurar a nova atualidade global, tornando-se um complemento e reequilibrador dos déficits do mercado, que operam tanto na economia clássica, como na economia do conhecimento.[417]

Em vista disso, o Estado deveria ter uma atuação mais ativa na economia da informação e conhecimento, visto que a internet pode ser considerada um bem público a serviço do interesse coletivo, assim como a globalização e seus efeitos. Logo, as políticas de regulação deveriam estar sob o manto das instituições públicas democráticas.[418]

Diante da incapacidade do mercado em solucionar os atuais problemas, como a crescente desigualdade de renda, o governo/estado pode colaborar com políticas públicas para estimular a sociedade de aprendizagem. Não há dúvida de que o mercado pode oferecer inovação, mas não está capacitado para gerar uma lógica coletiva de aprendizagem.[419]

Dessa forma, o governo tem um papel essencial, pois somente ele pode supervisionar uma transformação, de reformular a forma como

---

[415] RAMIÓ, Carles. *La Administración pública del futuro (Horizontes 2050)*. Instituciones, política, mercado y sociedad de la innovación. Madri: Editorial Tecnos, 2017, p. 107.
[416] RAMIÓ, Carles. La Administración pública del futuro (Horizontes 2050). Instituciones, política, mercado y sociedad de la innovación. Editorial Tecnos: Madri/España, 2017, p. 50.
[417] RAMIÓ, Carles. *La Administración pública del futuro (Horizontes 2050)*. Instituciones, política, mercado y sociedad de la innovación. Madri: Editorial Tecnos, 2017, p. 95.
[418] RAMIÓ, Carles. *La Administración pública del futuro (Horizontes 2050)*. Instituciones, política, mercado y sociedad de la innovación. Madri: Editorial Tecnos, 2017, p. 62.
[419] STIGLITZ, Joseph E.; GREENWALD, B. C. *La creación de una Sociedad del Aprendizaje*. Madrid: La Esfera de Los Libros, 2016.

se regem as atuais organizações econômicas, como se estruturam suas relações e como se relacionam seus agentes econômicos e a sociedade civil. A responsabilidade social corporativa tradicional é limitada para provocar tal transformação. O Estado e as empresas, juntos, devem modificar-se para cumprir os objetivos sociais e ambientais.[420]

Nas palavras de Mazzucato, o governo "deve transformar-se a si mesmo em uma organização inovadora, com a competência e capacidade de estimular e catalisar a economia para que esteja mais orientada a propósitos." (Tradução livre)[421] É necessário um setor privado diferente, em que o governo possa ter uma relação mais produtiva com as empresas e que possuam um propósito a longo prazo. Para superar a crise do capitalismo, é necessário modificar as relações entre governo, empresas e sociedade civil, a fim de que todos ajam juntos para o bem comum.[422]

Por isso, primeiramente o Estado deve firmar o seu papel de liderança e inovador na economia, trabalhando em favor dos objetivos da sociedade. Em vista disso, no próximo tópico, abordar-se-á como o Estado pode ser empreendedor e seus efeitos para a sociedade e à economia do conhecimento.

3.2 O papel do Estado no desenvolvimento e na inovação

O estado social e democrático se trata de uma vocação ativa e intervencionista na sociedade, por meio de procedimentos para a realização de princípios democráticos e constitucionais. Desse modo, o Estado social defende que a ordem na sociedade não é algo dado, um resultado natural, mas que necessita de eficiência e aprimoramento por meio da atuação do Estado em nível econômico e social. No âmbito econômico, por exemplo, mediante atividades interventoras em setores econômicos concretos e na área social por meio da prestação e desenvolvimento de atividades sociais.[423]

---

[420] MAZZUCATO, Mariana. *Misión economía*: una carrera espacial para cambiar el capitalismo. Traducción de Ramón Gonzáles Férriz y Marta Valdivieso Rodríguez. Taurus: Barcelona, 2021, p. 37-38.

[421] MAZZUCATO, Mariana. *Misión economía*: una carrera espacial para cambiar el capitalismo. Traducción de Ramón Gonzáles Férriz y Marta Valdivieso Rodríguez. Taurus: Barcelona, 2021, p. 39.

[422] MAZZUCATO, Mariana. *Misión economía*: una carrera espacial para cambiar el capitalismo. Traducción de Ramón Gonzáles Férriz y Marta Valdivieso Rodríguez. Taurus: Barcelona, 2021, p. 164.

[423] MARTÍN, Carlos de Cabo. *La crisis del Estado Social*. 1. ed. Barcelona: P.P.U., 1986. (Colección Apuntes sobre Constitución y Política), p. 15-19.

Como visto no tópico anterior, o Estado-nação encontra-se em crise por diversos fatores, como a perda da identidade comum, a globalização, o crescimento do poder econômico das empresas internacionais, novas tecnologias, crise do capitalismo e a incapacidade de resolver as demandas sociais e econômicas – por exemplo, a elevada desigualdade de renda mundial.

Entretanto, o papel do Estado é de suma importância para obter o equilíbrio e desenvolvimento social que a população tanto necessita, conforme verificou-se no cenário provocado pela pandemia do COVD-2019. Obviamente, a função do estado deverá modificar-se para atender as novas demandas tecnológicas na era do conhecimento, atuando juntamente com os novos setores econômicos.

Neste sentido, Collier apresenta algumas propostas à atual crise econômica e política, a fim de reforçar o papel do Estado e, consequentemente, contribuir à economia. Uma das abordagens refere-se a um aumento na representação do interesse público nos conselhos diretores das empresas, afirmando que o interesse público deve estar "no meio da sala onde se tomam as decisões", isto é, precisa ter representação nos conselhos diretores. Por intermédio de uma lei obrigatória a todos os conselhos diretores, poder-se-ia estipular uma sanção quando o interesse público é prejudicado em face de pequenos ganhos empresariais, por exemplo.[424]

Outra proposta é em relação à fiscalização do interesse público, com pessoas comuns exercendo o papel de cidadãos éticos, observando sempre o interesse público envolvido e não o seu interesse individual. Como o autor argumenta, necessária uma punição mais acentuada sobre, por exemplo, os banqueiros, empresários, diretores, executivos etc., que, imprudentemente, causam falências e prejuízos de grande vulto aos seus empregados e a população em geral, objetivando uma maior consciência e cuidado destes executivos nas tomadas de decisões e na administração de contas.[425]

Por fim, Collier defende uma mudança na tributação, não para desestimular as economias de escala, mas para transferir alguns dos ganhos para a sociedade. Afirma que a tributação com alíquotas diferenciadas por tamanho já existe, mas adverte que os novos monopólios

---

[424] COLLIER, Paul. *O futuro do capitalismo*: enfrentando as novas inquietações. Tradução de Denise Bottmann. 1. ed. Porto Alegre: L&PM, 2019, p. 108-109.

[425] COLLIER, Paul. *O futuro do capitalismo*: enfrentando as novas inquietações. Tradução de Denise Bottmann. 1. ed. Porto Alegre: L&PM, 2019, p. 112-113.

em rede, como a Amazon, beneficiam-se maciçamente com esquemas fiscais escusos, evitando a tributação de seus equivalentes terrestres. Como não é possível prever todos os efeitos da tributação, a abordagem deveria ser gradual, passo a passo, começando com modestos e novos índices tributários sobre o tamanho e avaliando as consequências.[426]

Quanto a esta última proposta, Stglitz também sustenta a necessidade de uma tributação mais progressiva e que as políticas de gastos ajudem a redistribuição de rendas. O Estado deve ser ativo, seja por meio da tributação, seja por meio da economia em si. As políticas, neste sentido, poderiam fortalecer o poder negociador dos trabalhadores, a fim de que as novas tecnologias não sejam utilizadas apenas para o aumento do poder dos oligopólios mundiais, bem como o Estado invista na pesquisa básica para que o conhecimento se reparta mais amplamente. Ora, é fundamental reconhecer o papel do governo na reestruturação da economia, tanto em seu caráter industrial, como em outros serviços.[427]

Tais propostas ressaltam a importância do Estado para a economia e a necessidade de uma atuação preponderante do interesse coletivo sobre o privado. Em vista disso, na era tecnológica, nas palavras de Stiglitz e Greenwald,[428] a tecnologia e a capacidade de aprendizagem são fundamentais ao desenvolvimento, o mercado é seu motor multiplicador e os poderes públicos (como o Estado) são os responsáveis pela conexão do desenvolvimento tecnológico e econômico com o bem-estar social. O mercado, sozinho, se mostra ineficiente para produção e disseminação do conhecimento, bem como para fomentar o interesse coletivo.[429]

O conhecimento permite o progresso e todos se beneficiam das inovações e novas tecnologias. Ele é a porta de entrada para melhorar o nível de vida da população. Por isso o conhecimento é considerado um bem público e, dessa forma, deve ser disseminado entre os cidadãos e não ficar restrito a uma elite intelectual ou empresarial. Esta é a razão para que o governo financie a pesquisa e a educação básica. O apoio

---

[426] COLLIER, Paul. *O futuro do capitalismo*: enfrentando as novas inquietações. Tradução de Denise Bottmann. 1. ed. Porto Alegre: L&PM, 2019, p. 108.

[427] STIGLITZ, Joseph E. *Capitalismo progressista*: la respuesta a la era del malestar. Tradución Jaime Collyer. Barcelona: Taurus, 2019, p. 172.

[428] STIGLITZ, Joseph E.; GREENWALD, B. C. *La creación de una Sociedad del Aprendizaje*. Madrid: La Esfera de Los Libros, 2016.

[429] STIGLITZ, Joseph E.; GREENWALD, B. C. *La creación de una Sociedad del Aprendizaje*. Madrid: La Esfera de Los Libros, 2016, p. 46.

à população e às instituições comprometidas com o interesse público refletem num bom governo.[430]

Schumpeter,[431] em sua teoria sobre inovação, afirma que os monopólios são importantes para a fomentação da inovação. Todavia, há um risco de que este conhecimento fique limitado ao poder destas empresas e impeça a constante evolução. Por exemplo, monopólios como a Microsoft são resistentes a desaparecer e possuem suficiente poder para eliminar a entrada de concorrentes, o que dificulta a inovação.[432]

Por isso, o Estado ativo, por meio da regulação e intervenção, pode produzir e distribuir conhecimento, para que aconteça uma autêntica inovação social e que a economia do conhecimento seja includente.[433] Não se está aqui afirmando que o Estado deve ser optado em detrimento do mercado, mas sim que se pode combinar as vantagens do setor público e privado. Assim, o governo e mercado, juntos, devem atuar de maneira construtiva para o bem-estar da população, conforme sustenta Stiglitz, a fim de que a economia possa ser eficiente e estável, com crescimento rápido, e assegurar que os frutos sejam repartidos equitativamente.[434]

Neste viés, o governo pode proporcionar oportunidades na educação, a fim de aumentar a capacidade e o desejo por aprendizagem; pode subministrar um sistema de proteção social para a segurança contra riscos sociais advindos de novos projetos de inovação; apoiar a investigação básica, entre outras medidas para proporcionar conhecimento e inovação.[435] Em suma, a economia do conhecimento, para seu avanço em inovação e aprendizagem social, necessita de mais Estado.[436]

E quando se fala da necessidade de uma atuação mais ativa do Estado, também se refere à Administração Pública. Apesar do sentimento de empoderamento da sociedade e de autorregulação dos mercados, a

---

[430] STIGLITZ, Joseph E. *Capitalismo progressista*: la respuesta a la era del malestar. Tradución Jaime Collyer. Barcelona: Taurus, 2019, p. 193.

[431] SCHUMPETER, J. Business Cycles: *A Theoretical, Historical and Statiscal Analysis of the Capitalist Process*. McGraw-Hill Book: New York, 1939.

[432] RAMIÓ, Carles. *La Administración pública del futuro (Horizontes 2050)*. Instituciones, política, mercado y sociedade de la innovación. Madri: Editorial Tecnos, 2017, p. 77.

[433] RAMIÓ, Carles. *La Administración pública del futuro (Horizontes 2050)*. Instituciones, política, mercado y sociedade de la innovación. Madri: Editorial Tecnos, 2017, p. 78.

[434] STIGLITZ, Joseph E. *Capitalismo progressista*: la respuesta a la era del malestar. Tradución Jaime Collyer. Barcelona: Taurus, 2019, p. 26.

[435] STIGLITZ, Joseph E.; GREENWALD, B. C. *La creación de una Sociedad del Aprendizaje*. Madrid: La Esfera de Los Libros, 2016, p. 477.

[436] RAMIÓ, Carles. *La Administración pública del futuro (Horizontes 2050)*. Instituciones, política, mercado y sociedade de la innovación. Madri: Editorial Tecnos, 2017, p. 78.

Administração Pública e suas instituições são necessárias para defender, regular e gerir o bem comum e os interesses gerais da população.[437]

As pessoas possuem tendências egoístas e são dominadas por emoções que refletem desejos de forma contrária à lógica de bem coletivo. Por isso, a Administração deve desenvolver modos mais sofisticados de participação e legitimidade social, para que aportem serviços públicos – conforme a demanda social – e prover a segurança jurídica para o desenvolvimento econômico e humano.[438]

Ademais, a Administração Pública do futuro deve atentar-se para ser reguladora. Isto impõe uma regulação econômica, de novos direitos, de novos sistemas políticos de participação, de sistemas de prestação de serviços públicos, de diversos âmbitos de convivência e ordenação do território a nível global. Tudo isso para impulsionar as instituições ao nível internacional, a fim de que se tenha um bom governo e o bem-estar social.[439]

Ressalta-se que o atual problema na economia não é o excesso de regulação, mas ao contrário: a escassez de regulação. E o motivo é óbvio: a liberdade de uma pessoa pode ser a escravidão de outra. Isto significa que nenhum país ou economia podem funcionar sem leis e regulação. Sem isso, o caminho está livre para a exploração da população e a violação de direitos básicos. O mercado regulado permite a competição justa, que os participantes sejam informados e que ninguém se aproveite do outro.[440]

Na era do conhecimento e informação, obviamente a Administração Pública deve evoluir juntamente com as novas tecnologias. Dessa forma, deve apostar na inteligência para gerir suas instituições, como sistemas de informação interno e externo. No âmbito interno, informações relativas às suas agências, organismos autônomos, empresas públicas, consórcios, entre outras. E no contexto externo, informações detalhadas sobre empresas que prestam serviços públicos. Os meios para a obtenção destas informações podem se dar nas redes sociais,

---

[437] RAMIÓ, Carles. *La Administración pública del futuro (Horizontes 2050)*. Instituciones, política, mercado y sociedade de la innovación. Madri: Editorial Tecnos, 2017, p. 136-137.
[438] RAMIÓ, Carles. *La Administración pública del futuro (Horizontes 2050)*. Instituciones, política, mercado y sociedade de la innovación. Madri: Editorial Tecnos, 2017, p. 137.
[439] RAMIÓ, Carles. *La Administración pública del futuro (Horizontes 2050)*. Instituciones, política, mercado y sociedade de la innovación. Madri: Editorial Tecnos, 2017, p. 137.
[440] STIGLITZ, Joseph E. *Capitalismo progressista*: la respuesta a la era del malestar. Tradución Jaime Collyer. Barcelona: Taurus, 2019, p. 196-198.

big data próprios e outros diversos canais para saber tudo que acontece a nível econômico, social e laboral.[441]

Desse modo, a Administração Pública precisa ser mais inteligente, para poder conhecer melhor a si mesma e suas instituições, bem como saber os problemas e déficits no entorno econômico e social. E, para ser eficaz na nova era econômica, a Administração desempenha um papel fundamental para gerar inovação econômica e social, a fim de incentivar a sociedade de aprendizagem. Para isso, deve-se investir em inovação, estabelecer sistemas de incentivo e fixar as "regras do jogo" que favoreçam a inovação em toda a sociedade.[442]

Em vista disso, a Administração Pública, ao investir em inovação e desenvolvimento, poderá fazer em duas dimensões. A primeira refere-se no incentivo à pesquisa e educação básica, como elemento fundamental para contribuir com a geração de conhecimento a longo prazo. E, por outro lado, a segunda dimensão refere-se à criação de um clima favorável para as empresas investirem em inovação e, com isso, incrementar a sua competividade. Percebe-se que a Administração possui essa dupla função na economia, tanto como criador de inovação, como incentivador/investidor.[443]

A economia do século XXI está mudada e não segue os padrões daquela do século anterior. Nesta nova economia, o Estado terá um papel muito mais ativo que nas épocas passadas, pois há muitas formas de prejudicar os indivíduos e o Estado pode limitar tais cenários. Por isso, é considerada uma das formas mais relevantes de cooperação na economia, justamente por possuir o poder coercitivo sobre os cidadãos e as instituições, que possibilita a tomada de decisões visando ao interesse coletivo.[444]

Observou-se na pandemia que o mercado pode fazer o bem, mas também o mal para a população. Pode favorecer demasiadamente os ricos e explorar os menos instruídos e carentes. Dessa forma, o Estado, atuando conjuntamente ao mercado, pode se tornar uma força poderosa

---

[441] RAMIÓ, Carles. *La Administración pública del futuro (Horizontes 2050)*. Instituciones, política, mercado y sociedade de la innovación. Madri: Editorial Tecnos, 2017, p. 155-156.

[442] RAMIÓ, Carles. *La Administración pública del futuro (Horizontes 2050)*. Instituciones, política, mercado y sociedade de la innovación. Madri: Editorial Tecnos, 2017, p. 171-172.

[443] ENCUENTRO EMPRESARIAL SOBRE EMPRESAS Y ADMINISTRACIONES PÚBLICAS. *Empresas y Administraciones Públicas*: el papel de las diferentes Administraciones em el fomento de la innovación tecnológica. Fundación COTEC para la Innovación Tecnológica. Madrid, España, 2002, p. 14.

[444] STIGLITZ, Joseph E. *Capitalismo progressista*: la respuesta a la era del malestar. Tradución Jaime Collyer. Barcelona: Taurus, 2019, p. 209-210.

para o bem comum e recuperar, com isso, a confiança na democracia e na sua soberania. E, neste sentido, a autora Mariana Mazzucato entende o papel do Estado na economia, como refletiremos no próximo tópico.

3.2.1 O Estado empreendedor a partir de Mariana Mazzucato

A obra intitulada *O Estado empreendedor*, de Mariana Mazzucato, busca demonstrar o papel histórico do Estado na economia e o seu papel, de fato, empreendedor e inovador. Dessa forma, o Estado não cumpre apenas a função de administrador e regulador do processo de criação riqueza, mas também é um ator dentro deste processo e, muito além, está disposto assumir riscos que as empresas privadas não estão dispostas a enfrentar. Os exemplos trazidos na obra nos remetem aos investimentos e criação de novos mercados e setores, como a internet, nanotecnologia, biotecnologia e energia limpa.[445]

A autora contrapõe-se a visão de que o Estado deve sair da frente (desregulamentar), diminuir (privatizar-se) e deixar seguir (liberalizar). Tal posição pode ser verificada em diversos artigos e reportagens, considerando que o Estado deveria se "ater ao básico", como o financiamento da educação e pesquisa, deixando o resto para os "revolucionários", isto é, os empresários. Inclusive, pode ser citado o conservador Instituto Adam Smith, o qual argumenta que o número de agências reguladoras do Reino Unido deveria ser reduzido para permitir que a economia britânica experimentasse uma explosão de inovação e crescimento.[446]

Mazzucato explica que o Estado tem papel estratégico na formação da economia do conhecimento, devendo assumir o comando sobre atividades não realizadas por outros agentes econômicos (ampliando a intervenção anticíclica keynesiana), tarefa que requer uma capacidade visionária por parte do Estado, associada a uma intencionalidade de implementação de estratégias, bem como de habilidades burocrático-administrativas e de conhecimento específico sobre tecnologias e setores.[447]

---

[445] MAZZUCATO, Mariana. *El Estado empreendedor*: mitos del sector público frente al privado. Tradución Javier Sanjulián y Anna Solé. Barcelona: RBA, 2019, p. 32.
[446] MAZZUCATO, Mariana. *O Estado empreendedor*: desmascarando o mito do setor público *vs.* setor privado. Tradução de Elvira Serapicos. 1. ed. São Paulo: Portfolio-Penguin, 2014, p. 43.
[447] COSTA, Janaina Oliveira Pamplona da; MENDONÇA, Sandro; CAMPOS, André Sica de. Resenha The Entrepreneurial State: debunking public *vs.* private sector myths. *Rev. Bras. Inov.*, Campinas, v. 14, n. esp., p. 203-208, jul. 2015.

Por isso, a economista defende que o Estado deve liderar e não somente se limitar a corrigir as falhas de mercado e regulá-lo, como erroneamente é afirmado como sendo o único papel do Estado. A função estatal vai muito além, deve criar e moldar ativamente os novos mercados. Como exemplo, pode-se citar as empresas verdes, como a SolarCity, Telas e SpaceX, que, em conjunto, se beneficiam de 4.900 milhões de dólares e apoio governamental, além das isenções e reembolso aos consumidores que adquirem tais tecnologias, como painéis solares e veículos elétricos.[448]

Esse investimento estatal permite que as novas tecnologias sejam incentivadas e expandam a sua produção, que, sem o apoio estatal, as empresas privadas não o fariam. O Estado, conforme explica Karl Polanyi,[449] é quem permitiu o mercado capitalista desde o seu início. Para o autor, a autorregulação do mercado é um mito, pois foi o Estado quem criou as condições para a formação de uma economia de mercado. O Estado, na concepção do autor, é mais capitalista que todos os mercados e o capitalismo está fortemente ligado ao Estado desde o primeiro dia.[450]

Para o autor, a economia capitalista está subordinada ao Estado e, por isso, considera falsa a afirmação de que os mercados governam o mundo. Os políticos devem aprender a gerir o Estado de forma eficiente e utilizar suas ferramentas para criar mercados e empreender.[451]

E, na medida em que o capitalismo vai se modificando, o Estado também apresenta novos rumos. Desse modo, a inovação se tornou algo essencial na nova economia para o crescimento econômico de um país. Ao perceber tal fato, os governos investiram em tecnologia e capital humano para fomentar ainda mais o crescimento. Na inovação, o Estado não só financia empresas, como também a dinamiza, criando a visão, o objetivo específico e o plano.[452]

---

[448] MAZZUCATO, Mariana. *El Estado emprendedor:* mitos del sector público frente al privado. Tradución Javier Sanjulían y Anna Solé. Barcelona: RBA, 2019, p. 36.
[449] POLANYI, Karl (1944). *The great transformation*: the political and economic origins of our time. Boston, Beacon, 2001.
[450] POLANYI, Karl. *La gran transformación*: crítica del liberalismo económico. La Piqueta: Madrid, 1989, p. 205.
[451] MAZZUCATO, Mariana. *El Estado emprendedor:* mitos del sector público frente al privado. Tradución Javier Sanjulían y Anna Solé. Barcelona: RBA, 2019, p. 324.
[452] MAZZUCATO, Mariana. *El Estado emprendedor:* mitos del sector público frente al privado. Tradución Javier Sanjulían y Anna Solé. Barcelona: RBA, 2019, p. 49.

Os estudos demonstram que o valor de mercado das empresas é mensurado com base nos resultados da inovação, os quais são medidos por meio do investimento em inovação e desenvolvimento e número de patentes.[453] Logo, o Estado passa a financiar e criar uma nova economia da inovação, justamente por objetivar o crescimento econômico da sociedade.

Por isso, conforme Mazzucato explica, o papel do Estado não consiste apenas em criar conhecimento, por meio de laboratórios e universidades, mas também em mobilizar recursos para que o conhecimento e inovação se difundam na sociedade e em todos os setores da economia, inclusive no processo de desenvolvimento industrial. Portanto, o Estado faz muito mais que regular e corrigir as falhas de mercado, ele é o responsável pela inovação e investimento privado na nova economia, como será abordado detalhadamente nos próximos itens.[454]

3.2.1.1 O papel do Estado na inovação

Uma das premissas da referida obra é a inovação e sua importância para o desenvolvimento da economia. Neste aspecto, o Estado deixa de ser apenas um instrumento para corrigir as falhas do mercado, mas se torna também um importante mecanismo de investimento privado, definindo e executando um planejamento coerente. "É o Estado, agindo como principal investidor e catalisador, que desperta toda a rede para a ação e difusão do conhecimento. O Estado pode e age como criador, não como mero facilitador da economia do conhecimento."[455]

É a intervenção do Estado que dinamiza a capacidade e a disposição do empresariado, criando os espaços e as perspectivas de investimento e mercado. Setores já consolidados e outros ainda emergentes, como os de tecnologia da informação e comunicação, farmacologia, biotecnologia, nanotecnologia e tecnologias verdes, tiveram o Estado na liderança dos processos, incentivando a participação de atores econômicos e científicos, tanto em relação ao desenvolvimento das tecnologias

---

[453] MAZZUCATO, Mariana. *El Estado empreendedor:* mitos del sector público frente al privado. Tradución Javier Sanjulián y Anna Solé. Barcelona: RBA, 2019, p. 89.
[454] MAZZUCATO, Mariana. *El Estado empreendedor:* mitos del sector público frente al privado. Tradución Javier Sanjulián y Anna Solé. Barcelona: RBA, 2019, p. 36-37.
[455] MAZZUCATO, Mariana. *O Estado empreendedor:* desmascarando o mito do setor público *vs.* setor privado. Tradução de Elvira Serapicos. 1. ed. São Paulo: Portfolio-Penguin, 2014, p. 48.

quanto na formação de empresas e criação das oportunidades e condições de mercado.[456]

> A descoberta da internet ou o surgimento da indústria da nanotecnologia não ocorreram porque o setor privado queria algo, mas não conseguia encontrar os recursos para investir. Elas aconteceram devido à visão que o governo tinha de uma área que ainda não havia sido sondada pelo setor privado. Mesmo depois da introdução dessas novas tecnologias pelo governo, o setor privado continuou a mostrar muito receio de investir. O governo precisou inclusive apoiar a comercialização da internet. E passaram-se anos até que os investidores capitalistas começassem a financiar empresas de biotecnologia e nanotecnologia. Foi o Estado – nesse e em tantos outros casos – que demonstrou ter um "espírito animal" mais agressivo.[457]

A questão não é negar a existência do empreendedorismo no setor privado, mas contar a história sobre a formação de mercados em sua integridade, especialmente no que diz respeito à economia do conhecimento, o que leva a considerar o papel condutor do Estado neste processo.

A atual estratégia Europa 2020[458] estabelece como meta atingir 3% do PIB da EU, com base no investimento de Inovação e desenvolvimento e outras políticas que visam fomentar o conhecimento, tanto nas universidades como nas empresas, com uma conexão entre mercado financeiro e empresas inovadoras.[459]

Todavia, a autora, juntamente com Schmidt[460], ressalta que não basta investimento em empresas com esperança de crescimento. É necessário investir nas empresas que demonstrem objetivamente a

---

[456] COSTA, Janaina Oliveira Pamplona da; MENDONÇA, Sandro; CAMPOS, André Sica de. Resenha The Entrepreneurial State: debunking public *vs.* private sector miths. *Rev. Bras. Inov.*, Campinas, v. 14, n. esp., p. 203-208, jul. 2015.

[457] MAZZUCATO, Mariana. *O Estado empreendedor*: desmascarando o mito do setor público *vs.* setor privado. Tradução de Elvira Serapicos. 1. ed. São Paulo: Portfolio-Penguin, 2014, p. 49-50.

[458] COMISIÓN EUROPEA – CE. *Europa 2020*: una estrategia para un crescimiento inteligente, sostenible e integrador. Disponível em: http://ec.europa.eu/commission_2010-2014/presidente/News/documents/pdf/20100303_1_es.pdf. Acesso em: 13 nov. 2021.

[459] MAZZUCATO, Mariana. *El Estado empreendedor*: mitos del sector público frente al privado. Traducíon Javier Sanjulían y Anna Solé. Barcelona: RBA, 2019, p. 99.

[460] SCHMIDT, H. D. D. You cannot buy Innovation. *Asymco*, 30 enero 2012. Disponível em: http://www.asymco.com/2021/01/30/you-cannot-buy-innovation/?utm_source=feedburner&utm_medium-feed&utm_campaign-Feed%3A+Asymco-%about28asymco%29 . Acesso em: 13 out. 2021.

ambição de crescer, pois, diante dos limitados recursos públicos, há que avaliar quais as empresas que realmente possam contribuir para o mercado e a industrialização do país.[461]

A inovação é necessária para que o novo conhecimento possa se difundir paralela e conjuntamente à economia, requerendo uma maior conexão entre as empresas, instituições financeiras, de investigação e educação, fundos públicos e instituições intermediárias. Assim, percebe-se historicamente que as empresas privadas evitam o risco, sendo o Estado responsável pela assunção destes riscos e do financiamento tecnológico, desencadeando as revoluções tecnológicas e o crescimento a longo prazo.[462]

Apesar dos elevados investimentos em inovação e desenvolvimento, há uma crescente desigualdade e não se verifica que o Estado esteja recebendo de volta o valor investido, isto é, o retorno com impostos não é suficiente para a redistribuição de renda na atual sociedade. Além disso, os benefícios e isenções fiscais não garantem que as empresas beneficiadas irão investir em inovação. Percebe-se que as políticas de desoneração fiscal dos anos de 1980 não geraram inovação e tampouco a redistribuição de renda entre a população.[463] Isto leva a conclusão de que o Estado deveria administrar estes investimentos de forma mais adequada, como financiando parques científicos, que geram muito mais inovação.[464]

A premissa de que o setor público é o mais indicado para realizar investimento em inovação leva em consideração duas características. A primeira é que pode investir a longo prazo, como na pesquisa e educação básica. A segunda é que o investimento público pode ser dirigido ao bem comum e não somente a interesses pessoais.[465]

Portanto, o Estado como empreendedor é a fonte de todas as inovações mais radicais, sendo muito mais que um mecanismo de correção das falhas de mercado, justamente por ter este caráter

---

[461] MAZZUCATO, Mariana. *El Estado empreendedor:* mitos del sector público frente al privado. Tradución Javier Sanjulían y Anna Solé. Barcelona: RBA, 2019, p. 106-107.
[462] MAZZUCATO, Mariana. *El Estado empreendedor:* mitos del sector público frente al privado. Tradución Javier Sanjulían y Anna Solé. Barcelona: RBA, 2019, p. 71.
[463] MAZZUCATO, Mariana. *El Estado empreendedor:* mitos del sector público frente al privado. Tradución Javier Sanjulían y Anna Solé. Barcelona: RBA, 2019, p. 119.
[464] MASSEY, D; QUINTAS P.; WIELD, D. *High-tech fatansies:* Science parks in Society. Londres: Science and Space, 1992.
[465] MAZZUCATO, Mariana. *El Estado empreendedor:* mitos del sector público frente al privado. Tradución Javier Sanjulían y Anna Solé. Barcelona: RBA, 2019, p. 121.

de empreendedor – que encarra os riscos – e que se preocupa (ou deveria) com o bem comum.[466]

Para comprovar a importância do Estado, a autora aborda diversos exemplos em que o Estado se manifesta com um efetivo e poderosos agente criativo e estratégico na criação de novos setores dinâmicos, lucrativos e criadores de emprego de alto valor agregado. Os exemplos retratados abaixo comprovam o papel fundamental do Estado à inovação e para a evolução da economia.

3.2.1.2 Derrubando falácias: o Estado empreendedor

Uma das mais frequentes falácias é a de que ao Estado cabe corrigir as falhas do mercado, deixando ao setor privado o papel de empreendedor e inovador (recebendo inclusive o mérito pelas novas tecnologias). Porém, a obra de Mazzucato se encarrega de desmentir estes fatos, abordando diversos exemplos práticos sobre a atuação do governo na economia.

Entre os exemplo, pode-se citar o desenvolvimento do algoritmo que levou ao sucesso do Google, financiado com recursos da National Science Foundation (NSF) norte-americana, das moléculas que deram origem à biotecnologia e foram descobertas em laboratórios do Medical Research Council do Reino Unido, assim como do surgimento da Internet e da computação por meio de investimentos do Departamento de Defesa (DoD) norte-americano (via projetos financiados e coordenados pela Defense Advanced Research Projects Agency – DARPA).[467]

Neste sentido, a autora ressalta que nenhum componente chave de um *smartphone* surgiu independentemente de investimento e estratégias públicas, visto que o microprocessador foi financiado pela DARPA, as telas multitoque pelo DoD norte-americano, o Global Positioning System (GPS) pelo DoD e pela Marinha de Guerra norte-americanos e tela de cristal líquido pelo DoD, pela NSF e pelo National Institute of Health norte-americanos.[468]

---

[466] MAZZUCATO, Mariana. *El Estado empreendedor:* mitos del sector público frente al privado. Tradución Javier Sanjulían y Anna Solé. Barcelona: RBA, 2019, p. 128.

[467] COSTA, Janaina Oliveira Pamplona da; MENDONÇA, Sandro; CAMPOS, André Sica de. Resenha The Entrepreneurial State: debunking public *vs.* private sector miths. *Rev. Bras. Inov.*, Campinas, v. 14, n. esp., p. 203-208, jul. 2015.

[468] COSTA, Janaina Oliveira Pamplona da; MENDONÇA, Sandro; CAMPOS, André Sica de. Resenha The Entrepreneurial State: debunking public *vs.* private sector miths. *Rev. Bras. Inov.*, Campinas, v. 14, n. esp., p. 203-208, jul. 2015.

Analisando com atenção o caso da indústria farmacêutica, Mazzucato e Marcia Angell[469] afirmam que os preços elevados dos produtos farmacêuticos possuem a justificativa de que necessitam cobrir os elevados custos com inovação e pesquisa. Todavia, as novas entidades moleculares classificadas como prioritárias – e que, portanto, necessitam mais investimentos – são derivadas de laboratórios públicos. Na verdade, as farmacêuticas privadas centram seus investimentos em desenvolvimentos dos atuais produtos e sua comercialização, deixando ao Estado a tarefa de criador e inovador.[470]

Outro exemplo citado na obra é o caso da indústria de biotecnologia, em que o Estado norte-americano liderou e desenvolveu o conhecimento, responsável pelo êxito e expansão global deste setor industrial. Apesar disso, há a falácia de que o papel do Estado seria apenas de corrigir as falhas de mercado. Neste viés, resumem Vallas, Kleinman e Biscotti[471] que o governo possibilitou o surgimento da economia do conhecimento, na qual não se desenvolveu de forma espontânea, sendo necessário o papel ativo do Estado e de suas políticas, mas mesmo assim os dirigentes das indústrias afirmam de forma hipócrita que o governo deveria deixar o mercado funcionar livremente.[472]

Essa falácia conduz à ideia de que o governo seria responsável apenas pela educação básica. Porém, o investimento do governo em inovação vai muito além disso, assumindo riscos e incerteza para empreender. Vai além do setor privado, que evita produtos e processos radicalmente novos e espera que o Estado seja o primeiro a investir em novidades.[473]

Como exemplo da função empreendedor e de liderança da economia do conhecimento, a economista Mazzucato cita agências e programas dos Estados Unidos, os quais fizeram grandes avanços tecnológicos para as empresas de diversos setores (como a Apple). Entre eles: DARPA (Defense Advanced research Projects Agency), SBIR

---

[469] ANGEL, Marcia. *The truth about the Drug Companies*. Random House: Nueva York, 2004.
[470] MAZZUCATO, Mariana. *El Estado empreendedor:* mitos del sector público frente al privado. Tradución Javier Sanjulían y Anna Solé. Barcelona: RBA, 2019, p. 131.
[471] VALLAS, S. P.; KLEINMAN, L.; BISCOTTI, D. Political Structures and the Making of US Biothecnology. Em BLOCK, F. L.; KELLER, M. R. (eds.). State of Innovation: The US Government's Role in Thecnology Development. Boulder/Colorado: Paradigm Publishers, 2009, p. 66.
[472] MAZZUCATO, Mariana. *El Estado empreendedor:* mitos del sector público frente al privado. Traducción Javier Sanjulían y Anna Solé. Barcelona: RBA, 2019, p. 136.
[473] MAZZUCATO, Mariana. *El Estado empreendedor:* mitos del sector público frente al privado. Traducción Javier Sanjulían y Anna Solé. Barcelona: RBA, 2019, p. 140.

(Small Business Innovation Research), NNI (National Nanotechnology Initiative) e a Lei dos Fármacos Huérfanos (EUA 1983 e EU 2001). Exemplos estes que demonstram o papel ativo do Estado para configurar um mercado inovador.[474]

Quanto a DARPA o objetivo era alcançar a superioridade tecnológica dos Estados Unidos em diferentes setores. Tem-se conseguido recrutar gestores de programas altamente qualificados e que estão dispostos a assumir riscos. A sua estrutura visa atuar com o trabalho acadêmico de longo prazo e desenvolvimento tecnológico mais progressivo daquele produzido no setor militar.[475]

Como resultado, a DARPA criou departamentos de informática, que proporcionaram apoio científico para as *startups*, contribuiu para a pesquisa dos semicondutores, para a pesquisa de interação entre pessoa e computador e supervisionou as etapas de internet.[476]

Outra inovação norte-americana é a ODA, que significa uma lei regulando a produção dos fármacos órfãos, isto é, produtos para tratar enfermidades raras. Esta regulamentação, também prevista na União Europeia, em 2001, prevê incentivos fiscais e clínicos, subsídios para Inovação e Desenvolvimento, aprovação acelerada de medicamentos e a comercialização de produtos para o tratamento de doenças raras.[477]

Esta referida lei permitiu que empresas pequenas – que se dedicavam à biotecnologia – progredissem no mercado farmacêutico, melhorassem suas plataformas tecnológicas, ampliassem suas operações e produzissem mais inovação na área.[478]

Por tudo isso, Lazonick e Tulum resumem o papel primordial do Estado para o avanço tecnológico destes setores:

> O governo dos Estados Unidos atua como investidor na criação de conhecimento, patrocinador de desenvolvimentos de fármacos, defensor do mercado de fármacos e, por último e não menos importante, comprador de fármacos que as empresas biofarmacêuticas vendem. A indústria

---

[474] MAZZUCATO, Mariana. *El Estado emprendedor:* mitos del sector público frente al privado. Tradución Javier Sanjulían y Anna Solé. Barcelona: RBA, 2019, p. 143.
[475] MAZZUCATO, Mariana. *El Estado emprendedor:* mitos del sector público frente al privado. Tradución Javier Sanjulían y Anna Solé. Barcelona: RBA, 2019, p. 146.
[476] MAZZUCATO, Mariana. *El Estado emprendedor:* mitos del sector público frente al privado. Tradución Javier Sanjulían y Anna Solé. Barcelona: RBA, 2019, p. 147-148.
[477] MAZZUCATO, Mariana. *El Estado emprendedor:* mitos del sector público frente al privado. Tradución Javier Sanjulían y Anna Solé. Barcelona: RBA, 2019, p. 155.
[478] MAZZUCATO, Mariana. *El Estado emprendedor:* mitos del sector público frente al privado. Tradución Javier Sanjulían y Anna Solé. Barcelona: RBA, 2019, p. 155.

BF converteu-se em um grande negócio graças a um grande governo e [...] segue dependendo do grande governo para manter seus êxitos comerciais.⁴⁷⁹

A nanotecnologia, por sua vez, é considerada a nova tecnologia de utilidade geral, produzindo efeitos em diversos setores e há se tornado a base de conhecimentos econômico. E, mais uma vez, é visível o caráter empreendedor e visionário do Estado. Isto porque o Estados Unidos realizou o financiamento inicial nesta área e criou de forma explícita as redes dinâmicas que uniram os diferentes atores públicos, como universidades, laboratórios nacionais e agências governamentais. Assim, começou esta nova revolução.⁴⁸⁰

Não bastasse isso, Mazzucato demonstra que com a empresa Apple também houve financiamento do Estado, que permitiu o êxito e expansão mundial da empresa. Ocorre que as principais tecnologias foram objeto de investimento estatal, como a Internet, GPS, tela sensível ao toque e tecnologias da comunicação. Sem estas tecnologias financiadas com recursos públicos, não seria possível o êxito do iPhone e iPad.⁴⁸¹

Além disso, o governo norte-americano teve um papel fundamental para proteção da propriedade intelectual das empresas, como a Apple, permitindo a proteção de suas inovações, como também de seus direitos comerciais, contribuindo para a sua hegemonia mundial. Da mesma forma, o Estado tem auxiliado com apoio fiscal, como isenções por pesquisa e experimentos, e tem incrementado políticas de compra, em que as escolas públicas norte-americanas compram os seus computadores e programas, desde a década de 1990.⁴⁸²

Todas estas políticas proporcionaram à Apple as ferramentas necessárias para se tornar um dos principais atores da indústria mundial de tecnologia do século XXI.⁴⁸³ Tal fato demonstra, novamente, que o Estado é mais do que um instrumento de correção das falhas do mercado.

---

[479] LAZONICK, W; TULUM, Y. O. *US Biopharmaceutical Finance and the Sustainability of the Biotech Business Model.* Research Policy, 20, 9 nov. 2011, p. 18.
[480] MAZZUCATO, Mariana. *El Estado empreendedor:* mitos del sector público frente al privado. Tradución Javier Sanjulían y Anna Solé. Barcelona: RBA, 2019, p. 159.
[481] MAZZUCATO, Mariana. *El Estado empreendedor:* mitos del sector público frente al privado. Tradución Javier Sanjulían y Anna Solé. Barcelona: RBA, 2019, p. 164.
[482] MAZZUCATO, Mariana. *El Estado empreendedor:* mitos del sector público frente al privado. Tradución Javier Sanjulían y Anna Solé. Barcelona: RBA, 2019, p. 197-198.
[483] MAZZUCATO, Mariana. *El Estado empreendedor:* mitos del sector público frente al privado. Tradución Javier Sanjulían y Anna Solé. Barcelona: RBA, 2019, p. 199-200.

Em continuação com a temática envolvendo o papel empreendedor do Estado, nota-se que o desenvolvimento verde ou revolução verde também é possível graças aos esforços inovadores do Estado e seus recursos públicos. Prova disso, pode-se citar a China que, ao perceber que a vantagem competitiva do futuro será a gestão efetiva dos recursos naturais, assim como a redução do desperdício e da poluição, realizaram diversos investimentos para o desenvolvimento verde, como a calefação solar para a água quente e energia eólica.[484]

Atualmente, o país chinês é um dos principais produtores e comerciantes de painéis solares. Isto é o resultado do investimento e visão de longo prazo do governo, que proporcionaram um crescimento econômico ao país.[485]

Aos países que não investem nas novas tecnologias para o desenvolvimento sustentável Mazzucato alerta que, no futuro, estes países deverão importar de outros lugares, prejudicando o seu crescimento econômico. Por isso, as empresas privadas de tecnologia limpa são propensas a solicitar subsídios para inovação e desenvolvimento ao Estado, em seus respectivos setores, a fim de poder competir no mercado econômico.[486]

É fundamental reconhecer o papel do Estado para o desenvolvimento da revolução verde, na promoção das tecnologias e geração de benefícios. O seu êxito poderá contribuir para mais avanços tecnológicos e mais investimentos em inovação.[487]

Para Mazzucato, o Estado tem sido historicamente o "empreendedor de primeira instância" de economias que se desenvolvem no longo prazo pelo desenvolvimento estrutural e incorporação de progresso nas atividades geradoras de valor econômico e social. O Estado deve, assim, mobilizar recursos que possam permitir e assegurar que o conhecimento e a inovação se difundam entre os setores-chave da economia.[488]

---

[484] MAZZUCATO, Mariana. *El Estado empreendedor:* mitos del sector público frente al privado. Tradución Javier Sanjulían y Anna Solé. Barcelona: RBA, 2019, p. 217.

[485] MAZZUCATO, Mariana. *El Estado empreendedor:* mitos del sector público frente al privado. Tradución Javier Sanjulían y Anna Solé. Barcelona: RBA, 2019, p. 218.

[486] MAZZUCATO, Mariana. *El Estado empreendedor:* mitos del sector público frente al privado. Tradución Javier Sanjulían y Anna Solé. Barcelona: RBA, 2019, p. 238.

[487] MAZZUCATO, Mariana. *El Estado empreendedor:* mitos del sector público frente al privado. Tradución Javier Sanjulían y Anna Solé. Barcelona: RBA, 2019, p. 239.

[488] COSTA, Janaina Oliveira Pamplona da; MENDONÇA, Sandro; CAMPOS, André Sica de. Resenha The Entrepreneurial State: debunking public *vs.* private sector miths. *Rev. Bras. Inov.*, Campinas, v. 14, n. esp., p. 203-208, jul. 2015.

A transformação dos padrões de produção, uso e distribuição da energia é estimada como uma das prioridades para o desenvolvimento econômico ambientalmente sustentável. No entanto, isto implica enormes custos, tornando imprescindível o papel ativo do Estado. Logo, à liderança do Estado se expressa por meio de políticas e investimentos públicos direcionados a formação dos conhecimentos, das oportunidades e estabilidade requeridas pelos atores que atuam no campo econômico.[489]

Neste viés, a obra aborda a importância do financiamento público, como a concedida pelos bancos desenvolvidos pelo Estado, para a economia. Isto porque os bancos públicos podem conceder financiamento a longo prazo, permitindo que as empresas superem as incertezas advindas da inovação. Assim, pode ser feito empréstimo, como também apoio às tecnologias de energia limpa, que é altamente incerta e necessita de elevado capital.[490]

Está claro que sem o Estado empreendedor, as empresas não assumiram os riscos financeiros e tecnológicos ligados ao desenvolvimento das energias renováveis modernas. A revolução verde necessita de um Estado ativo e inovador.[491]

Dessa forma, as políticas não estão orientadas somente ao desenvolvimento tecnológico, eficiência de mercado e crescimento econômico, mas também se busca o bem populacional. O crescimento econômico por meio da inovação também visa diminuir as mudanças climáticas e promover a diversificação energética. Os benefícios serão a longo prazo, por isso os financiamentos também deverão ser estendidos, para que toda a população consiga melhores resultados, tanto econômicos, como de bem-estar.[492]

Como se percebe, muitos foram os investimentos do Estado para evoluir o ecossistema de inovação. No entanto, questionam-se os retornos para a sociedade destes investimentos públicos para a iniciativa do setor privado. Isto é, esses investimentos trarão receitas, geração de empregos e até mesmo a redução das desigualdades?

---

[489] MAZZUCATO, Mariana. *O Estado empreendedor*: desmascarando o mito do setor público *vs.* setor privado. Tradução de Elvira Serapicos. 1. ed. São Paulo: Portfolio-Penguin, 2014, 2014.

[490] MAZZUCATO, Mariana. *El Estado empreendedor:* mitos del sector público frente al privado. Tradución Javier Sanjulían y Anna Solé. Barcelona: RBA, 2019, p. 243.

[491] MAZZUCATO, Mariana. *El Estado empreendedor:* mitos del sector público frente al privado. Tradución Javier Sanjulían y Anna Solé. Barcelona: RBA, 2019, p. 243-244.

[492] MAZZUCATO, Mariana. *El Estado empreendedor:* mitos del sector público frente al privado. Tradución Javier Sanjulían y Anna Solé. Barcelona: RBA, 2019, p. 280.

3.2.1.3 A recompensa das incertezas: do Estado empreendedor a beneficiário

Diante de todo esse contexto sobre o Estado empreendedor e sua importância na economia do conhecimento, Mazzucato alerta que as empresas e o setor privado não estão revertendo os benefícios ao Estado, tampouco está investindo eficazmente em inovação. Dessa forma, o Estado continua investindo recursos públicos às empresas e concedendo apoio fiscal, mas estas "[...] não se dão conta de que estão ganhando dinheiro graças à inovação que foi financiada através dos impostos." (Tradução livre)[493]

Portanto, a expectativa dos Estados com o investimento em inovação é de que a economia doméstica possa se beneficiar do aumento da receita fiscal. Porém, a realidade é diversa: é difícil dizer que os Estados Unidos, por exemplo, tenham recuperado todo seu investimento.[494]

Atualmente, verifica-se que não é significativo o retorno fiscal e nem a geração de empregos, ao ponto de compensar proporcionalmente os investimentos. Isto se deve ao fato que as empresas não possuem a necessidade de se fixarem em um território, podendo se estabelecer em locais com impostos mais baixos, ou utilizar serviços terceirizados com mão de obra mais barata.[495]

Além disso, muitas empresas ainda fazem pressão para redução de impostos, ao mesmo tempo que reduzem seus investimentos privados em pesquisas. Dessa forma, o Estado não pode ficar à mercê das empresas, sendo fundamental a construção de um sistema de inovação eficaz que, ao invés de parasitário, seja uma relação de benefícios recíprocos entre público e privado.[496]

No caso da empresa Apple – como também de outros oligopólios mundiais – os produtos são desenhados e construídos utilizando as tecnologias financiadas pelo governo. Porém, para fabricá-los busca-se um país com mão de obra mais barata. Em vista disso, "casi el 53% del

---

[493] MAZZUCATO, Mariana. *El Estado empreendedor*: mitos del sector público frente al privado. Tradución Javier Sanjulían y Anna Solé. Barcelona: RBA, 2019, p. 283.
[494] MAZZUCATO, Mariana. *El Estado empreendedor*: mitos del sector público frente al privado. Tradución Javier Sanjulían y Anna Solé. Barcelona: RBA, 2019, p. 291.
[495] MAZZUCATO, Mariana. *O Estado empreendedor*: desmascarando o mito do setor público vs. setor privado. Tradução de Elvira Serapicos. 1. ed. São Paulo: Portfolio-Penguin, 2014, p. 51.
[496] MAZZUCATO, Mariana. *O Estado empreendedor*: desmascarando o mito do setor público vs. setor privado. Tradução de Elvira Serapicos. 1. ed. São Paulo: Portfolio-Penguin, 2014.

valor del iPad y el 49% del valor del iPod se capturan em mercados fuera de Estados Unidos."[497]

A Apple possui filiais em vários paraísos fiscais, como Luxemburgo, Irlanda, Holanda e Ilhas Virgens britânicas, com o objetivo de reorganizar os benefícios e aproveitar as vantagens fiscais.[498] E, então, como os Estados Unidos terão o retorno em tributos?

O problema é que justamente essas empresas convenceram grande parte dos políticos de que são a força empreendedora e inovadora da economia do conhecimento e que o Estado necessita delas. Portanto, possuem o poder de exigir ainda mais benefícios fiscais e econômicos.[499]

A ironia é que, enquanto estas empresas financiadas pelos Estados conseguem cada vez mais poder e riquezas, a economia estatal está lutando para encontrar uma saída para os problemas econômicos e sociais, como o desemprego crescente, aumento do déficit público, desigualdade e deterioramento da infraestrutura.[500]

Ademais, no que tange a indústria farmacêutica, por exemplo, a autora ressalta que o Estado tem investido significativamente em Pesquisa e Desenvolvimento, mas, em contrapartida, as grandes multinacionais do ramo decidiram reduzir – ou, em alguns casos, eliminar – seus laboratórios de P&D, obtendo a sua pesquisa em inovação por intermédio de pequenas empresas de biotecnologia ou laboratórios públicos. Isto é, ao invés de investir e financiar o P&D internamente e constantemente, as empresas buscam o conhecimento produzido fora.[501]

Não bastasse isso, estas empresas, além de reduzir os gastos com P&D, estão aumentando a "financeirização" do setor privado, como o volume de recursos para recomprar suas ações, salários de executivos e entre outras opções. Nas palavras de Mazzucato:

> O fato de as principais empresas farmacêuticas estarem gastando cada vez menos em P&D, enquanto o Estado está gastando mais – ao mesmo

---

[497] MAZZUCATO, Mariana. *El Estado empreendedor:* mitos del sector público frente al privado. Tradución Javier Sanjulían y Anna Solé. Barcelona: RBA, 2019, p. 293.
[498] MAZZUCATO, Mariana. *El Estado empreendedor:* mitos del sector público frente al privado. Tradución Javier Sanjulían y Anna Solé. Barcelona: RBA, 2019, p. 294.
[499] MAZZUCATO, Mariana. *El Estado empreendedor:* mitos del sector público frente al privado. Tradución Javier Sanjulían y Anna Solé. Barcelona: RBA, 2019, p. 308.
[500] MAZZUCATO, Mariana. *El Estado empreendedor:* mitos del sector público frente al privado. Tradución Javier Sanjulían y Anna Solé. Barcelona: RBA, 2019, p. 299.
[501] MAZZUCATO, Mariana. *O Estado empreendedor:* desmascarando o mito do setor público *vs.* setor privado. Tradução de Elvira Serapicos. 1. ed. São Paulo: Portfolio-Penguin, 2014, p. 54.

tempo que aumentam as quantias despendidas em recompra de ações –, torna esse ecossistema de inovação específico muito mais parasitário do que simbiótico.[502]

Por isso, para Mazzucato, é importante criar um arcabouço de financiamento que permita ao Estado recuperar parte dos recursos públicos investidos. Segundo a autora, não caberia ao Google devolver para a NSF parte dos lucros obtidos com o algoritmo que o estabeleceu? E, ainda mais, faz-se necessário que neste arcabouço do problema criado pelo financiamento da economia, no qual os investimentos iniciais em conhecimento fundamental são públicos, os riscos e perdas são socializados enquanto as recompensas são privatizadas, ocorra uma parceria público-privada verdadeiramente produtiva (e não especulativa), que viabilize a distribuição dos benefícios a todos os envolvidos, inclusive o Estado empreendedor.[503]

Enquanto os riscos estão cada vez mais sendo assumidos pelo coletivo, os frutos têm sido distribuídos muito menos coletivamente. É preciso, pelo contrário, construir uma relação mais equilibrada entre risco e recompensa, substituindo a desigualdade entre investimentos públicos e benefícios privados.

O que se observa é que o Estado vem desempenhando um papel de liderança no sistema de inovação aberta sem, contudo, uma devida contrapartida em termos de retornos financeiros. Como visto, também a geração de empregos não ocorre tal qual o esperado. Não só a terceirização das atividades para lugares distantes daqueles em que se ofereceu o apoio à inovação, como também as facilidades de captura do conhecimento que flui entre as organizações no modelo de inovação aberta, implicam numa maior fragilidade e na falta de vínculos empregatícios duradouros e de qualidade.[504]

Por isso, a autora defende o estabelecimento de mecanismos que garantam o retorno direto dos investimentos – tais como empréstimos reembolsáveis, retenção de ganhos, *royalties* e a atuação dos bancos de

---

[502] MAZZUCATO, Mariana. *O Estado empreendedor*: desmascarando o mito do setor público *vs.* setor privado. Tradução de Elvira Serapicos. 1. ed. São Paulo: Portfolio-Penguin, 2014, p. 55.
[503] COSTA, Janaina Oliveira Pamplona da; MENDONÇA, Sandro; CAMPOS, André Sica de. Resenha The Entrepreneurial State: debunking public *vs.* private sector miths. *Rev. Bras. Inov.*, Campinas, v. 14, n. esp., p. 203-208, jul. 2015.
[504] MAZZUCATO, Mariana. *O Estado empreendedor*: desmascarando o mito do setor público *vs.* setor privado. Tradução de Elvira Serapicos. 1. ed. São Paulo: Portfolio-Penguin, 2014.

desenvolvimento.[505] Isto porque, para Mazzucato, a recuperação do investimento público por meio da tributação é insuficiente/incompleto, sendo necessários outros mecanismos para retorno do investimento em inovação e conhecimento.

Dessa forma, é necessário criar instituições que regulem a relação de risco e benefícios, para um crescimento econômico equitativo e estável, pois, quando uma das partes possui mais benefícios do que a outra, ocorre a injustiça e esta provoca a instabilidade no processo de inovação e crescimento.[506] É essencial que o processo de inovação seja um processo coletivo, que estenda a divisão de trabalho para muitas pessoas e não que os benefícios econômicos fique restritos a uma elite.

Ademais, quando o Estado financia uma revolução tecnológica, parece óbvio que deveria poder receber igualmente benefícios desse montante investido. Por tal motivo, Mazzucato sustenta a ideia do recebimento de *royalties* dessas aplicações, obtidos em diferentes setores e tecnologias. O resultado obtido com estes *royalties* poderia ser investido num fundo de inovação, para que o governo pudesse utilizar para as futuras inovações.[507]

Em vista disso, o governo deveria ter uma participação privilegiada das patentes que surgem com a pesquisa financiada com recursos públicos, para que o proprietário da patente aja de forma cooperativa e ampliasse o uso desta proteção após decorrido um período. O objetivo deveria ser a expansão do conhecimento.[508]

Há outras propostas para que o Estado tenha uma atuação mais ativa nos benefícios com a inovação. Entre elas, sustenta-se que os empréstimos e subvenções tenham condições, como a sua devolução quando superado o valor do financiamento, por exemplo. Também existe a possibilidade de o Estado manter uma participação nas empresas em que apoia, que pode ser por meio de ações preferenciais.[509]

Toda esta análise direciona para algumas conclusões acerca do papel do Estado: a primeira é que se deve construir um Estado

---

[505] MAZZUCATO, Mariana. *O Estado empreendedor*: desmascarando o mito do setor público *vs.* setor privado. Tradução de Elvira Serapicos. 1. ed. São Paulo: Portfolio-Penguin, 2014.
[506] MAZZUCATO, Mariana. *El Estado empreendedor*: mitos del sector público frente al privado. Tradución Javier Sanjulían y Anna Solé. Barcelona: RBA, 2019, p. 311.
[507] MAZZUCATO, Mariana. *El Estado empreendedor*: mitos del sector público frente al privado. Tradución Javier Sanjulían y Anna Solé. Barcelona: RBA, 2019, p. 317.
[508] MAZZUCATO, Mariana. *El Estado empreendedor*: mitos del sector público frente al privado. Tradución Javier Sanjulían y Anna Solé. Barcelona: RBA, 2019, p. 318.
[509] MAZZUCATO, Mariana. *El Estado empreendedor*: mitos del sector público frente al privado. Tradución Javier Sanjulían y Anna Solé. Barcelona: RBA, 2019, p. 318-319.

empreendedor, com instituições e organizações governamentais capazes de criar estratégias de crescimento a longo prazo, bem como assumir as incertezas e o risco decorrente do elevado financiamento em inovação. A história mostra que os países que menos investem em P&D e capital humano são os possuem menor crescimento econômico.[510] A segunda conclusão é que o financiamento estatal de alto risco deveria ser concedido com mais cuidado, analisando objetivamente a ambição em inovar da empresa, bem como que o benefício estatal fosse de forma direta.[511]

E a terceira (e última) conclusão reforça que é necessário aceitar o papel inovador do Estado e, com isso, deixar de conceder tantos benefícios e isenções para empresas privadas, sob o argumento que são as forças inovadoras do mercado. O Estado não precisa ceder ao poder das empresas que ele próprio financiou. O Estado deve assumir sua posição na economia e com isso evitar que se desperdicem recursos públicos.[512]

O estudo do papel do Estado empreendedor na economia do conhecimento demonstra como o governo deve trabalhar juntamente com o mercado e não se limitar apenas a corrigi-lo. Em vista disso, Mazzucato, em sua nova obra, apresenta sete pilares para uma economia melhor, com o enfoque no bem comum da sociedade.

3.2.2 O Estado orientado por missões: a busca pelo bem comum

A economia do conhecimento, assim como a crise do Estado e do capitalismo, necessitam de modificações drásticas nas atuais organizações públicas e privadas. A pandemia do COVID-2019 destacou a importância do Estado para o bem-estar da população, como garantidor e provedor de direitos básicos essenciais (saúde, educação, moradia, empregos, entre outros), bem como demonstrou a ineficiência do mercado em resolver as mazelas da população, principalmente numa situação de calamidade pública, como a evidenciada em tempos de pandemia.

No tópico anterior, analisou-se a importância do Estado empreendedor para a economia e a sociedade. Porém, o Estado sozinho não

---

[510] MAZZUCATO, Mariana. *El Estado empreendedor:* mitos del sector público frente al privado. Tradución Javier Sanjulían y Anna Solé. Barcelona: RBA, 2019, p. 327.
[511] MAZZUCATO, Mariana. *El Estado empreendedor:* mitos del sector público frente al privado. Tradución Javier Sanjulían y Anna Solé. Barcelona: RBA, 2019, p. 328.
[512] MAZZUCATO, Mariana. *El Estado empreendedor:* mitos del sector público frente al privado. Tradución Javier Sanjulían y Anna Solé. Barcelona: RBA, 2019, p. 329.

conseguirá resolver todos os problemas, sendo imprescindível que atue juntamente com os mercados e a sociedade civil para alcançar os objetivos para o bem comum. E, mais uma vez, o sentimento de identidade comum e de humanidade é essencial para o alcance de tal objetivo, conforme se presenciou ao longo da pandemia.

Dessa forma, Mazzucato descreve sete pilares para esta modificação social, que podem ser aplicados ao cenário (pós) pandemia, pois visam à reestruturação do papel do Estado para o bem comum e a inclusão da economia do conhecimento. O primeiro aborda a necessidade de criar um valor coletivo e, com isso, um processo coletivo para atingir tal fim.[513]

Esse valor coletivo não se refere ao governo como único ator que o cria, mas sim uma renovação do valor e propósito público, em que seja criado conjuntamente pelos mercados e Estado. A noção de bem comum e valor público são elementos essenciais para a produção, distribuição e consumo na nova economia, visando conformar e criar conjuntamente uma sociedade mais inclusiva e sustentável.[514]

O segundo pilar refere-se aos mercados e sua conformação. Isto significa que os governos, como já abordado acima, não se devem limitar-se a corrigir as falhas do mercado, mas criar conjuntamente uma direção, como a escolha de ganhadores que estejam realmente dispostos a alcançar o propósito comum. Dessa forma, os impostos poderiam ser utilizados para recompensar mais a criação de valor do que a sua extração.[515]

Já o terceiro pilar sustentado é sobre as organizações e a sua cooperação. Assim, as organizações também devem compartilhar e assumir os riscos junto com o governo, aceitar a aprendizagem em situações de incertezas, e que o investimento seja conforme os objetivos de longo prazo e não somente com base nos objetivos privados da organização.[516]

---

[513] MAZZUCATO, Mariana. *Misión economía*: una carrera espacial para cambiar el capitalismo. Traducción de Ramón Gonzáles Férriz y Marta Valdivieso Rodríguez. Taurus: Barcelona, 2021, p. 165.

[514] MAZZUCATO, Mariana. *Misión economía*: una carrera espacial para cambiar el capitalismo. Traducción de Ramón Gonzáles Férriz y Marta Valdivieso Rodríguez. Taurus: Barcelona, 2021, p. 170.

[515] MAZZUCATO, Mariana. *Misión economía*: una carrera espacial para cambiar el capitalismo. Traducción de Ramón Gonzáles Férriz y Marta Valdivieso Rodríguez. Taurus: Barcelona, 2021, p. 165.

[516] MAZZUCATO, Mariana. *Misión economía*: una carrera espacial para cambiar el capitalismo. Traducción de Ramón Gonzáles Férriz y Marta Valdivieso Rodríguez. Taurus: Barcelona, 2021, p. 166.

O quarto pilar apontado por Mazzucato versa sobre o investimento em longo prazo. O investimento público, neste sentido, seria organizado por meio de instituições que fomentem a criatividade e inovação, podendo promover o crescimento em longo prazo.[517] Porque, caso contrário, o investimento de curto prazo, que apenas cria dinheiro numa economia estática, causa inflação. O investimento com a produção de dinheiro em longo prazo, que seja orientada por missões, raramente poderá causar inflação.[518]

Outro pilar sustentado é a distribuição e crescimento inclusivo. Neste caso, a autora argumenta sobre a necessidade de bons empregos e investimento em estruturas de propriedade coletiva para possibilitar a distribuição de renda e o crescimento econômico.[519]

Neste ponto, a economista explica a diferença entre pré-distribuição e redistribuição. Ambas são essenciais para obter resultados equitativos. A redistribuição é realizada por meio de impostos ou benefícios, para redistribuir renda e riqueza e, com isso, diminuir a desigualdade. Como será visto nos próximos capítulos, para fins de redistribuição, são necessárias algumas mudanças no sistema tributário diante da nova economia. Todavia, Mazzucato afirma que também é imprescindível a pré-distribuição, isto é, evitar a desigualdade. Para isso, o enfoque deve ser na criação de estruturas que gerem resultados mais justos na economia, como contratos em que o setor público e o privado compartilhem riscos e recompensas.[520]

Como exemplos desse compartilhamento de riscos e benefícios, pode-se citar o caso da Tesla, que recebeu um empréstimo dos Estados Unidos e, enquanto não devolvesse, o governo recebeu uma participação em ações, as quais foram suficientes para cobrir os gastos de Solyndra e financiar próximas inovações. Ademais, as empresas poderiam recompensar com projetos de formação de trabalhadores

---

[517] MAZZUCATO, Mariana. *Misión economía*: una carrera espacial para cambiar el capitalismo. Traducción de Ramón Gonzáles Férriz y Marta Valdivieso Rodríguez. Taurus: Barcelona, 2021, p. 166.

[518] MAZZUCATO, Mariana. *Misión economía*: una carrera espacial para cambiar el capitalismo. Traducción de Ramón Gonzáles Férriz y Marta Valdivieso Rodríguez. Taurus: Barcelona, 2021, p. 185.

[519] MAZZUCATO, Mariana. *Misión economía*: una carrera espacial para cambiar el capitalismo. Traducción de Ramón Gonzáles Férriz y Marta Valdivieso Rodríguez. Taurus: Barcelona, 2021, p. 166.

[520] MAZZUCATO, Mariana. *Misión economía*: una carrera espacial para cambiar el capitalismo. Traducción de Ramón Gonzáles Férriz y Marta Valdivieso Rodríguez. Taurus: Barcelona, 2021, p. 187.

para reduzir as emissões de carbono ou investimento em inovação e desenvolvimento.[521]

A socialização do investimento também é defendida por Keynes, na sua obra *Teoria General del empleo, el interés y el dinero*, de 1936,[522] afirmando que as cooperativas lhe interessavam justamente porque compartiam riscos e benefícios com a empresa e com objetivo de crescimento em longo prazo, como também distribuem os recursos com os grupos cooperativos de proprietários.[523]

Conforme Mazzucato alerta, esse é um dos maiores dilemas do capitalismo moderno: reestruturar as empresas para que os benefícios privados sejam revertidos para a economia, em lugar de serem utilizados em financiamento de curto prazo ou para objetivos pessoais.[524] É preciso superar essa barreira para que o interesse público persista.

O sexto pilar aborda as associações e as contratações entre as empresas e o Estado. Na busca pelo propósito comum, as associações não devem crescer às expensas de outra. As associações podem prosperar juntas, com um objetivo comum.[525] Dessa forma, deve recompensar todas as partes envolvidas e não somente os acionistas, como os trabalhadores, comunidades e o meio ambiente.

Isto significa que as decisões devem ser tomadas com base no interesse de todos os atores envolvidos. Há que ter o compromisso de não recorrer aos paraísos fiscais, de investir em formação dos trabalhadores e de melhorar as obrigações com as emissões de carbono. Deve-se ter o compromisso com o bem comum, acima de tudo.[526]

---

[521] MAZZUCATO, Mariana. *Misión economía*: una carrera espacial para cambiar el capitalismo. Traducción de Ramón Gonzáles Férriz y Marta Valdivieso Rodríguez. Taurus: Barcelona, 2021, p. 188-189.

[522] KEYNES, John Maynard. *Teoria General del empleo, el interés y el dinero*. 4. ed. San Diego: Fondo de Cultura Económica, 2003.

[523] MAZZUCATO, Mariana. *Misión economía*: una carrera espacial para cambiar el capitalismo. Traducción de Ramón Gonzáles Férriz y Marta Valdivieso Rodríguez. Taurus: Barcelona, 2021, p. 190.

[524] MAZZUCATO, Mariana. *Misión economía*: una carrera espacial para cambiar el capitalismo. Traducción de Ramón Gonzáles Férriz y Marta Valdivieso Rodríguez. Taurus: Barcelona, 2021, p. 204.

[525] MAZZUCATO, Mariana. *Misión economía*: una carrera espacial para cambiar el capitalismo. Traducción de Ramón Gonzáles Férriz y Marta Valdivieso Rodríguez. Taurus: Barcelona, 2021, p. 167.

[526] MAZZUCATO, Mariana. *Misión economía*: una carrera espacial para cambiar el capitalismo. Traducción de Ramón Gonzáles Férriz y Marta Valdivieso Rodríguez. Taurus: Barcelona, 2021, p. 191-192.

E o último pilar descreve a participação e a criação conjunta. Assim, este pilar está ligado às novas formas de participação no processo de criação, por meio da recuperação do debate, do diálogo e da criação de consenso. Para isso, necessários novos centros de debate e participação dos cidadãos, como as assembleias cidadãs. As decisões necessitam ser tomadas em conjunto, entre os trabalhadores, empresas e governos locais e centrais.[527]

Em suma, nas palavras de Mazzucato

> Tentei abrir um novo diálogo para mostrar que a criação é coletiva, que as medidas políticas podem ser mais ativas na co-formação e co-criação de mercados, e que o verdadeiro progresso requer uma divisão dinâmica do trabalho focada nos problemas das sociedades do século XXI. [...]trata-se de um prelúdio necessário para a criação de uma nova economia: uma economia da esperança. (Tradução livre)[528]

Uma economia que funciona para toda a sociedade deve ser coerente em múltiplos campos, dos impostos a regulação, da lei comercial a rede de seguridade social. Desse modo, percebe-se que o Estado possui um papel essencial na economia e que esta precisa ser mais inclusiva e sustentável para o bem da sociedade. Para isso, o Estado necessita possuir recursos para financiamento em inovação e desenvolvimento, bem como ser recompensado pela assunção dos riscos.[529]

A tributação sozinha, conforme Mazzucato, não poderá atingir estes objetivos, mas é um instrumento importante e imprescindível para que ocorra a redistribuição de renda e financiamento do Estado. Para manter um Estado ativo e uma sociedade mais igualitária, o sistema tributário pode auxiliar nesta tarefa, porém alguns ajustes são necessários

---

[527] MAZZUCATO, Mariana. *Misión economía*: una carrera espacial para cambiar el capitalismo. Traducción de Ramón Gonzáles Férriz y Marta Valdivieso Rodríguez. Taurus: Barcelona, 2021, p. 167.

[528] Texto original: "He intentado abrir un nuevo diálogo para mostrar que la creación es colectiva, que las medidas políticas pueden ser más activas para co-conformar y co-crear mercados, y que el verdadeiro progreso requiere una división dinâmica del trabajo centrada em los problemas que enfrentan las sociedades del siglo XXI. [...] se trata de un preludio necesario para la creación de una nueva economía: una economía de la esperanza." MAZZUCATO, Mariana. El valor de las cosas: quién produce y quién gana em la economía global. Traducción de Ramón Gonzáles Férriz. Taurus: Barcelona/ES, 2019, p. 379-380.

[529] MAZZUCATO, Mariana. *Misión economía*: una carrera espacial para cambiar el capitalismo. Traducción de Ramón Gonzáles Férriz y Marta Valdivieso Rodríguez. Taurus: Barcelona, 2021, p. 203.

para torná-lo mais eficaz na sociedade do conhecimento. Portanto, para fins deste trabalho, é essencial analisar como a tributação pode ser alterada para que o crescimento da nova economia seja não somente inteligente, mas também inclusivo.

CAPÍTULO 4

UM ESTUDO CRÍTICO SOBRE A TRIBUTAÇÃO CONTEMPORÂNEA DO BRASIL

Os capítulos anteriores evidenciaram que a desigualdade de renda é um problema mundial e que está ascendendo na medida em que a sociedade e os governos tentam escondê-la com uma peneira. Compreende-se que os efeitos negativos da globalização, neoliberalismo e do capitalismo, juntamente com a crise do Estado, contribuíram para o atual cenário. No entanto, após estudar as possíveis causas históricas, é hora de repensar sobre os erros e corrigi-los.

Em vista disso, os ensinamentos de Mazzucato e Shoshana, respectivamente, sobre a importância de um Estado mais empreendedor e dos malefícios da excessiva informação pessoal nas mãos de particulares, permitem concluir que a sociedade necessita de apoio, incentivo e controle estatal, bem como do renascimento de uma identidade comum, pautada no bem-estar coletivo e solidariedade.

Tal contexto não é utópico ou impossível de ser atingido. A atual sociedade possui todos os meios para conseguir o equilíbrio econômico e social, mas necessita olhar o próximo e deixar de lado os fundamentos individuais. Como ponto de partida, analisou-se no capítulo anterior que o Estado precisa recuperar a sua confiança e o mercado auxiliá-lo nessa tarefa, cooperando para promover o desenvolvimento tecnológico, econômico e social.

Neste diapasão, a tributação volta a ser requisitada, por meio de suas diversas facetas, como de financiadora do Estado, de redistribuição de renda e de (des)estímulo de comportamentos sociais. Percebe-se que o sistema tributário de um país pode ser essencial para o financiamento de políticas públicas, tais como educação, saúde, desenvolvimento, pesquisa, inovação, entre outras áreas, além de poder redistribuir renda e riqueza entre os cidadãos, auxiliando na redução das iniquidades sociais. Ademais, a política fiscal, por meio do papel ativo do Estado, também pode estimular a economia.

Portanto, é inegável o importante papel da tributação à sociedade e ao seu bem-estar. Todavia, para torná-la um meio eficaz para a persecução de tais finalidades, a tributação deve ser justa e equânime, respeitando os ditames legais e constitucionais. Neste ponto, o Brasil, especialmente, depara-se com um sistema fiscal falho em diversos segmentos, justamente por possuir efeitos regressivos e que elevam ainda mais as disparidades sociais.

Como será analisado a seguir, o atual sistema tributário onera de forma demasiada a população mais carente – por meio dos impostos sobre o consumo e serviços – e de forma insignificante o capital, o qual abarcaria as grandes rendas e riqueza. A composição da carga tributária é injusta e está debilitando a macroeconomia, destruindo os postos de trabalho de muitos cidadãos. Da mesma forma, as isenções e benefícios fiscais dados às elites econômicas aprofundam a desigualdade e prejudicam, também, a economia.[530]

Neste viés, este capítulo possui a missão de analisar como está composta a contemporânea tributação no Brasil, apontando seus defeitos e falhas à economia e para a desigualdade. Além disso, objetiva-se analisar os princípios constitucionais, como a capacidade contributiva, justiça fiscal e eficiência, para poder avaliar criticamente o sistema tributário como um todo, sob o viés de garantir-se a redução das iniquidades e a busca pelo bem comum.

Por certo, diante das constantes mudanças econômicas e sociais, advindas da economia do conhecimento, surgem inúmeras reflexões não só acerca de questões regulatórias, mas também acerca do melhor modelo tributário, a fim de ser um instrumento de financiamento do Estado, bem como redistribua a renda, na busca de reduzir as iniquidades sociais. O novo cenário provocado pela evolução da economia do conhecimento – que ainda se encontra na fase insular e de estagnação – já resultam numa profunda alteração das estruturas do Direito Tributário, desafiando conceitos fundamentais do Sistema Tributário Nacional. Nessa medida, surge a necessidade de reflexão sobre o tema e uma abordagem detalhada sobre a composição da atual tributação brasileira.

---

[530] STIGLITZ, Joseph E. *Capitalismo progressista*: la respuesta a la era del malestar. Tradución Jaime Collyer. Barcelona: Taurus, 2019, p. 256-257.

Todavia, antes de descrever como concentração a tributação no Brasil e avaliar suas inconsistências, necessário analisar, de forma breve, o sistema tributário da Espanha e da União Europeia. Ao analisar a distribuição dos principais tributos nestes países, poder-se-á vislumbrar se a tributação brasileira, de fato, merece reformas, no sentido de concretizar os princípios constitucionais e o bem comum.

4.1 Um breve estudo comparativo: a tributação na Espanha e na União Europeia

No início desta pesquisa, determinou-se que o objeto de estudo sobre a desigualdade de renda tomaria em consideração a União Europeia e o Brasil. Tal opção deve-se ao fato de o Brasil buscar nestes países inspiração para a sua legislação, bem como por serem países com o desenvolvimento econômico distinto. De um lado, temos a União Europeia, com a economia avançada, protetora de direitos fundamentais e com uma ascendente concentração de renda. De outro, o Brasil, historicamente marcado pela desigualdade e que possui uma economia ainda em desenvolvimento.

O estudo de cenários distintos é importante para verificarmos semelhanças, diferenças e repensar soluções aos problemas atuais e aos erros cometidos. Desta forma, ao analisar o sistema tributário do Brasil, é essencial considerar com está estruturada a tributação nestes países, de forma geral e breve, a fim de avaliar como o Brasil pode avançar nesta área.

Nos países da União Europeia, a tributação sobre o consumo é realizada por meio do "Impuesto sobre el valor Añadido" (IVA). Este constitui o principal imposto indireto sobre o consumo, sobre as entregas de bens e prestação de serviços efetuadas sobre empresários e profissionais, bem como sobre as aquisições intracomunitárias e importações de bens. Apesar de sua aplicação concentrar-se no âmbito da União Europeia, a sua legislação é influenciada pela normativa comunitária e interna dos países membros.[531]

Importante destacar que a sua natureza é como imposto sobre o consumo e, portanto, indireto, ainda que empresários e profissionais sejam seu sujeito passivo. Materialmente, não se grava os empresários

---

[531] BENAVENTE, Francisco Manuel Mellado (coord.). *Guía Práctica del IVA*. Wolters Kluwer: Madrid, 2018, p. 9-33.

e profissionais, mas se tornam sujeito passivos devido ao seu dever de colaboração à Administração para realizar as declarações tributárias. Dessa forma, o consumidor é quem assume a carga econômica do imposto.[532]

O fato de ser o empresário ou profissional quem realiza a operação diferencia o IVA dos outros impostos indiretos, como o imposto sobre as transmissões patrimoniais. Quando são particulares que vendem bens, a operação está sujeita a transmissões patrimoniais onerosas e o sujeito passivo será o comprador ou adquirente.[533] Dessa forma, entender o conceito de empresário e profissional é fundamental para aplicar o IVA.

Neste sentido, Antonio Truyo[534] explica que empresários e profissionais podem ser sociedade ou pessoas físicas, como autônomos, empresários individuais ou profissionais liberais. Ressalta que nas operações realizadas por particulares, quando ocorre a importação de bens, incide o IVA.

Por fim, há algumas operações em que não incide o IVA, apesar de possuir o sujeito passivo o empresário ou profissional, como a transmissão de unidades econômicas autônomas de patrimônio empresarial ou profissional; operações promocionais ou publicitárias de escasso valor, como o autoconsumo, em que o empresário não recebe nenhuma contraprestação; prestação laboral, como um trabalhador que trabalha numa empresa, ou autônomo que é contratado por empresa; operações realizadas pelo setor público, como Administração Pública, seus entes, organismos e entidades que recebem o correspondente encargo da própria Administração; e entrega de dinheiro a título de pagamento.[535]

Estas considerações sobre o IVA são essenciais para vislumbrar como o sistema tributário brasileiro é complexo e, por isso, dificulta o entendimento sobre sua legislação e a correta aplicação pelos cidadãos. Como já abordado no tópico sobre eficiência tributária, o conhecimento das leis torna o sistema mais eficiente, tanto para a Administração (reduzindo os seus custos e melhorando a fiscalização), como para o cidadão (permite ampliar o conhecimento sobre deduções e isenções, por exemplo).

---

[532] TRUYO, Antonio Cubero. *Los principales impuestos del Sistema Tributario*. Madrid: Tecnos, 2019.
[533] TRUYO, Antonio Cubero. *Los principales impuestos del Sistema Tributario*. Madrid: Tecnos, 2019.
[534] TRUYO, Antonio Cubero. *Los principales impuestos del Sistema Tributario*. Madrid: Tecnos, 2019.
[535] TRUYO, Antonio Cubero. *Los principales impuestos del Sistema Tributario*. Madrid: Tecnos, 2019.

Além da tributação sobre o consumo mais simplificada, a tributação sobre a renda também merece algumas considerações. Na Espanha, por exemplo, a tributação da renda é realizada por meio de dois impostos: o Imposto sobre a Pessoa Física e o imposto sobre as sociedades. Interessante notar que neste país a tributação é ampla, incluindo os lucros e dividendos e respeitando o princípio da capacidade contributiva. Fato complicado de se concretizar na tributação brasileira, como verificar-se-á adiante.

Quanto ao imposto sobre a pessoa física, Antonio Truyo tece algumas considerações teóricas, a fim de compreender sua abrangência no território espanhol. Neste sentido, o autor destaca que o referido imposto abarca as rendas derivadas do trabalho, do capital (imobiliário e mobiliário), das atividades econômicas não procedentes de transmissão de bens e direitos, das entradas e saídas patrimoniais significativas e aquelas específicas definidas em lei. Ainda, no sistema espanhol há a opção da tributação familiar, em que a unidade familiar pode optar por tributar seus rendimentos conjuntamente, facilitando a sua declaração periódica.[536]

Em comparação ao sistema brasileiro, há de se salientar algumas semelhanças, principalmente na forma de pagamento e declaração, em que o contribuinte espanhol também pode realizar sua autodeclaração, determinando a quantia do débito tributário, e pagar na forma e lugar determinado previamente pelo Ministro da Economia e Fazenda.

Em relação ao imposto sobre as sociedades, este incide sobre as rendas das sociedades empresariais e demais entidades jurídicas. Isto inclui todas as pessoas jurídicas, ainda que não possuam personalidade jurídica, além das sociedades mercantis e residentes na Espanha.[537] Contrariamente ao Brasil, os lucros e dividendos dos sócios e acionistas das pessoas jurídicas também são tributados.

Ressalta-se que, quanto à residência, a lei espanhola descreve que o contribuinte deve indicar a renda mundial, inclusive a obtida em outros países, salvo os casos de países isentos por acordo diplomático. Esta disposição abrange os paraísos fiscais e o critério de declaração e pagamento é o mesmo para as entidades jurídicas que efetuem contratos

---

[536] TRUYO, Antonio Cubero. *Los principales impuestos del Sistema Tributario*. Madrid: Tecnos, 2019.

[537] TRUYO, Antonio Cubero. *Los principales impuestos del Sistema Tributario*. Madrid: Tecnos, 2019.

com outras entidades ou pessoas residentes em paraísos fiscais, isto é, devem declaram o seu valor de mercado.[538]

Zulema Corredor ressalta que o imposto sobre as sociedades, tanto na Espanha como na União Europeia, apresenta dificuldades de arrecadação devido à evasão fiscal provocada pelas operações internacionais, justamente por aproveitar-se dos tratamentos fiscais favoráveis em outras jurisdições. Desse modo, percebe-se a redução destes impostos em nível nacional. Por exemplo, a Espanha reduziu o referido imposto de 30% (em 2014) para 25% (em 2016). A média dos países da EU é 22,15%, sendo a Espanha o oitavo país com imposto sobre as sociedades mais alto do grupo europeu.[539]

Esta postura dos países europeus é verificada também no Brasil, como tentativa de manter e/ou atrair empresas para sua nação. A consequência disso é a diminuição de tributos aos setores econômicos – que possuam mais condições de arcar com o ônus fiscal – e o aumento dos tributos sobre o consumo e serviços – que atingem a população mais carente.

Já em relação aos tributos sobre o capital, destaca-se que a Espanha possui um imposto específico sobre o capital, caso oposto ao Brasil, o qual não possui ainda regulamentado o Imposto sobre as Grandes Fortunas. Além disso, há também impostos espanhóis que incidem sobre a titularidade de determinados elementos patrimoniais, como o Impuesto sobre Sucesiones e Donaciones, Impuesto sobre Vehículos de Tracción Mecánica e Impuesto sobre Bienes Inmuebles.

Semelhante ao Brasil, o imposto espanhol sobre as sucessões e doações é um complemento do imposto de renda das pessoas físicas, incidindo sobre as aquisições gratuitas das pessoas físicas. Aqui entra, então, a transmissão causa mortis e inter vivos, bem como as quantidades dos beneficiários de seguro de vida.[540]

Já em relação ao imposto sobre o patrimônio espanhol, este foi aprovado em 6 de junho de 1991, com a Lei nº 19/1991, na busca por maior eficácia na utilização dos patrimônios e pela obtenção da justiça distributiva no ordenamento tributário. Dessa forma, o imposto é uma

---

[538] TRUYO, Antonio Cubero. *Los principales impuestos del Sistema Tributario*. Madrid: Tecnos, 2019.

[539] CORREDOR, Zulema Calderón. *Princípios impositivos de justicia y eficiencia*: fundamentos, conflito y proyección. Madrid: Dykinson, 2017. (Colección Fiscalidad), p. 158-160.

[540] TRONCOSO, María Cecilia; REBOLLEDA, José María Gorosabel; HUETE, Joaquín Pérez. *IRPF, Patrimonio y sucesiones y donaciones*: fiscalidad práctica. Navarra: Editorial Aranzadi, 2018, p. 537-623.

promessa de concretização da equidade, por meio do agravamento do pagamento por quem possui maior capacidade econômica, distribuindo a renda e riqueza entre a população espanhola.[541]

Este imposto se aplica a pessoas físicas que possuem patrimônio, isto é, um conjunto de bens e direitos de conteúdo econômico, deduzindo – em seu cálculo – as dívidas e obrigações pessoais que diminuíam o seu valor. Assim, está obrigado a declarar o imposto todo cidadão que possui bens superiores a 2.000.000,00 (dois milhões) de euros.[542]

Entretanto, Vicente Yzaguirre ressalta que o imposto sobre o patrimônio espanhol possui problemas técnicos, como a bitributação, bem como problemas na sua interpretação e administração, visto que a declaração deste imposto não é exigida de todos os cidadãos, apenas daqueles que possuem certo patrimônio. Ocorre que a Administração fiscal não possui todas as informações sobre os patrimônios, permitindo que diversos patrimônios não sejam declarados e a administração deixe de arrecadar um montante significativo anualmente. A sua função redistributiva necessita ser revista, nas palavras do autor, nos moldes do imposto sobre o patrimônio existente na França.[543]

O país francês possui um imposto sobre as fortunas, que se baseia nos valores de mercado de diferentes tipos de ativos, que são reavaliados anualmente. Este fato o torna mais efetivo na redistribuição de renda e riqueza do que os demais impostos previstos em outros Estado. No entanto, Piketty adverte que possui ainda algumas imperfeições que precisam ser corrigidas, como o fato de não possuir declarações pré-preenchidas pelos contribuintes, que impedem o total conhecimento sobre o capital pela Administração Pública.[544]

A Alemanha e a Suécia também tentaram criar um imposto progressivo e anual sobre o capital, no final do século XIX e início do século XX. Contudo, esse imposto possuía as taxas muito baixas e baseava-se em valores cadastrais e fiscais, não contribuindo – de fato – para a redistribuição de riqueza nesses países.[545]

---

[541] TRONCOSO, María Cecilia; REBOLLEDA, José María Gorosabel; HUETE, Joaquín Pérez. *IRPF, Patrimonio y sucesiones y donaciones*: fiscalidad práctica. Navarra: Editorial Aranzadi, 2018, p. 537-623.
[542] TRONCOSO, María Cecilia; REBOLLEDA, José María Gorosabel; HUETE, Joaquín Pérez. *IRPF, Patrimonio y sucesiones y donaciones*: fiscalidad práctica. Navarra: Editorial Aranzadi, 2018, p. 537-623.
[543] YAZAGUIRRE, Vicente Enciso. *Análisis dinâmico, comparativo y estructural del comportamento del impuesto sobre el patrimônio neto em España*. Madrid: Instituto de Estudos Fiscales, 2004.
[544] PIKETTY, Thomas. *O capital do século XXI*. Rio de Janeiro: Intrínseca, 2014, p. 518.
[545] PIKETTY, Thomas. *O capital do século XXI*. Rio de Janeiro: Intrínseca, 2014, p. 518.

Por fim, há de ressaltar que, em 2011, alguns países da União Europeia defendiam a criação de um Imposto sobre Transações Financeiras (ITF), com vigência a partir de 1 de janeiro de 2014. Este imposto teria uma alíquota de apenas 0,1% para as operações nas bolsas de valores e de 0,01% para os denominados "mercados de derivativos". Entre os países que adotariam esse imposto estava a França, Alemanha, Bélgica, Estônia, Grécia, Espanha, Itália, Áustria, Portugal, Eslovênia e Eslováquia. Todavia, o imposto não chegou a ser implementado, por falta de autorização legislativa na União Europeia.[546]

Não há dúvidas que a tributação na União Europeia, principalmente na Espanha, também possui imperfeições. Todavia, algumas de suas normativas tributárias podem ser repensadas pelo Estado brasileiro, como a simplificação da tributação sobre os bens de consumo e serviços, a incidência de impostos sobre os lucros e dividendos dos sócios e acionistas das pessoas jurídicas e a regulamentação de um imposto sobre o capital.

Também, ao Brasil cabe observar e aprender com os erros cometidos por estes países, como a opção em tributar de forma mais acentuada os bens de consumo e serviços em detrimento da renda e riqueza. Apesar da desigualdade de renda não ser tão intensa nestes países em comparação ao Brasil, a opção por tributar-se excessivamente o consumo de bens e serviços já apresenta suas consequências ao cenário social e econômico, necessitando reajustes em sua tributação, a fim de alcançar o bem-estar de toda a população.

A partir desta breve análise da tributação europeia, é possível observar criticamente o sistema tributário brasileiro, desde a distribuição da carga tributária até a regulamentação dos atuais tributos. É hora de enxergar os erros para poder evoluir para um sistema justo e solidário.

4.2 A tributação fiscal às avessas no Brasil: ignorando a desigualdade de renda

A análise comparativa é um meio eficaz para observar como o nosso sistema tributário poderia ser e onde ainda poderá avançar para tornar-se mais eficaz e justo. Por isso, a tributação europeia demonstra que equívocos sempre existirão, mas será um erro continuar insistindo

---

[546] KLIASS, Paulo. A União Europeia e a Taxa de Tobin. *Rev. Carta Maior*, 25 abr. 2013. Disponível em: http://cartamaior.com.br/?/Coluna/A-Uniao-Europeia-e-a-Taxa-Tobin/28660. Acesso em: 10 nov. 2021.

em uma tributação frágil e que não concretiza os objetivos do Estado Democrático de Direito.

Sabe-se, conforme enfatizado nos capítulos anteriores, que a desigualdade de renda está prejudicando o desenvolvimento da economia do conhecimento, justamente por não permitir o acesso de todos os cidadãos ao conhecimento e inovação. O globo todo poderia beneficiar-se com uma sociedade mais igualitária.

Todavia, ainda está enraizado o sentimento de individualidade e a necessidade por poder econômico e social. Este fato dificulta que políticas de reformas tributárias sejam efetivamente realizadas nos Estados-Nação. De forma semelhante, no Brasil há uma grande relutância em modificar o atual sistema tributário, apesar de sua ineficiência para a redução das iniquidades. De fato, o mercado prometeu um equilíbrio econômico e social, porém já é comprovado que tal fato não será possível. Por isso, necessária a atuação conjunta dos atores da sociedade para o bem-estar todos.

Em vista disso, na esperança por dias melhores, esta pesquisa abordará as principais inconsistências do sistema tributário brasileiro, a fim de sustentar a importância de reformas drásticas, principalmente com o advento no novo cenário econômico. É imprescindível que o Estado, além de empreendedor, assuma uma tributação mais solidária e com a distribuição justa do ônus tributário. É com novas posturas que a sociedade poderá avançar e atingir o tão "sonhado" equilíbrio econômico e social, posto que o mercado já provou não poder concretizá-lo sozinho.

Neste ponto, a tributação pode desempenhar um papel fundamental na restauração deste equilíbrio social e econômico no país. Isto porque o Estado, por meio da arrecadação de tributos, tem meios para garantir o seu custeio e, com isso, investir em políticas públicas para a satisfação dos direitos básicos do cidadão. Não bastasse tal função fiscal, a tributação pode ir muito além dessa função de financiamento do Estado. Também possui o caráter redistribuidor de renda e riqueza entre os cidadãos, por meio de tributos justos e que respeitem a capacidade econômica do cidadão. Por isso, o papel dos tributos no Estado deve objetivar o bem comum e serem previstos a fim de buscar esta finalidade. Caso contrário, a tributação pode se tornar mais uma forma de aumento das iniquidades, prejudicando o desenvolvimento econômico e social de sua população.

No atual contexto da economia do conhecimento, em que a solidariedade entre o Estado e a sociedade é primordial para o avanço do desenvolvimento humano e social, a tributação também deverá ser repensada com um caráter mais humanitário, a fim de contribuir com o bem-estar do cidadão. É por estes motivos que o ordenamento tributário brasileiro passa a ser o ponto de partida desta pesquisa para analisar a sua eficiência ao bem comum. Conforme Marciano Buffon, é inegável que, quanto maior o grau de satisfação dos direitos fundamentais e constitucionais pelo cidadão, menor será a desigualdade e a pobreza no Estado Nação.[547]

A Constituição Federal, promulgada em 1988, já previa entre os objetivos do Estado Democrático de Direito, elencados em seu art. 3º, que o Estado possui o dever de garantir os direitos básicos de sua população, tornando a tributação um dever social para a concretização de tais finalidades, seja por meio do financiamento em políticas públicas, como também pela redistribuição de renda e riqueza.[548] Quanto à função redistributiva, ressalta-se que deve haver uma divisão justa do ônus fiscal, mediante a "[...] capacidade contributiva, por meio da progressividade e da tributação sobre as grandes riquezas, a fim de evitar a concentração de renda."[549]

Em vista disso, o tributo, além de contribuir para receita do Estado, tem a função de redistribuição, devendo ser exigido de forma justa entre os cidadãos. Por isso, com o objetivo de avaliar se a atual tributação brasileira está cumprindo os ditames constitucionais, a pesquisa abordará, primeiramente, os conceitos relacionados com capacidade contributiva e justiça fiscal, para, posteriormente, explorar a distribuição da carga tributária e suas imperfeições, levando-se o comparativo com o sistema tributário em países desenvolvidos, conforme mencionado no item anterior sobre a tributação nos países europeus.

---

[547] BUFFON, Marciano. Tributação no Brasil: a legitimação do gasto social inclusivo. *Constituição, sistemas sociais e hermenêutica*: anuário do programa de Pós-Graduação em Direito da Unisinos: mestrado e doutorado. *In*: STRECK, Lenio Luiz; ROCHA, Leonel Severo; ENGELMANN, Wilson. Porto Alegre: Livraria do Advogado; São Leopoldo: UNISINOS, 2017, p. 159.

[548] BUFFON, Marciano. Tributação ambiental: a prevalência do interesse ecológico mediante a extrafiscalidade. *In*: STRECK, Lenio Luiz; ROCHA, Leonel Severo; ENGELMANN, Wilson (org.). *Constituição, sistemas sociais e hermenêutica: anuário do Programa de Pós-graduação em Direito da UNISINOS*: mestrado e doutorado. Porto Alegre: Livraria do Advogado; São Leopoldo: UNISINOS, 2012, p. 233.

[549] RIBEIRO, Ricardo Lodi. Piketty e a reforma tributária igualitária no Brasil. *Revista de Finanças Públicas, Tributação e Desenvolvimento*. [S. l.], v. 3, n. 3, 2015. Disponível em: file:///C:/Users/MICRO/Downloads/15587-52017-2-PB%20(1).pdf. Acesso em: 8 nov. 2021.

4.2.1 A capacidade contributiva e a justiça fiscal: teoria ou realidade brasileira?

Analisar um sistema tributário e a composição de sua carga tributária é uma tarefa árdua, principalmente em relação ao Brasil. Isto porque o atual sistema tributário é complexo, com diversos tributos e competências distribuídas entre os entes públicos. Desse modo, para realizar tal estudo é imprescindível ter claro o viés investigativo que será abordado durante o trabalho. Devido ao fato de a presente pesquisa analisar o Estado como empreendedor e sua importância para a concretização do bem-estar e da redução da desigualdade de renda, é inegável que a avaliação do ordenamento tributário também deverá priorizar tais finalidades.

Em vista disso, para iniciar o estudo sobre o sistema tributário brasileiro, há de se ter em mente alguns conceitos introdutórios, como a noção de justiça fiscal e capacidade contributiva, a fim de avaliar se estas concepções estão sendo concretizadas no âmbito fático e, portanto, se a tributação é um meio redutor da desigualdade entre a população.

Quanto ao critério de justiça fiscal, há de destacar a lição de Norberto Bobbio, Nicola Matteucci e Gianfranco Pasquino,[550] a qual sustenta que a justiça é um fim social, assim como a igualdade, a liberdade, a democracia ou o bem-estar. Deste modo, uma lei é considerada justa quando alcança o seu fim. Mas, qual fim?

Nas palavras de Santo Tomás de Aquino, uma lei é justa quando atinge o bem comum proposto, sendo esta sua finalidade.[551] Assim, essa concepção de bem comum passou a ser usada como causa de legitimação da arrecadação tributária e perdura até os dias recentes. Todavia, a noção de bem comum modifica-se com o contexto histórico.

Atualmente, vive-se numa sociedade repleta de concentração de renda e riqueza. Como analisado nos capítulos anteriores, o poder concentra-se nas mãos de uma elite econômica, a qual dificulta o avanço tecnológico e econômico das nações e acende as disparidades entre as classes sociais. Diante deste contexto, a noção de bem comum passa a ser analisada por meio da busca pelos direitos básicos do cidadão, bem

---

[550] BOBBIO, Norberto; MATTEUCCI, Nicola; PASQUINO, Gianfranco. *Dicionário de Política*. Tradução de Carmen C. Varriale *et al*. 13. ed. Brasília: Ed. Universidade de Brasília, 2010. v. I, p. 660-661.

[551] AQUINO, Santo Tomás de. *Suma Teológica IV*: Os hábitos e as virtudes; Os dons do espírito santo; Os vícios e os pecados; A lei antiga e a lei nova; A graça. São Paulo: Loyola, 2005, p. 589-590.

como ao acesso ao conhecimento e oportunidades. Busca-se a promoção da igualdade e uma sociedade que garanta o bem-estar de todos.

Em vista disso, a tributação também necessita modificar seus preceitos, deixando de ser um elemento neutro, pois a atual neutralidade está interferindo negativamente na economia e no mercado. Por isso, o sistema tributário, como um todo, precisa ser reavaliado.

Isto se deve ao fato de que um sistema tributário justo deve ser racional e coerente com todo o ordenamento jurídico, principalmente com as normas constitucionais. Neste caso, a Constituição Federal preza pela redução das iniquidades e pelo bem comum da população, objetivos que devem ser concretizados pelo Estado Democrático de Direito. Nas palavras de Sáinz De Bujanda, um sistema tributário é justo, neste viés, quando se adapta às normas fundamentais e primárias do ordenamento positivo, contidas no texto constitucional e nos seus princípios.[552]

Desse modo, Garcia Dorado[553] explica que o critério de justiça de um sistema tributário está interligado com a repartição justa da carga tributária, a qual deverá realizar-se mediante a efetividade dos princípios constitucionais. Neste diapasão, Piketty,[554] ao alertar sobre o cenário de concentração de renda e riqueza, também sustenta o papel distributivo da tributação, como um critério de justiça fiscal. Neste viés, a tributação pode ser mais ampla que a sua função arrecadatória, abrangendo o seu caráter redistributivo e redutor de desigualdades entre os cidadãos.

Salienta-se que a justiça fiscal pode ser alcançada por meio da justiça distributiva, a qual defende uma tributação de forma proporcional ao mérito de cada contribuinte, isto é, os contribuintes são taxados conforme o aproveitamento da riqueza produzida. Porém, pode-se atingir a justiça fiscal também por meio da redistribuição da riqueza, por intermédio do tributo, visando reduzir a desigualdade de ganhos. Assim, o tributo deve ser "[...] progressivo,[555] personalizado e levar em conta a capacidade contributiva do contribuinte".[556]

---

[552] SÁINZ DE BUJANDA, F. *La contribución territorial urbana*: trayectoria histórica y problemas actuales. Consejos General de las Cámaras de Propriedad Urbana. Valencia, 1987, p. 5-8.

[553] GARCIA DORADO, Francisco. *Prohibicion constitucional de confiscatoriedad y deber de tributacion*. Madrid: Dykinson, 2002, p. 48-49.

[554] PIKETTY, Thomas. *O capital do século XXI*. Rio de Janeiro: Intrínseca, 2014.

[555] A progressividade possui duas modalidades, a progressividade fiscal e a extrafiscal. A fiscal corresponde a uma finalidade meramente arrecadatória, que permite tributar de forma mais gravosa a riqueza tributável maior, contemplando a riqueza presumível do contribuinte. Já a extrafiscal se funda no interesse regulatório, na mudança de condutas, com o objetivo de estimular ou desestimular uma situação. SABBAG, Eduardo. *Manual de Direito Tributário*. 3. ed. São Paulo: Saraiva, 2011, p. 165.) Neste viés, a progressividade

No mesmo sentido, Bernardo Ribeiro de Moraes afirma que, dentre as formas de justiça fiscal, aquela que promove a justiça redistributiva, por meio do princípio da capacidade contributiva,[557] é a mais adequada aos moldes da sociedade brasileira, pois deve analisar a capacidade econômica do contribuinte, de forma a não fomentar a desigualdade de renda entre os cidadãos.[558]

César Albiñana sustenta que a capacidade econômica é o critério material mais qualificado para aferir a distribuição justa dos impostos, a fim de construir um sistema tributário justo.[559] De modo semelhante, Gorospe e Herrera explicam que o Tribunal Constitucional Europeu, em suas sentenças, tende a equiparar o conteúdo genérico da capacidade econômica com justiça tributária, sendo inconstitucionais as decisões e tributos que sejam desproporcionais e com conteúdo arbitrário.[560]

Pérez de Ayala argumenta que a noção de capacidade contributiva é um pressuposto lógico ou conceitual das diversas facetas do

---

fiscal visa "[...] implantar os objetivos de justiça e igualdade, de modo que paguem os economicamente mais fortes proporcionalmente mais do que aqueles menos favorecidos." BALEEIRO, Aliomar. *Direito Tributário brasileiro*. 11. ed. Atual. Misabel Abreu Machado Derzi. Rio de Janeiro: Forense, 2003, p. 253-254. Segundo Thomas Piketty, a progressividade é uma maneira mais justa de redistribuir os impostos, além de oferecer "[...] um limite às desigualdades produzidas pelo capitalismo industrial, mas respeitando a propriedade privada e a livre concorrência." PIKETTY, Thomas. *O capital do século XXI*. Rio de Janeiro: Intrínseca, 2014, p. 492. Em vista disso, o sistema progressivo respeita a livre concorrência, bem como a propriedade privada, enquanto modifica os incentivos privados, segundo as regras previamente fixadas de forma democrática, reduzindo a desigualdade de renda.

[556] BOUVIER, Michel. A questão do imposto ideal. *In*: FERRAZ, Roberto (Coord.). *Princípios e limites da tributação*. 2. ed. São Paulo: Quartier Latin, 2009, p. 185-186.

[557] É importante distinguir a capacidade econômica e capacidade contributiva, a fim de compreender a sua aplicabilidade no ordenamento tributário. A capacidade econômica possui um caráter puramente matemático, somando-se o patrimônio e os rendimentos de uma dada pessoa de direito privado. Já a capacidade contributiva é somente a parcela de riqueza passível de tributação, isto é, tributa-se apenas a parte do patrimônio e da renda que supera o mínimo necessário para a satisfação das necessidades básicas individuais. BRASIL. Supremo Tribunal Federal (STF). *Recurso Extraordinário 562045*, Relator(a): Min. RICARDO LEWANDOWSKI, Relator(a) p/ Acórdão: Min. CÁRMEN LÚCIA, Tribunal Pleno, julgado em 06/02/2013, REPERCUSSÃO GERAL - MÉRITO DJe-233 DIVULG 26-11-2013 PUBLIC 27-11-2013 EMENT VOL-02712-01 PP-00001. Disponível em: http://redir.stf.jus.br/paginadorpub/paginador.jsp?docTP=AC&docID=630039. Acesso em: 8 nov. 2021.

[558] MORAES, Bernardo R. de. *Compêndio do Direito Tributário*. 3. ed. Rio de Janeiro: Forense, 1999. v. 2, p. 118.

[559] ALBIÑANA, César. Artículo 31. El gasto público. *In*: ALZAGA VILLAMIL, Oscar. (dir.). *Comentarios a la constitución española de 1978*. Madrid: Edersa, 1996, p. 412-414.

[560] GOROSPE OVIEDO, Juan; HERRERA, Pedro M. La virtualidad del principio de capacidad económica em el odenamiento tributario español. *In*: ALBIÑANA, César. *Estudios en homenaje al professor Pérez de Ayala*. Madrid: CEU-Universidad San Pablo, 2007. p. 29-56, ISBN 978-84-9849-030-5. Disponível em: http://hdl.handle.net/10637/133. Acesso em: 13 nov. 2023.

princípio da justiça fiscal, como a progressividade, igualdade e não confiscatoriedade.[561] Assim, deve-se analisar a capacidade contributiva por meio destes princípios, a fim de buscar tributos justos.

O princípio da capacidade deve auxiliar o legislador, como se fosse um guia – nas palavras de Zulema Corredor – para incidir o imposto somente aos que possuem capacidade para pagamento. Em vista disso, a decisão de gravar determinadas riquezas deve se pautar em critérios fundamentados no princípio da igualdade, isto é, que justifiquem a razão da diferença, eliminando qualquer indício de arbitrariedade. Por isso, a capacidade contributiva se torna um fundamento de imposição, limite e orientação do poder tributário.[562]

Ensina Hugo de Brito Machado que quem possui maior capacidade contributiva deve pagar um imposto mais elevado, tributando-se de forma igualitária. Logo, é garantida a igualdade na medida em que a proporcionalidade da incidência da carga tributária respeita a capacidade contributiva, em função da utilidade ripária da riqueza.[563]

O critério de justiça fiscal leva em consideração a desigualdade real existente entre os contribuintes, a repartição dos gastos públicos entre todos e a função da capacidade econômica para financiar tais gastos públicos.[564] Esta última é essencial para materializar a justiça dos tributos. A igualdade, desse modo, mais apropriada e eficiente nas relações da sociedade é aquela que considera a medida da desigualdade real para financiar o Estado.[565]

Flávia Piovesan descreve três vertentes no que tange à concepção da igualdade. A primeira refere-se a igualdade formal, em que todos são iguais perante a lei. A segunda concepção é relacionada à igualdade material, correspondente ao ideal de justiça enquanto reconhecimento de identidades (igualdade orientada pelos critérios gênero, orientação sexual, idade, raça, etnia e demais critérios). E, por último, a igualdade

---

[561] PÉREZ DE AYALA, José Luis. Las cargas públicas: Principios para su distribución. *Review of Public Economicsn*, Acienda Pública Española, n. 59, p. 87-112, 1979, ISSN 0210-1173, p. 88-90.
[562] CORREDOR, Zulema Calderón. *Princípios impositivos de justicia y eficiencia:* fundamentos, conflito y proyección. Madrid: Dykinson, 2017. (Colección Fiscalidad), p. 114.
[563] MACHADO, Hugo de Brito. *Os princípios jurídicos da tributação na Constituição de 1988.* 5. ed. São Paulo: Dialética, 2004.
[564] CORREDOR, Zulema Calderón. *Princípios impositivos de justicia y eficiencia:* fundamentos, conflito y proyección. Madrid: Dykinson, 2017. (Colección Fiscalidad), p. 132.
[565] CORREDOR, Zulema Calderón. *Princípios impositivos de justicia y eficiencia:* fundamentos, conflito y proyección. Madrid: Dykinson, 2017. (Colección Fiscalidad), p. 476.

material conexa ao ideal de justiça social e distributiva (igualdade orientada pelo critério socioeconômico).[566]

Em relação a esta última concepção de igualdade, Bobbio, denomina de "igualdade de fato", entendida como exigência ou ideal de igualdade real ou substancial entre os homens. Trata-se da igualdade relativa aos bens materiais, ou igualdade econômica, que se distingue da igualdade perante a lei e da igualdade de oportunidades na medida em que significa maior grau de igualdade entre os homens.[567]

Por meio da igualdade de fato, legitima-se o tratamento desigual entre os contribuintes com capacidades econômicas distintas, objetivando que a igualdade preconizada na constituição seja realmente efetiva na sociedade. Dessa forma, um sistema tributário justo obtém a arrecadação de forma desigual, com base na capacidade econômica do contribuinte, objetivando remover os obstáculos que impedem a igualdade real entre os cidadãos.[568]

Portanto, no campo tributário o princípio da capacidade contributiva possui a função principal de implementar a igualdade, sendo o legitimador do tratamento desigual, uma vez que as pessoas com maior poder econômico são taxadas de maneira mais acentuada em prol dos contribuintes menos abastados economicamente. Isto visando a concretização dos objetivos do Estado Democrático de Direito e a minimização da desigualdade e da pobreza.

O princípio da capacidade contributiva está mencionado no art. 145, §1º, da Constituição Federal, dispondo que, na medida do possível, os impostos "terão caráter pessoal e graduados segundo a capacidade econômica do contribuinte." No entanto, cabe ressaltar que o estabelecido no referido dispositivo legal não se trata do fundamento de aplicação do princípio da capacidade contributiva, pois isto acabaria restringindo o seu papel para a redução das desigualdades e impedindo uma efetiva densificação do princípio da dignidade da pessoa humana. Neste sentido, esclarece Marciano Buffon:

---

[566] PIOVESAN, Flávia. Ações afirmativas da perspectiva dos direitos humanos. *Cadernos de Pesquisa*, v. 35, n. 124, p. 47, jan./abr. 2005. Disponível em: http://www.scielo.br/pdf/cp/v35n124/a0435124.pdf. Acesso em: 16 jul. 2022.

[567] BOBBIO, Norberto. *Igualdade e liberdade*. Tradução de Carlos Nelson Coutinho. Rio de Janeiro: Ediouro, 1996.

[568] GARCIA DORADO, Francisco. *Prohibicion constitucional de confiscatoriedad y deber de tributacion*. Madrid: Dykinson, 2002, p. 157.

[...] mostra-se hermeneuticamente inadequado centrar e restringir a discussão acerca da interpretação do disposto no §1º do art. 145 da Constituição à análise dos termos contidos no referido dispositivo: a) sempre que possível; b) impostos; e c) pessoais. Isso implicaria reduzir o processo interpretativo à mera tradução (do "juridiquez" para o "português") dos termos contidos no texto (interpretação através do método literal). Ou seja, todas as possibilidades interpretativas ficariam restritas à análise do enunciado linguístico, o que é incompatível com o modelo hermenêutico.[569]

Na mesma linha, o Supremo Tribunal Federal, ao julgar um Recurso Extraordinário, reviu o entendimento anterior, no qual a expressão "sempre que possível" restringia a aplicação da capacidade contributiva aos impostos diretos. Deste modo, com o novo posicionamento, o STF destaca que a expressão "sempre que possível" se refere apenas ao caráter pessoal do imposto, e que, por isso, o princípio da capacidade contributiva é aplicável a todos os impostos, ainda que não tenham caráter pessoal.[570]

Em vista disso, Klaus Tipke argumenta que o princípio da capacidade econômica respeita todos os direitos fundamentais das constituições do Estados Sociais de Direito. Isto porque os impostos só podem ser pagos pela renda disponível, uma vez atendidas as necessidades vitais.[571]

Diante desse contexto, a capacidade contributiva deve ser analisada fazendo uso de seus contornos ou limites, como a proteção ao mínimo existencial e a vedação ao confisco. Quanto ao mínimo existencial, aponta-se que este se faz necessário no que diz respeito à proteção de seus direitos fundamentais, tendo o cidadão o direito a uma vida minimamente digna. Logo, para garantir o mínimo existencial, tributam-se com maior carga os bens que não são considerados essenciais, aqueles apresentados como supérfluos e que não estejam elencados no rol do art. 7º, IV, da CF/88, sendo os tributos graduados de acordo com a

---

[569] BUFFON, Marciano. Princípio da capacidade contributiva: uma interpretação hermeneuticamente adequada. In: CALLEGARI, André Luís; STRECK, Lenio Luiz; ROCHA, Leonel Severo (Org.). *Constituição, sistemas sociais e hermenêutica*: anuário do Programa de Pós-Graduação em Direito da UNISINOS: mestrado e doutorado. Porto Alegre: Livraria do Advogado; São Leopoldo: UNISINOS, 2001, p. 249.

[570] BRASIL. Supremo Tribunal Federal (STF). *Recurso Extraordinário 562045*, Relator(a): Min. RICARDO LEWANDOWSKI, Relator(a) p/ Acórdão: Min. CÁRMEN LÚCIA, Tribunal Pleno, julgado em 06/02/2013, REPERCUSSÃO GERAL - MÉRITO DJe-233 DIVULG 26-11-2013 PUBLIC 27-11-2013 EMENT VOL-02712-01 PP-00001. Disponível em: http://redir.stf.jus.br/paginadorpub/paginador.jsp?docTP=AC&docID=630389. Acesso em: 8 nov. 2021.

[571] TIPKE, Klaus. *Moral tributaria del Estado y de los contribuyentes*. Madrid: Marcial Pons, 2002.

capacidade econômica do contribuinte, utilizando o critério da progressividade, a fim de efetivar a justiça fiscal.[572]

Segundo Ingo Sarlet, o conteúdo do mínimo existencial encontra-se fundado no direito à vida e dignidade da pessoa humana, isto é, compreendendo os direitos básicos, como alimentação, moradia, saúde ou os meios indispensáveis para a sua satisfação.[573] Não basta apenas garantir o mínimo para a sobrevivência da pessoa humana, mas também se deve tutelar garantias materiais para uma vida condigna.

Em vista disso, o Estado possui uma prestação negativa com o indivíduo, ao passo que não pode subtrair o mínimo para sua sobrevivência condigna, bem como uma prestação positiva, uma vez que deve assegurar positivamente esse mínimo por meio de prestações de natureza material.[574] É neste sentido o entendimento de Marciano Buffon:

> Na forma positiva, o mínimo existencial se revela através de prestações gerais e igualitárias do Estado, que tenham como norte assegurar ao cidadão condições básicas de sobrevivência, pois sem isso restaria prejudicada a possibilidade de existir dignamente. Por sua vez, na forma negativa, o mínimo existencial se revela, no campo tributário, através das imunidades fiscais, na medida em que o poder de imposição fiscal do Estado não pode invadir a esfera da liberdade mínima do cidadão, representada pelo direito à subsistência.[575]

O Estado possui o dever e a responsabilidade de garantir o mínimo existencial, mantê-lo e oferecer oportunidades a todos os indivíduos, para que eles possam potencializar suas liberdades.[576] Carraza afirma que as pessoas devem ter condições de desfrutar dos progressos básicos da humanidade, estando isto abrangido pelo mínimo existencial.[577]

---

[572] SIQUEIRA, Julio Pinheiro Faro Homem de. O critério da capacidade econômica na tributação. *Revista de Derecho de La Pontificia Universidad Católica de Valparaíso*, Valparaíso, n. 35, 2010. Disponível em: http://www.scielo.cl/scielo.php?pid=S0718-68512010000200012&script=sci_arttext. Acesso em: 9 abr. 2022.

[573] SARLET, Ingo Wolfgang. Direitos fundamentais sociais, mínimo existencial e direito privado. *Revista de Direito do Consumidor*, São Paulo, v. 16, n. 61, p. 90-125, jan./mar. 2007.

[574] SARLET, Ingo Wolfgang. Direitos fundamentais sociais, mínimo existencial e direito privado. *Revista de Direito do Consumidor*, São Paulo, v. 16, n. 61, p. 90-125, jan./mar. 2007, p. 35.

[575] BUFFON, Marciano. *Tributação e dignidade humana*: entre os direitos e deveres fundamentais. Porto Alegre: Livraria do Advogado, 2009, p. 182.

[576] SIQUEIRA, Julio Pinheiro Faro Homem de. Mínimo existencial e o dever de pagar tributos, ou financiando os direitos fundamentais. *Constituição, Economia e Desenvolvimento: Revista da Academia Brasileira de Direito Constitucional*, Curitiba, n. 1, p. 111-133, ago./dez. 2009.

[577] CARRAZZA, Roque Antonio. *ICMS*. 16. ed. rev. e ampl. até a EC 67/2011, e de acordo com a Lei Complementar 87/1996, com suas ulteriores modificações. São Paulo: Malheiros, 2012, p. 514.

No Brasil, o princípio do mínimo existencial não foi expressamente previsto na Constituição Federal, todavia é garantido como direito fundamental decorrente da proteção da vida e da dignidade pessoa humana. Assim, os direitos sociais específicos e previstos na Constituição acabaram por abarcar algumas dimensões do mínimo existencial, sendo entendido como o núcleo essencial dos direitos fundamentais sociais, o qual está blindado contra toda e qualquer intervenção por parte do Estado e da sociedade.[578]

É neste sentido também o entendimento do Supremo Tribunal Federal do Brasil,

> A noção de mínimo existencial, que resulta, por implicitude, de determinados preceitos constitucionais (CF, art. 1º, III, e art. 3º, III), compreende um complexo de prerrogativas cuja concretização revela-se capaz de garantir condições adequadas de existência digna, em ordem a assegurar, à pessoa, acesso efetivo ao direito geral de liberdade e, também, a prestações positivas originárias do Estado, viabilizadoras da plena fruição de direitos sociais básicos, tais como o direito à educação, o direito à proteção integral da criança e do adolescente, o direito à saúde, o direito à assistência social, o direito à moradia, o direito à alimentação e o direito à segurança.[579]

De forma semelhante encontra-se o seguinte precedente jurisprudencial:

> ADMINISTRATIVO E CONSTITUCIONAL. ACESSO À CRECHE AOS MENORES DE ZERO A SEIS ANOS. DIREITO SUBJETIVO. RESERVA DO POSSÍVEL. TEORIZAÇÃO E CABIMENTO. IMPOSSIBILIDADE DE ARGUIÇÃO COMO TESE ABSTRATA DE DEFESA. ESCASSEZ DE RECURSOS COMO O RESULTADO DE UMA DECISÃO POLÍTICA. PRIORIDADE DOS DIREITOS FUNDAMENTAIS. CONTEÚDO DO MÍNIMO EXISTENCIAL. ESSENCIALIDADE DO DIREITO À EDUCAÇÃO. PRECEDENTES DO STF E STJ. [...] 5. Com isso, observa-se que a realização dos Direitos Fundamentais não é opção do governante, não é resultado de um juízo discricionário nem pode ser encarada como tema que depende unicamente da vontade política.

---

[578] SARLET, Ingo Wolfgang. Direitos fundamentais sociais, mínimo existencial e direito privado. Revista de Direito do Consumidor, São Paulo, n. 61, jan./mar. 2007, p. 38.

[579] BRASIL. Supremo Tribunal Federal (STF). *Recurso Extraordinário 639.337*, Relator(a): Min. CELSO DE MELLO, Segunda Turma, julgado em 23/08/2011, DIVULG 14-09-2011 PUBLIC 14-09-2011 EMENT VOL-2587-01. Disponível em: http://redir.stf.jus.br/paginadorpub/paginador.jsp?docTP=AC&docID=630039. Acesso em: 8 nov. 2021.

Aqueles direitos que estão intimamente ligados à dignidade humana não podem ser limitados em razão da escassez quando esta é fruto das escolhas do administrador. Não é por outra razão que se afirma que a reserva do possível não é oponível à realização do mínimo existencial. 6. O mínimo existencial não se resume ao mínimo vital, ou seja, o mínimo para se viver. O conteúdo daquilo que seja o mínimo existencial abrange também as condições socioculturais, que, para além da questão da mera sobrevivência, asseguram ao indivíduo um mínimo de inserção na "vida" social. 7. Sendo assim, não fica difícil perceber que, dentre os direitos considerados prioritários, encontrasse o direito à educação. O que distingue o homem dos demais seres vivos não é a sua condição de animal social, mas sim de ser um animal político. É a sua capacidade de relacionar-se com os demais e, por meio da ação e do discurso, programar a vida em sociedade. 8. A consciência de que é da essência do ser humano, inclusive sendo o seu traço característico, o relacionamento com os demais em um espaço público - onde todos são, in abstrato, iguais, e cuja diferenciação se dá mais em razão da capacidade para a ação e o discurso do que em virtude de atributos biológicos - é que torna a educação um valor ímpar. No espaço público, em que se travam as relações comerciais, profissionais, trabalhistas, bem como onde se exerce a cidadania, a ausência de educação, de conhecimento, em regra, relega o indivíduo a posições subalternas, o torna dependente das forças físicas para continuar a sobreviver e, ainda assim, em condições precárias. [...][580]

Em vista disso, a capacidade contributiva começa após analisados os gastos necessários à aquisição, produção e manutenção da renda e do patrimônio, bem como do mínimo indispensável a uma existência digna para o contribuinte e sua família.[581] Por isso, o Estado deve atentar para o princípio da capacidade contributiva, conforme afirma Marciano Buffon:

> [...] ao se preservarem da tributação aqueles que estão desprovidos de capacidade de contribuir, automaticamente se estará viabilizando a eficácia do princípio da dignidade da pessoa humana, o qual se

---

[580] BRASIL. Superior Tribunal De Justiça (STJ). *Recurso Especial 511.645/SP*, Rel. Min. Herman Benjamin, Segunda Turma, julgado em 18.8.2009, DJe 27.8.2009; RE 410.715 AgR / SP - Rel. Min. Celso de Mello, julgado em 22.11.2005, DJ 3.2.2006, p. 76. [...] (AgRg no AREsp 790.767/MG, Rel. Ministro HUMBERTO MARTINS, SEGUNDA TURMA, julgado em 03/12/2015, DJe 14/12/2015). Disponível em: http://www.mpsp.mp.br/portal/page/portal/Educacao/Jurisprudencia/STJ-creche%20-%20tese%20reserva%20do%20poss%C3%ADvel.pdf. Acesso em: 8 nov. 2021.

[581] BALEEIRO, Aliomar. *Limitações constitucionais ao poder de tributar*: à luz da Constituição de 1988 até a Emenda Constitucional n. 10/1996. 7. ed. Rio de Janeiro: Forense, 1998, p. 574.

manifesta de uma forma mais evidente na área tributária, mediante a não-tributação do mínimo existencial.[582]

Portanto, deve-se observar o princípio da capacidade contributiva ao se tributar, incidindo a carga tributária de forma mais expressiva sobre aqueles que possuem melhores condições financeiras em detrimento daqueles que não possuem tais condições.[583] No entanto, o Estado também deve estar atento para não tributar de tal maneira que possa confiscar o patrimônio ou a renda do cidadão. Assim, a vedação ao confisco é o outro limite imposto pelo princípio da capacidade contributiva ao Estado, protegendo o contribuinte dos excessos da tributação.

Conforme Fábio Goldschmidt, confiscar é: "[…] o ato de apreender a propriedade em prol do Fisco, sem que seja oferecida ao prejudicado qualquer compensação em troca. Por isso, o confisco apresenta o caráter de penalização, resultante da prática de algum ato contrário à lei."[584]

De forma genérica, o confisco é entendido como uma limitação ao poder de fixar ou majorar tributos que acarretem a perda da propriedade do contribuinte.[585] Dessa forma, a vedação ao confisco atua como garantia material contra o excesso de tributação, "[…] constituindo fundamental instrumento de proteção aos direitos e às garantias individuais dos cidadãos brasileiros."[586] O texto da Constituição Federal dispõe sobre a vedação do confisco no art. 150, inciso IV, *in verbis*: "Art.

---

[582] BUFFON, Marciano. *Tributação e dignidade humana*: entre os direitos e deveres fundamentais. Porto Alegre: Livraria do Advogado, 2009, p. 177.

[583] BUFFON, Marciano. *Tributação e dignidade humana*: entre os direitos e deveres fundamentais. Porto Alegre: Livraria do Advogado, 2009, p. 180.

[584] GOLDSCHMIDT, Fábio Brun. *O princípio do não confisco no Direito Tributário*. São Paulo: Revista dos Tribunais, 2003, p. 46.

[585] BALBINO, Juliana Lamego. *O princípio do não confisco no Direito Tributário brasileiro*. 2007. 137 f. Dissertação (Mestrado em Direito Empresarial) – Faculdade de Direito Milton Campos, Nova Lima, 2007. Disponível em: http://www.mcampos.br/POSGRADUACAO/Mestrado/dissertacoes/2012/julianalamegobalbinooprincipiodonaoconfisconodireitotributariobrasileiro.pdf . Acesso em: 30 jun. 2022.

[586] BALBINO, Juliana Lamego. *O princípio do não confisco no Direito Tributário brasileiro*. 2007. 137 f. Dissertação (Mestrado em Direito Empresarial) – Faculdade de Direito Milton Campos, Nova Lima, 2007. Disponível em: http://www.mcampos.br/POSGRADUACAO/Mestrado/dissertacoes/2012/julianalamegobalbinooprincipiodonaoconfisconodireitotributariobrasileiro.pdf . Acesso em: 30 jun. 2022 BALBINO, Juliana Lamego. *O princípio do não confisco no Direito Tributário brasileiro*. 2007. 137 f. Dissertação (Mestrado em Direito Empresarial)–Faculdade de Direito Milton Campos, Nova Lima, 2007. Disponível em: http://www.mcampos.br/POSGRADUACAO/Mestrado/dissertacoes/2012/julianalamegobalbinooprincipiodonaoconfisconodireitotributariobrasileiro.pdf . Acesso em: 30 jun. 2022.

150: [...] é vedado à União, aos Estados, ao Distrito Federal e aos Municípios:[...] IV – utilizar tributo com efeito de confisco; [...]"

O jurista Roque Antônio Carrazza ensina que será inconstitucional a lei que instituir ou majorar tributos com fins confiscatórios, esgotando a riqueza tributável dos contribuintes.[587] De forma semelhante, o Tribunal Constitucional espanhol, na Sentença nº 150/1990, de 4 de outubro, esclareceu que o não confisco é uma exigência lógica de somente consumir a riqueza tributável, isto é, que esteja alcançada pelo dever de contribuir e o seu limite máximo de imposição seja constitucionalmente fixado pela proibição do confisco.[588]

Dessa forma, o tribunal espanhol considera um tributo injusto aquele que põe em risco a capacidade contributiva do cidadão, a satisfação de suas necessidades para levar uma vida digna e que possa reduzir a sua qualidade de vida. A constituição da Espanha, em atenção ao art. 31, também é clara neste sentido, considerando o princípio da não confiscatoriedade como uma garantia subjetiva que limita a carga tributária suportada pelo contribuinte, de modo que não a torne confiscatória de sua renda e riqueza.[589]

Como visto, pelo princípio da capacidade contributiva, deve incidir uma carga tributária mais elevada aos que possuem maior capacidade econômica, contribuindo com maiores parcelas para os cofres públicos. No entanto, há que SE atentar para o tributo não exceder a razoável capacidade contributiva das pessoas, sob pena de tornar-se confiscatório.[590] Assim, pode-se falar em uma relação de complementariedade entre o princípio do não confisco e a capacidade contributiva.[591]

---

[587] CARRAZZA, Roque Antonio. *ICMS*. 16. ed. rev. e. ampl. até a EC 67/2011, e de acordo com a Lei Complementar 87/1996, com suas ulteriores modificações. São Paulo: Malheiros, 2012, p. 435.

[588] GARCIA DORADO, Francisco. *Prohibicion constitucional de confiscatoriedad y deber de tributacion*. Madrid: Dykinson, 2002, p. 150.

[589] GARCIA DORADO, Francisco. *Prohibicion constitucional de confiscatoriedad y deber de tributacion*. Madrid: Dykinson, 2002, p. 153.

[590] BALBINO, Juliana Lamego. *O princípio do não confisco no Direito Tributário brasileiro*. 2007. 137 f. Dissertação (Mestrado em Direito Empresarial) – Faculdade de Direito Milton Campos, Nova Lima, 2007. Disponível em: http://www.mcampos.br/POSGRADUACAO/Mestrado/dissertacoes/2012/julianalamegobalbinooprincipiodonaoconfisconodireitotributariobrasileiro.pdf . Acesso em: 30 jun. 2022.

[591] GARCÍA GUERRERO, David. La conjuncion de las ideas de no confiscatoriedad y progressividade en la contemplación de las ganacias patrimoniales y la titulariedad del patrimônio en nuestro sistema fiscal: la mezscla de índices de capacidade económica. *In*: ESPAFADOR, Carlos María López (dir.). *Estudios sobre progressividade y no confiscatoriedad en matéria tributaria*. Navarra: Thomson Reuters, 2018, p. 147.

Ademais, o efeito do confisco pode surgir aquém da capacidade contributiva, ultrapassando a proteção ao mínimo existencial, agredindo a dignidade da pessoa humana. E, pode ir além da capacidade contributiva, excedendo o limite do tributo razoável e proporcional, mutilando-se a propriedade particular podendo, até mesmo, levar à sua completa aniquilação.[592] Nas palavras de Luciano Amaro:

> Desde que a tributação se faça nos limites autorizados pela Constituição, a transferência de riqueza do contribuinte para o Estado é legítima e não confiscatória. Portanto, não se quer, com a vedação ao confisco, outorgar à propriedade uma proteção absoluta contra a incidência do tributo, o que anularia totalmente o poder de tributar. O que se objetiva é evitar que, por meio do tributo, o Estado anule a riqueza privada.[593]

Neste diapasão, os pilares constitucionais proíbem que o Estado onere o contribuinte por meio de uma tributação confiscatória, de modo a privá-lo do pleno exercício do seu direito de propriedade (salvo as exceções) ou do gozo dos outros direitos fundamentais, como saúde, educação, lazer, moradia, alimentação e vestuário, descritos na própria Constituição Federal. Logo, o Estado não poderá causar "privações" nas necessidades básicas do cidadão pela excessiva cobrança de tributos, tornando confiscatório o tributo que esgota a riqueza tributável das pessoas. Obviamente, neste caso, não se observa a capacidade contributiva do indivíduo.[594]

Conforme García Gerrero, o não confisco é um princípio que deve ser entendido como o dever do legislador em evitar um tributo que possa anular as possibilidades de atuação econômica do contribuinte. Neste viés, abrange todos os índices de riqueza, como propriedade, consumo e circulação de bens. Deve-se repensar a não confiscatoriedade aquém da renda e patrimônio, incluindo em especial o consumo.[595]

---

[592] GOLDSCHMIDT, Fábio Brun. *O princípio do não confisco no Direito Tributário*. São Paulo: Revista dos Tribunais, 2003, p. 162.

[593] AMARO, Luciano. *Direito Tributário brasileiro*. 14. ed. São Paulo: Saraiva, 2008, p. 144.

[594] CAVEDON, Ricardo. O princípio do não confisco e sua interpretação constitucional. *Redes – Revista Eletrônica Direito e Sociedade*, Canoas, v. 2, n. 1, p. 85-113, maio 2014. Disponível em: http://www.revistas.unilasalle.edu.br/index.php/redes. Acesso em: 7 fev. 2022.

[595] GARCÍA GUERRERO, David. La conjunción de las ideas de no confiscatoriedad y progresividad em la contemplación de las ganacias patrimoniales y la titulariedad del patrimônio en nuestro sistema fiscal: la mezscla de índices de capacidad económica. *In*: ESPAFADOR, Carlos María López (dir.). *Estudios sobre progressividade y no confiscatoriedad en matéria tributaria*. Navarra: Thomson Reuters, 2018, p. 148.

Por isso, para delimitar o efeito do confisco ao caso concreto, caberá ao intérprete ou julgador estabelecer se o tributo é excessivo, observando a capacidade contributiva, a isonomia tributária, razoabilidade e proporcionalidade do referido tributo.[596] Na Espanha, por exemplo, com base no art. 31 da sua Constituição, a doutrina assinalou que "um imposto que incidisse sobre o patrimônio ou sobre a renda global de um sujeito com alíquotas superiores a 90% poderia ser taxado de confiscatório".[597] Porém, no Brasil, são ainda tímidas as inclinações, sobretudo da jurisprudência, quanto à fixação de limites ou critérios objetivos para a mensuração do efeito confiscatório. Neste viés, ressalta o julgado abaixo, no qual o Supremo Tribunal Federal manifestou o seu entendimento sobre o efeito confiscatório na tributação:

> A TRIBUTAÇÃO CONFISCATÓRIA É VEDADA PELA CONSTITUIÇÃO DA REPÚBLICA. - A jurisprudência do Supremo Tribunal Federal entende cabível, em sede de controle normativo abstrato, a possibilidade de a Corte examinar se determinado tributo ofende, ou não, o princípio constitucional da não-confiscatoriedade consagrado no art. 150, IV, da Constituição. Precedente: ADI 1.075-DF, Rel. Min. CELSO DE MELLO (o Relator ficou vencido, no precedente mencionado, por entender que o exame do efeito confiscatório do tributo depende da apreciação individual de cada caso concreto). - A proibição constitucional do confisco em matéria tributária nada mais representa senão a interdição, pela Carta Política, de qualquer pretensão governamental que possa conduzir, no campo da fiscalidade, à injusta apropriação estatal, no todo ou em parte, do patrimônio ou dos rendimentos dos contribuintes, comprometendo-lhes, pela insuportabilidade da carga tributária, o exercício do direito a uma existência digna, ou a prática de atividade profissional lícita ou, ainda, a regular satisfação de suas necessidades vitais (educação, saúde e habitação, por exemplo). A identificação do efeito confiscatório deve ser feita em função da totalidade da carga tributária, mediante verificação da capacidade de que dispõe o contribuinte - considerado o montante de sua riqueza (renda e capital) - para suportar e sofrer a incidência de todos os tributos que ele deverá pagar, dentro de determinado período, à mesma pessoa política que os houver instituído (a União Federal, no caso), condicionando-se, ainda, a aferição do grau de insuportabilidade econômico-financeira, à observância, pelo legislador, de padrões de razoabilidade destinados a neutralizar excessos de ordem fiscal eventualmente praticados

---

[596] SABBAG, Eduardo. *Manual de Direito Tributário*. 3. ed. São Paulo: Saraiva, 2011, p. 234.
[597] LAPATZA, José Juan Ferreiro. *Direito Tributário*: teoria geral do tributo. Barueri: Manole; Espanha: Marcial Pons, 2007, p. 28.

pelo Poder Público. Resulta configurado o caráter confiscatório de determinado tributo, sempre que o efeito cumulativo - resultante das múltiplas incidências tributárias estabelecidas pela mesma entidade estatal - afetar, substancialmente, de maneira irrazoável, o patrimônio e/ou os rendimentos do contribuinte. - O Poder Público, especialmente em sede de tributação (as contribuições de seguridade social revestem-se de caráter tributário), não pode agir imoderadamente, pois a atividade estatal acha-se essencialmente condicionada pelo princípio da razoabilidade.[598]

Nesta linha, Alexandrino e Paulo destacam que a mensuração do efeito confiscatório deve ser feita em função da totalidade da carga tributária, mediante verificação da capacidade que dispõe o contribuinte – considerando o montante de sua riqueza (renda e capital) – para suportar e sofrer a incidência de todos os tributos que ele deverá pagar, dentro de determinado período, e pelo mesmo ente federativo que os houver instituído.[599]

Contudo, admite-se a tributação com efeitos confiscatórios quando se tratar de tributos com efeitos extrafiscais e do exercício do poder de polícia. A tributação extrafiscal visa atingir efeitos na área econômica e social, bem como intervindo no desenvolvimento econômico do país. Desse modo ensina o doutrinador Werther Botelho Spagnol:

> Os objetivos meramente fiscais se traduzem pela obtenção de recursos para o erário por meio da tributação. No caso, a instituição de um tributo é feita tão-somente com finalidade arrecadatória, não objetivando o legislador, por meio da exação, induzir qualquer comportamento da parte do contribuinte ou intervir diretamente na atividade econômica. A seu turno, o legislador pode utilizar o tributo não apenas como meio de arrecadação, ficando, até mesmo, esta função relegada a um segundo plano, mas com objetivos políticos outros, como a indução de um comportamento do particular (ITR progressivo para propriedades improdutivas) ou o controle da atividade econômica (aumentar a alíquota do IOF para conter uma explosão do consumo).[600]

---

[598] BRASIL. Supremo Tribunal Federal (Tribunal Pleno). *Ação Direta de Inconstitucionalidade* 2010 MC. Relator: Min. Celso de Mello, 30 set. 1999. Diário da Justiça, Brasília, DF, 12 abr. 2002. Disponível em: http://redir.stf.jus.br/paginadorpub/paginador.jsp?docTP=AC&docID=347383. Acesso em: 19 jul. 2022.

[599] ALEXANDRINO, Marcelo; PAULO, Vicente. *Direito Tributário na Constituição e no STF: teoria e jurisprudência.* 15. ed. rev. e atual. Rio de Janeiro: Forense; São Paulo: Método, 2009, p. 144-145.

[600] SPAGNOL, Werther Botelho. *Curso de Direito Tributário.* Belo Horizonte: Del Rey, 2004, p. 29.

Portanto, não tem sido aplicada a vedação ao confisco nos casos de progressividade extrafiscal, admitindo-se o excesso na cobrança do Imposto Predial Territorial Urbano e do Imposto Territorial Rural, desde que estes impostos objetivem o cumprimento da função social da propriedade urbana e rural, respectivamente.[601] Além disso, admite-se, por exemplo, a majoração do imposto sobre cigarros e bebidas com fins extrafiscais, admitindo alíquotas superiores a 100%, sem que reste configurado o confisco, uma vez que se pretende desestimular o consumo de álcool e de cigarros por possuírem efeitos maléficos para a vida humana, inclusive acarretando custos para a sociedade, como o tratamento de doenças ocasionadas pelo consumo excessivo destes produtos. [602] Por isso, há impostos em que não se aplica o efeito confiscatório, como Imposto de Importação, Imposto de Exportação, Imposto sobre Produtos Industrializados e Imposto sobre Operações Financeiras.

De todo modo, destaca-se que a vedação ao efeito confiscatório do tributo é uma imposição constitucional, a fim de proteger o cidadão dos excessos do Estado. Conforme observa Luiz Emygidio Rosa Júnior,[603] o sistema confiscatório ou o tributo confiscatório é aquele que visa ferir os direitos do cidadão expressados no art. 7º da Constituição Federal de 1988,[604] isto é, objetiva-se garantir ao cidadão o acesso aos direitos básicos, não podendo a tributação ameaçar a concretização de tais preceitos.

Diante do exposto, constata-se que a capacidade contributiva possui limites, cuja tributação não poderá atingir o mínimo existencial do contribuinte, sob pena de desrespeitar a dignidade da pessoa humana, bem como deve tributar não exacerbando a riqueza individual, como a propriedade privada. A observação a esses princípios permite que se tenha uma maior justiça e equidade fiscal. No entanto, a tributação brasileira onera excessivamente os bens de consumo e serviços, sendo utilizada de forma reversa e indo ao encontro do arquétipo constitucional

---

[601] SABBAG, Eduardo. *Manual de Direito Tributário*. 3. ed. São Paulo: Saraiva, 2011, p. 234-237.
[602] BERTI, Flávio de Azambuja. *Impostos*: extrafiscalidade e não confisco. Curitiba: Juruá, 2003, p. 134.
[603] ROSA JÚNIOR, Luiz Emygidio F. da. *Manual de Direito Financeiro & Direito Tributário: Doutrina, Jurisprudência e Legislações Atualizadas*. 20. ed. Rio de Janeiro: Renovar, 2007, p. 275.
[604] Art. 7º São direitos dos trabalhadores urbanos e rurais, além de outros que visem à melhoria de sua condição social: [...]; IV – salário-mínimo, [...], capaz de atender a suas necessidades vitais básicas e às de sua família com moradia, alimentação, educação, saúde, lazer, vestuário, higiene, transporte e previdência social, com reajustes periódicos que lhe preservem o poder aquisitivo, sendo vedada sua vinculação para qualquer fim.

e dos objetivos do Estado Democrático de Direito, conforme pode ser facilmente constatado ao analisar a atual carga tributária no Brasil.

4.2.2 A (in)justa carga tributária brasileira

O Ordenamento Tributário Brasileiro prevê princípios em sua base, como a capacidade contributiva, a justiça fiscal e a proteção ao mínimo existencial. Tais princípios objetivam concretizar o bem-estar da população, por meio da arrecadação de tributos que respeitam a situação econômica do contribuinte, bem como auxiliam na redistribuição de renda e riqueza entre os cidadãos. No papel, o bem comum seria atingido pela tributação, sendo um instrumento eficaz para a redução das iniquidades brasileiras.

Todavia, a distribuição da carga tributária, contemporaneamente, não observa – verdadeiramente – tais preceitos. Apesar de o Brasil possuir uma carga tributária considerada elevada, em comparação aos países da OCDE e América Latina, conforme relatado no início deste capítulo, o Estado brasileiro ainda possui elevados índices de desigualdade de renda e pobreza, bem como não garante eficazmente os direitos básicos aos seus cidadãos.

Neste sentido, a Agência do Senado Federal revelou que a atual carga tributária representa cerca de 33% do produto interno bruto (PIB).[605] Por certo, o que se deve atentar não é para o tamanho da nossa carga tributária em relação aos outros países, e sim pela forma como ela é composta e sobre os bens que ela incide, pois isto está refletindo no aumento da desigualdade de renda, tornando-se mais injusta do que excessiva perante a população, principalmente aos cidadãos mais carente.[606]

Como estudo acima, pelo princípio da capacidade contributiva, quem recebe mais deve arcar com um ônus maior, isto é, sua carga tributária deve ser mais elevada em comparação ao cidadão com menor poder aquisitivo. Entretanto, em realidade, no Brasil de hoje, quem arca com a maioria da carga tributária é justamente o cidadão com menores

---

[605] WESTIN, Ricardo. Porque a fórmula de cobrança de impostos do Brasil piora a desigualdade social. *Agência Senado*. 28 maio 2021. Disponível em: https://www12.senado.leg.br/noticias/infomaterias/2021/05/por-que-a-formula-de-cobranca-de-impostos-do-brasil-piora-a-desigualdade-social. Acesso em: 6 nov. 2021.

[606] RIBEIRO, Ricardo Lodi. Piketty e a reforma tributária igualitária no Brasil. *Revista de Finanças Públicas, Tributação e Desenvolvimento*. [S. l.], v. 3, n. 3, 2015. Disponível em: file:///C:/Users/MICRO/Downloads/15587-52017-2-PB%20(1).pdf. Acesso em: 8 nov. 2021.

condições econômicas. Tal fato é explicado pela excessiva tributação sobre os bens de consumo e serviço, os quais representam 43% de toda arrecadação.[607]

Nos países integrantes da Organização para a Cooperação e o Desenvolvimento Econômico (OCDE), por exemplo, a tributação sobre os bens de consumo e serviços possui uma média de 33%. Em países desenvolvidos, como o Canadá, a carga tributária sobre estes produtos é cerca de 23%, o que demonstra o quão desproporcional e regressiva é a atual tributação à brasileira.[608]

Conforme os dados disponibilizados pelo Banco Mundial, nos países europeus, aproximadamente 33% da sua arrecadação total com tributos é relativa aos impostos sobre consumo e serviços. Destes países, destaca-se a França, com um percentual de 23,5% em arrecadação com impostos indiretos, bem como a Espanha, com 27,4%.[609]

O problema (global) da tributação excessiva sobre o consumo reside no fato de ser embutida no preço de produtos e serviços, isto é, os tributos incidentes sobre determinada mercadoria são iguais para qualquer consumidor. Desse modo, quem ganha pouco, na comparação com quem ganha muito, acaba perdendo um pedaço maior da sua renda com esses tributos na hora da compra. Logicamente, aumenta as desigualdades entre as classes sociais.[610]

Por exemplo, no Brasil, um telefone celular no valor total de R$1.000,00 (um mil reais), possui um valor em impostos de R$400,00 (quatrocentos reais). Para um trabalhador que recebe um salário mensal de R$2.200,00 (dois mil e duzentos reais), o valor cobrado em imposto representa 18% de sua renda mensal. Porém, para o trabalhador que recebe uma renda mensal de R$16.500,00, por exemplo, a carga tributária

---

[607] WESTIN, Ricardo. Porque a fórmula de cobrança de impostos do Brasil piora a desigualdade social. *Agência Senado*. 28 maio 2021. Disponível em: https://www12.senado.leg.br/noticias/infomaterias/2021/05/por-que-a-formula-de-cobranca-de-impostos-do-brasil-piora-a-desigualdade-social. Acesso em: 6 nov. 2021.

[608] WESTIN, Ricardo. Porque a fórmula de cobrança de impostos do Brasil piora a desigualdade social. *Agência Senado*. 28 maio 2021. Disponível em: https://www12.senado.leg.br/noticias/infomaterias/2021/05/por-que-a-formula-de-cobranca-de-impostos-do-brasil-piora-a-desigualdade-social. Acesso em: 6 nov. 2021.

[609] BANCO MUNDIAL. Fundo Monetário Internacional. *Anuário de Estatísticas de Finanças Públicas e arquivos de dados*. Disponível em: https://datos.bancomundial.org/indicator/GC.TAX.INTT.RV.ZS. Acesso em: 10 nov. 2021.

[610] WESTIN, Ricardo. Porque a fórmula de cobrança de impostos do Brasil piora a desigualdade social. *Agência Senado*. 28 maio 2021. Disponível em: https://www12.senado.leg.br/noticias/infomaterias/2021/05/por-que-a-formula-de-cobranca-de-impostos-do-brasil-piora-a-desigualdade-social. Acesso em: 6 nov. 2021.

cobrada neste produto irá representar apenas 2,5% de sua renda. Ou seja, a carga tributária para o trabalhador com menor poder aquisitivo pesará sete vezes mais em comparação ao outro trabalhador com renda mensal elevada. É nítida a indução à desigualdade de renda no Brasil.[611]

Ademais, a tributação sobre a cesta básica brasileira também é elevada em comparação com a média internacional. Tais produtos garantem a proteção ao mínimo existencial e, portanto, não deveria incidir uma excessiva carga tributária, a fim de não comprometer o sustento do cidadão. Entretanto, segundo a Associação Brasileira da Indústria de Alimentos, a carga tributária que incide nesse segmento da economia é de cerca de 23%, enquanto a média internacional é de 7%.[612]

Ressalta-se que a cesta básica é um conjunto de produtos utilizados por uma família durante um mês e estão incluídos nela produtos de gênero alimentício, higiene pessoal e limpeza. Dentre estes produtos, destacam-se carne, leite, pão, feijão, arroz, farinha, óleo, café, banana, açúcar, manteiga, tomate e batata, os quais são considerados os ingredientes básicos para uma alimentação saudável.

Obviamente, por tratar-se de produtos essenciais à saúde do cidadão, estes produtos deveriam possuir uma carga tributária menor ou até mesmo isenta. Todavia, em solo brasileiro a realidade é outra. Além da carga tributária ser excessiva sobre esses produtos, que afetam consideravelmente a renda do cidadão mais carente, também há a incidência de diversos tributos, como o Imposto sobre Circulação de Mercadorias ou Serviços (ICMS), Imposto sobre Produtos Industrializados (IPI), Programas de Integração Social e de Formação do Patrimônio do Servidor Público (PIS/PASEP) e Contribuição para Financiamento da Seguridade Social (COFINS).[613]

Apesar de, desde 2004, os produtos como feijão, arroz, pão, leite e queijos serem isentos de PIS/COFINS, é inegável que a complexidade

---

[611] WESTIN, Ricardo. Porque a fórmula de cobrança de impostos do Brasil piora a desigualdade social. *Agência Senado*. 28 maio 2021. Disponível em: https://www12.senado.leg.br/noticias/infomaterias/2021/05/por-que-a-formula-de-cobranca-de-impostos-do-brasil-piora-a-desigualdade-social. Acesso em: 6 nov. 2021.

[612] SOUZA, Murilo. Projeto zera tributos incidentes sobre itens da cesta básica. Agência Câmara de Notícias: *Câmara dos Deputados*, 27 jan. 2021. Disponível em: https://www.camara.leg.br/noticias/722887-projeto-zera-tributos-incidentes-sobre-itens-da-cesta-basica/. Acesso em: 6 nov. 2021.

[613] ALENCAR, Humberto Nunes. *Fim da desoneração tributária da cesta básica e impactos na renda da população brasileira*. 2020. 36 p. Dissertação (Mestrado Profissional em Economia) – Instituto Brasileiro de Ensino, Desenvolvimento e Pesquisa, Brasília, 2021. Disponível em: https://joserobertoafonso.com.br/wp-content/uploads/2021/04/Dissertacao_-HUMBERTO-NUNES-ALENCAR_MESTRADO-EM-ECONOMIA_2020.pdf. Acesso em: 20 jan. 2022.

tributária sobre os produtos tão essenciais à sobrevivência do indivíduo dificulta, ainda mais, a diminuição da carga tributária sobre a cesta básica. Por exemplo, sobre o preço do açúcar, incide cerca de 30,6% de tributos; sobre o leite, 28,2%; sobre a manteiga, 33,8%; carne, 29%; óleo, 22,8%; ovo, 20,6%; e, margarina, 36%.[614]

Do ponto de vista econômico e social, os produtos essenciais à saúde e ao bem-estar deveriam possuir uma carga tributária menor, a fim de respeitar o princípio da capacidade contributiva e do mínimo existencial. Entretanto, grande parte dos recursos das famílias de baixa renda é alocada para o consumo de alimentos, o que faz com que essas famílias contribuam proporcionalmente mais com a tributação, evidenciando a regressividade existente no sistema tributário brasileiro, em relação à tributação incidente sobre o consumo.

Não bastasse a excessiva tributação sobre o consumo e serviços, a renda e o patrimônio possuem uma carga tributária mais reduzida e com diversas isenções e benefícios, os quais permitem que quem esteja no topo não contribua significativamente ao Estado. Segundo a Secretaria do Tesouro Nacional, em 2020 o Brasil arrecadou 13,42% do PIB em impostos sobre bens e serviços, enquanto os impostos sobre a propriedade representaram apenas 1,58% do PIB.[615]

Os dados disponibilizados revelaram que houve uma diminuição da arrecadação de impostos e de contribuições sociais no país entre 2019 a 2020, principalmente devido aos impactos da crise econômica advinda com a pandemia do COVID-2019. De forma geral, em 2019, o governo arrecadou 24% em impostos e 8,51% em contribuição sociais, ambas em referência ao PIB. Já em 2020, o valor caiu para 23,24% em impostos e 8,41% em contribuições sociais.[616]

Contudo, em 2021, a carga tributária bruta do Governo Geral (Governo Central, Estados e municípios) foi de 33,90% do PIB, o que representa um aumento de 2,14 pontos percentuais do PIB em relação a 2020 (31,76%). Na composição da carga tributária, chama a atenção a

---

[614] INSTITUTO BRASILEIRO DE PLANEJAMENTO E TRIBUTAÇÃO – IBPT. Disponível em: https://ibpt.com.br/. Acesso em: 20 jan. 2022.
[615] SECRETARIA DO TESOURO NACIONAL. Estimativa da Carga Tributária Bruta do Governo Geral. *Boletim*, 30 mar. 2021. Disponível em: https://sisweb.tesouro.gov.br/apex/f?p=2501:9::::9:P9_ID_PUBLICACAO:38233. Acesso em: 9 nov. 2021.
[616] SECRETARIA DO TESOURO NACIONAL. Estimativa da Carga Tributária Bruta do Governo Geral. *Boletim*, 30 mar. 2021. Disponível em: https://sisweb.tesouro.gov.br/apex/f?p=2501:9::::9:P9_ID_PUBLICACAO:38233. Acesso em: 9 nov. 2021.

arrecadação dos impostos sobre bens e serviços, os quais foram os mais relevantes na categoria Impostos, com 14,76% do total de 33,90%.[617]

Além disso, verifica-se que a carga tributária sobre a propriedade, renda, lucros e ganhos de capital continuam com arrecadação inferior em comparação aos bens de consumo e serviço. Por exemplo, em 2021, os impostos sobre a propriedade representaram 1,65% do PIB Nacional, enquanto a renda, lucros e ganhos de capital representam 8,02%.[618] Estes dados revelam a injusta distribuição da carga tributária no Brasil, conforme se visualiza no Gráfico 9 a seguir:

Gráfico 9 – Carga Tributária 2021

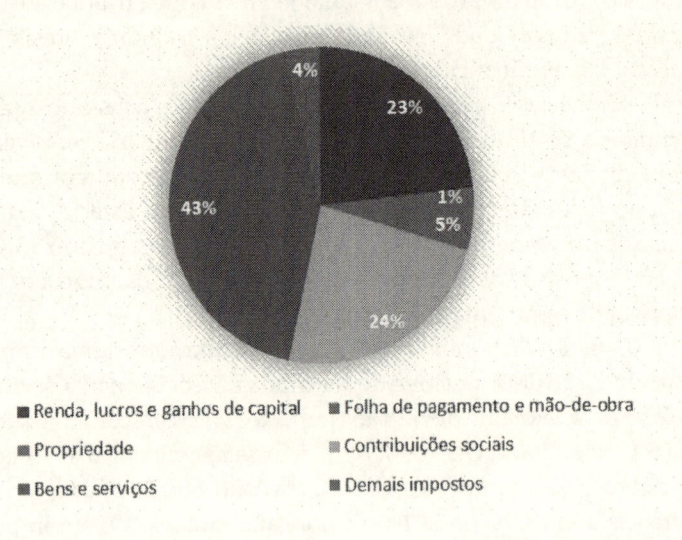

- Renda, lucros e ganhos de capital
- Folha de pagamento e mão-de-obra
- Propriedade
- Contribuições sociais
- Bens e serviços
- Demais impostos

Fonte: Elaboração da autora com base nos dados disponibilizados pela Secretaria do Tesouro Nacional.

Em relação aos países da União Europeia, a percentagem média da arrecadação sobre a renda e ganhos de capital ficou em 18,8%, valor abaixo sobre os bens de consumo e serviço (33%). Caso semelhante

---

[617] SECRETARIA DO TESOURO NACIONAL. Estimativa da Carga Tributária Bruta do Governo Geral. *Boletim*, 30 mar. 2021. Disponível em: https://sisweb.tesouro.gov.br/apex/f?p=2501:9::::9:P9_ID_PUBLICACAO:38233. Acesso em: 9 nov. 2021.

[618] SECRETARIA DO TESOURO NACIONAL. Estimativa da Carga Tributária Bruta do Governo Geral. *Boletim*, 30 mar. 2021. Disponível em: https://sisweb.tesouro.gov.br/apex/f?p=2501:9::::9:P9_ID_PUBLICACAO:38233. Acesso em: 9 nov. 2021.

ocorre na Espanha, em que a média foi de 19,4%, em 2019.[619] Apesar da tributação sobre a renda ser mais significativa nestes países europeus, ainda sim verificamos que os impostos indiretos ocupam um lugar de destaque na arrecadação total.

Já nos Estados Unidos, o Banco Mundial divulgou que a renda e ganhos do capital, em 2020, resultou numa arrecadação de 51,9% de sua arrecadação fiscal total. Valor superior à média dos países europeus e da América Latina, como o Brasil.[620]

Quanto à tributação sobre a renda no Brasil, merecem destaque algumas considerações. No Imposto de Renda de Pessoas Físicas, a base de cálculo será a própria renda do contribuinte, e apresenta diferentes alíquotas dependendo do poder econômico do contribuinte. Neste sentido, atualmente, há quatro tipos de alíquotas, variando de 7,5 a 27,5%, além da faixa isenta. Em termos de alíquotas efetivas, a alíquota efetiva (média) total do imposto de renda da pessoa física foi "[...] 9,2% em 2012, bastante próxima da alíquota marginal mínima de 7,5% para os rendimentos do trabalho e bem distante da alíquota mínima de 15% para os rendimentos do capital."[621] Nesta linha, segue a tabela do IRPF atualizada:

---

[619] BANCO MUNDIAL. Fundo Monetário Internacional. *Anuário de Estatísticas de Finanças Públicas e arquivos de dados*. Disponível em: https://datos.bancomundial.org/indicator/GC.TAX.INTT.RV.ZS. Acesso em: 10 nov. 2021.

[620] BANCO MUNDIAL. Fundo Monetário Internacional. *Anuário de Estatísticas de Finanças Públicas e arquivos de dados*. Disponível em: https://datos.bancomundial.org/indicator/GC.TAX.INTT.RV.ZS. Acesso em: 10 nov. 2021.

[621] CASTRO, Fábio Ávila de; BUGARIN, Maurício Soares. A progressividade do imposto de renda de pessoa física no Brasil. *Estudos Econômicos*, São Paulo, v. 47, n. 2, p. 259-293, abr./jun. 2017. Disponível em: http://www.scielo.br/scielo.php?script=sci_arttext&pid=S0101-41612017000200259&lng=en&nrm=iso&tlng=pt. Acesso em: 8 nov. 2021, p. 22.

Tabela 1 – Imposto de Renda Pessoa Física 2015-2022

Base de cálculo	Alíquota	Dedução
de 0,00 até 1.903,98	isento	0,00
de 1.903,99 até 2.826,65	7,50%	142,80
de 2.826,66 até 3.751,05	15,00%	354,80
de 3.751,06 até 4.664,68	22,50%	636,13
a partir de 4.664,68	27,50%	869,36

Fonte: Elaboração da autora com base nos dados disponibilizados pela Secretaria do Tesouro Nacional.

Tal tabela evidencia que a grande maioria da população não paga imposto ou paga a alíquotas efetivas inferiores àquelas previstas na legislação, demonstrando a inefetividade do princípio da capacidade de pagamento previsto na Constituição Federal de 1988.[622]

Já em relação ao Imposto de Renda de Pessoas Jurídicas, além de possuir uma tributação menor em comparação com as pessoas físicas, as alíquotas não são progressivas. A legislação brasileira estabelece a alíquota de 15% sobre a parcela do lucro real, presumido ou arbitrado, possibilitado o acréscimo de 10% sobre o valor resultante da multiplicação de vinte mil reais pelo número de meses do respectivo período de apuração.[623]

Ademais, há isenções e benefícios concedidos aos sócios e acionistas das pessoas jurídicas. Essa isenção está prevista na Lei nº 9.249/1995, a qual estabelece que o lucro ou dividendo da pessoa jurídica não ficará sujeito à incidência do imposto de renda na fonte, nem integrará a base de cálculo do imposto de renda do beneficiário, pessoa física ou jurídica, domiciliado no país ou no exterior.[624] Isto significa que os sócios e acionistas não pagam imposto de renda na distribuição dos lucros e dividendos da pessoa jurídica, enquanto o trabalhador que recebe, por exemplo,

---

[622] ANSELMINI, Priscila; BUFFON, Marciano. Tributação como instrumento de redução das desigualdades no Brasil. *Revista de Direito Público*, Londrina, v. 13, n. 1, p. 226-258, 2018. DOI: https://doi.org/10.5433/1980-511X.2018v13n1p226.

[623] ANSELMINI, Priscila. *Tributação & desigualdade*: uma abordagem do plano internacional ao plano local. Blumenau: Dom Modesto, 2020.

[624] BRASIL. Lei n. 9.249 de 26 de Dezembro de 1995. *Diário Oficial da União*. Disponível em: http://www.planalto.gov.br/ccivil_03/leis/l9249.htm. Acesso em: 20 jan. 2022.

R$3.000,00 (três mil reais) tem o seu salário tributado. Ora, é perceptível que o legislador brasileiro optou por "abrir mão" de uma significativa receita anual, sem qualquer motivo ou justificativa aparente.[625]

A legislação (Lei nº 9.249/1995) também estabelece a isenção do imposto de renda sobre a remessa de lucro e dividendo para outros países, o que favorece o investimento do lucro, produzido em solo brasileiro, em outro lugar do globo.[626] Por certo, estas isenções demonstram o favorecimento em relação às pessoas jurídicas, isentando significativas receitas tributárias e, em contrapartida, onerando a taxação da renda das pessoas físicas.

Em relação a tributação sobre o patrimônio, o Brasil praticamente recusa arrecadar impostos sobre o capital – conforme visualizado no Gráfico 9 – apesar de sua alarmante desigualdade patrimonial. Os impostos brasileiros incidentes sobre o patrimônio são o Imposto Territorial Rural (ITR), Imposto Predial Territorial Urbano (IPTU), Imposto de Propriedade sobre o Veículos Automotores (IPVA), Imposto de Transferência de Bens Imóveis (ITBI) e Imposto de Transferência Causa Mortis (ITCD),[627] sendo esses dois últimos relativos à transmissão de

---

[625] ANSELMINI, Priscila. *Tributação & desigualdade*: uma abordagem do plano internacional ao plano local. Blumenau: Dom Modesto, 2020.

[626] BRASIL. Lei n. 9.249 de 26 de Dezembro de 1995. *Diário Oficial da União*. Disponível em: http://www.planalto.gov.br/ccivil_03/leis/l9249.htm. Acesso em: 20 jan. 2022.

[627] O Estado do Rio Grande do Sul instituiu alíquotas progressivas ao ITCD, por meio da Lei Estadual nº 8.821/89, em observância ao princípio da capacidade contributiva. No entanto, a referida lei foi considerada inconstitucional pelo Tribunal de Justiça do Rio Grande do Sul, argumentando pela não aplicação do princípio da capacidade contributiva e, portanto, a progressividade, aos impostos reais. Todavia, o Supremo Tribunal Federal declarou constitucional a referida lei gaúcha, por meio do Recurso Extraordinário nº 562.045, reconhecendo, em repercussão geral, a possibilidade de aplicação do princípio da capacidade contributiva, via progressividade, ao ITCD. Nesta linha, destaca o voto do Ministro Eros Grau: "O que a Constituição diz é que os impostos, sempre que possível, deverão ter caráter pessoal. A Constituição prescreve, afirma um dever ser: os impostos deverão ter caráter pessoal sempre que possível. E, mais, diz que os impostos, todos eles, sempre que possível serão graduados segundo a capacidade econômica do contribuinte. [...] o §1º do artigo 145 da Constituição determina como devem ser os impostos, todos eles. Não somente como devem ser alguns deles. Não apenas como devem ser os impostos dotados de caráter pessoal. Isso é nítido. Nítido como a luz solar passando através de um cristal, bem polido." BRASIL. Supremo Tribunal Federal. Recurso Extraordinário. Constitucional. Tributário. Lei Estadual: Progressividade De Alíquota De Imposto Sobre Transmissão Causa Mortis d Doação de Bens e Direitos. Constitucionalidade. Art. 145, §1º, da Constituição da República. Princípio da Igualdade Material Tributária. Observância da Capacidade Contributiva. Recurso Extraordinário Provido. Relator Min. Ricardo Lewandowski; Coordenadoria de Análise de Jurisprudência DJe nº 233, Divulgação 26/11/2013, Publicação 27/11/2013, Ementário nº 2712 – 01. Disponível em: http://portal.stf.jus.br/processos/detalhe.asp?incidente=2554479. Acesso em: 9 nov. 2021, p. 30.

propriedade. Esses impostos juntos representam menos de 2% do PIB brasileiro.[628]

Quanto à tributação destes impostos, verifica-se que há uma incompatibilidade com os princípios constitucionais, pois existe uma certa relutância em aplicar a capacidade contributiva e a progressividade nos impostos como o ITBI, ITCD e o IPTU. Em relação ao IPVA, também há distorções constitucionais, isto porque navios e aeronaves, mesmo sendo veículos automotores, estão isentos de tributação. Esse fato acaba privilegiando a classe social com maior renda, como grandes empresas, em detrimento dos cidadãos mais carente, afrontando diretamente o princípio da capacidade contributiva.[629]

No que tange ao ITR, importante ressaltar que sua incidência é relativamente baixa, apesar da extensa estrutura fundiária brasileira.[630] A sua arrecadação anual representa cerca de 0,4% do PIB, enquanto a média internacional fica em torno de 2,6%. Dessa forma, incentiva a concentração de propriedade rural e não efetiva a fiscalização quanto à função social da propriedade.[631]

Não obstante, apresenta problemas na mensuração do imposto a ser cobrado, visto que o seu caráter autodeclaratório, no qual os proprietários podem reduzir seu valor nas declarações anuais, subavaliando o valor de mercado, ou superestimando a área não tributável (por conta do interesse ambiental) ou o grau de utilização da área aproveitável. Ainda, o estudo da Oxfam Brasil apontou outro grave problema relacionado ao débito tributário: há quase 20 mil pessoas físicas e jurídicas com dívidas de ITR, totalizando R$20,8 bilhões. Do valor total, 66% estão concentrados em aproximadamente 2 mil propriedades.[632]

Não bastasse as incontinências constitucionais quanto aos atuais tributos sobre o patrimônio no Brasil, o sistema tributário

---

[628] SECRETARIA DO TESOURO NACIONAL. Estimativa da Carga Tributária Bruta do Governo Geral. *Boletim*, 30 mar. 2021. Disponível em: https://sisweb.tesouro.gov.br/apex/f?p=2501:9::::9:P9_ID_PUBLICACAO:38233. Acesso em: 9 nov. 2021.

[629] ANSELMINI, Priscila. *Tributação & desigualdade*: uma abordagem do plano internacional ao plano local. Blumenau: Dom Modesto, 2020.

[630] BEHRING, E. R.; BOSCHETTI, I. *Política social*: fundamentos e história. São Paulo: Cortez, 2006. v. II (Coleção Biblioteca Básica do Serviço Social)

[631] O VALOR do seu imposto. Cinco propostas tributárias para reduzir desigualdades. *Oxfam Brasil*. São Paulo. Disponível em: https://www.oxfam.org.br/justica-social-e-economica/o-valor-do-seu-imposto/. Acesso em: 9 nov. 2021.

[632] O VALOR do seu imposto. Cinco propostas tributárias para reduzir desigualdades. *Oxfam Brasil*. São Paulo. Disponível em: https://www.oxfam.org.br/justica-social-e-economica/o-valor-do-seu-imposto/. Acesso em: 9 nov. 2021.

apresenta uma carência quanto a tributação sobre a riqueza concentrada. A Constituição Federal prevê um imposto com esta finalidade, o Imposto sobre as Grandes Fortunas, disposto no inciso VII, do seu artigo 153. Após trinta anos da promulgação da constituição, ainda não foi regulamentado. Diversos Projetos de Lei Complementar já foram apresentados no Congresso Nacional, mas apenas dois foram apreciados até hoje – e ambos foram rejeitados.

Os argumentos contrários a este imposto se referem a evasão fiscal, desestímulo da poupança e bitributação. Tais argumentos são rechaçados pelos seguintes fatos: 1) quanto à legação de evasão fiscal, Olavo Nery Corsatto afirma que a regulamentação desse imposto permitiria o cruzamento de dados por meio de declarações, cadastros e informações fiscais, servindo de subsídio para o controle do IR e demais impostos incidentes sobre o patrimônio, evitando, consequentemente, a evasão fiscal;[633] 2) em relação ao desestímulo de investimentos à poupança, os defensores deste imposto alegam que os fatores para o cidadão investir em poupança referem-se à conjuntura macroeconômica e o grau de estabilidade do ambiente político e econômico circundantes, e não simplesmente a incidência de um imposto;[634] e 3) a alegação de bitributação não merece prosperar, visto que o fato gerador do imposto sobre as grandes fortunas se trata exclusivamente da acumulação de riquezas acima de um determinado nível. Isto é, deve-se individualizá-lo e diferenciá-lo de outros impostos, como o IPTU e o ITR, bem como poder deduzi-los na declaração do IGF.[635]

Destaca-se que este imposto poderia diminuir "[...] a forte regressividade do sistema tributário, descentralizar mais recursos para Estados e Municípios, desonerar a folha de pagamento das empresas, contribuir para reduzir a informalidade e com isso gerar empregos e desenvolvimento."[636]

---

[633] CORSATTO, Olavo Nery. Imposto sobre grandes fortunas. *Revista de Informação Legislativa.* Brasília, Senado Federal, a. 37, n. 146, p. 93-108, abr./jun. 2000, p. 97.

[634] ALBUQUERQUE, Raíssa Carvalho Fonseca e. Da omissão legislativa na instituição do Imposto sobre Grandes Fortunas. *Conteúdo Jurídico*, Brasília-DF, 26 fev. 2014. Disponível em: http://www.conteudojuridico.com.br/?artigos&ver=2.47163&seo=1. Acesso em: 6 nov. 2021.

[635] ALBUQUERQUE, Raíssa Carvalho Fonseca e. Da omissão legislativa na instituição do Imposto sobre Grandes Fortunas. *Conteúdo Jurídico*, Brasília-DF, 26 fev. 2014. Disponível em: http://www.conteudojuridico.com.br/?artigos&ver=2.47163&seo=1. Acesso em: 6 nov. 2021.

[636] KHAIR, Amir. *Imposto sobre Grandes Fortunas* (IGF). Disponível em: http://www.ie.ufrj.br/aparte/pdfs/akhair190308_2.pdf. Acesso em: 9 nov. 2021.

Para que o Estado cumpra seu papel ativo e empreendedor, assumindo as atividades nas áreas de saúde, pesquisa básica, desenvolvimento de infraestrutura, sistema judicial e uma garantia mínima de seguridade social, são necessários recursos. E estes recursos são obtidos por meio da tributação. Todavia, o justo é que se tribute mais quem possui maior capacidade de pagamento. E um exemplo, sustentado por Stiglitz, seria a tributação da propriedade, em que não se pode migrá-la para outro lugar – não há possibilidade de evasão fiscal como com a riqueza líquida – e desestimularia a concentração de capital "parado".[637]

Todavia, o contemporâneo sistema tributário brasileiro encarece a demanda, prejudicando a produção, a oferta de empregos e o crescimento econômico do país, bem como dificultando o poder de consumo das famílias de baixa e média renda.[638] Segundo estudos realizados pelo IPEA, o sistema tributário brasileiro tributa proporcionalmente de forma mais elevada os contribuintes com menor poder aquisitivo, caracterizando o efeito regressivo da tributação no Brasil ou, conforme já enfatizado acima, estar-se-á diante da tributação às avessas.[639]

A consequência é o aumento nos índices das desigualdades entre a população, pois esse sistema contribui para a concentração de renda pela minoria da população. Para modificar esse cenário, é necessária uma tributação que busque concretizar, na prática, a justiça fiscal. As necessidades estatais devem ser plenamente supridas sem que a população seja sobrecarregada, havendo uma proporcionalidade entre as cargas tributárias impostas às diferentes classes sociais, em atenção à capacidade econômica de cada uma.[640]

Por isso, apesar dos princípios da capacidade contributiva e justiça fiscal estarem previstos no ordenamento jurídico brasileiro, na

---

[637] STIGLITZ, Joseph E. *Capitalismo progressista*: la respuesta a la era del malestar. Tradución Jaime Collyer. Barcelona: Taurus, 2019, p. 270-271.

[638] TOLENTINO FILHO, Pedro Delarue. Progressividade da tributação e justiça fiscal: algumas propostas para reduzir as inequidades do sistema tributário brasileiro. In: RIBEIRO, José Aparecido Carlos; LUCHIEZI JUNIOR, Álvaro; MENDONÇA, Sérgio Eduardo Arbulo. (org.). *Progressividade da tributação e folha de pagamento*: elementos para reflexão. Brasília: Ipea; Sindifisco Nacional, Dieese, 2011. Disponível em: http://www.ipea.gov.br/agencia/images/stories/PDFs/livros/livros/livro_progressividade_tributacao.pdf. Acesso em: 9 nov. 2021.

[639] GASSEN, Valcir. D'ARAÚJO, Pedro Júlio Sales. PAULINO, Sandra Regina da F. Tributação sobre Consumo: o esforço em onerar mais quem ganha menos. *Sequência*, Florianópolis, n. 66, p. 213-234, jul. 2013. Disponível em: http://www.scielo.br/pdf/seq/n66/09.pdf. Acesso em: 9 nov. 2021.

[640] ANSELMINI, Priscila. *Tributação & desigualdade*: uma abordagem do plano internacional ao plano local. Blumenau: Dom Modesto, 2020.

prática não se concretizam eficientemente. Logo, a atual tributação não é eficiente e não concretiza o bem comum, gerando efeitos indesejáveis, como a crescente desigualdade de renda e a estagnação do desenvolvimento da economia do conhecimento para toda a sociedade.

Como visto, o princípio da eficiência está interligado ao Estado empreendedor e sua função para o crescimento da economia e inovação. Neste contexto, a tributação ocupa um papel de destaque para o financiamento em inovações, P&D e conhecimento, justamente por ser o principal meio de arrecadação do Estado. Todavia, o atual sistema tributário brasileiro – por não ser eficiente – agrava a desigualdade de renda e atrasa a evolução da economia do conhecimento, bem como de suas novas tecnologias. Por isso, é necessário ajustar estas deficiências tributárias, bem como avançar e modernizar o sistema tributário.

Para tanto, a modernização do sistema tributário deverá ser ampla, abrangendo, inclusive, a sua função extrafiscal. Se a contemporânea função fiscal apresenta imperfeições e que necessitam – urgentemente – de reajustes, de maneira semelhante ocorre em relação à extrafiscalidade no Brasil. Conforme visto no capítulo anterior, a inovação, a pesquisa e o desenvolvimento tecnológico possuem um papel essencial para o avanço da economia do conhecimento em um país. Portanto, não bastam apenas mudanças na tributação em sua função fiscal, também é necessário rever a extrafiscalidade, suas inconsistências e repensar alternativas para o Brasil concretizar o bem comum para toda a sua população.

CAPÍTULO 5

A TRIBUTAÇÃO EXTRAFISCAL E O (DES)ESTÍMULO À INOVAÇÃO E AO CONHECIMENTO NO BRASIL

O capítulo anterior adverte sobre a atual tributação do Brasil e seus malefícios para a sociedade. De fato, o sistema tributário brasileiro apresenta inconsistências constitucionais, não respeitando adequadamente o princípio da capacidade contributiva, mínimo existencial, progressividade, entre outros, o que resulta na sua ineficiência em relação à concretização do bem comum, redução da desigualdade de renda e o investimento adequado em inovação, P&D e conhecimento.

A tributação brasileira necessita de alterações em sua estrutura, para corrigir suas ineficiências, bem como modernizar-se diante do contexto da economia do conhecimento. Sabe-se que os tributos são um meio tradicional de arrecadação de receitas ao Estado, a qual pode estar voltada ao financiamento de políticas públicas, como também pode contribuir para a redistribuição de renda e riqueza.

Todavia, Mazzucato[641] salienta que, para recuperar o investimento público em inovação no Estado empreendedor, o sistema tributário é incompleto, devido à liberdade no planejamento do pagamento de impostos pelos agentes privados no contexto de globalização e liberalização atual. Portanto, não basta apenas uma tributação mais eficiente em sua função fiscal. Também são necessários outros mecanismos. Entre eles, destaca-se a extrafiscalidade voltada à concretização de políticas de inovação, as quais auxiliam o Estado empreendedor na missão pela busca de um equilíbrio econômico e de bem-estar em toda a sociedade.

---

[641] MAZZUCATO, Mariana. *O Estado empreendedor*: desmascarando o mito do setor público *vs.* setor privado. Tradução de Elvira Serapicos. 1. ed. São Paulo: Portfolio-Penguin, 2014.

Em outras palavras, para além da função arrecadatória, a extrafiscalidade corresponde a um meio complementar eficiente para as empresas investirem em P&D, inovação e conhecimento. O Estado empreendedor pode fazer uso da tributação extrafiscal, em que "[...] o legislador, em nome do interesse coletivo, aumenta ou diminui as alíquotas e/ou base de cálculo dos tributos, com o objetivo principal de induzir os contribuintes a fazer ou a deixar de fazer alguma coisa."[642] Destarte, esse tipo de tributação influencia o cidadão na tomada de decisões e também direciona comportamentos socioeconômicos.[643]

Por isso, ao pesquisar sobre o sistema tributário nacional e seu ordenamento legal, é imprescindível analisar a função extrafiscal dos tributos. É necessário entender o fenômeno da extrafiscalidade para poder transformá-la efetivamente em um instrumento de redução das iniquidades sociais, como também em um importante mecanismo para o desenvolvimento da inovação e sustentabilidade. Assim, antes de adentrar no papel da extrafiscalidade ao desenvolvimento do meio ambiente sadio e para a inovação, estudam-se os seus aspectos conceituais e históricos para, posteriormente, explorar criticamente as novas propostas no âmbito extrafiscal.

5.1 Compreendendo a extrafiscalidade: aspectos conceituais e históricos

A extrafiscalidade, baseada no pressuposto econômico, foi negada até o século XIX pelo liberalismo clássico, argumentando que o mercado teria a capacidade de se autorregular e conduzir um crescimento econômico equilibrado e eficiente. Isto é, o Estado deveria ser o mais neutro possível do ponto de vista fiscal e monetário.[644]

Todavia, o economista inglês John M. Keynes, também citado por Mazzucato em sua obra, sustentava que seria fundamental a atuação do Estado na economia, por conta da incerteza e volatilidade do

---

[642] CARRAZA, Roque Antônio. *Curso de Direito Constitucional tributário*. 24. ed., rev., ampl. e atual. até a Emenda Constitucional n. 56/2007. São Paulo: Malheiros, 2008, p. 109.

[643] FOLLONI, André. Isonomia na tributação extrafiscal. *Revista Direito GV*, São Paulo, v. 10, n. 1, p. 201-220, jun. 2014. Disponível em http://www.scielo.br/scielo.php?pid=S1808-24332014000100008&script=sci_arttext. Acesso em: 9 abr. 2022.

[644] LAKS, Larissa Rodrigues. Extrafiscalidade e incentivos à inovação tecnológica. *Revista do Direito Público*, Londrina, v. 11, n. 2, p. 230-259, ago. 2016. DOI: 10.5433/1980-511X.2016v1 1n2p230. ISSN: 1980-511X.

investimento privado. Assim, o Estado poderia impedir crises e sustentar uma demanda efetiva por meio de sua política de imposto e gastos.[645]

Essa concepção inovadora para a época influenciou as políticas de combate à recessão implementadas a partir de 1933 pelo presidente americano Franklin Roosevelt e, nas décadas seguintes, as políticas econômicas de todas as grandes nações capitalistas, incluindo aquelas que implementaram o chamado Estado de Bem-Estar Social.[646]

Tais políticas reconheceram que os tributos não podem ter apenas uma única função de financiar o Estado e cobrir gastos, sendo também necessário que realizem os objetivos do ordenamento constitucional.[647] Para tanto, a função extrafiscal se torna um instrumento complementar ao serviço de políticas públicas econômicas e sociais em diversas áreas, como meio ambiente, saúde, urbanística, inovação e desenvolvimento.[648]

Essa concepção moderna do Direito Tributário sustenta, dessa forma, que o tributo não serve apenas e exclusivamente para obtenção de recursos, mas também como um objeto de desenvolvimento econômico e de redistribuição de renda e patrimônios.[649] Assim, conforme salienta Casado Ollero, o tributo pode, juntamente com a função de arrecadação, conseguir realizar os objetivos do ordenamento constitucional.[650]

De forma semelhante, Casalta Nabais sustenta que a extrafiscalidade são medidas adotadas pelo legislador fiscal no exercício do poder de tributar, definindo o que pretende tributar e o que não pretende tributar em função da política dos impostos adotada.[651] Desse modo, Marciano Buffon define que tal fenômeno extrafiscal pode se manifestar com a majoração da carga tributária, com o objetivo de desestimular comportamentos contrários à eficácia dos Direitos Fundamentais, como

---

[645] LAKS, Larissa Rodrigues. Extrafiscalidade e incentivos à inovação tecnológica. *Revista do Direito Público*, Londrina, v. 11, n. 2, p. 230-259, ago. 2016. DOI: 10.5433/1980-511X.2016v1 1n2p230. ISSN: 1980-511X.

[646] BALEEIRO, Aliomar. *Limitações constitucionais ao poder de tributar*. Rio de Janeiro: Forense, 2006, p. 812.

[647] GONZALEZ, Checa. Los impuestos con fines no fiscales: Notas sobre las causas quelos justifican y sobre su admisibilidad constitucional. *Civitas REDF*, n. 40,1983, p. 509.

[648] GALAPERO FLORES, Rosa María. *Estudio jurídico de los elementos conceptuais do Derecho Tributário*. Valência: Tirant lo Blanch, 2020, p. 188.

[649] TIPKE, Klaus. La ordenanza tributaria alemana de 1977. *Civitas*, REDF, Madrid, n. 14, 1977, p. 360.

[650] CASADO OLLERO, Gabriel. *Los fines no fiscales de los tributos*: Comentarios a la ley General Tributaria y líneas de su reforma. Madrid: IEF, 1988. v. I, p. 113.

[651] NABAIS, José Casalta. *O dever fundamental de pagar impostos*: contributo para compreensão do estado fiscal contemporâneo. Coimbra: Almedina, 2009, p. 633.

também mediante a desoneração fiscal, por meio dos benefícios fiscais, estes voltados à concretização daqueles.[652]

Por isso, podem-se diferenciar os contribuintes desta função em dois grupos: a) aqueles que são os seus destinatários, em que seus comportamentos são atingidos pela tributação extrafiscal; b) aqueles que não são os seus destinatários, porque já adotam o comportamento desejado. Por certo, nesse tipo de tributação, o princípio da capacidade econômica do contribuinte também deve ser levado em consideração "para definir um parâmetro de tributação que atinja a todos na indução de comportamentos, isto é, que interfira na liberdade individual de todos da mesma forma."[653]

Nas palavras de Paulo de Barros Carvalho, a extrafiscalidade pode ser verificada em certas situações em que, com base nos objetivos sociais, políticos e econômicos, o legislador dispensa tratamento mais confortável ou menos gravoso.[654] Logo, os objetivos da extrafiscalidade são alheios à mera arrecadação, no entanto, não significa que não resulte em arrecadação ao Estado. Lapatza explica:

> Entendido assim, o "sustento da despesa pública" permite que o legislador estabeleça tributos com fins distintos da simples arrecadação, isto é, com fins neste exato sentido, "extrafiscais", sempre que, como já dissemos, se respeitem as exigências mínimas do princípio de capacidade; que os fins desejados pelo legislador sejam também desejados e protegidos pela constituição; que sua consecução esteja encomendada por ela ao Estado e aos demais entes públicos; e que consecução influa ou se reflita, direta ou indiretamente, no nível de despesa pública ou em sua distribuição.[655]

Nesta linha, o doutrinador português, Casalta Nabais, conceitua a extrafiscalidade como um mecanismo típico de intervenção estatal:

> Conjunto de normas que tem por finalidade principal ou dominante a consecução de determinados resultados econômicos ou sociais através

---

[652] BUFFON, Marciano. *Tributação e dignidade humana*: entre os direitos e deveres fundamentais. Porto Alegre: Livraria do Advogado, 2009, p. 221-222.

[653] FOLLONI, André. Isonomia na tributação extrafiscal. *Revista Direito GV*, São Paulo, v. 10, n. 1, p. 201-220, jun. 2014. Disponível em http://www.scielo.br/scielo.php?pid=S1808-24322014000100008&script=sci_arttext. Acesso em: 9 abr. 2022.

[654] CARVALHO, Paulo de Barros. In SOUZA, Jorge Henrique de Oliveira Souza. Tributação e meio ambiente, p. 99.

[655] LAPATZA, José Juan Ferreiro. *Direito Tributário*: teoria geral do tributo. Barueri: Manole; Espanha: Marcial Pons, 2007, p. 25.

da utilização do instrumento fiscal e não a obtenção de receitas para fazer face às despesas públicas.[656]

Destarte, nota-se que a distinção entre fiscalidade e extrafiscalidade está justamente na intensidade de intervenção e na preponderância da finalidade. Quando o objetivo principal é arrecadatório trata-se de fiscalidade; quando o objetivo basilar é estimular/induzir ou desestimular comportamentos, está-se diante da extrafiscalidade.[657] De modo semelhante, Luis Alonso González explica que um tributo é extrafiscal quando predomina o efeito extrafiscal sobre o fiscal, desde que sempre respeite os limites constitucionais.[658]

Eusebio García argumenta que os tributos não fiscais são autênticos tributos e que são submetidos ao regime comum destes. Isto significa que também podem servir para a arrecadação pública, como também pode ser utilizado para outros fins, sempre que estiverem sob o respaldo constitucional e não desrespeitem a estrutura e a finalidade do instrumento jurídico utilizado.[659]

Conforme aponta o art. 4º da Lei Geral Tributária (espanhola), os impostos, além de representarem o meio de ingressos públicos, devem servir como instrumentos de política econômica geral, atender às exigências de estabilidade e progresso social e procurar uma melhor distribuição da renda nacional.[660] Desse modo, a extrafiscalidade torna-se um mecanismo apto a fazer frente às multifacetadas realidades sociais e econômicas que reclamam a intervenção estatal.

Alonso González[661] afirma que as razões extrafiscais adotadas por um Estado podem ser as mais variadas, mas dependem dos fins

---

[656] NABAIS, José Casalta. *O dever fundamental de pagar impostos*: contributo para compreensão do estado fiscal contemporâneo. Coimbra: Almedina, 2009, p. 633.

[657] BUFFON, Marciano. Tributação ambiental: a prevalência do interesse ecológico mediante a extrafiscalidade. *In:* STRECK, Lenio Luiz; ROCHA, Leonel Severo; ENGELMANN, Wilson (org.). *Constituição, sistemas sociais e hermenêutica: anuário do Programa de Pós-graduação em Direito da UNISINOS*: mestrado e doutorado. Porto Alegre: Livraria do Advogado; São Leopoldo: UNISINOS, 2012, c. 8, p. 234.

[658] GONZALEZ, Luis Manuel Alonso. *Los impuestos autonômicos de caráter extrafiscal*. Madrid: Marcial Pons, 1994, p. 23.

[659] GARCÍA, Eusebio González. Los tributos extrafiscales em el Derecho español. *In:* PALAO, Carmen Banacloche; PALAO, Julio Banacloche; PALAO, Begoña Banacloche (coord.). *Justicia y Derecho Tributario*: Libro Homenaje al professor Julio Banacloche Pérez. La Ley: Madrid, 2008. ISBN: 978-84-9725-938-5, p. 618.

[660] LOZANO SERRANO, Carmelo; QUERALT, Juan Martín; OLLERO, Gabriel Casado; LÓPEZ, José Manuel Tejerizo. *Curso de derecho financiero y tributario*. 13. ed. Madrid: Tecnos, 2002, p. 111.

[661] ALONSO GONZÁLEZ, Luis Manuel. *Los impuestos autonómicos de carácter extrafiscal*. Madrid: Marcial Pons, 1995, p. 37.

constitucionais previstos no ordenamento daquele país. Na Espanha, por exemplo, há diversos impostos com fins extrafiscais, devendo citar como os principais aqueles que cumprem os seguintes objetivos: a) como instrumento de política econômica; b) para a estabilidade e progresso social; c) lutar contra a inflação; d) gravar determinada atividade dos particulares, como os impostos sobre o consumo de produtos prejudiciais à saúde, além de diversas politicas sanitárias, comerciais e energéticas; e) perseguir um menor gasto, como os impostos ambientais;[662] f) buscar fins redistributivos, como uma distribuição mais igualitária da renda nacional; e, g) proteger o patrimônio histórico do Estado.

Estas finalidades são um claro exemplo de como o Estado espanhol utiliza a extrafiscalidade para concretizar os princípios constitucionais estabelecidos em sua Carta Magna. Além destas finalidades, cabe destacar que as Comunidades Autônomas possuem seus próprios tributos extrafiscais. Por exemplo, a Andalucia[663] possui cinco principais impostos ecológicos, como o imposto sobre a emissão de gases na atmosfera, imposto sobre as águas litorâneas, Impostos sobre o depósito de resíduos radioativos, sobre os resíduos perigosos e sobre as bolsas de plástico de uso. Estes referidos impostos buscam minimizar e desincentivar condutas prejudiciais ao meio ambiente, visto que um meio ambiente equilibrado também auxilia no bem-estar da população.[664]

Além disso, para definir um tributo extrafiscal, importante considerar três pontos principais: o primeiro refere-se à sua finalidade, na qual o tributo deve estar claramente definido; o segundo ponto relaciona-se com a estrutura interna do tributo, que deve informar os seus elementos essenciais com tal intensidade extrafiscal, principalmente em relação aos aspectos quantitativos, como a carga tributária, cobrando-se conforme a obtenção ou não dos fins extrafiscais; e o último ponto para definir um tributo extrafiscal, trata-se de fomentar ou não condutas ou operações, diante da finalidade objetivada.[665]

---

[662] A finalidade dos tributos ecológicos não é somente financiar a políticas de descontaminação, mas também desincentivar diretamente o uso dos recursos naturais não renováveis, como a emissão dos gases contaminantes. SERRANO ANTÓN, Fernando. *Medidas tributarias medioambientales*: la ecotasa de la Unión Europea. Derecho del Medio Ambiente y Administración local. Madrid: Diputació de Barcelona; Civitas, 1996, p. 797.

[663] Menciono esta região da Espanha em específica, pois nesta localidade realizei o período de pesquisa do Doutorado em Direito, permitindo que tivesse mais acesso à referência bibliográfica nesta área.

[664] NIETO, Estela Rivas. La protección del médio ambiente y la extrafiscalidad en España. *In*: URQUIZU CAVALLÉ, Angel; SALASSA BOIX, Rodolfo R. *Políticas de protección ambiental en el siglo XXI*. Barcelona: JM BOSCH EDITOR, 2013, p. 213-214.

[665] ALABERN, Juan Enrique Varona. *Extrafiscalidad y dogmática tributaria*. Madrid: Marcial Pons, 2009, p. 29-30.

Ainda, importante ressaltar que a extrafiscalidade pode ocorrer por meio de impostos, taxas ou contribuições especiais. Quanto aos impostos, sabe-se que ocorre sobre as manifestações de renda e riqueza geral e não gera uma atividade administrativa para um particular. Desse modo, na sua função extrafiscal, o imposto requer um objetivo econômico-social, aumentando sua intensidade para os que não cumprem tal finalidade. Assim, quanto menor a sua arrecadação, maior será o êxito econômico ou social atingido.[666]

Em relação às taxas, esse tributo provoca uma atuação administrativa em favor de um particular específico quando há a realização de um serviço público ou quando ocorre a utilização do domínio público. Quanto a este último, a função extrafiscal pode ser percebida quando se aumenta ou diminui a taxa em relação ao uso de um certo bem público, por exemplo, que contenha um objetivo ambiental, social ou econômico. No que tange ao serviço público, este geralmente contempla a função extrafiscal, visto que estar-se-á diante de atividades públicas como educação, saúde, ambiental, que já possuem em seu cerne interesse público.[667]

E, quanto às contribuições especiais, a extrafiscalidade pode ser verificada quando cobrada para a realização de obras públicas ou serviços públicos gerais, que estejam vinculados a uma finalidade constitucional. A diferença das taxas é que essa atividade administrativa é mais estável e duradoura.[668]

Por certo, verifica-se que a extrafiscalidade, mediante contribuições especiais, taxas e impostos, manifesta-se por meio da majoração da carga tributária, com vistas a desestimular comportamentos que sejam contrários à maximização da eficácia social dos direitos fundamentais e dos princípios constitucionais. Todavia, a extrafiscalidade também pode ser estabelecida mediante a desoneração fiscal, desde que tenha os mesmos objetivos visados pela exacerbação da exigência fiscal comentada. Neste diapasão, Rosa María Galapero explica que a extrafiscalidade pode ser obtida por meio de técnicas de atuação (como incentivos, créditos de impostos, exceções, bonificações e benefícios fiscais), e, contrariamente, como instrumento de limitação e desincentivo

---

[666] ALABERN, Juan Enrique Varona. *Extrafiscalidad y dogmática tributaria*. Madrid: Marcial Pons, 2009, p. 31-32.
[667] ALABERN, Juan Enrique Varona. *Extrafiscalidad y dogmática tributaria*. Madrid: Marcial Pons, 2009, p. 34-36.
[668] ALABERN, Juan Enrique Varona. *Extrafiscalidad y dogmática tributaria*. Madrid: Marcial Pons, 2009, p. 39.

(normas impositivas e sancionatórias, efeitos agravatórios de prestações tributárias, reduções e encargos).[669]

Tais finalidades constitucionais, seja por meio de benefícios ou incentivos fiscais, devem ser perseguidas pelo poder estatal, não podendo ficar à mercê de interesses políticos e econômicos, no mais das vezes, obscuros. Neste viés, no Brasil,[670] a Constituição Federal estabelece limites, pressupostos e objetivos que condicionam a legitimidade da extrafiscalidade. Por isso, a função extrafiscal respeitará os ditames constitucionais quando:

> a) não seja taxado fato ou situação destituída de capacidade econômica; b) os interesses merecedores da extrafiscalidade sejam aqueles que efetivamente norteiam a Constituição; c) sejam respeitados os princípios constitucionais que protegem outros setores da economia no sentido de não os prejudicar; d) sejam observados os limites de coerência.[671]

À vista disso, Herrera Molina, argumenta que o direito fundamental de contribuir de acordo com a capacidade econômica pode sofrer restrições pela finalidade extrafiscal de um tributo, com um caráter social, desde que seja uma medida idônea, necessária (e, portanto, não haja outro instrumento que atinja os mesmos fins e respeite a capacidade econômica) e proporcional, isto é, a lesão sofrida pela capacidade econômica seja menor que os benefícios trazidos pela obtenção dos fins visados pela extrafiscalidade.[672]

Vicente-Arche Domingo,[673] neste diapasão, defende que o dever de contribuir para a manutenção dos gastos públicos somente se manifesta nos tributos de estrutura contributiva, notadamente impostos,

---

[669] GALAPERO FLORES, Rosa María. *Estudio jurídico de los elementos conceptuais do Derecho Tributário*. Valência: Tirant lo Blanch, 2020, p. 188.

[670] Como visto, a extrafiscalidade também está contemplada no ordenamento espanhol, na Lei Geral Tributária, em seu artigo 4º, *in verbis*: "Los tributos, además de ser medios para recaudar ingresos públicos, han de servir como instrumentos dela política económica general, atender a las exigencias de estabilidady progreso sociales y procurar una mejor distribución de la renta nacional." GALAPERO FLORES, Rosa María. *Estudio jurídico de los elementos conceptuais do Derecho Tributário*. Valência: Tirant lo Blanch, 2020, p. 185.

[671] BUFFON, Marciano. *Tributação e dignidade humana*: entre os direitos e deveres fundamentais. Porto Alegre: Livraria do Advogado, 2009, p. 225.

[672] HERRERA MOLINA, Pedro Manuel. *Capacidad económica y sistema fiscal*: análisis del ordenamiento español a la luz del Derecho alemán. Madrid: Marcial Pons, 1998, p. 128-129.

[673] VICENTE-ARCHE DOMINGO, F. Apuntes sobre el instituto del tributo, con especial referencia al Derecho español. *Revista Española de Derecho Financiero*, Madrid, n. 7, Civitas, 1975, p. 465.

apontando que a capacidade contributiva não é um princípio exclusivo e nem excludente da missão de promover a equitativa distribuição das cargas públicas, devendo ceder a outros critérios de distribuição sempre que o objetivo do tributo for extra-arrecadatório. Assim, Yebra Martul-Ortega[674] explica que a capacidade contributiva não é diminuída na extrafiscalidade, mas sim reforçada quando objetiva a consecução dos fins constitucionais, como a melhor distribuição de renda.

Por fim, Casado Ollero[675] afirma que o tributo extrafiscal não necessita ser estruturado conforme a capacidade econômica, mas deve respeitar os limites da referida capacidade como fonte do tributo. Isto significa que não poderá incidir sobre o mínimo vital e nem configurar uma imposição com efeitos confiscatórios, bem como adotar critérios opostos à capacidade econômica e aos princípios constitucionais.

Dessa forma, é possível sustentar que a capacidade contributiva seja desconsiderada, desde que os objetivos visados sejam constitucionalmente legitimados, isto é, seja possível reduzir as desigualdades fáticas e garantir o princípio da dignidade da pessoa humana.[676] Por isso, a extrafiscalidade deve objetivar o bem comum, materializando os direitos econômicos, sociais e culturais, juntamente com os princípios constitucionais, atendendo a um sistema tributário em que se predomine o "interesse humano".[677]

O tributo fiscal ao se converter em um instrumento redistribuidor de renda, riqueza e patrimônio, objetivando atingir os fins constitucionais, resulta em um meio apto para concretizar a igualdade entre os cidadãos.[678] Desse modo, María Ruiz sustenta que o Estado, ao utilizar a função extrafiscal, deve fundar-se na Constituição, a fim de que a extrafiscalidade seja legítima e esteja em consonância com o resto do ordenamento jurídico.[679] De forma semelhante, Tavares explica

---

[674] YEBRA MARTUL-ORTEGA, P. *Comentarios sobre un precepto olvidado*: el artículo cuarto de la Ley General Tributaria. Hacienda Pública Española, n. 32, 1975, p. 145.
[675] CASADO OLLERO, G. El principio de capacidad y el control constitucional de la imposición indireta (II). *Revista Español de Derecho Financiero*, Madrid, n. 34, p. 185-236, 1982, p. 192.
[676] BUFFON, Marciano. *Tributação e dignidade humana*: entre os direitos e deveres fundamentais. Porto Alegre: Livraria do Advogado, 2009, p. 225-226.
[677] BUFFON, Marciano. *Tributação e dignidade humana*: entre os direitos e deveres fundamentais. Porto Alegre: Livraria do Advogado, 2009, p. 227-228.
[678] GONZALEZ, Luis Manuel Alonso. *Los impuestos autonômicos de caráter extrafiscal*. Madrid: Marcial Pons, 1994, p. 42.
[679] RUIZ, María Amparo Grau. *Sostenibilidad Global y actividad financeira*: los incentivos a la participación privada y su control. Navarra: Aranzadi, 2019, p. 46.

que o Estado deve cumprir os objetivos constitucionais e adotar todas as medidas adequadas para este fim, as quais o ordenamento jurídico põe a sua disposição. Portanto, é evidente que poder-se-á utilizar os instrumentos fiscais e extrafiscais para efetivar o bem comum.[680] Nas palavras de Marciano Buffon, "o sistema tributário deve ser moldado, levando-se em consideração o interesse humano, para que a tributação passe a existir em função do ser humano, e não vice-versa."[681]

Dessa forma, a proteção ao meio ambiente, a redução das desigualdades e pobreza, bem como o desenvolvimento econômico do país, podem ser perseguidos via tributação extrafiscal. Na economia do conhecimento, o Estado empreendedor necessita dar especial atenção à inovação e ao meio ambiente, pois o crescimento econômico dependerá da concretização do bem-estar da população e isto inclui um meio ambiente sadio e estável. Por isso, as políticas extrafiscais de inovação e ecológicas devem ser elaboradas juntas, caminhando para um futuro sustentável e equânime às próximas gerações.

5.2 A extrafiscalidade e o desenvolvimento sustentável na economia do conhecimento

O Estado empreendedor, a fim de garantir os direitos fundamentais de seus cidadãos, bem como o crescimento econômico, necessita preocupar-se com o meio ambiente. Diante da degradação ambiental contemporânea, percebe-se que o futuro da economia está interligado com a utilização sustentável ambiental. Isto porque as constantes mudanças climáticas, a escassez de recursos naturais, as epidemias, poluição e os desastres ecológicos são cada vez mais frequentes e afetam diretamente a economia e o bem-estar da população.

De fato, não basta somente inovar na economia do conhecimento. É necessário repensar o bem comum e concretizar as políticas sob este viés. Uma economia interligada com a proteção do meio ambiente se torna mais competitiva, justamente por reduzir custos em longo prazo e proporcionar qualidade de vida aos seus cidadãos. É hora de aceitar – antes tarde do que nunca – que o ser humano está interligado com a

---

[680] FERRAZ LEMOS TAVARES, Diogo. *Los tributos del mercado financeiro*: uma perspectiva extrafiscal. Marcial Pons: Madrid, 2016, p. 43-44.

[681] BUFFON, Marciano. Tributação e direitos sociais: a extrafiscalidade como instrumento de efetividade. *Revista Brasileira de Direito, IMED*, v. 8, n. 2, jul./dez. 2012. Disponível em: https://dialnet.unirioja.es/descarga/articulo/5120198.pdf. Acesso em: 1 fev. 2022.

natureza e depende dela para obter uma vida digna e com qualidade. Um meio ambiente desequilibrado reflete na economia, política e em toda a sociedade.

Neste viés, a pandemia do COVID-2019 ressaltou o quão os seres humanos estão interligados com a natureza e dependem dela. Segundo a European Environment Agency (AEMA), devemos reconhecer este fato para nos proteger de futuras pandemias.[682] No mesmo teor, Álvaro Bravo sustenta que a proteção da natureza e a mudança dos modelos produtivos poderão conduzir para um planeta mais saudável e resiliente, o qual protegerá os cidadãos de futuras mazelas, como a vivenciada pela pandemia provocada pelo coronavírus.[683]

Por certo, o planeta necessita de soluções para mitigar os efeitos da pandemia, bem como evitar que ocorram novas crises sanitárias. Para isso, a economia precisa fazer a transição para um plano verde, preservando os espaços naturais, sem a intrusão e interação de humanos em ambientes selvagens, como o consumo da carne de animais desse habitat. Assim, nas palavras de Álvaro Bravo, "la protección, conservación y restauración de los ecosistemas naturales y la consecución de un sistema alimentario sostenible garantizará nuestro bienestar futuro."[684]

A pandemia revelou que os Estados que adotaram medidas sanitárias rápidas foram menos atingidos pela mortalidade e infecção provocada pelo vírus. De forma semelhante, os Estados que buscarem construir uma sociedade mais justa e resiliente, baseada numa economia sustentável e com políticas públicas sustentáveis e ecológicas em longo prazo, terão mais êxito no crescimento econômico e na qualidade de vida de sua população.[685] Nas palavras de Juarez Freitas, o desenvolvimento econômico pode-deve ser plenamente sustentável, não significando bloqueio econômico. Ao contrário, podem-se buscar novos e diferenciados

---

[682] EUROPEAN ENVIRONMENT AGENCY. *Healthy environment, healthy lives*: How the environment influences health and well-being in Europe, Luxembourg: Publications Office, 2020. Disponível em: https://data.europa.eu/doi/10.2800/53670. Acesso em: 27 nov. 2021.

[683] BRAVO, Álvaro Sánchez. Estratégia ambiental europea de recuperación pos-COVID: plan verde. *In:* RUBIO, David Sánchez; BRAVO, Álvaro Sánchez. *Temas de teoria y filosofía del derecho em contextos de pandemia*. Madrid: Dikinson, 2020, p. 83.

[684] BRAVO, Álvaro Sánchez. Estratégia ambiental europea de recuperación pos-COVID: plan verde. *In:* RUBIO, David Sánchez; BRAVO, Álvaro Sánchez. *Temas de teoria y filosofía del derecho em contextos de pandemia*. Madrid: Dikinson, 2020, p. 83.

[685] BRAVO, Álvaro Sánchez. Estratégia ambiental europea de recuperación pos-COVID: plan verde. *In:* RUBIO, David Sánchez; BRAVO, Álvaro Sánchez. *Temas de teoria y filosofía del derecho em contextos de pandemia*. Madrid: Dikinson, 2020, p. 83.

mercados com esta finalidade ecológica.[686] Logo, as novas tecnologias e o conhecimento devem ser pensados de modo a auxiliar na transição entre a economia baseada no consumo para a economia sustentável.

Igualmente, Alonzo González explica que o crescimento econômico e a proteção do meio ambiente não precisam ser conceitos antagônicos. Ao contrário, são objetivos que devem complementar-se para buscar a qualidade de vida dos cidadãos. Portanto, para a economia do conhecimento avançar e concretizar o equilíbrio social e econômico, necessário repensar sobre a importância das políticas ecológicas.[687] É neste sentido o disposto no art. 45 da Constituição Espanhola:

> 1. Todos têm o direito de gozar de um meio ambiente adequado ao desenvolvimento da pessoa, bem como o dever de o preservar.
> 2. O poder público assegurará o uso racional de todos os recursos naturais para proteger e melhorar a qualidade de vida e restaurar o meio ambiente, contando com a indispensável solidariedade coletiva.
> 3. Para quem infringir o disposto no número anterior, nos termos estabelecidos por lei, serão estabelecidas sanções penais ou, se for o caso, administrativas, bem como a obrigação de reparação dos danos causados (Tradução livre)[688]

Como se percebe, as políticas estatais extrafiscais necessitam também ser ecológicas, objetivando a solidariedade coletiva e o bem comum, para que as mazelas da população (como a desigualdade de renda e a estagnação da economia do conhecimento) sejam enfim superadas. Por isso, conforme o estudo da CEPAL, publicado em outubro de 2021, os Estados deverão ter capacidade potencial, inovadora e adaptativa para

---

[686] FREITAS, Juarez. *Sustentabilidade*: direito ao futuro. Belo Horizonte: Fórum, 2011, p. 43.

[687] ALONSO GONZÁLEZ, Luis Manoel. Los impuestos especiales como tributos medioambientales. Derecho del Medio Ambiente y Administración Local. *Fundación Democracia y Gobierno Local*, p. 232-233. Disponível em: https://parlamento-cantabria.es/sites/default/files/dossieres-legislativos/Alonso%20Gonzalez_0.pdf. Acesso em: 3 fev. 2022.

[688] Texto original: "1. Todos tienen derecho a disfrutar de un medio ambiente adecuado para el desarrollo de la persona, así como el deber de conservarlo. 2. Los poderes públicos velarán por la utilización racional de todos los recursos naturales con el fin de proteger y mejorar la calidad de la vida y restaurar el medio ambiente, apoyándose en la indispensable solidaridad colectiva. 3. Para quienes violen lo dispuesto en el apartado anterior, en los términos que la ley fije se establecerán sanciones penales o, em su caso, administrativas, así como la obligación de reparar el daño causado." ALONSO GONZÁLEZ, Luis Manoel. Los impuestos especiales como tributos medioambientales. Derecho del Medio Ambiente y Administración Local. *Fundación Democracia y Gobierno Local*, p. 232-233. Disponível em: https://parlamento-cantabria.es/sites/default/files/dossieres-legislativos/Alonso%20Gonzalez_0.pdf. Acesso em: 3 fev. 2022.

superar as mudanças introduzidas pela pandemia e conduzir para um futuro mais sustentável e igualitário em seus territórios.

O relatório revelou que a pandemia da COVID-19 surpreendeu os Estados com poucos instrumentos para enfrentar a complexidade da crise e vinculá-la com as defasagens estruturais. Nesse contexto, tornou-se visível o papel insubstituível do Estado para representar o interesse público em todas as escalas do território.

Além disso, a CEPAL apresenta os oito setores estratégicos que podem impulsionar o investimento, o crescimento e a redução das desigualdades socioeconômicas e de gênero no cenário (pós) pandemia: a transição para as energias renováveis; a eletromobilidade sustentável nas cidades; a Revolução Digital inclusiva; a indústria manufatureira da saúde; a bioeconomia; a economia circular; o turismo sustentável e a economia do cuidado. Ademais, ressalta-se que a indústria sustentável, por meio da inovação ecológica, será primordial para a competitividade dos Estado na sociedade futura.[689]

Neste diapasão, Mazzucato alerta que, aos países que não investem nas novas tecnologias para o desenvolvimento sustentável no futuro, ditos países deverão importar de outros lugares, prejudicando o seu crescimento econômico. Por isso, as empresas privadas de tecnologia limpa são propensas a solicitar subsídios para inovação e desenvolvimento ao Estado, em seus respectivos setores, a fim de poder competir no mercado econômico.[690]

Prova disso, pode-se citar a China que, ao perceber que a vantagem competitiva do futuro será a gestão efetiva dos recursos naturais, a redução do desperdício e da poluição, realizaram diversos investimentos para o desenvolvimento verde, como a calefação solar para a água quente e a energia eólica.[691] Atualmente, o país chinês é um dos principais produtores e comerciantes de painéis solares, sendo um resultado do investimento e visão de longo prazo do governo, o qual proporcionou um elevado crescimento econômico ao país.[692]

---

[689] BRAVO, Álvaro Sánchez. Estratégia ambiental europea de recuperación pos-COVID: plan verde. *In:* RUBIO, David Sánchez; BRAVO, Álvaro Sánchez. *Temas de teoria y filosofía del derecho em contextos de pandemia.* Madrid: Dikinson, 2020, p. 88.

[690] MAZZUCATO, Mariana. *El Estado empreendedor:* mitos del sector público frente al privado. Traducción Javier Sanjulían y Anna Solé. Barcelona: RBA, 2019, p. 238.

[691] MAZZUCATO, Mariana. *El Estado empreendedor:* mitos del sector público frente al privado. Traducción Javier Sanjulían y Anna Solé. Barcelona: RBA, 2019, p. 217.

[692] MAZZUCATO, Mariana. *El Estado empreendedor:* mitos del sector público frente al privado. Traducción Javier Sanjulían y Anna Solé. Barcelona: RBA, 2019, p. 218.

De forma semelhante, a Comissão da União Europeia descreve estratégias neste setor verde, visando à transição digital e ecológica, com trabalhadores com novas capacidades e com indústrias menos poluentes.[693] Tal cenário permitirá que a Europa possua um mercado único para fixar as normas mundiais, evidenciando o seu caráter competidor na economia mundial.[694]

Diante desta breve exposição, percebe-se a importância do Estado em investir em políticas de inovação ambiental para garantir sua competitividade na economia do conhecimento, bem como para concretizar o bem-estar da sua população. E a função extrafiscal, neste sentido, pode ser um instrumento estatal eficaz para concretizar tais finalidades. Devido ao fato de a extrafiscalidade motivar/fomentar ou desestimular comportamentos, no âmbito ambiental pode ser utilizada para agravar atitudes que causam prejuízo à sociedade ou para desincentivar o uso abusivo da natureza ou do meio ambiente.[695]

Nota-se que a função extrafiscal aqui está preocupada em garantir o princípio da dignidade da pessoa humana, bem como a igualdade. Isto porque a vida social está unida com o meio natural e qualquer ação ecológica reflete em benefício para toda a massa populacional, como também para a economia, por meio da utilização desses recursos sustentáveis.[696]

Não há dúvidas de que o ente público também pode realizar investimentos em diversos campos ecológicos, por meio do gasto público. Porém, o uso da extrafiscalidade se adapta melhor aos ditames da equidade, uma vez que aquele que contamina e polui o meio ambiente deverá arcar com este prejuízo, bem como pode estimular ou desincentivar tais comportamentos poluidores, sem que toda a população pague economicamente por tais investimentos ecológicos.[697]

---

[693] COMUNICACIÓN DE LA COMISIÓN AL PARLAMENTO EUROPEO, AL CONSEJO EUROPEO, AL CONSEJO, AL COMITÉ ECONÓMICO Y SOCIAL EUROPEO Y AL COMITÉ DE LA REGIONES. *Um nuevo modelo de Industria para Europa*. COM (2020) 102. Bruselas. 10 mar. 2020.

[694] BRAVO, Álvaro Sánchez. Estratégia ambiental europea de recuperación pos-COVID: plan verde. *In*: RUBIO, David Sánchez; BRAVO, Álvaro Sánchez. *Temas de teoria y filosofia del derecho em contextos de pandemia*. Madrid: Dikinson, 2020, p. 88.

[695] GALAPERO FLORES, Rosa María. *Estudio jurídico de los elementos conceptuais do Derecho Tributário*. Valência: Tirant lo Blanch, 2020, p. 191.

[696] GALAPERO FLORES, Rosa María. *Estudio jurídico de los elementos conceptuais do Derecho Tributário*. Valência: Tirant lo Blanch, 2020, p. 192.

[697] GALAPERO FLORES, Rosa María. *Estudio jurídico de los elementos conceptuais do Derecho Tributário*. Valência: Tirant lo Blanch, 2020, p. 142.

A política extrafiscal, visando concretizar o direito coletivo ao meio ambiente saudável, pode ser efetivada em duas modalidades: a) a contenção ou cerceamento das atuações antiambientais por meio do aumento da carga tributária concretizada em impostos ecológicos ou até em agravamentos ecológicos de impostos; b) estímulo ou incentivo das atuações filo ambientais por intermédio de eco benefícios fiscais.[698]

Em vista disso, podem-se citar exemplos de tributos com fins ecológicos, como aqueles sobre as emissões atmosféricas e resíduos nucleares. Mediante estes tributos com finalidade extrafiscal, o Estado objetiva que o poluidor pague por realizar uma atividade prejudicial ao meio ambiente, sob o manto do princípio "poluidor, pagador".[699]

Neste contexto, importante mencionar o "Pacto Verde Europeo", elaborado pela Comissão da União Europeia, o qual objetiva o uso eficiente dos recursos naturais, por meio de uma economia circular limpa,[700] restaurando a biodiversidade e reduzindo a poluição. Para tanto, o plano apresenta apoio financeiro e assistência técnica para empresas, pessoas e Estados para a transição para uma economia verde, o que reflete o caráter extrafiscal de tais políticas adotadas.[701]

No Brasil, alguns avanços para essa transição já estão sendo realizados, principalmente no âmbito legislativo. A Constituição Federal prevê a utilização de instrumentos fiscais como indutores de atividades econômicas sustentáveis, por meio de estímulos ou desestímulos fiscais, nos termos do art. 170, inciso VI. Além disso, o Brasil aprovou o Protocolo de Kyoto, pelo Decreto Legislativo nº 144, em 20 de junho

---

[698] NABAIS, José Casalta. *O dever fundamental de pagar impostos*: contributo para compreensão do estado fiscal contemporâneo. Coimbra: Almedina, 2009, p. 652.

[699] Este princípio está ligado à ideia de responsabilização pelos danos causados ao meio ambiente, servindo também de desestímulo à prática do ilícito ambiental. Assim, além do caráter repressivo, ele busca evitar a ocorrência de danos ambientais, devendo os potenciais poluidores arcar com a responsabilidade pelo pagamento das despesas relacionadas com a precaução e prevenção dos riscos ambientais. BUFFON, Marciano. *Tributação e dignidade humana*: entre os direitos e deveres fundamentais. Porto Alegre: Livraria do Advogado, 2009, p. 246.

[700] Em relação à economia circular, importante frisar sobre o Plano de Ação, firmado pela Comissão da União Europeia, em Bruxelas (2020), que estabelece medidas de longo prazo para a visa de todos os produtos. O objetivo do plano é proteger o meio ambiente e que a economia se adapte ao futuro verde, outorgando novos direitos aos consumidores. BRAVO, Álvaro Sánchez. Estratégia ambiental europea de recuperación pos-COVID: plan verde. In: RUBIO, David Sánchez; BRAVO, Álvaro Sánchez. *Temas de teoria y filosofía del derecho em contextos de pandemia*. Madrid: Dikinson, 2020, p. 89.

[701] COMUNICACIÓN DE LA COMISIÓN AL PARLAMENTO EUROPEO, AL CONSEJO EUROPEO, AL CONSEJO, AL COMITÉ ECONÓMICO Y SOCIAL EUROPEO Y AL COMITÉ DE LA REGIONES. *Um nuevo modelo de Industria para Europa*. COM (2020) 102. Bruselas. 10 mar. 2020.

de 2002, destacando sua aderência na diminuição do efeito estufa, bem como formalizou a redução dos gases do efeito estufa, por meio da Lei nº 12.187/2009 (alterada pela Lei nº 12.727, de 17 de outubro de 2021).[702]

Outras leis ambientais vigentes no Brasil merecem destaques, como Lei nº 9.605/1998 – Lei dos Crimes Ambientais;[703] Lei nº 12.305/2010 – Institui a Política Nacional de Resíduos Sólidos (PNRS) e altera a Lei nº 9.605/1998;[704] Lei nº 11.445/2007 – Estabelece a Política Nacional de Saneamento Básico;[705] Lei nº 9.985/2000 – Institui o Sistema Nacional de Unidades de Conservação da Natureza;[706] Lei nº 6.766/1979 – Lei do Parcelamento do Solo Urbano;[707] Lei nº 6.938/1981 – Institui a Política e o Sistema Nacional do Meio Ambiente;[708] Lei nº 11.284/2006 – Lei da Mata Atlântica;[709] e, Lei nº 12.651/2012 – Código Florestal Brasileiro.[710]

Entretanto, Jacson Cervi alerta que, apesar da vasta legislação ambiental brasileira, bem como internacional, o grande problema reside na sua efetividade. O autor explica que, no Brasil, há três principais causas para a reduzida efetividades das normas ecológica. A primeira

---

[702] CALVACANTE, Denise Lucena. Avanços da tributação ambiental no Brasil. *In:* CAVALLÉ, Angel Urquizu. *Políticas de protección ambiental en siglo XXI:* medidas tributárias, contaminación y empresas. Espanha: Bosch Librería, 2013. (Colección Fiscalidad), p. 88.

[703] Reordena a legislação ambiental quanto às infrações e punições. Concede à sociedade, aos órgãos ambientais e ao Ministério Público mecanismo para punir os infratores do meio ambiente. Destaca-se, por exemplo, a possibilidade de penalização das pessoas jurídicas no caso de ocorrência de crimes ambientais.

[704] Estabelece diretrizes à gestão integrada e ao gerenciamento ambiental adequado dos resíduos sólidos. Propõe regras para o cumprimento de seus objetivos em amplitude nacional e interpreta a responsabilidade como compartilhada entre governo, empresas e sociedade.

[705] Versa sobre todos os setores do saneamento (drenagem urbana, abastecimento de água, esgotamento sanitário e resíduos sólidos).

[706] Entre seus objetivos estão a conservação de variedades de espécies biológicas e dos recursos genéticos, a preservação e restauração da diversidade de ecossistemas naturais e a promoção do desenvolvimento sustentável a partir dos recursos naturais.

[707] Estabelece regras para loteamentos urbanos, proibidos em áreas de preservação ecológicas, naquelas onde a poluição representa perigo à saúde e em terrenos alagadiços.

[708] Estipula e define, por exemplo, que o poluidor é obrigado a indenizar danos ambientais que causar, independente da culpa, e que o Ministério Público pode propor ações de responsabilidade civil por danos ao meio ambiente, como a obrigação de recuperar e/ou indenizar prejuízos causados.

[709] Regula a proteção e uso dos recursos dessa floresta, tendo como objetivo assegurar direitos e deveres dos cidadãos e de órgãos públicos no que se refere à exploração consciente desse bioma. A lei visa à salvaguarda da biodiversidade, da saúde humana, dos valores paisagísticos, do regime hídrico e da estabilidade social.

[710] Revoga o Código Florestal Brasileiro de 1965 e define que a proteção do meio ambiente natural é obrigação do proprietário mediante a manutenção de espaços protegidos de propriedade privada, divididos entre Área de Preservação Permanente (APP) e Reserva Legal (RL).

delas refere-se à descontinuidade das ações ambientais pelos governos federais, estaduais e municipais. A segunda está relacionada à desatualização dos dados empíricos, que dificultam que ações e projetos sejam modernizados e evoluam conforme as necessidades ambientais. E, por último, cita as diversas decisões de cunho político, que são fundamentadas em antigos conceitos e práticas, à margem da participação massiva da sociedade.[711]

Por isso, são necessárias políticas governamentais sustentáveis para que o país possa ampliar sua proteção ambiental. Dessa forma, a política extrafiscal intervencionista, regulatória e promocional também deve fazer parte da política econômica do Brasil. É necessário pensar a extrafiscalidade juntamente com as demais políticas estatais, como as políticas monetárias, de comércio exterior, inovação e desenvolvimento, a fim de que sejam conexas e efetivem, de fato, o bem comum.[712]

Neste sentido, Jacson Cervi defende uma participação mais efetiva da sociedade na formação das políticas ambientais, pois, ao viabilizar a participação de todos, os cidadãos se tornam mais responsáveis uns pelos outros e possibilita a efetividade e legitimidade de novas políticas públicas. Para tanto, é necessária a ampliação de estudos científicos para subsidiar as políticas públicas ambientais, aproximando os institutos e universidades via fomento à pesquisa. Para o autor, o Brasil carece de políticas de difusão da informação ambiental e dos direitos e deveres dos cidadãos.[713] Acrescenta que alguns desafios necessitam ser superados, principalmente,

> [...] a maior interação das políticas ambientais com outras políticas sociais e de desenvolvimento econômico, o estabelecimento de uma periodicidade para atualização/divulgação dos indicadores ambientais e o compartilhamento desses indicadores com estados e municípios.[714]

---

[711] CERVI, Jacson Roberto. Política Nacional de Meio Ambiente e Interação Social no Brasil, p. 328-332. *In:* BRAVO, Álvaro Sánchez. *Sensibilidad, Sociología y Derecho*: Libro homenaje al Prof. Dr. José Alcebiades de Oliveira Junior. Espanha: Álvaro Sánchez Bravo, 2021. ISBN 978-84-19090-86-7

[712] CALVACANTE, Denise Lucena. Avanços da tributação ambiental no Brasil. *In:* CAVALLÉ, Angel Urquizu. *Políticas de protección ambiental en siglo XXI*: medidas tributárias, contaminación y empresas. Espanha: Bosch Librería, 2013. (Colección Fiscalidad), p. 95.

[713] CERVI, Jacson Roberto. Política Nacional de Meio Ambiente e Interação Social no Brasil, p. 328-332. *In:* BRAVO, Álvaro Sánchez. *Sensibilidad, Sociología y Derecho*: Libro homenaje al Prof. Dr. José Alcebiades de Oliveira Junior. Espanha: Álvaro Sánchez Bravo, 2021. ISBN 978-84-19090-86-7, p. 338.

[714] CERVI, Jacson Roberto. Política Nacional de Meio Ambiente e Interação Social no Brasil, p. 328-332. *In:* BRAVO, Álvaro Sánchez. *Sensibilidad, Sociología y Derecho*: Libro homenaje

Além disso, a OCDE definiu algumas matérias que exigem políticas dos Estados para a promoção do desenvolvimento econômico sustentável, como a produção e consumo sustentável, atenção às mudanças climáticas, energia limpa e conservação do ecossistema. A Agenda 2030 ressaltou que, para alcançar tais objetivos, necessário um entorno fiscal internacional justo, eficiente, eficaz e transparente. Os Estados devem revisar suas normas para contribuir com a sustentabilidade global.[715]

Desse modo, a Agenda 2030 alerta sobre a urgência em fazer alianças, pois os governos – sozinhos – não conseguirão financiar e gerir o desenvolvimento sustentável, ainda que por medidas tributárias extrafiscais. Os organismos privados também necessitam participar e colaborar para o bem comum mundial.[716]

Tradicionalmente, os organismos privados, ao investir, calculam os gastos e riscos com o retorno financeiro esperado. Devido ao fato que retornos dos investimentos ambientais são de longo prazo, é preciso reformular esta equação (risco – retorno) com intervenção pública que incentive a sustentabilidade. Dessa forma, apesar de serem investimentos em longo prazo, com a ajuda pública ocorre o incentivo para as empresas investirem de forma ecológica. Novamente, o papel ativo e inovador do Estado é primordial, conforme sustentado no capítulo anterior.[717]

María Ruiz defende que os incentivos tributários e tributos extrafiscais, atendendo os princípios da justiça tributária e os fins da política social e econômica, deveriam ser transnacionais. Os objetivos internacionais, quando se trata de meio ambiente, são comuns a todos e, por isso, necessitam de uma cooperação entre os organismos em âmbito global.[718]

De forma semelhante, Piketty defende novas normas de justiça ambiental e fiscal sustentáveis que sejam aceitáveis para a maioria.

---

al Prof. Dr. José Alcebiades de Oliveira Junior. Espanha: Álvaro Sánchez Bravo, 2021. ISBN 978-84-19090-86-7, p. 343.

[715] RUIZ, María Amparo Grau. *Sostenibilidad Global y actividad financiera*: los incentivos a la participación privada y su control. Navarra: Aranzadi, 2019, p. 250-251.

[716] RUIZ, María Amparo Grau. *Sostenibilidad Global y actividad financiera*: los incentivos a la participación privada y su control. Navarra: Aranzadi, 2019, p. 251.

[717] RUIZ, María Amparo Grau. *Sostenibilidad Global y actividad financiera*: los incentivos a la participación privada y su control. Navarra: Aranzadi, 2019, p. 251-252.

[718] RUIZ, María Amparo Grau. *Sostenibilidad Global y actividad financiera*: los incentivos a la participación privada y su control. Navarra: Aranzadi, 2019, p. 254-255.

O economista explica que as mudanças climáticas e a desigualdade de renda são os principais problemas do globo e necessitam atenção de todos os organismos internacionais. Por isso, sustenta a necessidade de um imposto progressivo sobre as emissões de carbono individuais.[719] Por exemplo, as 5 (cinco) primeiras toneladas de carbono com alíquota zero, acima de 10 com uma alíquota mais alta e assim sucessivamente, a fim de que o desenvolvimento sustentável também seja equânime e justo para todos.[720]

Destaca-se que o caráter extrafiscal do imposto sobre as emissões de carbono poderia incentivar as empresas a utilizar tecnologias redutoras de sua emissão, beneficiando o meio ambiente. Ademais, as rendas com a tributação poderiam ser usadas para alguma necessidade pública e o aumento da demanda conduziria mais empregos e crescimento.[721]

Desse modo, é perceptível que o desenvolvimento sustentável tem um papel essencial para a difusão da economia do conhecimento e para a redução das iniquidades entre a população, uma vez que uma sociedade equilibrada ecologicamente também permite o desenvolvimento da economia e do bem-estar. Além do investimento sustentável, o Estado necessita preocupar-se com a inovação e a difusão de conhecimento entre a população, a fim de que a economia do conhecimento possa ampliar-se entre os cidadãos e proporcionar mais qualidade de vida e concretização de direitos.

De fato, o financiamento tributário em infraestrutura e na pesquisa auxiliaria as empresas e os cidadãos no âmbito laboral e econômico. Por exemplo, o Banco Europeu de Investimentos financiou mais de noventa e quatro milhões de dólares ao ano em projeto na Europa, que fomentaram o crescimento e a qualidade de vida da população, como trens rápidos, rede elétrica segura e uma boa internet.[722]

Por isso, além da função fiscal, a extrafiscalidade pode ser um instrumento complementar importante para incentivar a inovação,

---

[719] Piketty explica que o imposto sobre as emissões de carbono na França, por não ser progressivo, resultou numa maior carga tributária suportada pelos cidadãos de menor poder aquisitivo. Assim, além de ser progressiva, a arrecadação do imposto deveria ser utilizada para compensar as rendas médias e baixas, bem como financiar a transição por energia limpa. PIKETTY, Thomas. *Capital e ideologia*. Traducción de Daniel Fuentes. Barcelona: Ediciones Deusto, 2019, p. 1191.

[720] PIKETTY, Thomas. *Capital e ideologia*. Traducción de Daniel Fuentes. Barcelona: Ediciones Deusto, 2019, p. 1191-1192.

[721] STIGLITZ, Joseph E. *Capitalismo progressista*: la respuesta a la era del malestar. Tradución Jaime Collyer. Barcelona: Taurus, 2019, p. 256-257.

[722] STIGLITZ, Joseph E. *Capitalismo progressista*: la respuesta a la era del malestar. Tradución Jaime Collyer. Barcelona: Taurus, 2019, p. 256-257.

desenvolvimento e conhecimento em um Estado-Nação, como será abordado a seguir. Assim, o investimento em inovação, na sociedade do conhecimento, deve ser perseguido juntamente com os fins ecológicos, buscando sempre o bem coletivo.

5.3 As políticas extrafiscais de inovação sob o viés da economia do conhecimento

Nas políticas extrafiscais adotadas pelo Estado, os fins ecológicos são cada vez mais necessários para obter um meio ambiente equilibrado uma sociedade mais desenvolvida, principalmente no contexto da economia do conhecimento. Em vista disso, surge a necessidade de investimento em novas tecnologias, inovação, pesquisa e conhecimento, a fim de fomentar a transição para a nova era econômica.

Como já afirmado neste trabalho, o Estado empreendedor, juntamente com organismos privados, necessita repensar suas políticas para adequar-se aos novos rumos da sociedade. Empreender, deste modo, passa a ser uma tarefa de todos, na busca por conhecimento e inovação. O fato é que a atual sociedade se encontra com sérios problemas em relação à desigualdade de renda, como também enfrenta uma crise econômica, política e, até mesmo, de identidade comum.

A pandemia do COVID-2019 alertou sobre os reflexos da desigualdade vivenciada pela população mundial e abalou a economia, resultando – segundo o estudo da CEPAL – a maior crise econômica e social da região das últimas décadas. Os principais efeitos negativos atingiram (e ainda continua atingindo) o emprego, a pobreza e a desigualdade de renda.[723]

A ONU afirmou que a crise econômica disseminada pelos reflexos da pandemia é tão grave ao ponto de colocar em dúvida a credibilidade dos modelos econômicos existentes. Desse modo, os altos índices de injustiça e desigualdade revelam que são necessárias medidas mais audazes para combater o atual cenário mundial.[724] Diante deste cenário, algo necessita ser feito. É hora de mudar.

---

[723] COMISIÓN ECONÓMICA PARA LATINOAMÉRICA Y EL CARIBE – CEPAL. *Dimensionar los efectos del COVID-19 para pensar en la reactivación*. abr. 2020.

[724] BUFFON, Marciano. Tributación e Ingresos Básicos: Cómo Minimizar Algunos Efectos de la Pandemia. *In*: BRAVO, Álvaro Sánchez. *Sensibilidad, Sociología y Derecho*. Espanha, 2021. ISBN 978-84-19090-86-7, p. 428.

Monica de Bolle afirma não existir economia que resista quando não se promove o cuidado com as pessoas. Em vista disso, o papel ativo do Estado para cuidar da saúde e da sobrevivência dos cidadãos, durante a pandemia, foi (e continua sendo) de extrema importância.[725]

De forma semelhante, Marciano Buffon sustenta que o papel ativo do Estado, especialmente em proteger os mais fragilizados, é essencial para impedir uma crise humanitária mais grave do que a presenciada durante a pandemia.[726] Em vista disso, o social-historiador Arnold Joseph Toynbee argumenta que a capacidade de sobrevivência de uma civilização depende da capacidade de responder de forma inovadora e criativa às novas mudanças que enfrenta, como as modificações proporcionadas pela crise do COVID-2019.[727]

Por isso, é essencial a atuação mais ativa do Estado, por meio do investimento em inovação e pesquisa, objetivando o desenvolvimento econômico e social da população. E, para o avanço da inovação num Estado, é necessária a junção de diversos fatores. Dentre eles, a existência de instituições e arranjos institucionais criados para fomentar atividades inovadoras, por meio de políticas públicas e de contratos público-privados, como a utilização da extrafiscalidade. Dessa forma, as políticas de inovação devem ampliar o uso e a difusão de conhecimentos nas estruturas produtivas, além de promover e executar políticas apropriadas, coordenadas nacionalmente e que abranjam os âmbitos locais, regionais e estaduais, envolvendo e comprometendo atores que operam nesses diferentes níveis.[728]

Segundo Silvio Bittencourt da Silva, os crescentes desafios sociais requerem a coordenação de recursos compartilhados em uma rede

---

[725] DE BOLLE, Monica. A agenda da cidadania. *Cidadania 23*, Brasília, 18 maio 2020. Disponível em: https://cidadania23.org.br/2020/05/13/monica-de-bolle-a-agenda-da-cidadania/. Acesso em: 15 nov. 2021.

[726] BUFFON, Marciano. Tributación e Ingresos Básicos: Cómo Minimizar Algunos Efectos de la Pandemia. *In*: BRAVO, Álvaro Sánchez. *Sensibilidad, Sociología y Derecho*. Espanha, 2021. ISBN 978-84-19090-86-7, p. 429.

[727] COMISIÓN ECONÓMICA PARA LATINOAMÉRICA Y EL CARIBE – CEPAL. Instituciones resilientes para una recuperación transformadora pospandemia en América Latina y el Caribe: aportes para la discusión. *XVIII Reunión del Consejo Regional de Planificación del Instituto Latinoamericano y del Caribe de Planificación Económica y Social (ILPES)*. Naciones Unidas, Santiago, 2021. Disponível em: https://repositorio.cepal.org/bitstream/handle/11362/47316/1/S2100383_es.pdf. Acesso em: 15 nov. 2021.

[728] CASSOLATO, José E.; LASTRES, Helena M. M. Políticas de inovação e desenvolvimento. *In*: COUTINHO, Diogo R.; FOSS, Maria Carolina; MOUALLEM, Pedro Salomon B. *Inovação no Brasil*: avanços e desafios jurídicos e institucionais. São Paulo: Blucher, 2017, p. 20.

de inovação para o desenvolvimento de inovações sociais. E, nesta linha, pontua que a inovação social é um processo distribuído em uma rede de inovação para a satisfação das necessidades sociais novas, em que as partes interessadas envolvem a academia, empresas, governo, organizações não governamentais, sem fins lucrativos, projetos e outras organizações, incluindo os indivíduos da sociedade.[729]

O resultado da inovação, pensada nas necessidades sociais, são as novas tecnologias, produtos ou serviços, bem como novas leis, que contribuam para a superação dos desafios sociais, ambientais e econômicos. Fica claro que a inovação e seus diversos resultados podem contribuir para o desenvolvimento da nação.[730] No entanto, para isso, necessita da atuação conjunta dos atores da sociedade, incluindo uma legislação voltada à inovação.

Neste diapasão, a Constituição brasileira prevê a função do Estado como fomentador do desenvolvimento econômico e social, normatizando, regulando e planejando a atividade econômica, de forma determinante para o setor público, e indicativa, para o setor privado, conforme prevê o art. 174, §1º, da Constituição Federal:

> Art.174. Como agente normativo e regulador da atividade econômica, o estado exercerá, na forma da lei, as funções de fiscalização, incentivo e planejamento, sendo este determinante para o setor público e indicativo para o setor privado.
>
> §1º A lei estabelecerá as diretrizes e bases do planejamento do desenvolvimento nacional equilibrado, o qual incorporará e compatibilizará os planos nacionais e regionais de desenvolvimento.[731]

Além disso, o referido diploma legal dedica um capítulo separado para a ciência, tecnologia e inovação (capítulo IV), prevendo em seus artigos 218 (especialmente o parágrafo 4) e 219:[732]

---

[729] SILVA, Silvio Bitencourt da. *Orquestração de redes de inovação em* Living Labs *brasileiros para o desenvolvimento de inovações sociais*. 2015. 210 f. Tese (Doutorado em Administração) – Universidade do Vale do Rio dos Sinos, Programa de Pós-Graduação em Administração, São Leopoldo, 2015, p. 168.

[730] SILVA, Silvio Bitencourt da. *Orquestração de redes de inovação em* Living Labs *brasileiros para o desenvolvimento de inovações sociais*. 2015. 210 f. Tese (Doutorado em Administração) – Universidade do Vale do Rio dos Sinos, Programa de Pós-Graduação em Administração, São Leopoldo, 2015, p. 169.

[731] BRASIL. *Constituição da República Federativa do Brasil*. Brasília, DF, 1988. Disponível em: http://www.planalto.gov.br/ccivil_03/constituicao/constituicaocompilado.htm. Acesso em: 24 mar. 2022.

[732] A Emenda Constitucional nº 85, de 26 de fevereiro de 2015, alterou e adicionou dispositivos na Constituição Federal para atualizar o tratamento das atividades de ciência, tecnologia

Art. 218. O Estado promoverá e incentivará o desenvolvimento científico, a pesquisa, a capacitação científica e tecnológica e a inovação.

§1º A pesquisa científica básica e tecnológica receberá tratamento prioritário do Estado, tendo em vista o bem público e o progresso da ciência, tecnologia e inovação [...].

§4º A lei apoiará e estimulará as empresas que invistam em pesquisa, criação de tecnologia adequada ao País, formação e aperfeiçoamento de seus recursos humanos e que pratiquem sistemas de remuneração que assegurem ao empregado, desvinculada do salário, participação nos ganhos econômicos resultantes da produtividade de seu trabalho [...].

Art. 219. O mercado interno integra o patrimônio nacional e será incentivado de modo a viabilizar o desenvolvimento cultural e socioeconômico, o bem-estar da população e a autonomia tecnológica do País, nos termos de lei federal.[733]

Diante de tais previsões legais, constatou-se a necessidade de redução da carga tributária, como forma de estímulo ao desenvolvimento da inovação e da tecnologia, visto que, conforme explica Rocha e Rauen, "uma das racionalidades econômicas subjacentes ao apoio estatal via isenção fiscal está relacionada à expectativa de mudança do comportamento privado à inovação."[734] Tais políticas públicas começaram a se incrementar a partir dos anos 1990, ganhando maior expressão na última década. Neste viés, em 2005, foi aprovada a Lei nº 11.196/2005, a chamada "Lei do Bem",[735] que instituiu um novo regime de incentivo

---

e inovação. Disponível em: http://www.planalto.gov.br/ccivil_03/constituicao/emendas/emc/emc85.htm. Acesso em: 15 nov. 2021.

[733] BRASIL. Constituição da República Federativa do Brasil. Brasília, DF., 1988. Disponível em: http://www.planalto.gov.br/ccivil_03/constituicao/constituicaocompilado.htm. Acesso em: 24 mar. 2021.

[734] ROCHA, Glauter; RAUEN, André. *Mais desoneração, mais inovação?* Uma avaliação da recente estratégia brasileira de intensificação dos incentivos fiscais a pesquisa e desenvolvimento. Texto para discussão. Brasília: Rio de Janeiro: Ipea, 2018, p. 16. Disponível em: http://repositorio.ipea.gov.br/bitstream/11058/8517/1/TD_2393.PDF. Acesso em: 15 nov. 2021, p. 16.

[735] A Lei nº 11.196/2005 prevê a concessão de incentivos com a finalidade de estimular o desenvolvimento tecnológico no Brasil. Entre os principais incentivos, destacam-se: a) Além da dedutibilidade normal, exclusão adicional de 60% a 100% do lucro líquido e da base de cálculo da Contribuição Social sobre o Lucro Líquido (CSLL), dos gastos realizados com Pesquisa e Desenvolvimento; b) Exclusão do lucro líquido e da base de cálculo da CSLL, de 50% a 250% dos gastos com projetos de pesquisa científica e tecnológica executada por ICT; c) Redução de 50% do Imposto sobre Produtos Industrializados (IPI) incidente sobre equipamentos, máquinas, aparelhos, instrumentos e ferramentas adquiridos para pesquisa e desenvolvimento tecnológico. Tais máquinas não podem ser usadas na linha de produção; d) Depreciação integral, no próprio ano da aquisição, de máquinas, equipamentos, aparelhos e instrumentos novos, destinados à pesquisa e ao

fiscal para a inovação tecnológica e outros regimes fiscais especiais, como o da plataforma de exportação de serviços de tecnologia da informação (REPES) e o de aquisição de bens de capital para empresas exportadoras (RECAP).[736]

Neste contexto, também foram aprovadas outras leis, baseadas em isenções e benefícios fiscais, que buscam fomentar a inovação e a sustentabilidade. Exemplo disso é a Lei de Novos Projetos no Setor Automobilístico (Lei nº 12.407, de 19.05.2011, convertida da Medida Provisória nº 512, de 25.11.2010) e o Inova-Auto, instituído pela Lei nº 12.715, de 17.09.2012. A primeira lei concede desonerações no Imposto sobre Produtos Industrializados (IPI) para as empresas que "apresentem projetos que contemplem novos investimentos e a pesquisa para o desenvolvimento de novos produtos ou novos modelos de produtos já existentes."[737] Já a segunda Lei concede incentivos fiscais visando apoiar o desenvolvimento tecnológico, a inovação, a segurança, a proteção ao meio ambiente, a eficiência energética e a qualidade dos automóveis, caminhões, ônibus e autopeças.[738]

No caso brasileiro, apesar do aparato jurídico para fomentar a inovação, ela continua evoluindo lentamente. Segundo Erber,[739] ao buscar explicar o baixo desempenho tecnológico e inovativo brasileiro, aponta para os limitados efeitos das políticas específicas de ciência e

---

desenvolvimento, para fins de apuração de IRPJ e CSLL; e) Redução a zero da alíquota do Imposto de Renda Retido na Fonte nas remessas efetuadas para o exterior destinadas ao registro e à manutenção de marcas, patentes e cultivares. f) Dedução da base de cálculo do IRPJ e da CSLL dos valores transferidos a microempresas e empresas de pequeno porte, destinados à execução de P&D, de interesse e por conta da pessoa jurídica que promoveu a transferência. CARLI, Franco Guerino de; RIBAS, Lídia Maria. Smart Cities: extrafiscalidade como indutora do desenvolvimento de cidades inteligentes. *Interações*, Campo Grande, MS, v. 21, n. 3, p. 131-150, jul./set. 2020. Disponível em: https://www.scielo.br/j/inter/a/9gBHZytZKHybVVSpXtKF7Dx/?lang=pt&format=pdf. Acesso em: 15 nov. 2021.

[736] LAKS, Larissa Rodrigues. Extrafiscalidade e incentivos à inovação tecnológica. *Revista do Direito Público*, Londrina, v. 11, n. 2, p. 230-259, ago. 2016. DOI: 10.5433/1980-511X.2016v11n2p230. ISSN: 1980-511X.

[737] BRASIL. Lei n. 12.407, de 19 de maio de 2011. Altera a Lei n. 9.440, de 14 de março de 1997, que "estabelece incentivos fiscais para o desenvolvimento regional e dá outras providências", a Lei n. 9.826, de 23 de agosto de 1999, e a Medida Provisória n. 2.158-35, de 24 de agosto de 2001. *Diário Oficial da União*, Brasília, 20 maio 2011.

[738] BRASIL. Lei n. 12.715, de 17 de setembro de 2012. Altera a alíquota das contribuições previdenciárias sobre a folha de salários devidas pelas empresas que especifica; institui o Programa de Incentivo à Inovação Tecnológica e Adensamento da Cadeia Produtiva de Veículos Automotores; e dá outras providências. *Diário Oficial da União*, Brasília, 18 set. 2012.

[739] ERBER, F. Innovation and the development convention in Brazil. *Revista Brasileira de Inovação*, v. 3, n. 1, p. 35-54, 2009.

tecnologia, que acabam inibindo as estratégias tecnológicas e de inovação das empresas. Para o autor é importante a busca por estratégias de desenvolvimento que articule entre a política macroeconômica e a política industrial e tecnológica. Assim, objetiva-se mediar o esforço do exportador e a substituição de importações, além de impedir importações desleais e barreiras discriminatórias contra a produção nacional. Além disso, deve agregar valor a esses produtos e desenvolver processos locais de aprendizado.[740]

Neste viés, Cassolato e Lastres explicam que o Brasil deve priorizar mais os sistemas de inovação. Estes, por sua vez, são conceituados como conjuntos de instituições, as quais afetam a capacidade de aprendizado, de criação e uso de competências de um país, região, setor ou localidade.[741]

Estes sistemas possibilitam a interação entre a produção, o uso e a difusão do conhecimento. Em vista disso, o desempenho inovativo depende não somente de empresas e organizações de ensino e pesquisa, mas especialmente de como elas interagem entre si e com vários outros atores, bem como o meio ambiente, os marcos institucionais e as diferentes políticas afetam seu desenvolvimento.[742]

Analisando o conceito de sistemas de inovação, percebe-se que, apesar do sucesso das políticas de inclusão social, a melhora na distribuição da renda e a dinamização do mercado de trabalho, o Brasil ainda enfrenta dificuldades em inovar e desenvolver novas tecnologias. Do ponto de vista da estrutura produtiva, o país continua com um desempenho competitivo apagado e com fragilidade comercial em todos os segmentos com alto valor agregado e alto conteúdo tecnológico.[743]

---

[740] CASSOLATO, José E.; LASTRES, Helena M. M. Políticas de inovação e desenvolvimento. *In*: COUTINHO, Diogo R.; FOSS, Maria Carolina; MOUALLEM, Pedro Salomon B. *Inovação no Brasil*: avanços e desafios jurídicos e institucionais. São Paulo: Blucher, 2017, p. 26.

[741] CASSOLATO, José E.; LASTRES, Helena M. M. Políticas de inovação e desenvolvimento. *In*: COUTINHO, Diogo R.; FOSS, Maria Carolina; MOUALLEM, Pedro Salomon B. *Inovação no Brasil*: avanços e desafios jurídicos e institucionais. São Paulo: Blucher, 2017, p. 26.

[742] CASSOLATO, José E.; LASTRES, Helena M. M. Políticas de inovação e desenvolvimento. *In*: COUTINHO, Diogo R.; FOSS, Maria Carolina; MOUALLEM, Pedro Salomon B. *Inovação no Brasil*: avanços e desafios jurídicos e institucionais. São Paulo: Blucher, 2017, p. 27.

[743] CASSOLATO, José E.; LASTRES, Helena M. M. Políticas de inovação e desenvolvimento. *In*: COUTINHO, Diogo R.; FOSS, Maria Carolina; MOUALLEM, Pedro Salomon B. *Inovação no Brasil*: avanços e desafios jurídicos e institucionais. São Paulo: Blucher, 2017, p. 30.

Segundo os dados do Ministério da Ciência e Tecnologia, os gastos em P&D do governo cresceu de 1,04% do PIB em 2000 para cerca de 1,24% do PIB em 2013, após uma década e meia de práticas de políticas públicas e incentivo à inovação. O que mais chama a atenção é que, na esfera das empresas, o dispêndio em P&D permanece estagnado em todo o período em torno de 0,5% do PIB, tendo atingido um pico em 2010, correspondente a 0,57% do PIB.[744]

Ainda, o estudo realizado por Rocha e Rauen demonstra que o gasto empresarial no período entre 2000 a 2015 permaneceu praticamente inalterado, apesar do aumento de incentivos e isenções fiscais. Isto é, o Estado brasileiro continua sendo o principal investidor em P&D, mas a expansão de seus gastos não foram suficientes para alterar o comportamento privado relativo à inovação.[745]

Já na área industrial, vislumbra-se também a incapacidade de incorporação das atividades que caracterizam a Terceira Revolução Industrial. Por exemplo, em relação ao PIB, o peso dessas indústrias seria, aproximadamente, de 1,4% em 2000, caindo a 0,97% em 2005 e a 0,4% em 2011.[746]

Em relação à produção doméstica, parte expressiva atua como montadora de componentes/insumos importados e/ou representante comercial, alterando somente o rótulo/etiqueta/marca". Além disso, nas atividades do complexo eletrônico, como equipamentos de comunicações e informática, aproximadamente 70% da demanda final brasileira era suprida por importações em 2008.[747]

Cassolato e Lastres associam a desindustrialização e a deterioração da área industrial ao modelo de desenvolvimento implantado em meados dos anos 1990, o qual perdura até hoje. Neste modelo, a atração de empresas transnacionais cumpre papel primordial, em

---

[744] BRASIL. Ministério de Ciência e Tecnologia. *Indicadores*. Disponível em: http://www.mct.gov.br/index.php/content/view/740.html. Acesso em: 25 mar. 2021.

[745] ROCHA, Glauter; RAUEN, André. *Mais desoneração, mais inovação?* Uma avaliação da recente estratégia brasileira de intensificação dos incentivos fiscais a pesquisa e desenvolvimento. Texto para discussão. Brasília: Rio de Janeiro: Ipea, 2018, p. 16. Disponível em: http://repositorio.ipea.gov.br/bitstream/11058/8517/1/TD_2393.PDF. Acesso em: 15 nov. 2021, p. 16-19.

[746] CASSOLATO, José E.; LASTRES, Helena M. M. Políticas de inovação e desenvolvimento. In: COUTINHO, Diogo R.; FOSS, Maria Carolina; MOUALLEM, Pedro Salomon B. *Inovação no Brasil*: avanços e desafios jurídicos e institucionais. São Paulo: Blucher, 2017, p. 30.

[747] MORCEIRO, P. *Desindustrialização na economia brasileira no período 2000-2011*: abordagens e indicadores. São Paulo: Unesp, 2012, p. 190.

que se acreditou que a sua mera atração seria suficiente para integrar a economia brasileira ao mundo globalizado, trazendo consigo a tecnologia necessária à modernização.[748]

A partir de 2003, o governo brasileiro ampliou significativamente os investimentos públicos para expandir e consolidar o Sistema Nacional de Ciência e Tecnologia. Também articulou a estratégia nacional de ciência, tecnologia e inovação com as demais políticas federais e, em especial, a política industrial. O resultado foi o alcance de importantes objetivos de uma política voltada à infraestrutura de ciência e tecnologia no país,[749] bem como a redução entre os rendimentos dos mais pobres e os dos mais ricos, o que resultou em um Coeficiente de Gini de 0,51, em 2014, o mais baixo da história.[750]

Entretanto, a crise político-institucional instalada no país a partir de 2014 reverteu este quadro, ao reduzir os recursos públicos para as referidas áreas.[751] Atualmente, o estado brasileiro enfrenta uma fusão entre a crise econômica e política, que amplia o sentimento de desconfiança na representatividade do governo, na sua legitimidade e ameaça derrubar importantes avanços sociais conquistados nos últimos anos. Não bastasse isso, há algumas deficiências estruturais que interferem no desempenho econômico do país, como a frágil infraestrutura, desequilíbrios do sistema tributário e baixos índices de concorrência. Esses elementos demonstram a participação declinante do Brasil no comércio internacional e o modesto sistema produtivo ligado à economia mundial.[752]

A história de vários países – Finlândia, Coreia do Sul e China – demonstra que em tempos de crise não se pode diminuir investimentos

---

[748] CASSOLATO, José E.; LASTRES, Helena M. M. Políticas de inovação e desenvolvimento. In: COUTINHO, Diogo R.; FOSS, Maria Carolina; MOUALLEM, Pedro Salomon B. *Inovação no Brasil*: avanços e desafios jurídicos e institucionais. São Paulo: Blucher, 2017, p. 31.

[749] CASSOLATO, José E.; LASTRES, Helena M. M. Políticas de inovação e desenvolvimento. In: COUTINHO, Diogo R.; FOSS, Maria Carolina; MOUALLEM, Pedro Salomon B. *Inovação no Brasil*: avanços e desafios jurídicos e institucionais. São Paulo: Blucher, 2017, p. 33.

[750] ARBIX, Glauco; MIRANDA, Zil. Inovar para sair da crise. In: COUTINHO, Diogo R.; FOSS, Maria Carolina; MOUALLEM, Pedro Salomon B. *Inovação no Brasil*: avanços e desafios jurídicos e institucionais. São Paulo: Blucher, 2017, p. 62.

[751] CASSOLATO, José E.; LASTRES, Helena M. M. Políticas de inovação e desenvolvimento. In: COUTINHO, Diogo R.; FOSS, Maria Carolina; MOUALLEM, Pedro Salomon B. *Inovação no Brasil*: avanços e desafios jurídicos e institucionais. São Paulo: Blucher, 2017, p. 33.

[752] ARBIX, Glauco; MIRANDA, Zil. Inovar para sair da crise. In: COUTINHO, Diogo R.; FOSS, Maria Carolina; MOUALLEM, Pedro Salomon B. *Inovação no Brasil*: avanços e desafios jurídicos e institucionais. São Paulo: Blucher, 2017, p. 58-59.

em educação, pesquisa, tecnologia e inovação. Estes três países investiram em inovação e tecnologia para superar a crise econômica e o resultado – no caso da Finlândia – foi a duplicação do número de ingressantes no ensino superior e a multiplicação por quatro do número de novos alunos nas escolas politécnicas, além de elevar a competitividade do país e destacá-lo por suas tecnologias de informação e comunicação.[753]

Além da crise, a política de inovação, apesar de ter ampliado o leque de instrumentos fiscais e creditícios de amparo às atividades inovativas, não conseguiu obter um retorno positivo significativo tecnológico. Isto porque a grande maioria do apoio utilizado pelo setor industrial se refere à compra de máquinas e equipamentos, o que indica muito mais uma modernização tecnológica do que um comprometimento com a busca de inovações.[754]

O problema reside no fato de que estas políticas estão centradas no apoio prioritário às atividades de pesquisa e desenvolvimento das empresas, não possuindo um projeto nacional de desenvolvimento que as oriente e dê coerência. De fato, o sistema de inovação brasileiro tem capacidade limitada para encorajar investimentos novos voltados à inovação, uma vez que não muda a percepção do risco associado ao processo de inovação.[755]

A consequência disso é que os países em desenvolvimento, como o Brasil, ficam adstritos às atividades de execução, distribuição e montagem de produtos. Enquanto as atividades produtivas intensivas em conhecimento e criatividade (e geradoras de valor) ficam a cargo dos países desenvolvidos. Prova disso é que [...] quase 3/4 dos empregos qualificados do mundo estão nos países centrais",[756] informa estudo do economista Márcio Pochman.

---

[753] ARBIX, Glauco; MIRANDA, Zil. Inovar para sair da crise. *In:* COUTINHO, Diogo R.; FOSS, Maria Carolina; MOUALLEM, Pedro Salomon B. *Inovação no Brasil:* avanços e desafios jurídicos e institucionais. São Paulo: Blucher, 2017, p. 63.

[754] CASSOLATO, José E.; LASTRES, Helena M. M. Políticas de inovação e desenvolvimento. *In:* COUTINHO, Diogo R.; FOSS, Maria Carolina; MOUALLEM, Pedro Salomon B. *Inovação no Brasil:* avanços e desafios jurídicos e institucionais. São Paulo: Blucher, 2017, p. 35-36.

[755] CASSOLATO, José E.; LASTRES, Helena M. M. Políticas de inovação e desenvolvimento. *In:* COUTINHO, Diogo R.; FOSS, Maria Carolina; MOUALLEM, Pedro Salomon B. *Inovação no Brasil:* avanços e desafios jurídicos e institucionais. São Paulo: Blucher, 2017, p. 35-36.

[756] POCHMANN, M. *Economia global e a nova Divisão Internacional do Trabalho.* Campinas: IE/Unicamp; Mimeo, 1997, p. 16.

Nas palavras de Cassolato e Lastres, é necessário

[...] promover sistemas produtivos e inovativos voltados à sustentabilidade social e ambiental e à provisão dos serviços públicos essenciais, os quais podem ser dinamizados pelo poder de compra governamental, ampliando as possibilidades de autorreforço e convergência das políticas públicas. Estes, como o aproveitamento da sociobiodiversidade brasileira, envolvem capacitações produtivas e inovativas que exigem apoio específico para seu desenvolvimento, o qual pode ser irradiado para todo o território brasileiro.[757]

Neste diapasão, a 4ª Conferência Nacional de CT&I, realizada em 2010, apontou as quatro diretrizes fundamentais que deveriam nortear a atividade de pesquisa brasileira. Entre elas, destacam-se a redução das desigualdades, exploração sustentável das riquezas do território nacional, fortalecimento das empresas, em que seria necessário agregar valor à produção e à exportação pela inovação, e o reforço do protagonismo internacional do país em ciência e tecnologia.[758]

Para tanto, o Brasil deve dominar as tecnologias estratégicas ao desenvolvimento nacional, investir em pesquisadores em diversas áreas da tecnologia e formular uma revolução na educação, melhorando a educação em todos os seus níveis. Desse modo, a produção nacional de CT&I deve ser capaz de atuar, simultaneamente, em quatro pontos que constituem a base do sistema de produção de conhecimento e inovação: infraestrutura, fomento, recursos humanos qualificados e inovação.[759]

Ainda, nas palavras de Silvio Bitencourt da Silva, é essencial a coordenação das diferentes partes interessadas, a fim de mobilizar recursos compartilhados para assegurar uma inovação, de fato, social. Deste modo, poderá ser alcançado um desenvolvimento social, por meio do empoderamento da sociedade civil, aumentando a sua capacidade de agir na instituição de novos negócios, novos serviços e na colaboração entre as partes. Além disso, a coordenação das redes

---

[757] CASSOLATO, José E.; LASTRES, Helena M. M. Políticas de inovação e desenvolvimento. *In:* COUTINHO, Diogo R.; FOSS, Maria Carolina; MOUALLEM, Pedro Salomon B. *Inovação no Brasil*: avanços e desafios jurídicos e institucionais. São Paulo: Blucher, 2017, p. 47.

[758] ARBIX, Glauco; MIRANDA, Zil. Inovar para sair da crise. *In:* COUTINHO, Diogo R.; FOSS, Maria Carolina; MOUALLEM, Pedro Salomon B. *Inovação no Brasil*: avanços e desafios jurídicos e institucionais. São Paulo: Blucher, 2017, p. 66.

[759] ARBIX, Glauco; MIRANDA, Zil. Inovar para sair da crise. *In:* COUTINHO, Diogo R.; FOSS, Maria Carolina; MOUALLEM, Pedro Salomon B. *Inovação no Brasil*: avanços e desafios jurídicos e institucionais. São Paulo: Blucher, 2017, p. 72.

de inovação possibilita novos empreendimentos e novas tecnologias, tanto no âmbito econômico, como na área ambiental, mediante a transformação de moradia, possibilidades de reaproveitamento de recursos naturais e adoção de práticas ecologicamente aprimoradas.[760]

Ademais, segundo Mazzucato, devido ao fato das empresas privadas, apesar dos incentivos, não investirem suficientemente em P&D, inclusive no Brasil, é necessário repensar os atuais incentivos fiscais. Assim, imprescindível torná-los mais abrangentes, como, por exemplo, incluir na Lei do Bem as micro e pequenas empresas, alcançar investimentos em modernização no pátio industrial e avaliar alguns benefícios fiscais que são, na realidade, apenas postergação do pagamento de tributos.[761]

Outras propostas defendem a manutenção das isenções fiscais, mas deve-se reestruturar ou, até mesmo, extinguir aquelas que estão dando resultados negativos à inovação privada. Por certo, para tornar a extrafiscalidade mais eficiente no Brasil, deve-se reavaliar a magnitude das isenções de forma a estimular uma maior relação isenção-investimento em P&D, considerando que a essencialidade de um ambiente regulatório mais amplo, especialmente da estabilidade e da previsibilidade do sistema tributário nacional.[762]

Diante do estudo acima, verifica-se que são necessárias mudanças na área da extrafiscalidade e na política de inovação no Brasil. Além das propostas já abordadas, destaca-se o plano elaborado por Mazzucato para o Brasil. Por meio do estudo da autora, é possível analisar as deficiências e as possíveis soluções para o avanço da inovação no solo brasileiro, a qual poderá auxiliar no desenvolvimento econômico e social para toda a população.

---

[760] SILVA, Silvio Bitencourt da. *Orquestração de redes de inovação em* Living Labs *brasileiros para o desenvolvimento de inovações sociais*. 2015. 210 f. Tese (Doutorado em Administração) – Universidade do Vale do Rio dos Sinos, Programa de Pós-Graduação em Administração, São Leopoldo, 2015, p. 170.

[761] LAKS, Larissa Rodrigues. Extrafiscalidade e incentivos à inovação tecnológica. *Revista do Direito Público*, Londrina, v. 11, n. 2, p. 230-259, ago. 2016. DOI: 10.5433/1980-511X.2016v1 1n2p230. ISSN: 1980-511X.

[762] ROCHA, Glauter; RAUEN, André. *Mais desoneração, mais inovação?* Uma avaliação da recente estratégia brasileira de intensificação dos incentivos fiscais a pesquisa e desenvolvimento. Texto para discussão. Brasília: Rio de Janeiro: Ipea, 2018, p. 16. Disponível em: http://repositorio.ipea.gov.br/bitstream/11058/8517/1/TD_2393.PDF. Acesso em: 15 nov. 2021, 2018, p. 31.

5.3.1 Uma política de inovação no Brasil orientada por missões

Discutir políticas de inovação implica, entre outros, discutir condições de produção e de mercado. Isto porque a inovação refere-se à criação apta a ser produzida e comercializada no mercado. Ocorre que no Brasil, como apontado acima, o setor industrial está atrasado, não possuindo uma significativa produção de tecnologias, comunicação e informática. No país o tecido industrial está focado na produção de peças e utensílios para os produtos tecnológicos criados em outros países, ou seja, utilizamos a tecnologia, mas não possuímos conhecimento para criá-la.

Em suma, alguns pontos podem ser identificados como deficiência no setor industrial brasileiro:

> Cadeias produtivas dominadas por multinacionais estabelecidas para explorar o mercado interno, sofrendo baixa competição; estrutura industrial marcadamente metal mecânica, sem incorporação de eletrônica, química fina, biotecnologia e outros desenvolvimentos pós-1970; industrialização baseada em mão de obra não qualificada; pouca presença de profissionais com formação de ciências exatas ou engenharia nas empresas; baixíssima atividade de pesquisa, desenvolvimento e engenharia de produto; sistema regulatório não integrado, dificultando mesmo atividades simples como envio de amostras para o exterior ou importação de insumos laboratoriais; sistema de relações de trabalho ainda marcado pelo corporativismo, sem representação nos locais de trabalho, sem contrato coletivo de trabalho, e que inviabiliza a contratação de pessoal estrangeiro de alto nível para ajudar na elevação do padrão tecnológico e na inserção internacional das empresas.[763]

Por isso, mais do que nunca é necessário repensar as políticas de inovação no solo brasileiro, a fim de reverter este atraso industrial, tecnológico e econômico. Obviamente, o Estado possui papel fundamental para gerir estas novas políticas, pois, segundo Mario Sergio Salerno, o problema das políticas de inovação brasileira é que são comandadas pelo Poder Executivo, devendo ser articuladas diretamente pela presidência. Dessa forma, os ministérios poderiam ter secretarias de

---

[763] SALERNO, Mario Sergio. Políticas de Inovação no Brasil: desafios de formulação, financiamento e implantação. *In*: COUTINHO, Diogo R.; FOSS, Maria Carolina; MOUALLEM, Pedro Salomon B. *Inovação no Brasil*: avanços e desafios jurídicos e institucionais. São Paulo: Blucher, 2017, p. 84.

desenvolvimento industrial, e a presidência, organizar um fórum reunindo os diversos secretários, bem como uma assessoria especializada na presidência ajudaria a encaminhar as controvérsias e os problemas para decisão presidencial. O Estado precisa ser ativo no Brasil.[764]

De forma semelhante, Mazzucato[765] aponta a relevância de políticas orientadas por missões e atenta que lidar com desafios de inovação – viajando para a lua ou combatendo mudanças climáticas – requer investimentos coordenados de atores públicos e privados. Conforme destacado pela autora,

> O papel do setor público será particularmente importante nos primeiros estágios, nas áreas intensivas em capital e de alto risco das quais o setor privado tende a se afastar. Mas, de um modo mais geral, o governo tem o papel catalisador de criar e moldar mercados por meio de parcerias público-privadas dinâmicas.[766]

Para o Brasil, as políticas de inovação orientadas por missões também precisam buscar esta estratégia, em que sejam promovidas pelo Estado juntamente com o setor privado e estejam baseadas nos pontos fortes do seu sistema de inovação para superar suas fragilidades. A inovação, para tanto, necessita estar no centro da agenda política para buscar o crescimento econômico.[767]

O estudo de Mazzucato e Penna sobre o sistema de inovação do Brasil revelou alguns pontos fortes. Dentre eles, destaca-se o fato de o sistema brasileiro possuir todos os elementos-chave para um sistema de inovação desenvolvido, como subsistema de educação e pesquisa,

---

[764] SALERNO, Mario Sergio. Políticas de Inovação no Brasil: desafios de formulação, financiamento e implantação. *In:* COUTINHO, Diogo R.; FOSS, Maria Carolina; MOUALLEM, Pedro Salomon B. *Inovação no Brasil*: avanços e desafios jurídicos e institucionais. São Paulo: Blucher, 2017, p. 95.

[765] MAZZUCATO, Mariana. *O Estado empreendedor*: desmascarando o mito do setor público *vs.* setor privado. Tradução de Elvira Serapicos. 1. ed. São Paulo: Portfolio-Penguin, 2014.

[766] MAZZUCATO, Mariana; PENNA, Caetano. The Brazilian Innovation System: A missionriented policy proposal. Temas estratégicos para o Desenvolvimento do Brasil – sumário executivo. Brasília: *Centro de Gestão e Estudos Estratégicos*, 2016. Disponível em: https://www.cgee.org.br/documents/10195/1774546/The_Brazilian_Innovation_System-CGEE-MazzucatoandPenna-FullReport.pdf . Acesso em: 21 out. 2021, p. 5.

[767] MAZZUCATO, Mariana; PENNA, Caetano. The Brazilian Innovation System: A missionriented policy proposal. Temas estratégicos para o Desenvolvimento do Brasil – sumário executivo. Brasília: *Centro de Gestão e Estudos Estratégicos*, 2016. Disponível em: https://www.cgee.org.br/documents/10195/1774546/The_Brazilian_Innovation_System-CGEE-MazzucatoandPenna-FullReport.pdf . Acesso em: 21 out. 2021, p. 5.

produção e inovação, financiamento público e privado, e subsistema de políticas e regulação. Ademais, o subsistema de pesquisa científica também avançou nos últimos anos, com organizações de aprendizagem. Também possui recursos naturais estratégicos e uma estrutura estatal multifacetada com agências. Por fim, a autora destaca que o Brasil dispõe de financiamento paciente de longo prazo engajado no setor público, como o BNDES ou agências de inovação públicas – FINEP.[768]

Estes pontos fortes do sistema de inovação se contrastam com as suas fragilidades, justamente por não possui uma estratégia consistente de longo prazo; apresenta fragmentação entre o subsistema de educação e pesquisa e o subsistema de produção e inovação; o gasto com P&D das indústrias é muito baixo, o que representa baixa expectativa para inovar; ineficiência do subsistema de políticas e regulação; e necessita de reformas na tributação e regulação da indústria.[769]

O estudo destes pontos aponta que é possível melhorar o sistema de inovação brasileiro, corrigindo suas fragilidades e realçando seus pontos positivos. Nas considerações feitas pelos autores, afirmam a importância da

> [...] existência de casos positivos do que pode ser considerado uma política orientada por missões e a necessidade de uma consistente agenda estratégica de longo prazo que dê coerência às políticas públicas e direcionamento às pesquisas e inovação.[770]

Neste contexto, a análise feita pela economista Mariana Mazzucato e por Caetano Penna também recomendou algumas alternativas às atuais políticas brasileiras. A primeira sugestão refere-se às políticas

---

[768] MAZZUCATO, Mariana; PENNA, Caetano. The Brazilian Innovation System: A mission-riented policy proposal. Temas estratégicos para o Desenvolvimento do Brasil – sumário executivo. Brasília: *Centro de Gestão e Estudos Estratégicos*, 2016. Disponível em: https://www.cgee.org.br/documents/10195/1774546/The_Brazilian_Innovation_System-CGEE-MazzucatoandPenna-FullReport.pdf . Acesso em: 21 out. 2021, p. 9-10.

[769] MAZZUCATO, Mariana; PENNA, Caetano. The Brazilian Innovation System: A mission-riented policy proposal. Temas estratégicos para o Desenvolvimento do Brasil – sumário executivo. Brasília: *Centro de Gestão e Estudos Estratégicos*, 2016. Disponível em: https://www.cgee.org.br/documents/10195/1774546/The_Brazilian_Innovation_System-CGEE-MazzucatoandPenna-FullReport.pdf . Acesso em: 21 out. 2021, p. 10-11.

[770] MAZZUCATO, Mariana; PENNA, Caetano. The Brazilian Innovation System: A mission-riented policy proposal. Temas estratégicos para o Desenvolvimento do Brasil – sumário executivo. Brasília: *Centro de Gestão e Estudos Estratégicos*, 2016. Disponível em: https://www.cgee.org.br/documents/10195/1774546/The_Brazilian_Innovation_System-CGEE-MazzucatoandPenna-FullReport.pdf . Acesso em: 21 out. 2021, p. 11.

econômicas e complementares, que deveria auxiliar aquelas relacionadas à inovação.[771]

Uma alternativa apontada afirma que os mecanismos de concorrência, cooperação e controle devem ser orientados por missões, visando ao bem comum e equilibrando a função estatal, privada e da academia. Ademais, a política por missões deve ser bem definida, com a criação de indicadores específicos que possam ser utilizados para a avaliação, prestação de contas e auditoria, bem como possa estabelecer uma agenda política de inovação de longo prazo para que o Estado dê respostas às demandas ou necessidades da sociedade.[772]

O estudo também recomendou a expansão de programas políticos que deram certo, como políticas de saúde e o programa Inova, para outros setores, como infraestrutura, agronegócio e agricultura familiar, energia e meio ambiente, e segurança nacional. Tais políticas, ressalta, devem ser concebidas de forma a reduzir a desigualdade.[773]

E, por fim, a análise descreve como sugestão uma ação legislativa para suprir as ineficiências no sistema tributário, que afetam o subsistema de políticas e regulação, bem como agrava as desigualdades existentes para toda a população.[774]

Por tudo isso, estas propostas refletem no papel ativo e conjunto do Estado perante o setor privado e a sociedade, podendo ajudar a reequilibrar as finanças públicas e aumentar os investimentos estratégicos e receitas futuras. Ao se engajar em um esforço de políticas orientadas por missões, o Brasil deve voltar a ser capaz de definir a direção e ambição

---

[771] MAZZUCATO, Mariana; PENNA, Caetano. The Brazilian Innovation System: A mission-riented policy proposal. Temas estratégicos para o Desenvolvimento do Brasil – sumário executivo. Brasília: *Centro de Gestão e Estudos Estratégicos*, 2016. Disponível em: https://www.cgee.org.br/documents/10195/1774546/The_Brazilian_Innovation_System-CGEE-MazzucatoandPenna-FullReport.pdf . Acesso em: 21 out. 2021, p. 12.

[772] MAZZUCATO, Mariana; PENNA, Caetano. The Brazilian Innovation System: A mission-riented policy proposal. Temas estratégicos para o Desenvolvimento do Brasil – sumário executivo. Brasília: *Centro de Gestão e Estudos Estratégicos*, 2016. Disponível em: https://www.cgee.org.br/documents/10195/1774546/The_Brazilian_Innovation_System-CGEE-MazzucatoandPenna-FullReport.pdf . Acesso em: 21 out. 2021, p. 13.

[773] MAZZUCATO, Mariana; PENNA, Caetano. The Brazilian Innovation System: A mission-riented policy proposal. Temas estratégicos para o Desenvolvimento do Brasil – sumário executivo. Brasília: *Centro de Gestão e Estudos Estratégicos*, 2016. Disponível em: https://www.cgee.org.br/documents/10195/1774546/The_Brazilian_Innovation_System-CGEE-MazzucatoandPenna-FullReport.pdf . Acesso em: 21 out. 2021, p. 12-13.

[774] MAZZUCATO, Mariana; PENNA, Caetano. The Brazilian Innovation System: A mission-riented policy proposal. Temas estratégicos para o Desenvolvimento do Brasil – sumário executivo. Brasília: *Centro de Gestão e Estudos Estratégicos*, 2016. Disponível em: https://www.cgee.org.br/documents/10195/1774546/The_Brazilian_Innovation_System-CGEE-MazzucatoandPenna-FullReport.pdf . Acesso em: 21 out. 2021, p. 12-13.

da própria trajetória de desenvolvimento e, com isso, tornar a economia do conhecimento inclusiva e sustentável.[775]

Aliadas a isso, as políticas extrafiscais de inovação devem considerar o desenvolvimento sustentável, visando à transição para uma economia do conhecimento ecológica. A pandemia, apesar dos diversos efeitos negativos já abordados no decorrer deste trabalho, também pode ser considerada uma forma de o planeta repensar suas atitudes e ações perante o coletivo e a natureza.

Conforme visto no capítulo anterior, um Estado empreendedor é fundamental para promover investimentos em P&D e fomentar a economia do conhecimento, pois não bastam apenas incentivos – por meio da extrafiscalidade – mas também é necessária uma atuação ativa e empreendedora do Estado em conjunto com os organismos privados, a fim de atingir o bem comum para toda a sociedade. A tributação e a extrafiscalidade são mecanismo auxiliares do Estado no cumprimento desta função, mas que precisam ser mais abrangentes e efetivos, a fim de que a renovação da matriz tributária seja um passo para futuro, sem que isso prejudique a migração para um sistema tributário eficiente, justo e em sintonia com os novos rumos da economia. E que essa seja sustentável, promovendo o bem-estar social para todos.

---

[775] MAZZUCATO, Mariana; PENNA, Caetano. The Brazilian Innovation System: A mission-riented policy proposal. Temas estratégicos para o Desenvolvimento do Brasil – sumário executivo. Brasília: *Centro de Gestão e Estudos Estratégicos*, 2016. Disponível em: https://www.cgee.org.br/documents/10195/1774546/The_Brazilian_Innovation_System-CGEE-MazzucatoandPenna-FullReport.pdf . Acesso em: 21 out. 2021, p. 13.

CAPÍTULO 6

PERSPECTIVAS TRIBUTÁRIAS FRENTE À ECONOMIA DO CONHECIMENTO

Como visto anteriormente, a tributação possui um papel importante no Estado empreendedor, tanto na sua função fiscal, como na extrafiscal. Isto se deve ao fato de ser o principal meio de financiamento do Estado e de incentivo à inovação e conhecimento, impulsionando o mercado econômico e, consequentemente, refletindo no avanço da economia do conhecimento no país.

Dito isso, percebe-se que atualmente tais finalidades não estão sendo concretizadas de forma eficaz, tanto na esfera fiscal, como na extrafiscal. Por isso, necessário – uma reforma estrutural no modo de tributar do sistema tributário nacional, a fim de que a tributação seja um instrumento de redução de desigualdade de renda e de concretização dos direitos fundamentais ao cidadão, como também estimule a evolução da economia do conhecimento.

Conforme explica Dworkin,[776] a distribuição de riquezas em uma sociedade é resultado do seu Ordenamento Jurídico, mas não só em relação às leis que regem a propriedade e as relações para a sua aquisição e transferência, como também em relação às normas fiscais e políticas. Assim, o combate à desigualdade social está interligado diretamente com a justiça social por intermédio de uma tributação baseada na redistribuição de renda.

Não se ignora que o combate à desigualdade pode-se dar mediante a adoção de políticas públicas redistributivas, garantindo

---

[776] DWORKIN, Ronald. Introdução: A igualdade é importante? *In*: DWORKIN, Ronald. *A virtude soberana*: a teoria e a prática da igualdade. Tradução de Jussara Simões. São Paulo: Martins Fontes, 2005, p. X.

acesso à educação qualificada, por exemplo. No entanto, para fins desse trabalho o problema da desigualdade será enfrentado restritivamente a partir da questão tributária.

O Estado, mediante a arrecadação de tributos, tem meios para garantir o seu custeio e, com isso, concretizar o "bem comum". Esse bem comum pode ser entendido como a concretização de objetivos e princípios constitucionalmente postos e dos direitos fundamentais. E quanto maior o grau de satisfação desses direitos, menos desigualdade e pobreza terá o Estado.[777]

Thomas Piketty, em sua obra *A economia da igualdade*, de 1997, já afirmava a importância da tributação como mecanismo de redistribuição de riquezas destinada à redução das desigualdades sociais:

> O instrumento privilegiado da redistribuição pura é a redistribuição fiscal, que, por meio das tributações e transferências, permite corrigir a desigualdade das rendas produzida pelas desigualdades das dotações iniciais e pelas forças do mercado, ao mesmo tempo que preserva o máximo a função alocativa do sistema de preços.[778]

Ademais, a redução das desigualdades pela via do sistema de redistribuição de renda por meio de arrecadação de impostos destinados a garantir a proteção dos direitos básicos dos cidadãos, como investimentos nas áreas de educação, saúde, aposentadoria, emprego e habitação, não é a única forma de combate à desigualdade de renda. Outra forma de redução dos níveis de desigualdade por meio da tributação é a divisão justa do ônus fiscal pela "capacidade contributiva, por meio da progressividade e da tributação sobre as grandes riquezas, a fim de evitar a concentração de renda."[779]

Além disso, o Estado pode fazer uso da tributação extrafiscal, em que "[...] o legislador, em nome do interesse coletivo, aumenta ou diminui as alíquotas e/ou base de cálculo dos tributos, com o objetivo

---

[777] BUFFON, Marciano. Tributação no Brasil: a legitimação do gasto social inclusivo. *Constituição, sistemas sociais e hermenêutica*: anuário do programa de Pós-Graduação em Direito da Unisinos: mestrado e doutorado. *In*: STRECK, Lenio Luiz; ROCHA, Leonel Severo; ENGELMANN, Wilson. Porto Alegre: Livraria do Advogado; São Leopoldo: UNISINOS, 2017, p. 159.

[778] PIKETTY, Thomas. *A economia da desigualdade*. Tradução de André Telles da edição francesa de 1997. Rio de Janeiro: Intrínseca, 2015, p. 85.

[779] RIBEIRO, Ricardo Lodi. Piketty e a reforma tributária igualitária no Brasil. *Revista de Finanças Públicas, Tributação e Desenvolvimento*. [S. l.], v. 3, n. 3, 2015. Disponível em: file:///C:/Users/MICRO/Downloads/15587-52017-2-PB%20(1).pdf. Acesso em: 8 nov. 2021.

principal de induzir os contribuintes a fazer ou a deixar de fazer alguma coisa."[780] Destarte, esse tipo de tributação influencia o cidadão nas tomadas de decisões e direciona comportamentos socioeconômicos.[781]

Conforme visto no tópico anterior, as funções fiscal e extrafiscal desempenham um papel importante para o Estado empreendedor e, consequentemente, ao avanço da economia do conhecimento. Obviamente, o atual sistema tributário nacional necessita de uma mudança estrutural, a fim de que seja um meio redutor da desigualdade de renda e garanta o acesso aos direitos básicos ao cidadão.

Todavia, tais alterações, mais do que necessárias no atual contexto, deparam-se com o desafio de sua ampliação em face das avassaladoras mudanças no modo de vida que os novos tempos trazem. Como é sabido, a sociedade está constantemente em evolução e o Direito Tributário deve acompanhar essas modificações, a fim de ser um instrumento efetivo para concretização de direitos. Por isso, no contexto da economia do conhecimento, muitos são os questionamentos quanto à adaptação do ordenamento tributário às novas demandas da sociedade.

Atualmente, a economia do conhecimento encontra-se na fase insular, como detectada por Mangabeira Unger anteriormente referido, tendo a população apenas acesso aos seus bens e serviços. Só este fato já está causando profundas modificações na forma tradicional de tributar, como também no cotidiano da população. Aliada à economia do conhecimento, a pandemia provocada pelo coronavírus (COVID-19) demonstrou a importância da nova era digital e do uso das novas tecnologias. A pandemia antecipou essa nova realidade virtual, na qual muitos ainda possuíam seus receios.

Pesquisadores afirmam que o contexto da pandemia já provocou modificações, até então não cogitadas pelo cidadão, como: 1) educação *online*; 2) a telemedicina, com diagnósticos periódicos básicos à distância, por meio digital; 3) crescimento do comércio digital, diminuindo as lojas físicas; 4) empreendimentos sociais se tornam prioridade, em que as empresas buscam soluções para problemas como educação, saúde, segurança, distribuição de renda e energia; 5) aumento do trabalho remoto, tornando os grandes edifícios corporativos ociosos; 6) redução

---

[780] CARRAZA, Roque Antônio. *Curso de Direito Constitucional tributário*. 24. ed., rev., ampl. e atual. até a Emenda Constitucional n. 56/2007. São Paulo: Malheiros, 2008, p. 109.

[781] FOLLONI, André. Isonomia na tributação extrafiscal. *Revista Direito GV*, São Paulo, v. 10, n. 1, p. 201-220, jun. 2014. Disponível em http://www.scielo.br/scielo.php?pid=S1808-24322014000100008&script=sci_arttext. Acesso em: 9 abr. 2022.

de cerca de 50% das viagens a trabalho, por conta das ferramentas digitais; 7) mercado de trabalho global, inexistindo diferença em contratar colaboradores locais ou estrangeiros; 8) serviços por assinatura e virtual, como academia, arte, cinema e entretenimento; 9) aumento de investimento em tecnologias pelas empresas; 10) irrupção massiva da Inteligência Artificial, tornando a força do trabalho básico reduzida, com a Inteligência Artificial realizando operações simples.[782]

Estas 10 mudanças citadas demonstram o impacto da era digital e da evolução da economia do conhecimento à população, redesenhando diversas profissões e serviços, como também diminuindo a distância física entre as nações. Tais impactos também podem ser perceptíveis no universo tributário, diante da valorização dos bens intangíveis, da aproximação do processo produtivo ao consumidor, da relativização da presença física e da transmutação das espécies jurídicas.

Quanto à valorização dos bens intangíveis, é cada vez mais comum a utilização de *software*, *branding*, marcas e demais produtos de propriedade intelectual, que modificam as transações físicas. Tais bens intangíveis permitem à empresa de tecnologia digital a redução dos custos marginais, por possui preços irrisórios de armazenamento, transporte e de replicação.[783] Logo, o sistema arrecadatório fiscal tradicional, com base nas transações físicas, também fica prejudicado.

Nesta senda, a OCDE listou quatro características já perceptíveis na era digital:

> (1) a acentuada dependência de intangíveis; (2) o uso maciço de dados, especialmente os de caráter pessoal dos usuários e consumidores; (3) a frequente adoção de modelos de negócios multilaterais; e (4) a dificuldade de determinar a jurisdição na qual a criação de valor ocorre, notadamente em razão da marcante mobilidade dos ativos e "estabelecimentos".[784]

---

[782] 20 TENDÊNCIAS de comportamento para um mundo pós pandemia, *Acij*, 16 mar. 2021. Disponível em: https://www.acijaguariuna.com.br/noticias:20-tendencias-de-comporta mento-para-um-mundo-pos-pandemia Acesso em: 16 abr. 2022.

[783] CORREIA NETO, Celso de Barros; AFONSO, José Roberto Rodrigues; FUCK, Luciano Felício. A tributação na era digital e os desafios do sistema tributário no Brasil. *Revista Brasileira de Direito*, Passo Fundo, v. 15, n. 1, p. 145-167, jan./abr. 2019. Disponível em: https://dialnet.unirioja.es/servlet/articulo?codigo=7219824. Acesso em: 17 abr. 2022. ISSN 2238-0604, p. 148.

[784] ORGANISATION FOR ECONOMIC CO-OPERATION AND DEVELOPMENT – OECD. *Addressing the Tax Challenges of the Digital Economy*, Action 1 - 2015 Final Report, OECD/G20.Base Erosion and Profit Shifting Project. Paris: OECD Publishing, 2015, p. 16.

A economia do conhecimento já está possibilitando a aproximação do consumidor aos produtos, diminuindo a intermediação de vários negócios. Assim, na era digital, não se necessita de uma cadeia de produção, mas apenas um compartilhamento de informações entre cada uma das partes. A praticidade do uso, o baixo custo e a facilidade e velocidade de busca, aquisição e pagamento eletrônicos são vantagens importantes, do ponto de vista do consumidor.[785]

Outro ponto que merece destaque é a relativização de fronteiras. A economia do conhecimento e o meio digital já estão permitindo a comunicação instantânea de qualquer lugar do mundo, com o deslocamento de produtos, mercadorias e serviços. Tais modificações refletem significativamente no mercado econômico, visto que cerca de 9% das vendas a varejo nos Estados Unidos já são realizadas por meio eletrônico, e, na China, este percentual chega a 15%. Na Europa, do total das transações comerciais promovidas por empresas, 18% são eletrônicas.[786] No cenário provocado pela pandemia, tais vendas *online* tiveram um crescimento ainda maior, devido ao fechamento temporário de diversos comércios e empresas.

Essas mudanças listadas não limitam a economia do conhecimento, que ainda apresentará novas modificações, isto porque ao mesmo tempo que cria valores e formas de empreender, também altera as antigas. A economia do conhecimento modifica e reinventa constantemente as formas de produção, prestação de serviços e a venda mercadoria, isto é, "está se tornando cada vez mais a própria economia", como destaca a OCDE.[787]

Todas essas modificações e incertezas estão sendo debatidas no contexto contemporâneo. Como detalhado anteriormente, a economia do conhecimento ainda não está amplamente difundida, isto é, encontra-se na fase insular e não includente; todavia, já está-se vivenciando profundas rupturas com os avanços das novas tecnologias. Isso é só o começo de um futuro incerto.

---

[785] ORGANISATION FOR ECONOMIC CO-OPERATION AND DEVELOPMENT – OECD. *The Sharing and Gig Economy*: Effective Taxation of Platform Sellers: Forum on Tax Administration. Paris: OECD Publishing, 2019. Disponível em: https://doi.org/10.1787/574b61f8-en. Acesso em: 21 abr. 2022.

[786] MIGUEZ, Santiago Díaz de Sarralde. *Tributación, digitalización de la economía y Economía Digital*. Panamá: Centro Interamericano de Administraciones Tributarias (CIAT), 2018, p. 24.

[787] ORGANISATION FOR ECONOMIC CO-OPERATION AND DEVELOPMENT – OECD. *The Sharing and Gig Economy*: Effective Taxation of Platform Sellers: Forum on Tax Administration. Paris: OECD Publishing, 2019. Disponível em: https://doi.org/10.1787/574b61f8-en. Acesso em: 21 abr. 2022.

As repercussões impactam todos os segmentos econômicos e exigem uma reformulação da atuação do Estado, principalmente em relação à tributação, visto que as atuais mudanças já interferem diretamente no domicílio fiscal das empresas para outras jurisdições. Além disso, há a crescente dificuldade de identificar a realidade material passível de incidência tributária, devido à transmutação das espécies tributárias.

Os reflexos da economia do conhecimento afetam tanto a política tributária, como a administração fiscal. Se, por um lado, as novas tecnologias de informação, comunicação e inteligência abrem enormes oportunidades para que os fiscos cobrem, arrecadem e fiscalizem os tributos com mais eficiência e agilidade, mediante do uso das ferramentas digitais e troca de informações de ativos dos contribuintes; por outro, esses mesmos determinantes técnicos ou tecnológicos tornam obsoletos os tributos desenhados e cobrados em uma economia que não era digital.[788]

Diante dessa tributação obsoleta, em que há dificuldade e falta de regulamentação para cobranças dessas novas espécies de transações e serviços, quem ganha são as empresas de tecnologia e comércio eletrônico. As lacunas legislativas permitem que paguem muito menos impostos que os tradicionais, observada a taxa média de 8,5% em atividades domésticas a 10,15% em internacionais, no primeiro caso, comparadas com os 20,9% a 23,2%, respectivamente, nos modelos antigos de negócios.[789]

No Brasil, as empresas globais de internet pagam entre 25% e 50% do imposto que incide sobre o lucro líquido de companhias dos demais setores da economia, dependendo de seu porte. A Receita Federal mostra que, no caso de companhias globais digitais com receita bruta maior que R$100 milhões, o imposto pago variou de 8,67% a 11,57% no Brasil entre 2017-2019 – pouco mais da metade da taxação de 19,57% cobrada de empresas de todos os outros setores.[790]

---

[788] CORREIA NETO, Celso de Barros; AFONSO, José Roberto Rodrigues; FUCK, Luciano Felício. A tributação na era digital e os desafios do sistema tributário no Brasil. *Revista Brasileira de Direito*, Passo Fundo, v. 15, n. 1, p. 145-167, jan./abr. 2019. Disponível em: https://dialnet.unirioja.es/servlet/articulo?codigo=7219824. Acesso em: 17 abr. 2022. ISSN 2238-0604, p. 149.

[789] AFONSO, José Roberto; PORTO, LAÍS Khaled. Tributos sem futuro. *Revista Conjuntura Econômica*, Rio de Janeiro, v. 72, p. 32-35, n. 9, 2018. Disponível em: https://periodicos.fgv.br/rce/article/view/78779/75405. Acesso em: 27 nov. 2021.

[790] MOREIRA, Assis. Gigantes da internet pagam até 75% menos impostos do que outros setores no Brasil. *Valor Econômico*, Genebra, 6 abr. 2021. Disponível em: https://valor.globo.com/brasil/noticia/2021/04/06/gigantes-da-internet-pagam-at-75-pontos-percentuais-menos-impostos-do-que-outros-setores-no-brasil.ghtml Acesso em: 17 abr. 2022.

Em relação às companhias globais que possuem uma receita bruta de R$3 bilhões por ano, essa diferença tributária é ainda maior, em que onze companhias globais de tecnologia foram taxadas em apenas 4,44%, comparado a 19,15% para as demais empresas de igual porte no país. Isto significa que as *big tech* globais com maior faturamento no Brasil pagam em média cerca de um quarto do imposto cobrado sobre os outros setores.[791]

No atual cenário, o atual Sistema Tributário Nacional ainda não está adaptado às novas estruturas de negócios e geração de valor. Serviços e consumo tradicionais perdem espaço para novas manifestações de riqueza ainda sem tratamento tributário adequado, como no caso dos bens intangíveis. Conceitos como "valor agregado" e "circulação de mercadorias" se tornam obsoletos diante de operações multilaterais, propriedades imateriais e novos serviços colocados à disposição no mercado. Outras bases tributárias ainda necessitam ser estabelecidas.[792]

No âmbito internacional também há diversas dificuldades diante das relações transnacionais, como o problema da erosão da base tributária das corporações, devido à intensa e fácil mobilidade dos capitais. A tributação do comércio eletrônico transnacional permanece como um desafio tão complexo quanto atual. Em vista disso, "os tratados internacionais, estruturados principalmente para evitar a dupla tributação internacional, podem servir de biombos para reduzir, por meio de planejamentos tributários "agressivos", a carga fiscal das corporações transnacionais."[793]

Por isso, o ordenamento tributário deve evoluir juntamente com a economia do conhecimento, de modo a tributar essas manifestações de riquezas advindas das novas tecnologias, como também aperfeiçoar os meios e procedimentos para aplicação da tributação. Em outras

---

[791] MOREIRA, Assis. Gigantes da internet pagam até 75% menos impostos do que outros setores no Brasil. *Valor Econômico*, Genebra, 6 abr. 2021. Disponível em: https://valor.globo.com/brasil/noticia/2021/04/06/gigantes-da-internet-pagam-at-75-pontos-percentuais-menos-impostos-do-que-outros-setores-no-brasil.ghtml Acesso em: 17 abr. 2022.

[792] CORREIA NETO, Celso de Barros; AFONSO, José Roberto Rodrigues; FUCK, Luciano Felício. A tributação na era digital e os desafios do sistema tributário no Brasil. *Revista Brasileira de Direito*, Passo Fundo, v. 15, n. 1, p. 145-167, jan./abr. 2019. Disponível em: https://dialnet.unirioja.es/servlet/articulo?codigo=7219824. Acesso em: 17 abr. 2022. ISSN 2238-0604, p. 150.

[793] CORREIA NETO, Celso de Barros; AFONSO, José Roberto Rodrigues; FUCK, Luciano Felício. A tributação na era digital e os desafios do sistema tributário no Brasil. *Revista Brasileira de Direito*, Passo Fundo, v. 15, n. 1, p. 145-167, jan./abr. 2019. Disponível em: https://dialnet.unirioja.es/servlet/articulo?codigo=7219824. Acesso em: 17 abr. 2022. ISSN 2238-0604, p. 150.

palavras, é necessário rever os tributos vigentes e a forma de cobrá-los, objetivando reduzir a desigualdade de renda e redistribuir de forma justa o ônus fiscal entre a população. Neste viés, renda, trabalho e consumo, hoje tributados de forma regressivas, deverão se adaptar aos novos tempos, os quais já iniciaram.

À vista disso, analisando o atual sistema tributário, verificou-se que se tributa de forma regressiva, não sendo eficaz a redução da desigualdade de renda brasileira. Então, qual seria o novo caminho, a fim de "consertar" essas deficiências e avançar rumo ao futuro digital?

6.1 A tributação nacional no quadro da economia do conhecimento: a iminente mudança

Os debates internacionais sobre a tributação de organismos transnacionais e multinacionais, diante da era digital, fazem surgir novos questionamentos em relação à arcaica tributação brasileira. É inevitável a providência de mudanças no atual sistema tributário, isto porque, do modo como está composto e regulamentado, não dará conta dos novos organismos tributáveis intangíveis e digitais.

Além da nova era digital, o atual sistema tributário brasileiro, conforme visto no capítulo anterior, induz a concentração de renda e riqueza, sendo considerado um sistema com efeitos regressivos. Por isso, a tributação do futuro também deve ter um olhar atento aos seus efeitos perante a desigualdade de renda, pois uma tributação que não alcance o bem comum da população não pode ser considerada justa em nenhum cenário ou economia. E, diante do cenário (pós) pandemia, não há dúvidas que o Estado deve procurar soluções para a tamanha injustiça e desigualdade existente. Neste sentido, são necessárias atitudes mais audazes, como a instituição de uma renda mínima[794] para os mais afetados pela pandemia, bem como às pessoas em situação de pobreza.

Essa proposta de renda mínima já era comentada internacionalmente por Piketty, especialmente em sua obra lançada em 2019, *Capital e ideologia*. Destaca-se que a renda mínima no cenário da pandemia e com

---

[794] Piketty destaca que os atuais sistemas estatais que possuem este programa devem ser aperfeiçoados, a fim de ser mais automáticos e universais, especialmente no caso de pessoas sem domicílio. Também é necessário generalizar a renda para todas as pessoas com rendas baixas, com pagamento automático, sem necessidade que estas devam solicitar, como ocorre nas restituições do imposto sobre a renda. PIKETTY, Thomas. *Capital e ideologia*. Tradución de Daniel Fuentes. Barcelona: Ediciones Deusto, 2019, p. 1187.

o agravamento da pobreza se tornou ainda mais necessária pelos Estados, a fim de amenizar os efeitos devastadores da crise sanitária e econômica.[795] De forma semelhante, Marciano Buffon[796] enfatiza a importância deste mecanismo no Brasil, tanto para redução das desigualdades, como para equilibrar a redistribuição de renda, inclusive no futuro digital, visto que o gasto com a renda mínima acaba revertendo para o mercado econômico e para o próprio governo. Estima-se que 45% do gasto social do Estado com este tipo de política é revertido às contas públicas por meio da aquisição de insumos e alimentos de primeira necessidade.[797]

Tendo em conta a importância de uma renda mínima para o bem-estar da população, reformas no âmbito do sistema tributário também são imprescindíveis para reverter seus efeitos regressivos. Para tanto, basta exonerar os produtos considerados essenciais e que são consumidos principalmente pela população de baixa renda ou – conforme enfatiza Marciano Buffon[798] – criar um programa de restituição dos tributos indiretos, pagos por pessoas beneficiadas pelo Programa de Renda Básica.

Tais propostas visam reverter o efeito indutor de desigualdades no âmbito nacional. No entanto, as referidas sugestões devem vir conjugadas sob o olhar do futuro da sociedade do conhecimento. Por isso, o presente estudo direciona-se ao exame de alterações no campo fiscal que se fazem necessárias pela nova era econômica, visando sempre buscar o bem-estar de toda a população.

6.1.1 A tributação sobre a renda no novo mundo digital

Tradicionalmente, os Estados nacionais tributam a renda das pessoas físicas e jurídicas delimitando seu território. Ocorre que o avanço das tecnologias de informação, comunicação e a globalização

---

[795] PIKETTY, Thomas. *Capital e ideologia*. Traducción de Daniel Fuentes. Barcelona: Ediciones Deusto, 2019, p. 1187.

[796] BUFFON, Marciano. Tributación e Ingresos Básicos: Cómo Minimizar Algunos Efectos de la Pandemia. *In:* BRAVO, Álvaro Sánchez. *Sensibilidad, Sociología y Derecho*. Espanha, 2021. ISBN 978-84-19090-86-7, p. 433.

[797] BUFFON, Marciano. Tributación e Ingresos Básicos: Cómo Minimizar Algunos Efectos de la Pandemia. *In:* BRAVO, Álvaro Sánchez. *Sensibilidad, Sociología y Derecho*. Espanha, 2021. ISBN 978-84-19090-86-7, p. 433.

[798] BUFFON, Marciano. Tributación e Ingresos Básicos: Cómo Minimizar Algunos Efectos de la Pandemia. *In:* BRAVO, Álvaro Sánchez. *Sensibilidad, Sociología y Derecho*. Espanha, 2021. ISBN 978-84-19090-86-7, p. 433-434.

permitiram que as pessoas e as empresas se comunicassem com mais facilidade e transitassem seus negócios entre países, como a venda de mercadorias *online*, transferências financeiras, computação em nuvem, entre outras atividades virtuais.

Diante deste contexto, a tendência de redução do espaço nacional autônomo para a ampliação da tributação do lucro das corporações reflete diretamente na tributação tradicional sobre as rendas. A facilidade de fluxo de capitais, a alta mobilidade das empresas multinacionais e a computação em nuvem – que retira o caráter local dos negócios constituídos – são exemplos de entraves tributários no atual quadro.[799]

Reunidos a estes fatores, a evasão fiscal e a facilidade de transferência de lucros para localidades com pouca ou nenhuma carga fiscal tornam a tributação sobre a renda um desafio complexo aos países. As empresas na economia digital requerem a isenção ou redução de tributos dos Estados, visando centralizar sua infraestrutura e instalações neste país. Caso o país não tenha possuído vantagens tributárias, ditas empresas podem realizar negócios em países mais acessíveis, por meio de *sites* de *web* ou outros meios digitais, incluindo a transferência de lucros e suas rendas.[800]

Na tentativa de dirimir tais entraves, os países, por meio de tratados e acordos, buscam uma cooperação internacional, a fim de que se evite a bitributação. Todavia, as próprias empresas multinacionais aproveitam-se desses acordos para escapar da incidência do imposto de renda, com a alegação da bitributação, alcançando significativa vantagem competitiva em relação às concorrentes locais em prejuízo da arrecadação tributária.[801]

De fato, todos estes problemas de erosão das bases de renda e transferência de benefícios giram em torno justamente da noção clássica

---

[799] CORREIA NETO, Celso de Barros; AFONSO, José Roberto Rodrigues; FUCK, Luciano Felício. A tributação na era digital e os desafios do sistema tributário no Brasil. *Revista Brasileira de Direito*, Passo Fundo, v. 15, n. 1, p. 145-167, jan./abr. 2019. Disponível em: https://dialnet.unirioja.es/servlet/articulo?codigo=7219824. Acesso em: 17 abr. 2022. ISSN 2238-0604, p. 151-152.

[800] FLOR, Luis María Romero; YOHAN, Andrés Campos Martínez. Evolución del tradicional concepto de establecimiento permanente hacia una presencia económica y digital significativa. Fiscalidad internacional y comunitaria. *Monográfico 2019 de la revista Nueva Fiscalidad*, 2019-12-05, p. 42.

[801] CORREIA NETO, Celso de Barros; AFONSO, José Roberto Rodrigues; FUCK, Luciano Felício. A tributação na era digital e os desafios do sistema tributário no Brasil. *Revista Brasileira de Direito*, Passo Fundo, v. 15, n. 1, p. 145-167, jan./abr. 2019. Disponível em: https://dialnet.unirioja.es/servlet/articulo?codigo=7219824. Acesso em: 17 abr. 2022. ISSN 2238-0604, p. 152.

de "estabelecimento permanente". Este conceito refere-se a um lugar de negócios, abrangendo qualquer local, instalação ou meio material utilizado para realizar atividades empresariais. Esse espaço deve ser fixo, isto é, com lugar geográfico determinado e tempo regular e prolongado.[802]

Entretanto, na era digital, da computação em nuvem e de organismos transnacionais, parece inegável que tal conceito se tornou defasado, visto que as empresas não prescindam de estabelecimento físico para sediar suas operações.[803]

Por conta disso, na tentativa de adaptar o conceito de estabelecimento permanente, avançam debates em torno da criação de parâmetros para estabelecer o que seria a "presença digital" de uma empresa, isto é, a tributação em certa jurisdição que possua usuários ou clientes, independentemente da existência de estabelecimento físico permanente. A "presença digital" serviria de elemento de conexão para reconhecimento de vínculo tributário que permita a aplicação de receitas e o reconhecimento de competência tributária em relação à empresa transnacional.[804]

Tal proposta, a qual visa à tributação pelo país da renda das empresas transnacionais e de tecnologias, foi objeto de debate pela Comissão da União Europeia, em 2018, no sentido de permitir a tributação pelo Estado "se a atividade exercida através dessa presença consistir, total ou parcialmente, na prestação de serviços digitais através de uma interface digital".[805] Além disso, estabelece princípios de atribuição de benefícios que guardam relação com esta presença digital significativa por meio do

---

[802] FLOR, Luis María Romero; YOHAN, Andrés Campos Martínez. Evolución del tradicional concepto de establecimiento permanente hacia una presencia económica y digital significativa. Fiscalidad internacional y comunitaria. *Monográfico 2019 de la revista Nueva Fiscalidad*, 2019-12-05, p. 45.

[803] CORREIA NETO, Celso de Barros; AFONSO, José Roberto Rodrigues; FUCK, Luciano Felício. A tributação na era digital e os desafios do sistema tributário no Brasil. *Revista Brasileira de Direito*, Passo Fundo, v. 15, n. 1, p. 145-167, jan./abr. 2019. Disponível em: https://dialnet.unirioja.es/servlet/articulo?codigo=7219824. Acesso em: 17 abr. 2022. ISSN 2238-0604, p. 152.

[804] PALMA, Clotilde C. A Tributação da Economia Digital e a Evolução Recente da União Europeia. In: PISCITELLI, Tathiane (Coord.). Tributação da Economia Digital. São Paulo: Thompson Reuters Brasil, 2018, p. 53.

[805] CORREIA NETO, Celso de Barros; AFONSO, José Roberto Rodrigues; FUCK, Luciano Felício. A tributação na era digital e os desafios do sistema tributário no Brasil. *Revista Brasileira de Direito*, Passo Fundo, v. 15, n. 1, p. 145-167, jan./abr. 2019. Disponível em: https://dialnet.unirioja.es/servlet/articulo?codigo=7219824. Acesso em: 17 abr. 2022. ISSN 2238-0604, p. 154.

imposto sobre sociedades. Assim, a Comissão busca uma resposta aos problemas de "onde" e "quanto" tributos incidir na economia digital.[806]

Neste contexto, a Diretiva proposta pela Comissão contempla o âmbito de aplicação do imposto sobre sociedade na economia digital, estabelecendo que a presencia digital seria definida pela prestação de serviços digitais, pelo número de usuários em rede ou pelo número de contratos comerciais dos serviços digitais.[807] Em suma, os serviços digitais incidentes de impostos seriam os prestados fazendo-se uso da internet ou rede eletrônica, sendo eles automatizados e não podendo prestarem-se sem a tecnologia de informação.[808]

---

[806] FLOR, Luis María Romero; YOHAN, Andrés Campos Martínez. Evolución del tradicional concepto de establecimiento permanente hacia una presencia económica y digital significativa. Fiscalidad internacional y comunitaria. *Monográfico 2019 de la revista Nueva Fiscalidad*, 2019-12-05, p. 60.

[807] Para Luis Parada, inclui-se como serviços digitais os seguintes: se incluyen como servicios digitales: (a) alojamiento de sitios web y de páginas web; (b) mantenimiento a distancia, automatizado y en línea de programas; (c) administración de sistemas remotos; (d) depósito de datos en línea que permite almacenar y obtener electrónicamente datos específicos; (e) suministro en línea de espacio de disco a petición; (f) acceso o descarga de programas informáticos, como por ejemplo programas de gestión/contabilidad, o programas antivirus, así como de sus actualizaciones; (g) programas para bloquear la descarga de banners publicitarios; (h) descarga de controladores, como los que permiten interconectar el ordenador personal con equipos periféricos tales como impresoras; (i) instalación automatizada en línea de filtros de acceso a sitios web; (j) instalación automatizada en línea de cortafuegos; (k) acceso o descarga de fondos de escritorio; (l) acceso o descarga de imágenes fotográficas o pictóricas o de salvapantallas; (m) contenido digitalizado de libros y otras publicaciones electrónicas; (n) suscripción a periódicos y revistas en línea; (o) weblogs y estadísticas de sitios web; (p) noticias en línea, información sobre el tráfico y pronósticos meteorológicos; (q) información en línea generada automáticamente por programas informáticos tras la introducción de datos específicos por el cliente, como datos jurídicos y financieros, por ejemplo, datos sobre la Bolsa continuamente actualizados; (r) suministro de espacio publicitario como, por ejemplo, banners en un sitio web o página web; (s) uso de motores de búsqueda y de directorios de Internet; (t) acceso o descarga de música en ordenadores personales y teléfonos móviles; (u) acceso o descarga de melodías, fragmentos musicales, tonos de llamada u otros sonidos; (v) acceso o descarga de películas; (w) descarga de juegos a ordenadores personales y teléfonos móviles; (x) acceso automatizado a juegos en línea que dependan de Internet, o de otra red electrónica similar, en los que los jugadores se encuentren en lugares diferentes; (y) enseñanza a distancia automatizada que dependa de Internet o de una red electrónica similar para funcionar, y cuya prestación no necesite, o apenas necesite, de intervención humana, lo cual incluye aulas virtuales, salvo cuando Internet o la red electrónica similar se utilicen como simple medio de comunicación entre el profesor y el alumno; (z) ejercicios realizados por el alumno en línea y corregidos automáticamente, sin intervención humana. PARADA, Luis Miguel Muleiro. El Futuro De La Tributación De La Economía Digital En La Unión Europea. *Crónica Tributaria*, v. 170, n. 1, p. 109-142, 2019. Disponível em: https://www.ief.es/vdocs/publicaciones/1/170.pdf#page=109. Acesso em: 23 nov. 2021, p. 121.

[808] PARADA, Luis Miguel Muleiro. El Futuro De La Tributación De La Economía Digital En La Unión Europea. *Crónica Tributaria*, v. 170, n. 1, p. 109-142, 2019. Disponível em: https://www.ief.es/vdocs/publicaciones/1/170.pdf#page=109. Acesso em: 23 nov. 2021, p. 121.

Quanto à atribuição de benefícios, a Diretiva da Comissão também aborda quais os estabelecimentos permanentes que são considerados como atividades economicamente significativas e que geram valor. Entre outras, destaca-se as que realizam recopilação, armazenamento, processamento, análise e venda de dados a nível de usuário; recopilação, armazenamento, processamento e visualização do conteúdo gerado pelo usuário; a venda de espaços publicitários *online*; a disposição de conteúdo criado por terceiros em um mercado digital; e suprimentos de qualquer serviço digital não incluídos nos outros itens.[809]

Seguindo esta linha, em 2019, foram emitidos três documentos pela OCDE referente à presença digital da empresa, considerando objeto de tributação onde há criado uma atividade comercial, seja pela participação do usuário ou pelo uso de bens intangíveis determinados. Dessa forma, o que definiria a presença digital de uma empresa e, consequentemente, a incidência de tributos entre as jurisdições, seria o nexo entre a participação do usuário, a proposta de *marketing* dos bens intangíveis e a presença econômica significativa. Isto significa que dita proposta contempla o usuário que adquire bens ou serviços diretamente do provedor ou o provedor em rede que exerce serviços a outra empresa dirigida a estes usuários.[810]

Estas propostas (Comissão da União Europeia e OCDE) poderiam ser aplicadas no âmbito nacional, permitindo o país brasileiro avançar na questão da tributação das rendas, sem que o fisco "abra mão" de um significativo valor arrecadatório anualmente por falta de regulamentação legislativa. De fato, o espaço virtual sem fronteiras modificou as atividades econômicas, ensejando novos parâmetros tributários que vão além da territorialidade da riqueza. Não há dúvidas que ainda há problemas a serem enfrentados, principalmente na questão da repartição dos benefícios gerados pela tributação das empresas transnacionais. Porém, o Brasil, como está acontecendo em outros países, deve pensar em novas normas legislativas sobre a renda, tanto para consertar as atuais deficiências, como para atualizar-se perante a economia digital.[811]

---

[809] PARADA, Luis Miguel Muleiro. El Futuro De La Tributación De La Economía Digital En La Unión Europea. *Crónica Tributaria*, v. 170, n. 1, p. 109-142, 2019. Disponível em: https://www.ief.es/vdocs/publicaciones/1/170.pdf#page=109. Acesso em: 23 nov. 2021, p. 125.

[810] FLOR, Luis María Romero; YOHAN, Andrés Campos Martínez. Evolución del tradicional concepto de establecimiento permanente hacia una presencia económica y digital significativa. Fiscalidad internacional y comunitaria. *Monográfico 2019 de la revista Nueva Fiscalidad*, 2019-12-05, p. 51-52.

[811] FLOR, Luis María Romero; YOHAN, Andrés Campos Martínez. Evolución del tradicional concepto de establecimiento permanente hacia una presencia económica y digital

Aliás, a incidência de tal tributação sobre a presença digital mostra-se compatível com os preceitos constitucionais da capacidade contributiva. Isto porque melhoraria a eficiência da tributação da renda, bem como permitiria a redistribuição de renda entre a população brasileira de forma mais justa, gravando empresas de grande potencial econômico, nos quais poderia reverter-se em financiamento/investimento em inovação e conhecimento – resultante desta receita tributária – aos cidadãos.

Outra questão relativa à tributação da renda no Brasil, especialmente no que tange às pessoas físicas, e que interfere diretamente na sua redistribuição à população, é o fato do aumento da automação, da economia colaborativa e o do trabalho sem emprego formal – a informalidade.[812] A pandemia aumentou o nível de informalidade no país, conforme demonstrado no primeiro capítulo, o que obrigou milhares de pessoas a migrarem ao emprego informal.

A informalidade também é resultado das novas tecnologias de automação, em que há uma substituição massiva de mão de obra humana por máquinas. No Brasil, levantamento realizado pelo Laboratório de Aprendizado de Máquina em Finanças e Organizações da UnB, publicado pelo IPEA, indica que a automação colocará em risco cerca de 30 milhões de empregos formais até o ano de 2026.[813]

Ademais, a economia colaborativa,[814] como por exemplo a Uber e Airbnb, apresenta novas formas de trabalho, com jornadas e local

---

significativa. *Fiscalidad internacional y comunitaria. Monográfico 2019 de la revista Nueva Fiscalidad*, 2019-12-05, p. 65-66.

[812] CORREIA NETO, Celso de Barros; AFONSO, José Roberto Rodrigues; FUCK, Luciano Felício. A tributação na era digital e os desafios do sistema tributário no Brasil. *Revista Brasileira de Direito*, Passo Fundo, v. 15, n. 1, p. 145-167, jan./abr. 2019. Disponível em: https://dialnet.unirioja.es/servlet/articulo?codigo=7219824. Acesso em: 17 abr. 2022. ISSN 2238-0604, p. 154.

[813] ALBUQUERQUE, Pedro Henrique Melo et al. *Na era das máquinas, o emprego é de quem?* Estimação da probabilidade de automação de ocupações no Brasil. Rio de Janeiro: Ipea, 2019. https://repositorio.ipea.gov.br/bitstream/11058/9116/1/td_2457.pdf. Acesso em: 17 abr. 2022. ISSN 1415-4765

[814] No caso na economia do compartilhamento, os agentes do mercado podem ampliar as suas possibilidades de ação, passando a exercer múltiplas funções. A antiga fronteira entre consumidor e empresa, que os caracterizava como elementos individualizados que disputam pela maximização de seus recursos financeiros em transações econômicas marcadas pela negociação e o jogo de poder, passa a ser rompida sob o signo da economia do compartilhamento. A perspectiva econômica não deixa de existir nessa nova economia, mas as tradicionais formas de encarar o lucro e as recompensas de mercado são reorganizadas, bem como os papéis e funções desempenhados pelos seus antigos agentes. Em suma, o conceito de economia do compartilhamento considera a perspectiva em que pessoas sustentam relações socioeconômicas entre si pautando-se, principalmente,

de execução mais flexíveis, e menos protegidos do ponto de vista das garantias trabalhistas e seguridade social. Todavia, as repercussões que transcendem o âmbito trabalhista e atingem também o tributário, sobretudo quanto a tributação da renda direto na fonte.[815]

Este cenário provocou uma desconstrução das relações trabalhistas tradicionais, em que o trabalho se exercia na forma de emprego com carteira assinada, e do pagamento se descontava o imposto de renda na fonte e a contribuição para a previdência social sobre os salários. Os novos modelos de negócios, advindos das novas tecnologias, como a flexibilização das formas de trabalho, refletiram diretamente na tributação do imposto de renda.

Um exemplo disso é a terceirização, prática comum no Estado brasileiro, em que ocorre a transformação de trabalhadores em pessoas jurídicas, que prestam determinados serviços, sem ter a habitualidade e subordinação como ocorria antigamente. Tal fenômeno, também chamado de "pejotização",[816] é optado pelos trabalhadores como forma

---

em benefícios relacionais – sejam eles com pessoas ou comunidades, por exemplo. Para tal, prescindindo de contratos formais, interatuam alternando, geralmente por meio de agentes facilitadores, os papéis e práticas econômicas entre seus membros. GERHARD, Felipe; Júnior, Jeová Torres Silva; CÂMARA, Samuel Façanha. Tipificando a economia do compartilhamento e a economia do acesso. *Revista Organizações & Sociedade*, v. 26, n. 91, p. 795-814, out./dez. 2019. Disponível em: https://www.scielo.br/j/osoc/a/3Dhyh4y7gXWwMxNdGcJv6BM/?lang=pt. Acesso em: 23 nov. 2021. DOI 10.1590/1984-9260919

[815] CORREIA NETO, Celso de Barros; AFONSO, José Roberto Rodrigues; FUCK, Luciano Felício. A tributação na era digital e os desafios do sistema tributário no Brasil. *Revista Brasileira de Direito*, Passo Fundo, v. 15, n. 1, p. 145-167, jan./abr. 2019. Disponível em: https://dialnet.unirioja.es/servlet/articulo?codigo=7219824. Acesso em: 17 abr. 2022. ISSN 2238-0604, p. 155.

[816] A terceirização é considerada um acordo estabelecido de "empresa para empresa", sendo a "pejotização" um contrato direto entre empresa contratante de serviço e o trabalhador (pessoa física). Neste último aso, os contratos são regulados entre "pessoas jurídicas", em que a empresa contratante admite os serviços de um único trabalhador, não através da assinatura de sua carteira de trabalho, mas por meio da formulação de um contrato entre empresas. De um lado encontra-se a empresa tomadora de serviços e a prestadora, a microunidade produtiva, ou melhor, a empresa individual, constituída de um único indivíduo. Esse instituto da prestação de serviços via empresa individual (geralmente via Microempreendedor Individual – MEI) vem sendo consagrado como "pejotização", por propor/impelir a abertura de uma Pessoa Jurídica (PJ), a fim de descaracterizar o vínculo empregatício, a partir dessa contratação de serviços de forma inter organizacional (de empresa para empresa). Dessa forma, estabelece uma via contratual híbrida, dotada de aspectos jurídicos relativos a empregados, terceirizados, autônomos e empreendedores em um único sujeito: o trabalhador-empresa. Assim, a terceirização acaba permitindo a operacionalização direta sobre o trabalhador, por meio da "terceirização individual". CARVALHO, André Luis de. A pejotização como via para a terceirização de indivíduos. *Le Monde Diplomatique Brasil*, 22 ago. 2019. Disponível em: https://diplomatique.org.br/a-pejotizacao-como-via-para-a-terceirizacao-de-individuos/. Acesso em: 23 nov. 2021.

de escapar do peso dos tributos e encargos trabalhistas incidentes sobre a pessoa física.

Desse modo, a informalidade, automação e a economia colaborativa deverão reduzir consideravelmente o potencial de arrecadação de tributos incidentes sobre remuneração e folha salarial, esgotando uma das principais fontes atuais de financiamento da previdência social. Por conta disso, avança a discussão sobre o uso de tributos para controlar e/ou retardar o processo de automação ou, ao menos, compensar os impactos da mudança na arrecadação tributária dos Estados, financiando inclusive programas de atenção ao trabalhador.[817]

Neste diapasão, há o movimento a favor da tributação dos robôs, visto a sua utilização na indústria, os quais substituem o trabalho humano. Por certo, os robôs e a Inteligência Artificial, apesar de não estarem amplamente difundidos entre a população, são tecnologias – num futuro próximo – que estarão no cotidiano do cidadão e não somente nas indústrias. Por exemplo, já é possível imaginar a compra de robôs para fazer o serviço doméstico, vender produtos, limpar ruas, auxiliar na agricultura, hotelaria, trabalhar em escritórios, entre outros ramos.

Tal universo dos robôs, além de consequências ao trabalhador em si, também atingirá a tributação da renda. Por isso, o debate sobre a tributação dos robôs encontra fundamento no seguinte fato: se a renda fruto do trabalho exercido pelos seres humanos é tributada pelo Estado, de forma análoga, a riqueza produzida pelas máquinas que substituem esse trabalhador deve estar sujeita à mesma carga tributária.[818]

Adotando essa linha de pensamento, no âmbito da União Europeia, diversos parlamentares passaram a propor que os robôs sejam considerados "pessoas eletrônicas" para fins tributários. Tal proposta estabelece que o sujeito passivo do *Tax Robot* serão as empresas que utilizam robôs ou tecnologias automatizadas, a fim de que o ganho gerado pela Inteligência Artificial seja tributado. Apesar de a proposta ter sido rejeitada na União Europeia, o modelo ganhou força em outros lugares do mundo como nos EUA e na Coreia do Sul. No país asiático,

---

[817] CORREIA NETO, Celso de Barros; AFONSO, José Roberto Rodrigues; FUCK, Luciano Felício. A tributação na era digital e os desafios do sistema tributário no Brasil. *Revista Brasileira de Direito*, Passo Fundo, v. 15, n. 1, p. 145-167, jan./abr. 2019. Disponível em: https://dialnet.unirioja.es/servlet/articulo?codigo=7219824. Acesso em: 17 abr. 2022. ISSN 2238-0604, p. 155.

[818] GASPARINO, João Henrique; DA COSTA, Igor Lopes. Robôs, mercado de trabalho e tributação: o que esperar da era da Inteligência Artificial? *Revista de Direito e as Novas Tecnologias*, v.3, n. 9, out./ dez. 2020. Disponível em: https://dspace.almg.gov.br/bitstream/11037/39042/1/Jo%C3%A3o%20Henrique%20Gasparino.pdf. Acesso em: 23 abr. 2022.

por exemplo, há um programa que reduz incentivos fiscais sobre investimentos em automações, aumentando a carga tributária do setor.[819]

No Brasil, tal tributação poderia ser adotada, desde que respeite os critérios constitucionais, como a progressividade, seletividade e a capacidade contributiva. Desse modo, há debates acerca da tributação sobre a automação disruptiva, em que se defende a criação de taxas progressivas com base nas atividades que impactem os postos de emprego. Por exemplo, taxas mais elevadas para atividades que eliminem postos de trabalho e mais brandas para aquelas que reduzem.[820]

Ainda, sob o véu do princípio da capacidade contributiva, um imposto sobre a automação deverá equilibrar a tributação incidente sobre a empresa de modo que a extração do fruto não ocorra com o esgotamento da própria fonte. Isto significa que a carga tributária não poderá inviabilizar a habilidade de empresas de adentrar ou manter-se no mercado tecnológico, pois a falência dessas poderia causar um cenário de desemprego e subemprego ainda mais agravado.[821]

Além da tributação sobre a automação, o Estado brasileiro poderia utilizar incentivos fiscais, por meio da extrafiscalidade, para beneficiar empresas que valorizam o trabalho humano. Nas palavras de Saulo Almeida e Raymundo Feitosa,

> A proteção do emprego em face da automação poderá ocorrer na forma de uma política pública de discriminação tributária positiva, mediante a concessão de isenções, redução de alíquotas, anistias, remissões, subsídios, desoneração da folha e outras formas de apoio tributário como contraprestação do Estado, estimulando os contribuintes a adotarem um comportamento mais favorável aos direitos sociais, em especial objetivando alcançar maior estabilidade para os postos de emprego.[822]

---

[819] MAZUR, Orly. Taxing Robots. *Pepperdine Law Review*, v. 46, p. 297, 2019.
[820] ALMEIDA, Saulo Nunes; FEITOSA, Raymundo Juliano Rego. A tributação de "robôs" e o futuro do trabalho: o papel da norma tributária face à automação. *Revista Jurídica – FURB*, v. 24, n. 55, set./dez. 2020. Disponível em: https://webcache.googleusercontent.com/search?q=cache:YUPASo1k8cJ:https://bu.furb.br/ojs/index.php/juridica/article/download/9259/4861+&cd=3&hl=pt-BR&ct=clnk&gl=es. Acesso em: 9 dez. 2021. ISSN 1982-4858.
[821] ALMEIDA, Saulo Nunes; FEITOSA, Raymundo Juliano Rego. A tributação de "robôs" e o futuro do trabalho: o papel da norma tributária face à automação. *Revista Jurídica – FURB*, v. 24, n. 55, set./dez. 2020. Disponível em: https://webcache.googleusercontent.com/search?q=cache:YUPASo1k8cJ:https://bu.furb.br/ojs/index.php/juridica/article/download/9259/4861+&cd=3&hl=pt-BR&ct=clnk&gl=es. Acesso em: 9 dez. 2021. ISSN 1982-4858.
[822] ALMEIDA, Saulo Nunes; FEITOSA, Raymundo Juliano Rego. A tributação de "robôs" e o futuro do trabalho: o papel da norma tributária face à automação. *Revista Jurídica –*

Como se pode perceber, a tributação sobre os robôs objetiva aumentar a carga tributária sobre as empresas que utilizam desta tecnologia, afirmando a sua natureza arrecadatória na tentativa de restabelecer a erosão das bases tributáveis com as reduções salariais e o desemprego, além de também apresentar natureza extrafiscal, posto que tem o intuito de desestimular a adoção de tecnologias robóticas que substituam o trabalho humano pelos empregadores.[823]

Todavia, apesar de seus benefícios ao trabalhador e para o fisco do Estado, tal tributo poderá incidir efeitos negativos para o desenvolvimento tecnológico (justamente por desestimular o uso e desenvolvimento de novas tecnologias), tão importante para o crescimento econômico do país, para os objetivos do Estado empreendedor, como também para a difusão da economia do conhecimento. Por isso, o tributo sobre os robôs deve levar em conta a realidade socioeconômica do país em questão, a fim de que redistribua a renda e riqueza entre a população e minimiza o desemprego dos trabalhadores, sem que deixe de promover o desenvolvimento econômico e inovação.

De fato, a tributação deve conciliar a eficiência econômica e social, de modo que o país impulsione a inovação e progresso científico, ao mesmo tempo que proteja o trabalhador e garanta o bem-estar da população. Para alcançar esse equilíbrio, são necessárias a adoção da robótica, Inteligência Artificial e demais mecanismo da economia digital, aliado com uma tributação justa e em consonância com os princípios constitucionais.[824]

Um país que investe em conhecimento em inovação de seu cidadão, por meio de arrecadação de tributos justos e uma redistribuição de renda e riqueza efetiva, conseguirá tributar os robôs de forma a não prejudicar o empreendedorismo. Uma sociedade igualitária torna

---

FURB, v. 24, n. 55, set./dez. 2020. Disponível em: https://webcache.googleusercontent.com/search?q=cache:YUPASo1k8cJ:https://bu.furb.br/ojs/index.php/juridica/article/download/9259/4861+&cd=3&hl=pt-BR&ct=clnk&gl=es. Acesso em: 9 dez. 2021. ISSN 1982-4858

[823] GASPARINO, João Henrique; DA COSTA, Igor Lopes. Robôs, mercado de trabalho e tributação: o que esperar da era da Inteligência Artificial? *Revista de Direito e as Novas Tecnologias*, v.3, n. 9, out./ dez. 2020. Disponível em: https://dspace.almg.gov.br/bitstream/11037/39042/1/Jo%C3%A3o%20Henrique%20Gasparino.pdf. Acesso em: 23 abr. 2022.

[824] ALMEIDA, Saulo Nunes; FEITOSA, Raymundo Juliano Rego. A tributação de "robôs" e o futuro do trabalho: o papel da norma tributária face à automação. *Revista Jurídica – FURB*, v. 24, n. 55, set./dez. 2020. Disponível em: https://webcache.googleusercontent.com/search?q=cache:YUPASo1k8cJ:https://bu.furb.br/ojs/index.php/juridica/article/download/9259/4861+&cd=3&hl=pt-BR&ct=clnk&gl=es. Acesso em: 9 dez. 2021. ISSN 1982-4858

possível o crescimento de todos. É esta equação que deve ser analisada e estudada ao instituir tributos, principalmente em países emergentes, como o Brasil. O futuro está próximo, mas os princípios tributários tradicionais devem estar ao lado do progresso e, este, não obstante suas múltiplas acepções, não pode desconectar-se da busca por uma vida minimamente digna para todos.

Por isso, deve-se repensar o atual imposto sobre a renda, ampliando a sua base tributável, de modo a abranger também os serviços digitais, expandindo o conceito de estabelecimento permanente em relação às pessoas jurídicas e modernizar o sistema de arrecadação com o uso das novas tecnologias de informação e comunicação.[825] Além disso, a tributação sobre os bens de consumo e serviço também precisa se adequar à economia do conhecimento, tanto em relação à oneração dos produtos considerados essenciais para as pessoas de baixa renda, como para abranger os novos serviços e produtos digitais.

6.1.2 Os bens de consumo e serviços na era digital

Seguindo a análise de propostas nacionais, verifica-se que não é somente o trabalhador e a tributação da renda que sofrem severos impactos com a economia do conhecimento. A tributação dos bens e serviços também sente os reflexos das novas tecnologias, como, por exemplo, o comércio eletrônico. É importante ressaltar novamente que, no Brasil, a tributação sobre os bens e serviços é o "carro chefe", em que concentra quase metade da arrecadação do Estado, atingindo de forma demasiada a população mais carente.

Dessa forma, são necessárias mudanças na tributação indireta nacional, visando reduzir os efeitos regressivos e indutores de desigualdade perante a população com menor poder aquisitivo. Nos termos visualizados no capítulo anterior, a desoneração dos produtos essenciais, a Renda Básica mínima e majoração de impostos sobre a propriedade e patrimônio, são algumas alternativas para equilibrar o ônus tributário de forma justa.

Em vista disso, Piketty alerta que os impostos indiretos, especialmente sobre bens e serviços que não possuam a função extrafiscal

---

[825] CORREIA NETO, Celso de Barros; AFONSO, José Roberto Rodrigues; FUCK, Luciano Felício. A tributação na era digital e os desafios do sistema tributário no Brasil. *Revista Brasileira de Direito*, Passo Fundo, v. 15, n. 1, p. 145-167, jan./abr. 2019. Disponível em: https://dialnet.unirioja.es/servlet/articulo?codigo=7219824. Acesso em: 17 abr. 2022. ISSN 2238-0604, p. 154-155.

(como emissão de carbono), deveriam ser substituídos gradativamente pela majoração de impostos sobre a renda e propriedade. O IVA, por exemplo, não distribui a carga fiscal conforme a renda ou patrimônio do indivíduo, constituindo uma grande limitação econômica e democrática para os cidadãos da sociedade, justamente por prejudicar o acesso amplo aos bens fundamentais pela excessiva tributação.[826]

Para o economista, um sistema tributário nacional justo deveria estar baseado em três grandes impostos progressivos: imposto anual progressivo sobre a propriedade, sobre as heranças e sobre as rendas. Por exemplo, descreve que o imposto anual sobre a propriedade e herança equivalem a 5% da renda nacional francesa, o qual poderia ser utilizado para financiar uma doação de capital. Já o imposto progressivo sobre a renda e sobre as emissões de carbono poderiam gerar 45% da renda nacional e permitiria financiar a renda básica, o gasto público e social do Estado. Isso seria suficiente para dinamizar a sociedade e a economia.[827]

A justificativa para uma tributação mais significativa sobre o patrimônio e a redução sobre os bens de consumo e serviço é devido ao fato de que a acumulação de bens é um resultado de um processo social. Este processo sofre influências das infraestruturas públicas (sistema legal, fiscal e educativo), da divisão de trabalho social e de conhecimento acumulado durante séculos pela humanidade. Por isso, seria justo que as pessoas devolvessem uma fração anualmente deste patrimônio, tornando-o temporal.[828]

Ressalta-se que a fiscalidade progressiva sobre as heranças e sobre a renda contribui para uma redução significativa das desigualdades de renda e riqueza. A própria história demonstra tal fato. No século XX, por exemplo, a tributação sobre as sucessões e renda possuíam taxas que superavam 70-90% na parte mais alta da distribuição de renda e riqueza, contribuindo para o crescimento econômico e social.[829] Atualmente, o economista defende que estes impostos devem ser complementados por um imposto progressivo sobre o capital, afetando o patrimônio

---

[826] PIKETTY, Thomas. *Capital e ideologia*. Traducción de Daniel Fuentes. Barcelona: Ediciones Deusto, 2019, p. 1186.

[827] PIKETTY, Thomas. *Capital e ideologia*. Traducción de Daniel Fuentes. Barcelona: Ediciones Deusto, 2019, p. 1164-1165.

[828] PIKETTY, Thomas. *Capital e ideologia*. Traducción de Daniel Fuentes. Barcelona: Ediciones Deusto, 2019, p. 1173.

[829] PIKETTY, Thomas. *Capital e ideologia*. Traducción de Daniel Fuentes. Barcelona: Ediciones Deusto, 2019, p. 1156-1157.

global, isto é, todos os ativos imobiliários, profissionais e financeiros que possua cada indivíduo, sem exceções.[830]

Diante de tal estudo, cogita-se a adoção de alternativas ao modelo tributário brasileiro excludente, principalmente no que tange a tributação indireta sobre os bens essenciais à população frente ao princípio da seletividade e o mínimo existencial. Isto porque, embora o IPI seja seletivo, o ICMS é facultado aos Estados a aplicação da seletividade. Em que pese tal disposição normativa, é imprescindível que os impostos sobre o consumo possuam alíquotas seletivas, incluindo o ICMS, visto que a alíquota reduzida (ou até mesmo zerada) sobre os alimentos essenciais à população permite reduzir o ônus fiscal sobre a população mais carente, equilibrando o sistema tributário nacional.[831]

Destaca-se que o princípio da seletividade leva em conta a essencialidade do bem à sobrevivência do cidadão, na busca de garantir o mínimo existencial e a dignidade da pessoa humana. No entanto, no Brasil os produtos da cesta básica possuem uma alta carga tributária, principalmente com a incidência do ICMS, visto que os Estados, nem sempre, aplicam alíquotas significativamente menores aos produtos essenciais.[832]

Amaro[833] explica que os produtos sobre o consumo necessitam observar a seletividade, respeitando o princípio da capacidade contributiva e atenuando o efeito regressivo destes tributos. Deste modo, a tributação do consumo, respeitando a disposição constitucional, pode ser um importante instrumento de combate à desigualdade de renda existente, equilibrando a matriz tributária e distribuindo o encargo fiscal de forma justa entre as classes sociais.

Para tanto, muito já se sustentou na desoneração fiscal dos produtos que constituem a "cesta básica", ou seja, que os tributos incidentes na compra e venda de tais bens ou prestação de serviços sejam reduzidos ou zerados. Isto porque os tributos indiretos sobre o consumo compõem o preço final destes produtos e serviços, recaindo o ônus fiscal ao consumidor final.[834]

---

[830] PIKETTY, Thomas. *Capital e ideologia*. Traducción de Daniel Fuentes. Barcelona: Ediciones Deusto, 2019, p. 1171-1172.

[831] ANSELMINI, Priscila. *Tributação & desigualdade*: uma abordagem do plano internacional ao plano local. Blumenau: Dom Modesto, 2020.

[832] ANSELMINI, Priscila. *Tributação & desigualdade*: uma abordagem do plano internacional ao plano local. Blumenau: Dom Modesto, 2020.

[833] AMARO, Luciano. *Direito Tributário brasileiro*. 14. ed. São Paulo: Saraiva, 2008.

[834] BUFFON, Marciano. *Tributação, desigualdade e mudanças climáticas*: como o capitalismo evitará seu colapso. Curitiba: Brazil Plublisching, 2019, p. 303-304.

No entanto, pela lógica do mercado, a redução de tributos acaba sendo um incremento na margem de lucro e não na redução efetiva do preço final da mercadoria ou serviço. Assim, a desoneração fiscal só produz efeito se houver um mercado concorrencial efetivo, caso contrário apenas aumentará o lucro "dos que estão em situação mais vantajosa nesse mercado (os monopólios em especial)".[835]

Por conta disso, apresenta-se uma solução alternativa e não excludente da desoneração fiscal, que é denominada de *"tax free* existencial". Essa proposta tem como base a ideia do IVA (Impuesto de Valor Añadido), em que é devolvido o valor de imposto pago ao adquirente de mercadoria ou serviços que não seja cidadão do país. Assim, no Brasil essa ideia poderia ser aplicada na devolução de tributos cobrados indevidamente pelo Estado, isto é, os tributos cobrados sobre os produtos e serviços que atinjam o mínimo existencial do contribuinte, como a "cesta básica".[836]

Para implementar esta ideia, Marciano Buffon sugere a adoção de um cadastro, com CPF, dos contribuintes que adquirem mercadorias, tendo como limitador a renda de US$5,50 dólares por dia (renda definida pela ONU como limite da pobreza). Esse limitador garantiria que, aproximadamente, 25% da população brasileira, receberia a devolução do equivalente a cerca de 40% de sua renda.[837]

Para tanto, essa ideia poderia ser adotada por meio de uma Lei Complementar no Congresso Nacional, definindo os aspectos gerais, como os produtos que compõem a "cesta básica", e deixando a cada Ente da Federação a tarefa de regulamentar, visando à devolução dos tributos, como o ICMS, ISS, PIS e COFINS.[838]

Dentre as vantagens do *"tax free* existencial", destaca-se o impacto direto no crescimento econômico, visto que o incremento da renda da população produz efeitos positivos na economia e na redução dos índices de desemprego, diminuindo, consequentemente, a desigualdade de renda.[839] Além disso, argumenta-se que o *"tax free* existencial" poderia

---

[835] BUFFON, Marciano. *Tributação, desigualdade e mudanças climáticas*: como o capitalismo evitará seu colapso. Curitiba: Brazil Plublisching, 2019, p. 304.

[836] BUFFON, Marciano. *Tributação, desigualdade e mudanças climáticas*: como o capitalismo evitará seu colapso. Curitiba: Brazil Plublisching, 2019, p. 305.

[837] BUFFON, Marciano. *Tributação, desigualdade e mudanças climáticas*: como o capitalismo evitará seu colapso. Curitiba: Brazil Plublisching, 2019, p. 306.

[838] BUFFON, Marciano. *Tributação, desigualdade e mudanças climáticas*: como o capitalismo evitará seu colapso. Curitiba: Brazil Plublisching, 2019, p. 307.

[839] BUFFON, Marciano. *Tributação, desigualdade e mudanças climáticas*: como o capitalismo evitará seu colapso. Curitiba: Brazil Plublisching, 2019, p. 306.

contribuir ao combate da evasão fiscal. Isto porque estimularia o consumidor a exigir a emissão de documento fiscal em suas aquisições, a fim de solicitar a devolução dos tributos perante o Estado.[840]

Aliado a estas propostas, o sistema tributário nacional necessita repensar a sua estrutura perante o surgimento de novas tecnologias e do avanço da economia do conhecimento. Nesta nova era, as mercadorias tradicionais perdem espaço aos bens intangíveis, os serviços se ampliam para abarcar as operações com bens intangíveis e o comércio eletrônico cresce absurdamente, tanto com bens digitais, como de bens corpóreos. Estas modificações são alguns exemplos atuais que já refletem no modo tradicional de tributar, visto que o modelo tributário brasileiro foi concebido com base num mundo em que o valor econômico estava nos bens tangíveis.[841]

A comercialização dos bens digitais, isto é, intangíveis na forma de bens e serviços e entregues eletronicamente, como os aplicativos adquiridos em lojas virtuais e baixados em aparelhos eletrônicos, é uma realidade cada vez mais comum entre a população. Tal mudança requer também avanços na tributação, em que se deve repensar mecanismos de cobranças destes serviços e produtos, como um tributo incidente nestas transações, cobrado da empresa no momento da venda ou do *download*.

Neste contexto, a proposta do Conselho da União Europeia estabelece um tributo incidente sobre as atividades digitais, com abrangência por toda a UE. O denominado Imposto sobre os Serviços Digitais incide sobre a prestação de serviços digitais caracterizados pela criação de valor por parte do usuário, sendo a sua participação uma contribuição essencial para a empresa. Além disso, outra forma de contribuição é a participação ativa dos usuários em interfaces digitais (serviços intermediários). Ressalta-se que referido imposto poderia ser deduzido do imposto sobre as sociedades, a fim de evitar a bitributação e poder tributar amplamente estes serviços digitais, tanto para quem presta, como para quem consome.[842]

---

[840] BUFFON, Marciano. *Tributação, desigualdade e mudanças climáticas*: como o capitalismo evitará seu colapso. Curitiba: Brazil Plublisching, 2019, p. 307.

[841] CORREIA NETO, Celso de Barros; AFONSO, José Roberto Rodrigues; FUCK, Luciano Felício. A tributação na era digital e os desafios do sistema tributário no Brasil. *Revista Brasileira de Direito*, Passo Fundo, v. 15, n. 1, p. 145-167, jan./abr. 2019. Disponível em: https://dialnet.unirioja.es/servlet/articulo?codigo=7219824. Acesso em: 17 abr. 2022. ISSN 2238-0604, p. 157.

[842] PARADA, Luis Miguel Muleiro. El Futuro De La Tributación De La Economía Digital En La Unión Europea. *Crónica Tributaria*, v. 170, n. 1, p. 109-142, 2019. Disponível em: https://www.ief.es/vdocs/publicaciones/1/170.pdf#page=109. Acesso em: 23 nov. 2021, p. 128-132.

Apesar de ser ainda um projeto, alguns países europeus já instituíram em seu âmbito interno referido imposto. É o caso de França, Grã-Bretanha, Itália e Espanha. Quanto à Itália, destaca-se que o tributo é mais amplo, estendendo-se à publicidade dirigida a usuários da internet, prestação de serviços vendidos em plataformas digitais e transmissão de dados recompilados por usuários e gerados pelo uso da interface digital. Ainda, estima-se a incidência de 3% sobre o valor da transação, sendo considerado um imposto de retenção.[843]

Na França, de modo semelhante, há a instituição do Taxe GAFA, o qual incide sobre as rendas geradas em seu território pelas multinacionais digitais que faturem, no mínimo, 25 milhões de euros anuais. A taxa de incidência também é 3% e se aplica sobre a interface digital que permite aos usuários comunicar-se entre si e aos serviços publicitários. Aliás, os serviços digitais prestados entre empresas do mesmo grupo estão isentos.[844]

No caso do país espanhol, o Imposto sobre determinados Serviços Digitais segue a diretiva da Comissão da UE, sendo que incide, como sujeitos passivos, às empresas com faturação mundial superior a 750 milhões de euros e que gerem renda líquida superior a 3 milhões de euros na Espanha. É considerado um imposto indireto, compatível com o IVA e incide sobre serviços digitais que tenham a intervenção de usuários localizados em solo espanhol.[845]

Ressalta-se que a classificação do referido imposto indireto deriva, principalmente, destas três características: a) possui caráter geral, aplicando-se nas entregas de bens e prestação de serviços digitais; b) aplicado sobre a diferença entre a renda e os gastos da atividade sujeita ao imposto, permitindo uma dedução no IVA suportado pelos empresários; e, c) é proporcional ao preço dos bens e serviços.[846]

---

[843] PARADA, Luis Miguel Muleiro. El Futuro De La Tributación De La Economía Digital En La Unión Europea. *Crónica Tributaria*, v. 170, n. 1, p. 109-142, 2019. Disponível em: https://www.ief.es/vdocs/publicaciones/1/170.pdf#page=109. Acesso em: 23 nov. 2021, p. 109-142.

[844] LOSADA, Soraya Rodríguez. Al hilo de la creación de impuestos sobre servicios digitales: sugerenciais de la OCDE, propuestas de la EU y soluciones adoptadas em algunos Estados. In: COLLADO YURRITA, Miguel Ángel (dir.). *Tributación de la economía digital*. Barcelona: Atelier Libros Jurídicos, 2020, p. 30.

[845] LOSADA, Soraya Rodríguez. Al hilo de la creación de impuestos sobre servicios digitales: sugerenciais de la OCDE, propuestas de la EU y soluciones adoptadas em algunos Estados. In: COLLADO YURRITA, Miguel Ángel (dir.). *Tributación de la economía digital*. Barcelona: Atelier Libros Jurídicos, 2020, p. 32-33.

[846] HIDALGO, Guilhermo Sánchez-Archidona. El impuesto sobre determinados servicios digitales español a la luz de su naturaleza jurídica. In: COLLADO YURRITA, Miguel Ángel (dir.). *Tributación de la economía digital*. Barcelona: Atelier Libros Jurídicos, 2020, p. 98-99.

Todavia, o impasse surge quando não se está diante de empresa, constituída regularmente, mas sim de duas pessoas físicas, numa página de rede social ou de um *site*. Como cobrar o tributo sobre esta transação? Para tanto, necessária uma fiscalização eficaz que cobre e autue a empresa responsável do *site* sobre as transações feitas ali. As trocas de informações ao Fisco, seja por empresas nacionais, transnacionais, instituições financeiras, são medidas imprescindíveis para que ocorra a tributação destes bens intangíveis e do comércio eletrônico. A era digital facilita a criação de instrumentos que possibilitem as trocas de informações, portanto, o Estado e a Administração fiscal devem se adequar e investir em meios para tal êxito.[847]

O comércio eletrônico e os bens intangíveis são apenas o começo desta nova era. Já há o debate sobre novas tecnologias, como a difusão das impressoras 3D. Estas podem reservar desafios e perplexidades ainda maiores das atuais, visto que será possível imprimir a mercadoria ou produto em casa, sem ter a necessidade de ir a um estabelecimento físico ou loja virtual.[848]

Como tributar tal complexidade? Muitos são os questionamentos e uma das propostas sugere a tributação sobre os direitos de propriedade relativos ao *design* do produto. Afinal, não se estará diante de uma compra de produto ou de aquisição de serviço.[849]

Todas estas modificações e novas tecnologias sugerem uma reformulação do atual sistema tributário nacional, de modo a abranger os bens intangíveis. O ponto de partida será definir o que é intangível para, posteriormente, incidir o tributo. Neste viés, pode ser explicado o conceito de bem intangível como "[...] qualquer fator não físico que contribua ou seja empregado na produção ou na prestação de serviço, ou de

---

[847] CORREIA NETO, Celso de Barros; AFONSO, José Roberto Rodrigues; FUCK, Luciano Felício. A tributação na era digital e os desafios do sistema tributário no Brasil. *Revista Brasileira de Direito*, Passo Fundo, v. 15, n. 1, p. 145-167, jan./abr. 2019. Disponível em: https://dialnet.unirioja.es/servlet/articulo?codigo=7219824. Acesso em: 17 abr. 2022. ISSN 2238-0604, p. 157.

[848] CORREIA NETO, Celso de Barros; AFONSO, José Roberto Rodrigues; FUCK, Luciano Felício. A tributação na era digital e os desafios do sistema tributário no Brasil. *Revista Brasileira de Direito*, Passo Fundo, v. 15, n. 1, p. 145-167, jan./abr. 2019. Disponível em: https://dialnet.unirioja.es/servlet/articulo?codigo=7219824. Acesso em: 17 abr. 2022. ISSN 2238-0604, p. 157.

[849] CORREIA NETO, Celso de Barros; AFONSO, José Roberto Rodrigues; FUCK, Luciano Felício. A tributação na era digital e os desafios do sistema tributário no Brasil. *Revista Brasileira de Direito*, Passo Fundo, v. 15, n. 1, p. 145-167, jan./abr. 2019. Disponível em: https://dialnet.unirioja.es/servlet/articulo?codigo=7219824. Acesso em: 17 abr. 2022. ISSN 2238-0604, p. 157.

que se espere a geração de benefícios produtivos futuros aos indivíduos ou empresas que controlam o uso de tais fatores."[850]

No conceito de bem intangível cabe tudo aquilo que ostente valor econômico e isto abre um leque de possibilidades à tributação. A tributação poderá incluir os frutos do conhecimento aplicado, como a propriedade intelectual, direitos autorais, direitos relativos à imagem e inovação. O capital intelectual deverá ser reconhecido pelo sistema tributário, "[...] definindo novas materialidades e meios de cobrança mais adequados à ascensão dos intangíveis e à contração de bases tributárias tradicionais."[851]

Por isso, é de suma importância adequar estas mudanças e propostas ao sistema tributário brasileiro. Todavia, há de ressaltar que o modelo tributário foi definido na Constituição Federal de 1988, há mais de 30 anos, em que era impossível imaginar tal conjuntura. Portanto, necessária a superação de alguns obstáculos à modernização do sistema tributário brasileiro, tais como a rigidez constitucional, repartição de competências e autonomia federativa.

Quanto à rigidez constitucional, sabe-se que a Constituição brasileira dispõe sobre as regras tributárias, como competências, limites ao poder de tributar e os tributos em si. Para alterar a Constituição – e superar este obstáculo – serão necessárias uma Emenda Constitucional e a aprovação pelo Congresso Nacional, por 3/5, em dois turnos. Além disso, demandará alterações no que tange a repartição de competências, em que não será mais possível delimitar precisamente se a competência para tributar é do estado ou município, ensejando meios de compensação pela União, transferências obrigatórias ou compartilhamento de bases tributáveis. Tal compartilhamento também poderá auxiliar na questão da autonomia federativa.[852]

---

[850] CORREIA NETO, Celso de Barros; AFONSO, José Roberto Rodrigues; FUCK, Luciano Felício. A tributação na era digital e os desafios do sistema tributário no Brasil. *Revista Brasileira de Direito*, Passo Fundo, v. 15, n. 1, p. 145-167, jan./abr. 2019. Disponível em: https://dialnet.unirioja.es/servlet/articulo?codigo=7219824. Acesso em: 17 abr. 2022. ISSN 2238-0604, p. 157.

[851] CORREIA NETO, Celso de Barros; AFONSO, José Roberto Rodrigues; FUCK, Luciano Felício. A tributação na era digital e os desafios do sistema tributário no Brasil. *Revista Brasileira de Direito*, Passo Fundo, v. 15, n. 1, p. 145-167, jan./abr. 2019. Disponível em: https://dialnet.unirioja.es/servlet/articulo?codigo=7219824. Acesso em: 17 abr. 2022. ISSN 2238-0604, p. 158.

[852] CORREIA NETO, Celso de Barros; AFONSO, José Roberto Rodrigues; FUCK, Luciano Felício. A tributação na era digital e os desafios do sistema tributário no Brasil. *Revista Brasileira de Direito*, Passo Fundo, v. 15, n. 1, p. 145-167, jan./abr. 2019. Disponível em: https://dialnet.unirioja.es/servlet/articulo?codigo=7219824. Acesso em: 17 abr. 2022. ISSN 2238-0604, p. 160-164.

Neste diapasão, também há um crescente debate sobre a possibilidade de fusão dos tributos sobre os bens de consumo e serviços, por meio da instituição de um único imposto, como o IVA, o qual é aplicado em outros países. Para tanto, sugere-se a distribuição de competências pela especialização das bases, isto é, ao invés de a União ser responsável por todas as bases, essa competência seria dividida entre os entes da federação. Logo, a União seria responsável pela renda e previdência, os estados pelo consumo e previdência de seus funcionários, enquanto os municípios relacionados à propriedade e previdência de seus servidores.[853]

Esse imposto deveria incidir sobre os valores das operações com bens e serviços, descontando o imposto pago nas operações anteriores, tornando o sistema mais simples e evitando a "guerra fiscal" entre os estados. Essa proposta defende a harmonização de interesses dos entes federados e dos contribuintes, compensando a neutralidade do atual sistema tributário.[854]

Ainda, Guilherme Mello defende a criação de uma contribuição federal sobre valor adicionado (CSVA), a fim de unificar as atuais PIS/COFINS, de competência federal, bem como um IVA para integrar o ICMS e ISS, de competência compartilhada entre estados e municípios. Quanto a este último, sustenta a possibilidade de consórcio entre os municípios de maior porte para cobrança de um IVA na esfera municipal. E, ao fim, argumenta sobre a manutenção de impostos seletivos federais, como o próprio IPI e a criação de uma contribuição ambiental.[855] Ou seja, há várias propostas[856] para simplificar e tornar mais eficiente o sistema

---

[853] SILVEIRA, Fernando Gaiger; PASSOS, Luana; GUEDES, Dyeggo Rocha. Reforma tributária no Brasil: por onde começar? *Saúde Debate*, Rio de Janeiro, v. 42, n. especial 3, p. 212-225, nov. 2018. Disponível em: https://www.scielosp.org/article/sdeb/2018.v42nspe3/212-225/. Acesso em: 24 nov. 2021, p. 219.

[854] SILVEIRA, Fernando Gaiger; PASSOS, Luana; GUEDES, Dyeggo Rocha. Reforma tributária no Brasil: por onde começar? *Saúde Debate*, Rio de Janeiro, v. 42, n. especial 3, p. 212-225, nov. 2018. Disponível em: https://www.scielosp.org/article/sdeb/2018.v42nspe3/212-225/. Acesso em: 24 nov. 2021, p. 220.

[855] MELLO, Guilherme. Reforma tributária solidária: uma oportunidade para mudar o Brasil. *Le Monde Diplomatique Brasil*, 27 set. 2019. Disponível em: https://diplomatique.org.br/reforma-tributaria-solidaria-uma-oportunidade-para-mudar-o-brasil/. Acesso em: 24 nov. 2021.

[856] Atualmente há a tramitação de dois Projetos de Emenda Complementar de nº 45 e 110, os quais dispõem sobre propostas para uma reforma tributária no Brasil. Ambos projetos preveem um imposto sobre bens e serviços (IBS), nos moldes dos impostos sobre valor agregado cobrados na maioria dos países desenvolvidos; e um imposto específico sobre alguns bens e serviços (Imposto Seletivo), assemelhado aos *excise taxes*. No entanto, não adentrarei nos detalhes destes projetos, pois não contemplam diversas propostas aqui

tributário nacional na nova economia, somente é necessário colocar em prática – o que parece ser o mais complexo no Brasil.

Além disso, deve-se atentar que estes impostos devem também compensar os efeitos regressivos do atual sistema tributário, com aplicação de alíquotas progressivas e isenção/benefícios aos produtos que são básicos à sobrevivência da população, respeitando a capacidade contributiva e a igualdade substancial. Portanto, um imposto único sobre o consumo e serviços permitiria uma segurança jurídica maior, bem como uma melhor interpretação das normas tributárias.[857]

Todas essas mudanças devem vir acompanhadas de alterações que permitam reduzir o peso da tributação sobre o consumo, como a ampliação da tributação sobre a renda, patrimônio, riquezas, levando em considerações as novas tecnologias da economia do conhecimento. O fato é que a tributação alicerçada sobre o consumo não produz um maior crescimento ao país. Ao contrário, os pesquisadores da London School of Economics analisaram o efeito da redução dos impostos para os estratos mais ricos da sociedade nas últimas cinco décadas em 18 países da OCDE e concluíram que não houve nenhum impacto relevante sobre o crescimento econômico e emprego, apenas aumento na desigualdade.[858]

De forma semelhante, estudiosos da OCDE relataram que a desigualdade de renda é negativamente relacionada com taxas de crescimento econômico.[859] Isto significa que o cidadão que nasce em situação de pobreza tem menos chances de ascensão e de contribuir para o desenvolvimento econômico de seu país, bem como de adquirir e promover conhecimento.[860] Em suma, já é hora de compreender e aceitar que a

---

debatidas e que são essenciais para uma tributação justa e equânime, como também possuem uma grande probabilidade de não ser efetivamente aprovados, eis o histórico de sucessivos projetos de reforma tributária que não "saem do papel" no Brasil.

[857] SILVEIRA, Fernando Gaiger; PASSOS, Luana; GUEDES, Dyeggo Rocha. Reforma tributária no Brasil: por onde começar? *Saúde Debate*, Rio de Janeiro, v. 42, n. especial 3, p. 212-225, nov. 2018. Disponível em: https://www.scielosp.org/article/sdeb/2018.v42nspe3/212-225/. Acesso em: 24 nov. 2021, p. 220.

[858] HOPE, David; LIMBERG, Julian. The economic consequences of major tax cuts for the rich. Working paper 55. *International Inequalities Institute*. December, 2020. Disponível em: https://eprints.lse.ac.uk/107919/1/Hope_economic_consequences_of_major_tax_cuts_published.pdf. Acesso em: 23 nov. 2021.

[859] CINGANO, Federico. Trends in Income Inequality and its Impact on Economic Growth. *OECD Social, Employment and Migration Working Papers*, OECD Publishing, n. 163, 2014. Disponível em: http://dx.doi.org/10.1787/5jxrjncwxv6j-en. Acesso em: 24 nov. 2021.

[860] PIRES, Manuel. Tributação, equidade e crescimento econômico. *Observatório de Política Fiscal*, 22 fev. 2021. Disponível em: https://observatorio-politica-fiscal.ibre.fgv.br/politica-economica/outros/tributacao-equidade-e-crescimento-economico#_ftnref4. Acesso em: 24 nov. 2021.

justiça fiscal caminha ao lado do crescimento econômico e inovador do país. Proteger os mais ricos e seus patrimônios exclui grande parte da população de empreender e inovar.

Por isso, com o crescimento massivo da desigualdade no (pós) pandemia necessita-se de alternativas tributárias urgentes, a fim de reduzir a tributação sobre os bens de consumo e serviço e equilibrar o sistema fiscal para que seja possível adaptar os tributos à nova era do conhecimento e suas tecnologias. As propostas analisadas acima são necessárias no atual quadro econômico, pois as formas atuais não são suficientes para lidar com esta nova realidade. Tais modificações objetivam que o Estado garanta o seu financiamento e ocorra uma distribuição justa do ônus fiscal, ao mesmo tempo que permita reduzir eficazmente a desigualdade de renda. Os obstáculos estudados acima possuem meios de serem superados à modernização do sistema tributário nacional, demonstrando a essencialidade da releitura de conceitos, teorias, práticas e estruturas jurídicas.

No plano internacional, observam-se também os diversos questionamentos em relação à tributação na era da economia do conhecimento. Tais estudos internacionais sugerem que a tributação nacional também se adapte aos novos rumos da economia do conhecimento, levando em consideração a cooperação entre países, a redução da desigualdade de renda e o "bem comum" para todos os cidadãos globais.

É inegável que outras diversas mudanças irão acontecer, visto que a economia do conhecimento reinventa a si mesma constantemente. Todavia, algumas propostas já estão sendo debatidas, diante do cenário digital contemporâneo, enfatizado pelos reflexos da pandemia. Neste sentido, no âmbito internacional, a OCDE reflete sobre a possibilidade de uma taxação mínima global e a repartição das receitas tributárias entre países, como será detalhado a seguir, a fim de que a tributação seja efetiva e reduza as iniquidades sociais em nível mundial.

6.2 Solidariedade e cooperação estatal: a tributação internacional do futuro

Num mundo globalizado, com organismos transnacionais e com a relativização de fronteiras, a cooperação entre os países ganha destaque e surge como uma necessidade emergente, realçada com a pandemia do COVID-19. Vale destacar que, até mesmo antes do início da pandemia, já havia discussões sobre um imposto mundial, incidente sobre o capital, conforme defende Thomas Piketty. Tal proposta, pode-se afirmar, contribuiu para que debatessem e repensassem a tributação internacional, com base na cooperação e troca de informações entre países.

Por isso, antes de adentrar o tema sobre as atuais discussões sobre tributação internacional no âmbito da OCDE, é imprescindível compreender o contexto que levou a tal conjuntura. Ressalta-se que o papel do Estado, principalmente no cenário (pós) pandemia, tornou-se alvo de muitos debates internacionais como agente econômico e garantidor de direitos. Todavia, um Estado forte e empreendedor, num mundo globalizado, não poderá concretizar o bem comum sem o apoio e cooperação dos demais agentes mundiais, como organismos transnacionais, demais Estados e os cidadãos. A solidariedade e a cooperação pelo bem-estar coletivo são necessárias para retomar o desenvolvimento econômico e social global e, do mesmo modo, estes valores são fundamentais para uma tributação internacional eficiente.[861]

6.2.1 A tributação sobre o capital e propriedade mundial de Piketty: ideias utópicas na era digital?

Não há dúvidas de que os Estados Nacionais, como o Brasil, podem utilizar a tributação e melhorar sua estrutura para alcançar o bem comum, bem como produzir desenvolvimento econômico e inovação no âmbito da era do conhecimento. Todavia, devido aos diversos organismos internacionais e Estados poderá ocorrer contradições em seu âmbito legislativo que prejudicarão a eficiência tributária nacional, como também a livre circulação de bens e capitais está organizada de modo a reduzir a capacidade dos Estados em escolher suas políticas fiscais e sociais.

Não bastassem estes fatos, o aumento da desigualdade, os excessos do capitalismo financeiro e os riscos de perda identitária e nacionalista limitam a soberania nacional e colocam em xeque a confiança

---

[861] Mazzucato, como visto no Capítulo 3 sobre o Estado empreendedor e a economia do conhecimento, descreve a importância do Estado como agente inovador, juntamente com os demais agentes globais, devendo juntos trabalhar para recuperar o valor coletivo e o desenvolvimento econômico. De forma semelhante, Shoshana também explica que o capitalismo e o neoliberalismo estão sendo falhos por justamente minimizar o papel do Estado. Os organismos internacionais necessitam cooperar e compartilhar informações, tanto de conhecimento como financeiras, a fim de auxiliar na inovação e numa tributação eficiente. MAZZUCATO, Mariana. *El Estado empreendedor*: mitos del sector público frente al privado. Traducíon Javier Sanjulián y Anna Solé. Barcelona: RBA, 2019; e, ZUBOFF, Shoshana. *La era del capitalismo de la vigilancia*: la lucha por um futuro humano frente a las nuevas fronteras del poder. Traducíon de Albino Santos Mosquera. Barcelona: Planeta (Paidós), 2020.

no próprio Estado. Por isso, necessária a construção de uma sociedade participativa e internacional, apoiada em uma nova organização cooperativa da economia mundial, a fim de que se resolvam tais conflitos.[862]

Destaca-se que o atual cenário "hiper desigual" é derivado também da insuficiente difusão de conhecimento e da limitada participação dos cidadãos nas questões econômicas e financeiras. Desse modo, Piketty defende um socialismo participativo, em nível mundial, baseado na propriedade social,[863] na educação e no compartilhamento de conhecimento e poder. Para tanto, defende a instituição de um imposto altamente progressivo sobre os grandes patrimônios capaz de financiar uma doação de capital e a circulação permanente de capital e bens.[864]

Para Piketty, o ideal seria que o retorno da progressividade fiscal e o desenvolvimento de um imposto sobre a propriedade conduzissem rumo à cooperação internacional. Uma maior transparência patrimonial permitiria um imposto progressivo e unificado sobre a propriedade, com, de um lado, uma importante redução da carga fiscal sobre os patrimônios modestos ou medianos ou para quem está adquirindo uma propriedade, e, de outro, aumento para os patrimônios superiores.[865]

Neste contexto, Piketty já vinha defendendo a criação de um imposto global sobre o capital, visando regular o capitalismo e, com isso, diminuir as taxas de pobreza e desigualdade. Para tanto, é imprescindível para sua eficácia a adoção dos seguintes requisitos: a) cadastros pré-preenchidos pelos contribuintes e pela administração fiscal, analisando os valores de mercados dos bens; b) troca de informações bancárias internacionais sobre os ativos presentes em seu banco, pondo fim aos paraísos fiscais; c) taxas de tributação sobre o imposto do capital, respeitando o princípio da progressividade.

Quanto à declaração pré-preenchida, sustenta-se que ocorra

---

[862] PIKETTY, Thomas. *Capital e ideologia*. Traducción de Daniel Fuentes. Barcelona: Ediciones Deusto, 2019, p. 1211-1212.

[863] Quanto à propriedade social, importante mencionar a necessidade da participação dos acionistas mais essenciais dentro das grandes empresas juntamente com a participação dos representantes dos trabalhadores, pelo menos na proporção de metade dos votos, a fim de compartilhar o poder entre todos os membros da empresa. Outras propostas neste sentido consistem na eleição de uma parte dos administradores por meio de assembleias mistas de empregados e acionistas, desenvolvendo novas formas de deliberação para o bem coletivo da dita empresa. PIKETTY, Thomas. *Capital e ideologia*. Traducción de Daniel Fuentes. Barcelona: Ediciones Deusto, 2019, p. 1153- 1155.

[864] PIKETTY, Thomas. *Capital e ideologia*. Traducción de Daniel Fuentes. Barcelona: Ediciones Deusto, 2019, p. 1145.

[865] PIKETTY, Thomas. *Capital e ideologia*. Traducción de Daniel Fuentes. Barcelona: Ediciones Deusto, 2019, p. 1177.

como as declarações do Imposto sobre a Renda, nas quais o cidadão indica seus ativos e passivos por meio de uma declaração enviada pela administração fiscal. Os valores de seus bens terão como base os valores de mercado, mas estes poderão ser contestados caso o contribuinte justifique um outro valor.[866]

Em relação à efetivação da transparência financeira é, de suma importância, ser incluído nas declarações pré-preenchidas os ativos detidos, bem como as transmissões bancárias, realizadas em bancos nacionais e internacionais. Assim, põe-se fim aos paraísos fiscais, ou pelo menos minimiza-se o poder destes.[867]

Neste sentido, sugere-se a criação de um registro financeiro público capaz de permitir aos Estados transferir as informações necessárias sobre seus titulares de ativos financeiros emitidos em cada país. Os atuais registros, segundo Piketty, apesar de existirem, estão nas mãos de organismos privados.[868]

Deste modo, além da transparência democrática e financeira sobre os patrimônios (o que pode ser feito mediante declarações pré-preenchidas sobre esses ativos), deve-se analisar outro ponto, qual seja: os percentuais a serem cobrados do imposto sobre o capital. Neste aspecto, Piketty[869] preconiza a adoção dos seguintes percentuais: a) 0% para patrimônios inferiores a 1 milhão de euros; b) 1% para patrimônios entre 1 e 5 milhões de euros; e c) 2% para patrimônios acima de 5 milhões de euros, para o contexto europeu. Assim, ter-se-ão taxas moderadas sobre o patrimônio e, mesmo assim, teríamos um elevado retorno que gerariam receitas bastante significativas. Por exemplo, para se reduzir a dívida pública de um país, a arrecadação de aproximadamente 15% sobre todos os patrimônios privados resultaria perto de um ano de renda nacional, podendo até quitar a dívida pública dessa nação.[870]

A criação do Imposto Mundial sobre o Capital, defendida em 2014, foi considerada utópica devido à dificuldade de um consenso mundial sobre esta tributação. Porém, a crescente desigualdade tornou-se um grave problema mundial, principalmente após a pandemia do COVID-2019, necessitando reaver as propostas cooperativas entre

---

[866] PIKETTY, Thomas. *O capital do século XXI*. Rio de Janeiro: Intrínseca, 2014, 2014, p. 506.
[867] PIKETTY, Thomas. *O capital do século XXI*. Rio de Janeiro: Intrínseca, 2014, p. 509.
[868] PIKETTY, Thomas. *Capital e ideologia*. Traducción de Daniel Fuentes. Barcelona: Ediciones Deusto, 2019, p. 1174.
[869] PIKETTY, Thomas. *O capital do século XXI*. Rio de Janeiro: Intrínseca, 2014, p. 514.
[870] PIKETTY, Thomas. *O capital do século XXI*. Rio de Janeiro: Intrínseca, 2014, p. 528.

os países, que visem melhorar o bem-estar da população, como a fiscalidade justa.

Desse modo, importante mencionar o Manifesto de 2018, por cinquenta e cinco intelectuais e políticos, liderados por Thomas Piketty, alertando sobre os riscos da desigualdade à população e sugerindo soluções, via fiscal, ao problema apresentado. A principal proposta no Manifesto é a criação de uma nova assembleia europeia, no qual o orçamento seria financiado pela instituição de quatro impostos: sobre a renda das grandes empresas (acima de 200.000 euros anuais), grandes patrimônios (mais de um milhão de euros) e as emissões de carbono.[871]

Estes impostos poderiam financiar a pesquisa e a educação em universidades europeias; criar um programa de investimento para desenvolvimento econômico e reduzir a tributação regressiva, que pesa sobre o consumo das classes com menor poder aquisitivo.[872] De fato, estas propostas visam a um desenvolvimento social igualitário e democrático entre os cidadãos europeus. Para tanto, é necessária uma maior solidariedade entre os europeus, tornando os detentores de poder econômico os financiadores do bem público, para transformar a Europa numa sociedade substancialmente igual.

Nesse contexto, estes ideais poderiam ser aplicados gradativamente em âmbito mundial. Para tanto, a solução proposta pelo economista é substituir os acordos comerciais atuais por tratados mais ambiciosos destinados a promover um modelo de desenvolvimento justo e sustentável, que inclui objetivos comuns (em especial a fiscalidade justa e emissões de carbono) e adoção de procedimentos de deliberação democrática adequados, em forma de assembleias transnacionais. O princípio geral destas assembleias transnacionais leva em consideração a tomada de decisões comuns sobre os bens públicos globais (clima, pesquisa e justiça fiscal). Em especial, a possibilidade de aprovar impostos comuns sobre a renda e patrimônio mais significativos, sobre as grandes empresas e sobre as emissões de carbono.[873] Ora, se tais bens

---

[871] PIKETTY, Thomas. Manifiesto para la democratización de Europa. *La Vanguardia*. 9 dez. 2018. Disponível em: https://www.lavanguardia.com/internacional/20181209/453460993963/manifiesto-para-la-democratizacion-de-europa-thomas-piketty.html. Acesso em: 12 dez. 2021.

[872] PIKETTY, Thomas. Manifiesto para la democratización de Europa. *La Vanguardia*. 9 dez. 2018. Disponível em: https://www.lavanguardia.com/internacional/20181209/453460993963/manifiesto-para-la-democratizacion-de-europa-thomas-piketty.html. Acesso em: 12 dez. 2021.

[873] PIKETTY, Thomas. *Capital e ideologia*. Traducción de Daniel Fuentes. Barcelona: Ediciones Deusto, 2019, p. 1211-1215.

são comuns à toda população global, parece obvio que deveriam ser harmonizados em âmbito mundial.

Por exemplo, as deliberações e procedimentos transnacionais podem conduzir para uma norma de igualdade educativa entre países de diferentes níveis econômicos, estabelecendo uma mesma doação de capital para todos, como também a livre circulação de pessoas entre os Estados. Esse cenário descrito por Piketty alcançaria uma justiça mundial, com impostos comuns e justos, com desenvolvimento do direito universal de educação, doação de capital, geração de livre circulação de pessoas e abolição de quase todas as fronteiras.[874]

Para atingir tal cooperação, o economista afirma que é importante prever sanções aos Estados que não cooperem, estabelecendo o objetivo comum para a constituição de um sistema igualitário, justo, inclusivo, cooperativo e, obviamente, que não seja um acordo para o endurecimento das relações entre Estados. Desse modo, poderia ter conhecimento – de forma transparente – das rendas obtidas pelas grandes empresas localizadas em diversos Estados. Tais benefícios poderiam ser distribuídos entre estes países, por meio de impostos e financiamento do Estado Social.[875]

Por tudo isso, percebe-se que as diversas propostas analisadas acima refletem na angústia em querer mudar o atual contexto desigual vivido pela população, por meio da fiscalidade internacional. Na sociedade do conhecimento, as novas tecnologias podem auxiliar os Estados a retomar o controle do capitalismo e do desenvolvimento econômico, mas necessitam estabelecer políticas coordenadas entre si e com base no bem comum. Querer mudar e pensar em propostas audazes não pode ser considerado utópico. Utópico seria conformar-se em viver numa sociedade com capacidade de evoluir e nada fazer para isso.

6.2.2 Tributos internacionais à luz das propostas da OCDE

Diante do cenário provocado pelas novas tecnologias digitais, a Organização para a Cooperação e Desenvolvimento Econômico (OCDE) vem abordando novas propostas para adaptar-se à nova economia.

---

[874] PIKETTY, Thomas. *Capital e ideologia*. Traducción de Daniel Fuentes. Barcelona: Ediciones Deusto, 2019, p. 1218-1221.
[875] PIKETTY, Thomas. *Capital e ideologia*. Traducción de Daniel Fuentes. Barcelona: Ediciones Deusto, 2019, p. 1222-1223.

Desse modo, a organização lançou em 2018 o Plano de Ação 1, que contém sugestões para combater a erosão da base tributável em consequência da digitalização. Dentre as principais propostas, destacam-se as alternativas em curto prazo, como a criação de imposto sobre o volume dos negócios das empresas digitais e sobre todas as rendas não tributadas ou insuficientemente tributadas, que são geradas pelas atividades entre empresas ou entre empresas e consumidor.[876]

Além disso, o plano aborda uma retenção sobre as transações digitais, isto é, sobre o valor bruto dos pagamentos efetuados aos provedores de bens e serviços não residentes no país, os quais são solicitados por *sites* de internet. E, também, apresenta uma sugestão de imposto sobre a renda destes serviços digitais e pela atividade publicitária em países em que possui uma presença digital significativa.[877]

Como visto no tópico anterior, algumas sugestões estão sendo promovidas internamente pelos Estados. Porém, ainda falta o consenso em obter uma tributação internacional sobre as atividades digitais, como também – segundo Soraya Losada[878] – alguns Estados usaram a ação da OCDE para legitimar o aumento da arrecadação, sem conseguir realizar de fato uma redistribuição de renda entre a população. Por isso, em janeiro de 2019, a OCDE publica um novo rumo, denominada por alguns como BEPS 2.0, apresentando aos ministros do G20 propostas para uma taxação global, visando à tributação digital das empresas multinacionais.[879] Assim, o referido plano de longo prazo pretende solucionar os desafios da economia digital diante das leis fiscais unilaterais descoordenadas entre os Estados.[880]

---

[876] LOSADA, Soraya Rodríguez. Al hilo de la creación de impuestos sobre servicios digitales: sugerenciais de la OCDE, propuestas de la EU y soluciones adoptadas em algunos Estados. *In:* COLLADO YURRITA, Miguel Ángel (dir.). *Tributación de la economía digital.* Barcelona: Atelier Libros Jurídicos, 2020, p. 34-35.

[877] LOSADA, Soraya Rodríguez. Al hilo de la creación de impuestos sobre servicios digitales: sugerenciais de la OCDE, propuestas de la EU y soluciones adoptadas em algunos Estados. *In:* COLLADO YURRITA, Miguel Ángel (dir.). *Tributación de la economía digital.* Barcelona: Atelier Libros Jurídicos, 2020, p. 34-35.

[878] LOSADA, Soraya Rodríguez. Al hilo de la creación de impuestos sobre servicios digitales: sugerenciais de la OCDE, propuestas de la EU y soluciones adoptadas em algunos Estados. *In:* COLLADO YURRITA, Miguel Ángel (dir.). *Tributación de la economía digital.* Barcelona: Atelier Libros Jurídicos, 2020, p. 39.

[879] ORGANISATION FOR ECONOMIC CO-OPERATION AND DEVELOPMENT – OECD. *Tax Challenges Arising from Digitalisation* – Report on Pillar One Blueprint: Inclusive Framework on BEPS, OECD/G20 Base Erosion and Profit Shifting Project. Paris: OECD Publishing, 2020. Disponível em: https://doi.org/10.1787/beba0634-en. Acesso em: 21 nov. 2021.

[880] ORGANISATION FOR ECONOMIC CO-OPERATION AND DEVELOPMENT – OECD. *Tax Challenges Arising from Digitalisation* – Report on Pillar One Blueprint: Inclusive

Neste viés, a proposta da OCDE apresenta dois pilares fundamentais. O primeiro pilar estabelece princípios de organização do poder tributário entre os Estados, sustentando critérios de incidência e benefícios para cada jurisdição. Tal projeto poderá provocar mudanças significativas para a bitributação estatal. Além disso, o segundo pilar sustenta medidas coordenadas entre os Estados para minimizar ou neutralizar os riscos de transferências das bases tributáveis e a erosão dos benefícios, como renda e riqueza líquida, por parte das empresas globais.[881]

Destaca-se que o primeiro pilar está voltado para a alocação de lucros das empresas em diferentes jurisdições e o segundo apresenta um imposto mínimo global. A alocação de lucros das empresas em diferentes jurisdições tem por base a expansão do nexo tributário, sendo aplicável às atividades econômicas de interação com o consumidor e aos serviços digitais automatizados.[882]

Quanto às atividades econômicas com interação com o consumidor, a proposta do pilar 1 pretende tributar as operações de venda de mercadorias e prestação de serviços para consumidores, inclusive utilizando-se de intermediários, franquias e licenças. Como exemplo, o são as empresas farmacêuticas, franquias (inclusive em distribuição de produtos), e licenciamento de propriedade intelectual a ser conectada com determinado produto ou serviço.[883]

Em relação aos serviços digitais automatizados, a tributação incidiria nas operações realizadas mediante automatização digital – com interação humana mínima da parte do prestador de serviço – e

---

Framework on BEPS, OECD/G20 Base Erosion and Profit Shifting Project. Paris: OECD Publishing, 2020. Disponível em: https://doi.org/10.1787/beba0634-en. Acesso em: 21 nov. 2021.

[881] ORGANISATION FOR ECONOMIC CO-OPERATION AND DEVELOPMENT – OECD. *Tax Challenges Arising from Digitalisation* – Report on Pillar One Blueprint: Inclusive Framework on BEPS, OECD/G20 Base Erosion and Profit Shifting Project. Paris: OECD Publishing, 2020. Disponível em: https://doi.org/10.1787/beba0634-en. Acesso em: 21 nov. 2021.

[882] MOREIRA, André Mendes; FONSECA, Fernando Daniel de Moura; RAUSCH, Aluizio Porcaro. Um novo marco da tributação internacional: *blueprints* para os pilares 1 e 2 da OCDE. *Sacha Calmon Mizabel Derzi Advogados*, 18 nov. 2020. Disponível em https://sachacalmon.com.br/publicacoes/artigos/um-novo-marco-da-tributacao-internacional-blueprints-para-os-pilares-1-e-2-da-ocde/. Acesso em: 21 abr. 2022.

[883] MOREIRA, André Mendes; FONSECA, Fernando Daniel de Moura; RAUSCH, Aluizio Porcaro. Um novo marco da tributação internacional: *blueprints* para os pilares 1 e 2 da OCDE. *Sacha Calmon Mizabel Derzi Advogados*, 18 nov. 2020. Disponível em https://sachacalmon.com.br/publicacoes/artigos/um-novo-marco-da-tributacao-internacional-blueprints-para-os-pilares-1-e-2-da-ocde/. Acesso em: 21 abr. 2022.

padronização em larga escala de modo a atingir base global de usuários e consumidores com emprego de pouca ou nenhuma infraestrutura nas jurisdições de mercado. Exemplos disso são os serviços *online* profissionais e de ensino padronizados, alienação de dados de usuários, ferramentas de busca *online*, e plataformas de mídia social.[884]

Aliado ao pilar 1, a proposta centrada no pilar 2 objetiva que as empresas multinacionais paguem um mínimo de tributação, independentemente do local, forma ou da titularidade formal por meio dos quais esses lucros sejam auferidos. A estratégia da OCDE é a transferência ou repartição das receitas entre países, principalmente com os países com baixa tributação.[885]

O pilar 2 propõe o binômio entre a regra de inclusão de renda e a regra de pagamentos subtributados, em que somente seriam aplicados às multinacionais com receita bruta agregada anual de, no mínimo, 750 milhões de euros.[886] No relatório da OCDE há regras complementares de implementação desta tributação, que visam evitar a erosão da base, isto é, que alguma multinacional não seja tributada por isenção do Estado. Assim, caso um Estado não tribute a multinacional, se permite que outro país tribute onde houver uma matriz, filial ou estabelecimento permanente. Para tanto, são quatro regras complementares: 1) Regra de inclusão de renda; 2) Regra de pagamentos subtributados; 3) Regra de troca de método de alívio à bitributação; e 4) Regra de sujeição à tributação.[887]

Por certo, as duas propostas da OCDE, pilar 1 e 2, objetivam a fixação de uma tributação progressiva internacional, que contará com a cooperação dos países. Segundo estimativas divulgadas pela OCDE,

---

[884] MOREIRA, André Mendes; FONSECA, Fernando Daniel de Moura; RAUSCH, Aluizio Porcaro. Um novo marco da tributação internacional: *blueprints* para os pilares 1 e 2 da OCDE. *Sacha Calmon Mizabel Derzi Advogados*, 18 nov. 2020. Disponível em https://sachacalmon.com.br/publicacoes/artigos/um-novo-marco-da-tributacao-internacional-blueprints-para-os-pilares-1-e-2-da-ocde/. Acesso em: 21 abr. 2022.

[885] OCDE abre consulta pública para acordo de tributação digital *Abrasca*, 3 nov. 2020. Disponível em: https://www.abrasca.org.br/noticias/sia-cia-1523-ocde-abre-consulta-publica-para-acordo-de-tributacao-digital. Acesso em: 21 abr. 2022.

[886] MOREIRA, André Mendes; FONSECA, Fernando Daniel de Moura; RAUSCH, Aluizio Porcaro. Um novo marco da tributação internacional: *blueprints* para os pilares 1 e 2 da OCDE. *Sacha Calmon Mizabel Derzi Advogados*, 18 nov. 2020. Disponível em https://sachacalmon.com.br/publicacoes/artigos/um-novo-marco-da-tributacao-internacional-blueprints-para-os-pilares-1-e-2-da-ocde/. Acesso em: 21 abr. 2022.

[887] CHRISTIANS, Allison; MAGALHÃES, Tarcísio DINIZ. Um tributo global sobre lucros excessivos como pilar três da OCDE. *Consultor Jurídico*, 25 jun. 2020. Disponível em: https://www.conjur.com.br/2020-jun-25/christians-magalhaes-tributo-global-lucros-excessivos Acesso em: 21 abr. 2022.

os Pilares 1 e 2 podem resultar no aumento de receitas advindas da tributação de renda de corporações globais em cerca de US$100 bilhões por ano, que seriam distribuídos globalmente por meio de acordo entre os países.[888] A redistribuição de receitas deixa clara a finalidade com a diminuição das desigualdades entre os países, visando a que o universo global se torne mais igualitário diante do avanço da economia do conhecimento e de suas tecnologias.

Em atenção a tal finalidade, discute-se a instituição de um "global excesso *profits tax*", isto é, um imposto global sobre os lucros excessivos destas multinacionais, podendo constituir um terceiro pilar do projeto da OCDE.[889] Em um mundo digital, em que os países necessitam da cooperação entre si, este imposto poderia contribuir para o financiamento dos países, como também para a redistribuição de renda e riqueza.

A base de cálculo deste imposto poderia ser calculada por meio do lucro líquido da multinacional, com base nos relatórios emitidos pelos países, em cooperação, é claro. Daí a necessidade da troca de informações entre países e a implementação das regras complementares do pilar 2 da OCDE.

O imposto sobre os lucros excessivos é uma proposta apropriada e satisfatória diante do cenário caracterizado pela mobilidade do capital, em que impostos corporativos nacionais não estão conseguindo atingir seus objetivos, enquanto as multinacionais possuem lucros de difícil tributação. Por exemplo, pesquisadores determinaram que, entre 2016 e 2019, multinacionais americanas obtiveram, em média, 22% de retorno sobre ativos, dos quais 8% são rotineiros e 14% são não rotineiros, isto é, geralmente são lucros atribuídos a modelos de negócios que, mesmo em circunstâncias "normais", fornecem à empresa uma vantagem única sobre seus concorrentes, como alta tecnologia digital e intangíveis exclusivos.[890]

---

[888] OCDE abre consulta pública para acordo de tributação digital *Abrasca*, 3 nov. 2020. Disponível em: https://www.abrasca.org.br/noticias/sia-cia-1523-ocde-abre-consulta-publica-para-acordo-de-tributacao-digital. Acesso em: 21 abr. 2022.

[889] CHRISTIANS, Allison; MAGALHÃES, Tarcísio DINIZ. Um tributo global sobre lucros excessivos como pilar três da OCDE. *Consultor Jurídico*, 25 jun. 2020. Disponível em: https://www.conjur.com.br/2020-jun-25/christians-magalhaes-tributo-global-lucros-excessivos Acesso em: 21 abr. 2022.

[890] CHRISTIANS, Allison; MAGALHÃES, Tarcísio DINIZ. Um tributo global sobre lucros excessivos como pilar três da OCDE. *Consultor Jurídico*, 25 jun. 2020. Disponível em: https://www.conjur.com.br/2020-jun-25/christians-magalhaes-tributo-global-lucros-excessivos Acesso em: 21 abr. 2022.

Pelo exposto, percebe-se que as propostas da OCDE, juntamente com o imposto sobre o lucro excessivo, são alternativas à tributação internacional, que não se submete apenas às regras de uma tributação nacional, exigindo uma cooperação entre Estados. Não há dúvidas de que a tributação nacional, inclusive a brasileira, deva promover suas próprias mudanças ao sistema tributário e à Administração fiscal, porém a tributação internacional progressiva é uma proposta complementar e necessária ao atual e futuro da população global.

6.3 A fiscalidade como meio redutor da desigualdade

Como visto, o desenvolvimento da economia do conhecimento já traz profundas mudanças no cotidiano da população, seja no meio profissional, social, econômico ou pessoal. A pandemia provocada pelo COVID-19 acelerou a introdução de novas tecnologias digitais à população, que se tornaram fundamentais no dia a dia para a realização de tarefas profissionais, como também para estar em contato com parentes e amigos.

Ainda, a desigualdade de renda, já existente no período pré-pandemia, acentuou-se com o avanço da pandemia, principalmente em países menos desenvolvidos. Ocorre que o desenvolvimento da economia do conhecimento necessita de investimento em inovação e conhecimento, pois, caso o Estado for deficiente nisso em relação à sua população, ficará "para trás" em comparação aos outros países. Portanto, a desigualdade de renda entre países desenvolvidos e em desenvolvimento poderá ser ainda mais acentuada.

Diante deste cenário, é imprescindível – mais que nunca – repensar soluções para tais problemas, a fim de que a humanidade evolua conjuntamente. Em vista disso, a tributação ganha destaque por ser o principal meio de financiamento do Estado empreendedor, o qual pode garantir o investimento em inovação, P&D e conhecimento, contribuindo para o avanço da economia do conhecimento e do desenvolvimento tecnológico, econômico e social da sua população.

Entretanto, nos atuais moldes, a tributação não é eficiente para a redistribuição de renda e tampouco suficiente para o financiamento da economia do conhecimento, não contribuindo para a redução da desigualdade de renda. Por isso, o ordenamento tributário necessita de alterações para que possa caminhar juntamente com a evolução da economia do conhecimento, de modo a permitir que se torne includente e consiga reduzir, eficazmente, a desigualdade de renda entre os cidadãos.

Percebe-se que a estratégia adotada, principalmente após a década de 1980, de reduzir impostos dos mais ricos não resultou em um grande crescimento econômico e tampouco reduziu a fuga de capitais ou evasão fiscal. Por isso, as administrações públicas devem inovar e ser cooperadas entre si para criar registros globais de bens, aumentar os fundos de suas agências e órgãos e sancionar leis de colaboradores contra evasões fiscais, como os Estados Unidos estão fazendo por meio da lei FATCA. Essa cooperação e inovação das administrações públicas são instrumentos mais eficazes para contar a evasão do que a diminuição dos impostos sobre o patrimônio e capital.[891]

O fato é que a crise sanitária aprofundou as desigualdades, bem como aumentou a concentração empresarial e laboral entre a população. Dessa forma, muitas empresas se beneficiaram com a pandemia, elevando ainda mais o seu poder econômico, como, por exemplo, as empresas farmacêuticas, extrativistas e de recursos minerais, fundos imobiliários e as empresas digitais. Entretanto, os benefícios adquiridos por estas empresas são repartidos entre os acionistas e não em investimento em inovação, tampouco partilhados entre seus empregados por meio do aumento da remuneração.[892]

Neste contexto, a tributação se torna um meio fundamental para corrigir estas deficiências, tanto pela cooperação internacional entre os países, como também pela introdução de impostos que reequilibrem a distribuição do ônus fiscal. Além das medidas acima abordadas, no âmbito interno nacional e no plano internacional, os países poderiam adotar outras medidas neste cenário (pós) pandemia de curto prazo, como a instituição de um imposto sobre os lucros excessivos destas grandes empresas, ocasionados pela pandemia.[893]

Por certo, a recuperação da crise aprofundada pela pandemia não se dará por meio do aumento da arrecadação fiscal, mas sim pela

---

[891] COBBY, William. Adaptar los impuestos a las realidades económicas globales tras la pandemia. *Agenda Económica*, 18 out. 2021. Disponível em: https://agendapublica.es/adaptar-los-impuestos-a-las-realidades-economicas-globales-tras-la-pandemia/. Acesso em: 6 dez. 2021.

[892] COBBY, William. Adaptar los impuestos a las realidades económicas globales tras la pandemia. *Agenda Económica*, 18 out. 2021. Disponível em: https://agendapublica.es/adaptar-los-impuestos-a-las-realidades-economicas-globales-tras-la-pandemia/. Acesso em: 6 dez. 2021.

[893] COBBY, William. Adaptar los impuestos a las realidades económicas globales tras la pandemia. *Agenda Económica*, 18 out. 2021. Disponível em: https://agendapublica.es/adaptar-los-impuestos-a-las-realidades-economicas-globales-tras-la-pandemia/. Acesso em: 6 dez. 2021.

adoção de projetos que favoreçam uma política industrial ativa, aliada à transição ecológica e digital, visando sempre à redução das iniquidades sociais e a justiça fiscal. A tributação, neste contexto, deve ser capaz de financiar o Estado e este investir na capacitação de seus cidadãos, na infraestrutura física de produção, patrocinar inovações tecnológicas mais custosas e radicais, formando parcerias com empresas privadas estabelecidas ou emergentes, objetivando o desenvolvimento econômico sustentável da sociedade.[894]

Não há dúvidas de que a tributação também deve cumprir o seu papel redistributivo, com a utilização da progressividade, conforme a hierarquia do padrão de vida, resultante da renda e riqueza de cada cidadão, e da progressividade com base no exercício econômico. Esta última por meio da acumulação de riqueza e sua transmissão hereditária, pós-morte ou por meio de doações em vida.[895]

Aliada a estes pressupostos, se faz necessária uma tributação progressiva internacional, visto o crescimento de relações transnacionais no novo mundo digital e interconectado. A cooperação entre Estados nacionais e fixação de tributos comuns, com a repartição de receitas e trocas de informações, serão uma realidade necessária para que se consiga reduzir a desigualdade de renda. Cada país deverá apostar em estratégias para igualar os impostos e sua carga fiscal incidente sobre o trabalho e capital, bem como acabar com os paraísos fiscais por meio de acordos multilaterais. Será responsabilidade dos governantes adaptar os atuais impostos à realidade econômica global no contexto (pós) pandemia.[896]

Deste modo, apresenta-se a seguir a tabela síntese das principais propostas abordadas no decorrer deste capítulo, as quais objetivam a adequação da tributação ao novo período econômico, tanto no âmbito nacional, como na seara internacional.

---

[894] UNGER, Roberto Mangabeira. *Economia do conhecimento*. Tradução de Leonardo Castro. São Paulo: Autonomia Literária, 2018, p. 74.
[895] UNGER, Roberto Mangabeira. *Economia do conhecimento*. Tradução de Leonardo Castro. São Paulo: Autonomia Literária, 2018, p.78-79.
[896] COBBY, William. Adaptar los impuestos a las realidades económicas globales tras la pandemia. *Agenda Económica*, 18 out. 2021. Disponível em: https://agendapublica.es/adaptar-los-impuestos-a-las-realidades-economicas-globales-tras-la-pandemia/. Acesso em: 6 dez. 2021.

Tabela 2 – Síntese das propostas

(continua)

TRIBUTAÇÃO NACIONAL (BRASIL)	
PROBLEMAS	**PROPOSTAS**
Redução do espaço nacional autônomo, facilidade de fluxo de capitais, a alta mobilidade das empresas multinacionais e a computação em nuvem	Definição da "presença digital" de uma empresa, isto é, a tributação em certa jurisdição em que possua usuários ou clientes, independentemente da existência de estabelecimento físico permanente
Automação, economia colaborativa e informalidade	Tributação da renda sobre os robôs
Elevada carga tributária sobre os bens de consumo e serviços	Desoneração da carga fiscal sobre a cesta básica e *tax free* existencial (devolução de tributos cobrados sobre os produtos e serviços que atinjam o mínimo existencial do contribuinte, como a "cesta básica");
Bens intangíveis	Instituição do Imposto sobre os Serviços Digitais (incide sobre a prestação de serviços digitais caracterizados pela criação de valor por parte do usuário, bem como a sua participação ativa em interfaces digitais – serviços intermediários).
Complexidade e multiplicidade de impostos sobre os bens de consumo e serviços	Fusão de impostos sobre os bens de consumo e serviços, como o IVA, instituído na União Europeia

(conclusão)

TRIBUTAÇÃO INTERNACIONAL	
PROBLEMAS	PROPOSTAS
Diversos organismos internacionais e Estados, livre circulação de capital, aumento da desigualdade, os excessos do capitalismo financeiro e os riscos de perda identitária e nacionalista	Socialismo participativo, em nível mundial, baseado na propriedade social, na educação e no compartilhamento de conhecimento e poder, instituindo um imposto altamente progressivo sobre os grandes patrimônios capaz de financiar uma doação de capital e a circulação permanente de capital e bens;
Erosão da base tributável em consequência da digitalização	CURTO PRAZO: criação de imposto sobre o volume dos negócios das empresas digitais e sobre todas as rendas não tributadas ou insuficientemente tributadas; retenção sobre as transações digitais; imposto sobre a renda destes serviços digitais e pela atividade publicitária em países em que possui uma presença digital significativa;
Leis fiscais unilaterais descoordenadas entre os Estados	LONGO PRAZO: tributar as operações de venda de mercadorias e prestação de serviços para consumidores, inclusive utilizando-se de intermediários, franquias e licenças; tributação sobre as empresas multinacionais, independentemente do local, forma ou da titularidade formal por meio dos quais esses lucros sejam auferidos; e criação do "global excesso *profits tax*", isto é, um imposto global sobre os lucros excessivos destas multinacionais

Por isso, a tributação nacional precisa ser reformulada, de modo a criar tributos e novas formas de cobrá-los pelo fisco – conforme estudado acima – a fim de permitir que o sistema tributário nacional seja mais eficaz e cumpra com o seu papel de financiador e redistribuidor de renda. A tributação, sob esta ótica, pode ser um meio para reduzir a desigualdade e, com isso, permitir a evolução da economia do conhecimento para concretização de uma sociedade justa.[897] O futuro está próximo e este deve possibilitar a formação de uma sociedade justa e igualitária para todos, globalmente.

---

[897] Sociedade justa é quando todos os membros de uma sociedade possuem acesso aos bens fundamentais, como educação, saúde, direito ao voto e a participação plena das diversas formas da vida social, cultural, econômica, cívica e política. PIKETTY, Thomas. *Capital e ideologia*. Traducción de Daniel Fuentes. Barcelona: Ediciones Deusto, 2019, p. 1146.

CONSIDERAÇÕES FINAIS

Ao longo desta obra, intentou-se demonstrar que a desigualdade de renda é uma preocupação mundial e não somente uma realidade exclusiva de países pobres ou subdesenvolvidos. Neste sentido, o primeiro capítulo apresentou o cenário desigual vivenciado pelo Brasil em comparação à União Europeia, para destacar que o problema sobre a concentração de renda abrange todas as nações, independentemente de sua situação econômica.

É fato que nos países desenvolvidos, como os pertencentes à União Europeia, a desigualdade é menos perceptível. Porém, deve-se atentar para o seu crescimento, principalmente após a década de 1980, com a adoção de modelos políticos neoliberais e com a evolução da globalização. Para verificar a influência destes movimentos nos países estudados (Brasil e União Europeia), a pesquisa abordou o conceito de desigualdade de renda e sua evolução histórica.

Isto ocorreu porque a preocupação com a igualdade, seja formal ou material, é disciplinada nos textos legais dos países estudados, como na Carta dos Direitos Fundamentais da União Europeia e na Constituição Federal do Brasil de 1988. Portanto, o ordenamento jurídico, tanto no Brasil como na União Europeia, estabelece a necessidade de redução das desigualdades, a fim de que seja garantida a igualdade e demais direitos fundamentais ao cidadão. Para se ter uma boa qualidade de vida, conforme dispõe a Declaração de constituição da União Europeia, a população deve ter garantidos seus direitos básicos e isso não será possível numa sociedade repleta de desigualdade, como a má distribuição de renda.

Todavia, este trabalho demonstrou, por meio da evolução da desigualdade de renda – principalmente nos países da União Europeia e Brasil, com o enfoque após a Segunda Guerra Mundial, que as políticas neoliberais e a globalização predominaram entre a população e tiveram um forte impacto à elevação da concentração de renda e riqueza, bem como para o enfraquecimento do poder estatal, o qual tem crescido de forma desenfreada, inclusive em países com economias avançadas.

Deste modo, verificou-se que os governos, entre o período do pós Segunda Guerra Mundial e a década de 1980, atentavam-se em diminuir a desigualdade na maioria das sociedades capitalistas. Todavia, com o avanço do capitalismo, as altas taxas de inflação, crescimento baixo e a crise do petróleo, na década de 1970, tudo modificou. Os Estados capitalistas buscaram soluções radicais para tais problemas, influenciados pelos ideais do mercado livre, visto que as políticas pós-guerra pareciam não mais servir para controlar a crise.

Em meados da década de 1970, a ordem econômica do pós-guerra estava paralisada, com elevada inflação e baixo crescimento econômico. Neste cenário, foram se difundindo as teorias neoliberais, que pregavam pelo livre mercado, contrapondo as teorias totalitaristas e comunistas. Assim, defendia que o mercado deveria se autorregular, estando liberado de qualquer supervisão estatal. Entretanto, essa autorregulação, conforme se analisou no decorrer do trabalho, é profundamente destrutiva quando se permite que o mercado se desenvolva sem obstáculos, livre de leis e políticas.

Aliado a isso, a globalização encontrou terreno fértil para se expandir e cooperou para a supremacia dos interesses econômicos das elites financeiras. Assim, vislumbra-se que a globalização sem restrição contribuiu para a crescente desigualdade, pois os donos da riqueza obtiveram ainda mais direitos do Estado a favor da livre mobilidade de capitais, tanto dentro como fora do país, desprezando os interesses das classes com menor poder aquisitivo.

Este cenário resultou no flagrante desequilíbrio do mercado, não tendo sido cumprida a promessa de redistribuição de renda e equilíbrio social. A consequência: crise econômica mundial. Conforme descrito no primeiro capítulo, as crises financeiras são sempre precedidas por um período de expansão econômica e financeira, que leva os agentes a investirem e assumir maiores riscos. Ocorre que, em algum momento, um episódio negativo chama a atenção para o elevado grau de exposição ao risco e perdas de riqueza começam a ser registradas.

Obviamente, a crise de 2008 agravou ainda mais o quadro desigual nos países da União Europeia, como no Brasil. No Estado brasileiro, particularmente, verificou-se que a desigualdade foi construída ao longo da história, por opções políticas, legislativas e governamentais.

As políticas tributárias e sociais são exemplos da ineficiência do Estado em reverter o retrato desigual no país. E, se não bastasse o cenário catastrófico e desigual no Brasil em 2019, bem como em diversos países da União Europeia, em 2020 todos foram surpreendidos com a pandemia do coronavírus (COVID-2019).

Embora tenha sido uma tragédia humana, a pandemia do COVID-19 também evidenciou a importância de construir um mundo mais igualitário e sustentável, reunindo os governos, cidadãos, sociedade civil, empresas e tantos outros em torno de uma causa comum. Assim, percebe-se que o poder público e suas políticas podem desempenhar um papel fundamental na luta contra a desigualdade.

Neste diapasão, conclui-se que a educação e a tecnologia digital devem ser os dois grandes aceleradores da mudança e na busca pela igualdade, pois oferecem, ao longo da vida, a possibilidade de aprender, se adaptar e de adquirir novas competências para a economia. Além disso, há que ter uma tributação e redistribuição justa da renda e do patrimônio, com financiamento de políticas que permitam a cobertura universal de saúde e uma renda básica que alcance a todos. A riqueza e a oportunidade devem ser distribuídas de forma mais ampla e justa em todo o mundo.

Portanto, é imprescindível a redução da desigualdade de renda. As reformas no sistema político, estatal e fiscal não podem mais postergar. Todavia, tais reformas necessitam espelhar-se na atual sociedade. Por isso, o trabalho abordou o estudo sobre a economia do conhecimento, justamente para verificar quais os mecanismos podem ser eficazes diante das novas tecnologias e do mundo virtual. Afinal, a sociedade mudou e não se pode aplicar velhas soluções.

Dessa forma, estudou-se no segundo capítulo sobre os aspectos conceituais da economia do conhecimento, a fim de entender a atual conjuntura. Para tanto, verificou-se que o atual cenário é resultado de diversos fatores, inclusive pelas sucessivas Revoluções Industriais.

Em decorrência da Primeira Revolução Industrial, um novo mundo de oportunidades criou-se para os cidadãos e alterou o modo de vida em sociedade. Com o passar dos anos, novas revoluções industriais ocorreram, também implicando mudanças ao cenário social e econômico, até chegar-se na sociedade atual. Hoje, depara-se com uma sociedade tecnológica, com o amplo uso da internet e da necessidade de estar 24 horas por dia conectado a um mundo virtual.

Portanto, não basta apenas que os governos e suas instituições se adaptem a estas tecnologias, é necessário um envolvimento ativo dos cidadãos, do setor privado, da academia e da sociedade civil como um todo. Isto porque a nova revolução industrial ainda está em progresso e avançando, devido à evolução constante da economia do conhecimento. É necessário ter o conhecimento para estar conectado com o futuro. Por isso, para compreender e imaginar o futuro, imprescindível estudar sobre os rumos que o conhecimento pode nos levar.

Assim, vislumbra-se que o termo economia do conhecimento, por vezes, é confundido com a Quarta Revolução Industrial e vice-versa. Isto se deve ao fato de relacionarem a economia intelectual com os produtos e serviços produzidos pela nova revolução, como as novas tecnologias digitais e de informação. De fato, o conceito de Indústria 4.0, como visto no segundo capítulo, demanda mudanças nos processos de inovação, produção, logística e serviços, a fim de avançar tecnologicamente. Essas inovações e transformações são possíveis graças à economia do conhecimento ou capital intelectual, isto é, quanto maior o investimento e a valorização em conhecimento, maior também será a produção industrial e a qualidade da operação técnica da internet das coisas, contribuindo para a evolução da Quarta Revolução Industrial. Porém, ambas não se confundem.

A economia do conhecimento, termo utilizado a partir de década de 1990, pode ser considerada a atual prática produtiva mais avançada, a qual tem potencial para transformar radicalmente a vida humana. Isto pode significar mudança de grande vulto no caráter da atividade econômica, muito mais abrangente do que uma revolução industrial. Em outras palavras, não almeja somente produzir bens e serviços sob arranjos típicos de equipamentos e tecnologias, mas se propõe ser um paradigma de produção que continuamente reinventa a si mesma.

As novas mudanças já podem ser percebidas no cotidiano da população, inclusive na transformação do capitalismo, o qual se adaptou para o chamado "capitalismo da vigilância". Os capitalistas da vigilância correm atrás de condutas humanas e apostam no comportamento humano futuro. Isto inclui as emoções e personalidades humanas. Assim, não basta apenas informações referidas ao ser humano, mas também é necessário automatizar, a fim de que seja possível criar meios de modificação da conduta. Logo, nesta nova era, o acúmulo de conhecimento pelas empresas será o diferencial para obter mais poder.

Diante deste cenário, vislumbra-se que é necessário garantir o acesso público à informação e proteger as liberdades fundamentais, em conformidade com a lei e com os acordos internacionais. As empresas, neste viés, devem respeitar um código de conduta estabelecido por uma lei e revisada por reguladores independentes. Isto é, a autorregulação deve terminar, para que sejam respeitados os direitos humanos universais. Uma adequada regulação das plataformas digitais é imprescindível para que estas empresas tecnológicas não se convertam como únicos agentes "guardiões do acesso de dados" e que decidam sobre a liberdade de informação e expressão na internet.

À vista disso, a democracia e o Estado são necessários para retomar o controle do capitalismo e possibilitar a inclusão e expansão dos benefícios do conhecimento econômico. Portanto, devem-se constituir Estados fortes, com uma educação digital que contribua para criar um espírito crítico em relação aos avanços tecnológicos, revertendo as tendências antidemocráticas e de censuras no mundo virtual.

A economia do conhecimento, com as novas transformações econômicas, organizacionais e concorrenciais, pode contribuir para o aumento da produtividade e com a qualidade de vida, podendo auxiliar a humanidade com soluções, produtos e serviços aos problemas ligados ao meio ambiente, como poluição, efeito estufa, extinção de animais e vegetais, desastres ambientais, biológicos, nucleares, entre outros. Para tanto, deve ser utilizada para tais fins coletivos e, neste ponto, o Estado Democrático de Direito possui um papel fundamental, visto que a nova era econômica ainda não está amplamente difundida entre a população, estando restrita à elite econômica, prejudicando a sua evolução e a redução das desigualdades entre os cidadãos.

Nesta senda, a tomada das decisões e o controle sobre o conhecimento não poderão ficar à mercê de interesses privados e econômicos. As decisões devem se pautar na humanidade e o papel do Estado é imprescindível para o alcance de tal êxito, seja por meio da tributação e seu financiamento em inovação e tecnologia, seja em relação à melhoria na qualidade da educação de seus cidadãos, seja pela eficácia da democracia. Tais medidas devem levar em consideração a redução da desigualdade de renda, para possibilitar a todas as nações e cidadãos o acesso ao conhecimento e ao desenvolvimento tecnológico.

No entanto, constatou-se que o conceito de Estado-nação também vivencia uma crise, que, conforme abordado no terceiro capítulo, pode ser explicada pelo surgimento das novas tecnologias digitais, o avanço da globalização, a crise do próprio capitalismo e a ideia de perda da identidade comum.

Como visto, de 1945 a 1970, havia uma identidade comum entre todos os tipos e classes de cidadãos, isto é, um esforço nacional pelo bem comum. Todavia, com o crescimento econômico, cada vez é maior o número de pessoas que recebem uma boa instrução, com empregos condizentes com ela e um bom salário proporcional à sua qualificação. Logo, os mais qualificados deixam de dar realce à nacionalidade e passam dar à qualificação. Perde-se a reciprocidade e o sentimento de identidade comum. A consequência disso é uma mudança nas pautas políticas, as quais perdem força quanto aos ideais baseados na equidade e liberdade.

A individualidade e a busca pelo lucro e o poder auxiliam no desenvolvimento das políticas neoliberais e ao avanço da globalização, que, conforme visto no primeiro capítulo, agravaram o quadro desigual mundial, principalmente no Brasil. As consequências também impactaram no enfraquecimento da soberania estatal.

Entretanto, a figura do Estado não deve desaparecer, ao contrário, deve se tornar um complemento reequilibrador dos déficits do mercado, que operam tanto na economia clássica, como na economia do conhecimento. Nesta senda, a pesquisa explorou o papel do Estado como empreendedor, isto é, como investidor da economia, com a competência e capacidade de estimular e catalisar a economia para que esteja mais orientada a propósitos.

Logo, constatou-se que a tecnologia e a capacidade de aprendizagem são fundamentais ao desenvolvimento, o mercado é seu motor multiplicador e os poderes públicos (como o Estado) são os responsáveis pela conexão do desenvolvimento tecnológico e econômico com o bem-estar social. O mercado, sozinho, se mostra (e já se mostrou) ineficiente para produção e disseminação do conhecimento, bem como para fomentar o interesse coletivo.

Por isso, elencaram-se diversos exemplos ao longo do terceiro capítulo, em que o Estado mostrou o seu papel fundamental para o desenvolvimento econômico, como investidor e criador de novos mercados e setores, tais como a internet, nanotecnologia, biotecnologia e energia limpa. Assim, o Estado não cumpre apenas a função de administrador e regulador do processo de criação riqueza, mas também é um ator dentro deste processo e, muito além, está disposto a assumir riscos que as empresas privadas não estão dispostas a enfrentar. O Estado deve liderar e não somente limitar-se a corrigir falhas do mercado e regulá-lo.

Isto posto, algumas conclusões devem ser feitas. A primeira é que se deve construir um Estado empreendedor, com instituições e organizações governamentais capazes de criar estratégias de crescimento em longo prazo, bem como assumir as incertezas e o risco decorrente do elevado financiamento em inovação; a história mostra que os países que menos investem em P&D e capital humano são os possuem menor crescimento econômico. A segunda conclusão é que o financiamento estatal de alto risco deveria ser concedido com mais cuidado, analisando objetivamente a ambição em inovar da empresa, bem como que o benefício estatal fosse de forma direta. E a terceira, e última, conclusão reforça que é necessário aceitar o papel inovador do Estado e, com isso, deixar de conceder tantos benefícios e isenções para empresas privadas, sob o argumento que são as forças inovadoras do mercado. O Estado não precisa ceder ao poder das empresas que ele próprio financiou. O Estado deve assumir sua posição na economia e com isso evitar que se desperdicem recursos públicos.

Neste diapasão, conclui-se também que uma economia, para funcionar à toda sociedade, deve ser coerente em múltiplos campos, dos impostos à regulação, da lei comercial à rede de seguridade social. Percebe-se que o Estado possui um papel essencial na economia e que esta precisa ser mais inclusiva e sustentável para o bem da sociedade. Para isso, o Estado necessita possuir recursos para financiamento em inovação e desenvolvimento, bem como ser recompensado pela assunção dos riscos.

A tributação sozinha não poderá atingir estes objetivos, mas é um instrumento importante e imprescindível para que ocorra a redistribuição de renda e financiamento do Estado. Para manter um Estado ativo e uma sociedade mais igualitária, o sistema tributário pode auxiliar nesta tarefa, porém alguns ajustes são necessários para torná-lo mais eficaz na sociedade do conhecimento.

Conforme detalhado no quarto capítulo, o sistema tributário brasileiro possui diversas inconsistências e não concretiza, de fato, os direitos básicos dos cidadãos, tampouco está auxiliando na redução das iniquidades sociais. Em vista disso, examinou-se que o atual sistema tributário onera de forma demasiada a população mais carente – por meio dos impostos sobre o consumo e serviços – e de forma insignificante o capital, o qual abarcaria as grandes rendas e riqueza. A composição da carga tributária é injusta e está debilitando a macroeconomia, destruindo os postos de trabalho de muitos cidadãos. Da mesma forma, as isenções e benefícios fiscais dados às elites econômicas aprofundam a desigualdade e prejudicam, também, a economia.

Como forma de evidenciar a estrutura tributária ineficiente, a pesquisa adotou a metodologia comparativa, explorando, de forma breve, os principais tributos espanhóis e sua composição fiscal. Deste estudo, concluiu-se que a tributação na União Europeia, principalmente na Espanha, também possui imperfeições. Todavia, algumas de suas normativas tributárias podem ser repensadas no Estado brasileiro, como a simplificação da tributação sobre os bens de consumo e serviços, a incidência de impostos sobre o lucro e dividendos dos sócios e acionistas das pessoas jurídicas e a regulamentação de um imposto sobre o capital.

Também ao Brasil cabe observar e aprender com os erros cometidos por estes países, como a opção em tributar de forma mais acentuada os bens de consumo e serviços em detrimento da renda e riqueza. Apesar de a desigualdade de renda não ser tão intensa nestes países em comparação ao Brasil, a opção por tributar-se excessivamente o consumo de bens e serviços já apresenta suas consequências ao cenário social e econômico europeu, necessitando de reajustes em sua tributação, a fim de alcançar o bem-estar de toda a população.

Dito isso, analisou-se que o tributo, além de contribuir para receita do Estado, tem a função de redistribuição, devendo ser exigido de forma justa entre os cidadãos. Contudo, a atual composição fiscal brasileira não perfectibiliza os princípios constitucionais, como capacidade contributiva, proteção ao mínimo existencial e progressividade, indispensável para a obtenção da justiça fiscal e redistribuição de renda, numa sociedade tão repleta de iniquidades e mazelas, como o Brasil.

Destacou-se no quarto capítulo a excessiva tributação sobre os bens de consumo e serviços, como os produtos que compõem a cesta básica. Tal tributação prejudica a sobrevivência e o acesso da população mais carente aos produtos considerados essenciais para uma vida minimamente digna. Não bastasse isso, a tributação sobre o capital, patrimônio e renda, possuem diversas inconsistências, além de sua arrecadação ser considerada muito menor do que aos bens de consumo e serviços. Ora, o Estado brasileiro optou por tributar excessivamente a população mais carente, enquanto os detentores de poder aquisitivo possuem isenções, benefícios e uma carga tributável consideravelmente mais baixa em comparação ao poder econômico.

A consequência é o aumento nos índices das desigualdades entre a população, pois esse sistema contribui para a concentração de renda pela minoria da população. Para modificar esse cenário, é necessária uma tributação que busque concretizar, na prática, a justiça fiscal. As necessidades estatais devem ser plenamente supridas sem que a população seja sobrecarregada, havendo uma proporcionalidade entre as cargas tributárias impostas às diferentes classes sociais, em atenção à capacidade econômica de cada uma.

Por isso, apesar dos princípios da capacidade contributiva e justiça fiscal estarem previstos no ordenamento jurídico brasileiro, na prática não se concretizam eficientemente. Logo, a atual tributação não concretiza o bem comum, gerando efeitos indesejáveis, como a crescente desigualdade de renda e a estagnação do desenvolvimento da economia do conhecimento para toda a sociedade.

É necessário ajustar tais deficiências tributárias, bem como avançar e modernizar o sistema tributário. Para tanto, vislumbrou-se que a modernização do sistema tributário deverá ser ampla, abrangendo, inclusive, a sua função extrafiscal. Se a contemporânea função fiscal apresenta imperfeições e que necessitam urgentemente de reajustes, de maneira semelhante ocorre em relação à extrafiscalidade no Brasil.

Sabe-se que os tributos são um meio tradicional de arrecadação de receitas ao Estado, que pode ser voltada ao financiamento de políticas públicas, como também pode contribuir para a redistribuição de renda e riqueza. Todavia, para recuperar o investimento público em inovação no Estado empreendedor, o sistema tributário é incompleto, devido à liberdade no planejamento do pagamento de tributos pelos agentes privados no contexto de globalização e liberalização atual. Portanto, não basta apenas uma tributação mais eficiente em sua função fiscal. Também são necessários outros mecanismos. E neste ponto, a extrafiscalidade e suas políticas de inovação podem auxiliar o Estado empreendedor na missão pela busca de um equilíbrio econômico e de bem-estar em toda a sociedade.

Nesta linha, constatou-se que a distinção entre fiscalidade e extrafiscalidade está justamente na intensidade de intervenção e na preponderância da finalidade. Quando o objetivo principal é arrecadatório, trata-se de fiscalidade; quando o objetivo basilar é estimular/induzir ou desestimular comportamentos, está-se diante da extrafiscalidade.

Em relação à extrafiscalidade, a pesquisa abordou o seu papel para o desenvolvimento sustentável e para a inovação, isto porque, na economia do conhecimento, o crescimento econômico dependerá da concretização do bem-estar da população e isto inclui um meio ambiente sadio e estável. Afinal, é hora de aceitar – antes tarde do que nunca – que o ser humano está interligado com a natureza e depende dela para obter uma vida digna e com qualidade. Um meio ambiente desequilibrado reflete na economia, na política e em toda a sociedade.

Deste modo, examinou-se que, para impulsionar o investimento, o crescimento e a redução das desigualdades socioeconômicas e de gênero no cenário (pós) pandemia, é necessária a transição para as energias renováveis; a eletromobilidade sustentável nas cidades; a Revolução Digital inclusiva; a indústria manufatureira da saúde; a bioeconomia; a economia circular; o turismo sustentável e a economia do cuidado. Ademais, ressalta-se que a indústria sustentável, por meio da inovação ecológica, será primordial para a competitividade dos Estado na sociedade futura.

Entre as propostas analisadas, destaca-se o imposto progressivo sobre a emissão de carbono. Por exemplo, este imposto poderia ser assim definido: as 5 (cinco) primeiras toneladas de carbono com alíquota zero, acima de 10 com uma alíquota mais alta e assim sucessivamente, a fim de que o desenvolvimento sustentável também seja equânime e justo para todos. Dentre os benefícios desta tributação extrafiscal, seria o incentivo às empresas para utilizar tecnologias redutoras de sua emissão, beneficiando o meio ambiente. Ademais, as rendas com a tributação poderiam ser usadas para alguma necessidade pública e o aumento da demanda conduziria mais empregos e crescimento.

Contudo, no caso brasileiro, analisou-se a necessidade de uma maior interação entre as políticas ambientais e políticas sociais e de desenvolvimento econômico, bem como o estabelecimento de uma periodicidade para atualização/divulgação dos indicadores ambientais e o compartilhamento desses indicadores com estados e municípios.

Já em relação às políticas extrafiscais de inovação, no Brasil, há um diversificado aparato jurídico para fomentá-la, porém continua evoluindo lentamente. Na tentativa de explicar o baixo desempenho tecnológico e inovativo brasileiro, apontou-se para os limitados efeitos das políticas específicas de ciência e tecnologia, que acabam inibindo as estratégias tecnológicas e de inovação das empresas. Assim, é importante a busca por estratégias de desenvolvimento que articule entre a política macroeconômica e a política industrial e tecnológica.

O sistema de produção de conhecimento e inovação brasileiro deve ser capaz de atuar, simultaneamente, em quatro pontos primordiais: infraestrutura, fomento, recursos humanos qualificados e inovação. Além disso, concluiu-se que os incentivos fiscais atuais devem ser repensados, tornando-os mais abrangentes, como, por exemplo, incluir na Lei do Bem as micro e pequenas empresas, alcançar investimentos em modernização no pátio industrial e avaliar alguns benefícios fiscais que são – na realidade – apenas postergação do pagamento de tributos.

Neste sentido, estudaram-se as propostas defendidas por Mariana Mazzucato, para o Brasil, as quais objetivam ser orientadas por missões. Isto é, os investimentos em inovação devem ser coordenados por atores públicos e privados. Ao Estado, cabe a sua atuação nas áreas intensivas em capital e de alto risco das quais o setor privado tende a se afastar. Mas, de um modo mais geral, o governo tem o papel catalisador de criar e moldar mercados por meio de parcerias público-privadas dinâmicas.

Destacaram-se os pontos fortes no sistema de inovação brasileiro, como subsistema de educação e pesquisa, produção e inovação, financiamento público e privado, e subsistema de políticas e regulação. Ademais, o subsistema de pesquisa científica avançou nos últimos anos, com organizações de aprendizagem, possuindo ainda recursos naturais estratégicos e uma estrutura estatal multifacetada com agências. Por fim, o Brasil dispõe de financiamento paciente de longo prazo engajado no setor público, como o BNDES ou agências de inovação públicas – FINEP.

Entretanto, estes pontos contrastam com a falta de estratégia em longo prazo, como a fragmentação entre o subsistema de educação e pesquisa e o subsistema de produção e inovação; o gasto com P&D das indústrias é muito baixo, o que representa baixa expectativa para inovar; ineficiência do subsistema de políticas e regulação; e necessita de reformas na tributação e regulação da indústria.

A fim de corrigir estas deficiências, os mecanismos de concorrência, cooperação e controle devem ser orientados por missões, visando ao bem comum e equilibrando a função estatal, privada e da academia. Ademais, a política por missões deve ser bem definida, com a criação de indicadores específicos que possam ser utilizados para a avaliação, prestação de contas e auditoria, bem como possa estabelecer uma agenda política de inovação de longo prazo para que o Estado dê respostas às demandas ou necessidades da sociedade. E, por fim, a pesquisa descreveu como sugestão uma ação legislativa para suprir as ineficiências no sistema tributário, que afetam o subsistema de políticas e regulação, bem como agrava as desigualdades existentes para toda a população.

Por tudo isso, as políticas extrafiscais de inovação devem levar em consideração o desenvolvimento sustentável, visando à transição para uma economia do conhecimento ecológica. A pandemia, apesar dos diversos efeitos negativos já abordados no decorrer deste trabalho, também pode ser considerada uma forma do planeta repensar suas atitudes e ações perante o coletivo e a natureza.

Não há óbice que um Estado empreendedor é fundamental para promover investimentos em P&D e fomentar a economia do conhecimento, pois não bastam apenas incentivos – por meio da extrafiscalidade – mas também é necessária uma atuação ativa e empreendedora do Estado em conjunto com os organismos privados, a fim de atingir o bem comum para toda a sociedade. A tributação e a extrafiscalidade são mecanismo auxiliares do Estado no cumprimento desta função, mas que precisam ser mais abrangentes e efetivos, a fim de que a renovação da matriz tributária seja um passo para futuro, sem que isso prejudique a migração para um sistema tributário eficiente, justo e em sintonia com os novos rumos da economia.

Diante das novas tecnologias, conceitos e formas de tributação tradicionais, como, por exemplo, baseadas no domicílio fiscal físico, tornam-se obsoletas. As lacunas legislativas e a tributação alicerçada nos bens de consumo e serviços permitem que as empresas de tecnologia e internet paguem menos impostos. No âmbito internacional também há diversas dificuldades diante das relações transnacionais, como o problema da erosão da base tributária das corporações, devido à intensa e fácil mobilidade dos capitais.

Para tanto, a presente tese explorou no último capítulo sobre as propostas para o âmbito nacional e internacional, diante do novo contexto socioeconômico, ocasionado pela evolução da economia do conhecimento. Logo, algumas constatações foram feitas no que tange a tributação brasileira, como a da renda. Verificou-se que a tendência de redução do espaço nacional autônomo para a ampliação da tributação do lucro das corporações reflete diretamente na tributação tradicional sobre as rendas. A facilidade de fluxo de capitais, a alta mobilidade das empresas multinacionais e a computação em nuvem – que retira o caráter local dos negócios constituídos – também são exemplos de entraves tributários no atual quadro.

Na tentativa de dirimir tais entraves, algumas propostas são apresentadas, como a definição da "presença digital" de uma empresa, isto é, a tributação em certa jurisdição que possua usuários ou clientes, independentemente da existência de estabelecimento físico permanente. Tal proposta está sendo debatida no âmbito da Comissão da União Europeia e da OCDE e poderia ser adaptada à tributação da renda brasileira.

Além disso, a informalidade, automação e a economia colaborativa poderão reduzir consideravelmente o potencial de arrecadação de tributos incidentes sobre remuneração e folha salarial, esgotando uma das principais fontes atuais de financiamento da previdência social. Por conta disso, avançou-se na discussão sobre o uso de tributos para controlar e/ou retardar o processo de automação ou, ao menos, compensar os impactos da mudança na arrecadação tributária dos Estados, financiando inclusive programas de atenção ao trabalhador. Neste aspecto, há argumentos favoráveis à tributação de robôs, como a sua natureza arrecadatória, podendo restabelecer a erosão das bases tributáveis com as reduções salariais e o desemprego, além de também apresentar natureza extrafiscal, posto que tem o intuito de desestimular a adoção de tecnologias robóticas que substituam o trabalho humano pelos empregadores.

Todavia, também se abordaram os possíveis malefícios para o desenvolvimento tecnológico (justamente por desestimular o uso e desenvolvimento de novas tecnologias), tão importante para o crescimento econômico do país, para os objetivos do Estado empreendedor, como também para a difusão da economia do conhecimento. Por isso, o tributo sobre os robôs deve levar em conta a realidade socioeconômica do país em questão, a fim de que redistribua a renda e riqueza entre a população e minimize o desemprego dos trabalhadores, sem que deixe de promover o desenvolvimento econômico e inovação.

No que tange à tributação sobre os bens de consumo e serviço, além das considerações feitas sobre a sua elevada carga fiscal e sua incompatibilidade com o princípio da capacidade contributiva e proteção ao mínimo existencial, também merecem destaque as sugestões de alteração frente à nova era digital. Não há dúvidas que as propostas, analisadas no quinto capítulo, como a desoneração dos produtos essenciais, a Renda Básica mínima e majoração de impostos sobre a propriedade e patrimônio, são alternativas para equilibrar o ônus tributário de forma justa.

No entanto, é necessário um olhar atento sobre o modo de tributar anacrônico e incompatível com os tempos ora vivenciados. Nesta nova era, as mercadorias tradicionais perdem espaço aos bens intangíveis, os serviços se ampliam para abarcar as operações com bens intangíveis e o comércio eletrônico cresce absurdamente, tanto com bens digitais, como de bens corpóreos. Estas modificações são alguns exemplos atuais que já refletem no modo tradicional de tributar, visto que o modelo tributário brasileiro foi concebido com base num mundo em que o valor econômico estava nos bens tangíveis.

Entre as propostas estudadas, chama a atenção a do Conselho da União Europeia, a qual estabelece um tributo incidente sobre as atividades digitais, com abrangência por toda a UE. O denominado Imposto sobre os Serviços Digitais incide sobre a prestação de serviços digitais caracterizados pela criação de valor por parte do usuário, sendo a sua participação uma contribuição essencial para a empresa. Além disso, outra forma de contribuição é a participação ativa dos usuários em interfaces digitais (serviços intermediários).

As trocas de informações ao Fisco, seja por empresas nacionais, transnacionais, instituições financeiras, são medidas imprescindíveis para que ocorra a tributação destes bens intangíveis e do comércio eletrônico. A era digital facilita a criação de instrumentos que possibilitem as trocas de informações, portanto o Estado e a Administração fiscal devem se adequar e investir em meios para tal êxito. De fato, todas estas modificações e novas tecnologias, sugerem uma reformulação do atual sistema tributário nacional, de modo a abranger os bens intangíveis, bem como reduzir o peso da tributação sobre o consumo, com a ampliação da tributação sobre a renda, patrimônio, riquezas, levando em consideração as novas tecnologias da nova era econômica.

No âmbito da tributação internacional, também há diversos questionamentos sobre as novas tecnologias e a era do conhecimento. Conforme abordado no último capítulo, a tributação do futuro deve primar pela cooperação entre países, a redução da desigualdade de renda e o "bem comum" para todos os cidadãos globais.

Neste viés, Piketty já afirmava a necessidade de pensar em um imposto mundial sobre o capital, baseado na progressividade e cooperação internacional. Na época, tal tributo foi considerado pelo próprio economista como utópico, porém, com os novos desafios digitais, questiona-se: ainda é utópico? Num universo com liberação de fronteiras, fluxos de capitais, bens intangíveis, atores transnacionais, dentre outras características, é imprescindível repensar sobre uma tributação internacional, com a cooperação entre os atores estatais e privados.

É nesta linha que a OCDE apresenta sugestões para combater a erosão da base tributável em consequência da digitalização. Dentre as principais propostas, destacam-se as alternativas em curto prazo, como a criação de imposto sobre o volume dos negócios das empresas digitais e sobre todas as rendas não tributadas ou insuficientemente tributadas, que são geradas pelas atividades entre empresas ou entre empresas e consumidor.

Além disso, o plano aborda uma retenção sobre as transações digitais, isto é, sobre o valor bruto dos pagamentos efetuados aos provedores de bens e serviços não residentes no país, os quais são solicitadoa por *sites* de internet. E, também, apresenta uma sugestão de imposto sobre a renda destes serviços digitais e pela atividade publicitária em países que possui uma presença digital significativa.

Em longo prazo, verifica-se a possibilidade de uma taxação global, visando à tributação digital das empresas multinacionais. Assim, o referido plano de longo prazo pretende solucionar os desafios da economia digital diante das leis fiscais unilaterais descoordenadas entre os Estados. O plano da OCDE objetiva uma tributação progressiva internacional, que deverá contar com a cooperação dos países, conforme utopicamente Piketty já defendia em sua obra *O capital do século XXI*.

Em atenção a tal finalidade, discute-se a instituição de um tributo, chamado "global excesso *profits tax*", isto é, um imposto global sobre os lucros excessivos destas multinacionais. A base de cálculo deste imposto poderia ser calculada por meio do lucro líquido da multinacional, com base nos relatórios emitidos pelos países, em cooperação, é claro. Daí a necessidade da troca de informações entre países. O imposto sobre os lucros excessivos é uma proposta apropriada e satisfatória diante do cenário caracterizado pela mobilidade do capital, em que impostos corporativos nacionais não estão conseguindo atingir seus objetivos, enquanto as multinacionais possuem lucros de difícil tributação.

Por tudo isso, conclui-se que as diversas propostas apresentadas e estudadas detalhadamente são alternativas pensadas para a redução da desigualdade de renda, bem como para o desenvolvimento econômico, social, tecnológico e ambiental. Portanto, a problemática proposta por esta pesquisa, em que se questiona como a tributação pode ser um mecanismo eficaz na redução da desigualdade de renda na nova era econômica e quais propostas e experiências internacionais podem ser potencialmente úteis e aplicáveis ao cenário brasileiro, restou devidamente esclarecida ao longo deste trabalho.

As propostas aos problemas apresentados reforçam a necessidade de uma tributação voltada ao bem da humanidade, que pode ser sim eficaz e equânime na nova era econômica. Logo, é imprescindível o início de mudanças na seara tributária, a fim de que seja possível a concretização dos direitos básicos ao cidadão. A economia do conhecimento e suas novas tecnologias não precisam ser temidas. Ao contrário, precisam ser incentivadas, seja por meio de recurso público ou privado. O que deve ser temido é a crescente desigualdade de renda e o uso desenfreado de dados pelos detentores de poder. A pandemia realçou que o egoísmo e a busca insensata pelo poder trazem prejuízos imensuráveis para todos, inclusive aos detentores de riqueza.

Por isso, a cooperação entre o Estado, indivíduo e empresa é – mais do que nunca – necessária. As pautas políticas, sociais e econômicas, incluindo a legislação tributária, devem priorizar o indivíduo e o bem-estar de todos. Há esperança e ainda é possível trilhar um futuro sustentável, inovador, solidário e, acima de tudo, humano.

REFERÊNCIAS

1% MAIS rico detém metade da riqueza mundial, diz Relatório Global de Riqueza 2014. *The Guardian*, tradução Isaque Gomes Correa, no EcoDebate. *Instituto Justiça Fiscal*, 28 out. 2014. Disponível em: http://www.ijf.org.br/?view=detalhe.publicacao&url_amigavel=1-mais-rico-detem-metade-da-riqueza-mundial-diz-relatorio-global-de-riqueza-2014. Acesso em: 16 out. 2021.

20 TENDÊNCIAS de comportamento para um mundo pós pandemia, *Acij*, 16 mar. 2021. Disponível em: https://www.acijaguariuna.com.br/noticias:20-tendencias-de-comportamento-para-um-mundo-pos-pandemia Acesso em: 16 abr. 2022.

5 PROPOSTAS tributárias para reduzir desigualdades. *Oxfam Brasil*, 17 mar. 2020. Disponível em: https://www.oxfam.org.br/blog/5-propostas-tributarias-para-reduzir-desigualdades/. Acesso em: 9 nov. 2021.

ABDALA NETO, Elias; DEL DEBBIO, Alessandra. A transformação digital no universo jurídico. *Jota*, 20 out. 2017. Disponível em: https://www.jota.info/opiniao-e-analise/artigos/a-transformacao-digital-no-universo-juridico-20102017. Acesso em: 27 jul. 2022.

ACCURSO, Martha Campos. O advento do neoliberalismo no Brasil e os impactos nas relações de trabalho. *Jus Navigandi*, maio 2013. Disponível em: http://jus.com.br/artigos/24508/o-advento-do-neoliberalismo-no-brasil-e-os-impactos-nas-relacoes-de-trabalho. Acesso em: 27 nov. 2021.

AFONSO, José Roberto; PORTO, LAÍS Khaled. Tributos sem futuro. *Revista Conjuntura Econômica*, Rio de Janeiro, v. 72, p. 32-35, n. 9, 2018. Disponível em: https://periodicos.fgv.br/rce/article/view/78779/75405. Acesso em: 27 nov. 2021.

ALABERN, Juan Enrique Varona. *Extrafiscalidad y dogmática tributaria*. Madrid: Marcial Pons, 2009.

ALBIÑANA, César. Artículo 31. *El gasto público*. Dir. ALZAGA VILLAMIL, Oscar. Comentarios a la constitución española de 1978. Edersa: Madrid, 1996.

ALBUQUERQUE, Pedro Henrique Melo *et al*. *Na era das máquinas, o emprego é de quem?* Estimação da probabilidade de automação de ocupações no Brasil. Rio de Janeiro: Ipea, 2019. https://repositorio.ipea.gov.br/bitstream/11058/9116/1/td_2457.pdf. Acesso em: 17 abr. 2022. ISSN 1415-4765

ALBUQUERQUE, Raíssa Carvalho Fonseca e. Da omissão legislativa na instituição do Imposto sobre Grandes Fortunas. *Conteúdo Jurídico*, Brasília-DF, 26 fev. 2014. Disponível em: http://www.conteudojuridico.com.br/?artigos&ver=2.47163&seo=1. Acesso em: 6 nov. 2021.

ALCANTARA, Charles. A desigualdade no Brasil é um projeto. *Le Monde Diplomatique Brasil*, ed. 159, 1 out. 2021. Disponível em: https://diplomatique.org.br/a-desigualdade-no-brasil-e-um-projeto/. Acesso em: 27 nov. 2021.

ALENCAR, Humberto Nunes. *Fim da desoneração tributária da cesta básica e impactos na renda da população brasileira.* 2020. 36 p. Dissertação (Mestrado Profissional em Economia) – Instituto Brasileiro de Ensino, Desenvolvimento e Pesquisa, Brasília, 2021. Disponível em: https://joserobertoafonso.com.br/wp-content/uploads/2021/04/Dissertacao_-HUMBERTO-NUNES-ALENCAR_MESTRADO-EM-ECONOMIA_2020.pdf. Acesso em: 20 jan. 2022.

ALEXANDRINO, Marcelo; PAULO, Vicente. *Direito Tributário na Constituição e no STF:* teoria e jurisprudência. 15. ed. rev. e atual. Rio de Janeiro: Forense; São Paulo: Método, 2009.

ALMEIDA, Saulo Nunes; FEITOSA, Raymundo Juliano Rego. A tributação de "robôs" e o futuro do trabalho: o papel da norma tributária face à automação. *Revista Jurídica – FURB*, v. 24, n. 55, set./dez. 2020. Disponível em: https://webcache.googleusercontent.com/search?q=cache:YUPASo1k8cJ:https://bu.furb.br/ojs/index.php/juridica/article/download/9259/4861+&cd=3&hl=pt-BR&ct=clnk&gl=es. Acesso em: 9 dez. 2021. ISSN 1982-4858

ALONSO GONZÁLEZ, Luis Manoel. Los impuestos especiales como tributos medioambientales. Derecho del Medio Ambiente y Administración Local. *Fundación Democracia y Gobierno Local*, p. 232-233. Disponível em: https://parlamento-cantabria.es/sites/default/files/dossieres-legislativos/Alonso%20Gonzalez_0.pdf. Acesso em: 3 fev. 2022.

ALONSO GONZÁLEZ, Luis Manuel. *Los impuestos autonómicos de carácter extrafiscal.* Madrid: Marcial Pons, 1995.

AMARO, Luciano. *Direito Tributário brasileiro.* 14. ed. São Paulo: Saraiva, 2008.

ANGEL, Marcia. *The truth about the Drug Companies.* Random House: Nueva York, 2004.

ANSELMINI, Priscila. *Tributação & desigualdade*: uma abordagem do plano internacional ao plano local. Blumenau: Dom Modesto, 2020.

ANSELMINI, Priscila; BUFFON, Marciano. Tributação como instrumento de redução das desigualdades no Brasil. *Revista de Direito Público*, Londrina, v. 13, n. 1, p. 226-258, 2018. DOI: https://doi.org/10.5433/1980-511X.2018v13n1p226

AQUINO, Santo Tomás de. *Suma Teológica IV*: Os hábitos e as virtudes; Os dons do espírito santo; Os vícios e os pecados; A lei antiga e a lei nova; A graça. São Paulo: Loyola, 2005.

ARBIX, Glauco; MIRANDA, Zil. Inovar para sair da crise. *In*: COUTINHO, Diogo R.; FOSS, Maria Carolina; MOUALLEM, Pedro Salomon B. *Inovação no Brasil*: avanços e desafios jurídicos e institucionais. São Paulo: Blucher, 2017.

ATKINSON, A. B. *On the Measurement of Inequality.* Journal of Economic Theory, 1970.

BALBINO, Juliana Lamego. *O princípio do não confisco no Direito Tributário brasileiro.* 2007. 137 f. Dissertação (Mestrado em Direito Empresarial) – Faculdade de Direito Milton Campos, Nova Lima, 2007. Disponível em: http://www.mcampos.br/POSGRADUACAO/Mestrado/dissertacoes/2012/julianalamegobalbinooprincipiodonaoconfiscondireitotributariobrasileiro.pdf . Acesso em: 30 jun. 2022.

BALEEIRO, Aliomar. *Direito Tributário brasileiro.* 11. ed. Atual. Misabel Abreu Machado Derzi. Rio de Janeiro: Forense, 2003.

BALEEIRO, Aliomar. *Limitações constitucionais ao poder de tributar.* À luz da Constituição de 1988 até a Emenda Constitucional n. 10/1996. 7. ed. Rio de Janeiro: Forense, 1998.

BALEEIRO, Aliomar. *Limitações constitucionais ao poder de tributar.* Rio de Janeiro: Forense, 2006.

BANCO MUNDIAL. Fundo Monetário Internacional. *Anuário de Estatísticas de Finanças Públicas e arquivos de dados.* Disponível em: https://datos.bancomundial.org/indicator/GC.TAX.INTT.RV.ZS. Acesso em: 10 nov. 2021.

BARBOSA, Rogério, Rafael. País estagnado: um retrato das desigualdades brasileiras. *Oxfam Brasil*, 2018. Disponível em: https://www.oxfam.org.br/pais-estagnado. Acesso em: 2 abr. 2021.

BARBOSA, Rogério. Estagnação desigual: desemprego, desalento, informalidade e a distribuição de renda do trabalho no período recente (2012-2019). *Boletim Mercado de Trabalho*, n. 67, p. 59-67, out. 2019. Disponível em: https://repositorio.ipea.gov.br/bitstream/11058/9949/1/bmt_67_nt_estagnacao_desigual_desemprego.pdf. Acesso em: 10 nov. 2021.

BARBOSA, Rogério; FERREIRA DE SOUZA, Pedro; SOARES, Serguei. Desigualdade de renda no Brasil de 2012 a 2019. *Dados*, 16 jul. 2020. Disponível em: http://dados.iesp.uerj.br/desigualdade-brasil/. Acesso em: 28 nov. 2021.

BARROS, Ricardo Paes de; HENRIQUES, Ricardo. MENDONÇA, Rosane. Desigualdade e pobreza no Brasil: retrato de uma estabilidade inaceitável. *Revista Brasileira de Ciências Sociais*, São Paulo, v. 15, n. 42, fev. 2000. Disponível em: http://www.scielo.br/scielo.php?script=sci_arttext&pid=S0102-69092000000100009. Acesso em: 2 abr. 2022.

BARROSO, Luís Roberto. *Curso de Direito Constitucional contemporâneo.* São Paulo: Saraiva, 2013.

BEHRING, E. R.; BOSCHETTI, I. *Política social:* fundamentos e história. São Paulo: Cortez, 2006. v. II (Coleção Biblioteca Básica do Serviço Social)

BELINCHÓN, Fernando. España, el país de la Unión Europea donde más crece la desigualdad salarial. *El País.* Cinco días, 2021-03-01. Madrid: Prisacom. ISSN: 1699-3594. Disponível em: https://cincodias.elpais.com/cincodias/2021/02/26/economia/1614345251_263718.html. Acesso em: 2 nov. 2021.

BELKAÏD, Akram. O elo frágil da economia global. *Le Monde Diplomatique Brasil*, 4 dez. 2008. Disponível em: http://www.diplomatique.org.br/artigo.php?id=305. Acesso em: 14 nov. 2021.

BENAVENTE, Francisco Manuel Mellado (coord.). *Guía Práctica del IVA.* Wolters Kluwer: Madrid, 2018.

BENDITA, Flávia da. Assistência social e pobreza: o esforço da inclusão. *In:* JOVCHELOVITCH, Marlova; WERTHEIN, Jorge (org.). *Pobreza e desigualdade no Brasil:* traçando caminhos para a inclusão social. Brasília: UNESCO, 2014.

BERECIARTU, Gurutz Jáuregui. Globalización y crisis del estado-nación: soberania y autodeterminación en la perspectiva del siglo XXI. In: ATIENZA, Javier Corcuera. Los nacionalismos: globalización y crisis del estado-nación. Madrid: Consejo General Del Poder Judicial, 1999.

BERNSTEIN, William J. The Birth of Plenty: how the prosperity of the Modern World Was Created. Nova York: McGrawHill, 2004.

BERTI, Flávio de Azambuja. Impostos: extrafiscalidade e não confisco. Curitiba: Juruá, 2003.

BÔAS, Bruno Villas. Mais de 37 milhões de lares do Brasil têm renda muito baixa, nota Ipea. Valor Econômico, 20 mar. 2019. Disponível em: https://www.valor.com.br/brasil/6170641/mais-de-37-milhoes-de-lares-do-brasil-tem-renda-muito-baixa-nota-ipea. Acesso em: 29 mar. 2021.

BOBBIO, Norberto. Igualdade e liberdade. Tradução de Carlos Nelson Coutinho. Rio de Janeiro: Ediouro, 1996.

BOBBIO, Norberto; MATTEUCCI, Nicola; PASQUINO, Gianfranco. Dicionário de Política. Tradução de Carmen C. Varriale et al. 13. ed. Brasília: Ed. Universidade de Brasília, 2010. v. I.

BONAVIDES, Paulo. Ciência Política. São Paulo: Malheiros, 2003.

BONAVIDES, Paulo. Curso de Direito Constitucional. São Paulo: Malheiros, 2011.

BORINI, Guilherme. Blockchain contra a sonegação de impostos. IT Forum 365, 13 set. 2017. Disponível em: https://itforum365.com.br/blockchain-contra-sonegacao-de-impostos/ Acesso em: 1 jul. 2022.

BOUVIER, Michel. A questão do imposto ideal. In: FERRAZ, Roberto (Coord.). Princípios e limites da tributação. 2. ed. São Paulo: Quartier Latin, 2009.

BRASIL. Constituição da República Federativa do Brasil. Brasília, DF, 1988. Disponível em: http://www.planalto.gov.br/ccivil_03/constituicao/constituicaocompilado.htm. Acesso em: 24 mar. 2022.

BRASIL. Lei n. 12.407, de 19 de maio de 2011. Altera a Lei n. 9.440, de 14 de março de 1997, que "estabelece incentivos fiscais para o desenvolvimento regional e dá outras providências", a Lei n. 9.826, de 23 de agosto de 1999, e a Medida Provisória n. 2.158-35, de 24 de agosto de 2001. Diário Oficial da União, Brasília, 20 maio 2011.

BRASIL. Lei n. 12.715, de 17 de setembro de 2012. Altera a alíquota das contribuições previdenciárias sobre a folha de salários devidas pelas empresas que especifica; institui o Programa de Incentivo à Inovação Tecnológica e Adensamento da Cadeia Produtiva de Veículos Automotores; e dá outras providências. Diário Oficial da União, Brasília, 18 set. 2012.

BRASIL. Lei n. 9.249 de 26 de Dezembro de 1995. Diário Oficial da União. Disponível em: http://www.planalto.gov.br/ccivil_03/leis/l9249.htm. Acesso em: 20 jan. 2022.

BRASIL. Ministério de Ciência e Tecnologia. Indicadores. Disponível em: http://www.mct.gov.br/index.php/content/view/740.html. Acesso em: 25 mar. 2022.

BRASIL. Superior Tribunal De Justiça (STJ). *Recurso Especial 511.645/SP*, Rel. Min. Herman Benjamin, Segunda Turma, julgado em 18.8.2009, DJe 27.8.2009; RE 410.715 AgR / SP - Rel. Min. Celso de Mello, julgado em 22.11.2005, DJ 3.2.2006, p. 76. (...) (AgRg no AREsp 790.767/MG, Rel. Ministro HUMBERTO MARTINS, SEGUNDA TURMA, julgado em 03/12/2015, DJe 14/12/2015). Disponível em: http://www.mpsp.mp.br/portal/page/portal/Educacao/Jurisprudencia/STJ-creche%20-%20tese%20reserva%20do%20poss%C3%ADvel.pdf. Acesso em: 8 nov. 2021.

BRASIL. Supremo Tribunal Federal (STF). *Recurso Extraordinário 562045*, Relator(a): Min. RICARDO LEWANDOWSKI, Relator(a) p/ Acórdão: Min. CÁRMEN LÚCIA, Tribunal Pleno, julgado em 06/02/2013, REPERCUSSÃO GERAL - MÉRITO DJe-233 DIVULG 26-11-2013 PUBLIC 27-11-2013 EMENT VOL-02712-01 PP-00001. Disponível em: http://redir.stf.jus.br/paginadorpub/paginador.jsp?docTP=AC&docID=630039. Acesso em: 8 nov. 2021.

BRASIL. Supremo Tribunal Federal (STF). *Recurso Extraordinário 639.337*, Relator(a): Min. CELSO DE MELLO, Segunda Turma, julgado em 23/08/2011, DIVULG 14-09-2011 PUBLIC 14-09-2011 EMENT VOL-2587-01. Disponível em: http://redir.stf.jus.br/paginadorpub/paginador.jsp?docTP=AC&docID=630039. Acesso em: 8 nov. 2021.

BRASIL. Supremo Tribunal Federal (Tribunal Pleno). *Ação Direta de Inconstitucionalidade 2010 MC*. Relator: Min. Celso de Mello, 30 set. 1999. Diário da Justiça, Brasília, DF, 12 abr. 2002. Disponível em: http://redir.stf.jus.br/paginadorpub/paginador.jsp?docTP=AC&docID=347383. Acesso em: 19 jul. 2022.

BRASIL. Supremo Tribunal Federal. *Recurso Extraordinário*. Relator Min. Ricardo Lewandowski; Coordenadoria de Análise de Jurisprudência DJe nº 233, Divulgação 26/11/2013, Publicação 27/11/2013, Ementário nº 2712 – 01. Disponível em: http://portal.stf.jus.br/processos/detalhe.asp?incidente=2554479. Acesso em: 9 nov. 2021.

BRAVO, Álvaro Sánchez. Estratégia ambiental europea de recuperación pos-COVID: plan verde. *In*: RUBIO, David Sánchez; BRAVO, Álvaro Sánchez. *Temas de teoria y filosofía del derecho em contextos de pandemia*. Madrid: Dikinson, 2020.

BUFFON, Marciano. ¿La economía del conocimiento reduce la desigualdad de renta y riqueza? *In*: SÁNCHEZ BRAVO, Álvaro. *Derecho, Inteligencia Artificial y Nuevos Entornos Digitales*. Sevilha: Punto Rojo, 2020. ISBN: 978-84-18416-15-6.

BUFFON, Marciano. Desigualdade e tributação no Brasil do século XXI. *In*: STRECK, Lenio Luiz; ROCHA, Leonel Severo; ENGELMANN, Wilson (org.). *Constituição, sistemas sociais e hermenêutica*: anuário do programa de Pós-Graduação em Direito da UNISINOS: mestrado e doutorado. Porto Alegre: Livraria do Advogado; São Leopoldo: UNISINOS, 2014.

BUFFON, Marciano. Princípio da capacidade contributiva: uma interpretação hermeneuticamente adequada. *In*: CALLEGARI, André Luís; STRECK, Lenio Luiz; ROCHA, Leonel Severo (Org.). *Constituição, sistemas sociais e hermenêutica*: anuário do Programa de Pós-Graduação em Direito da UNISINOS: mestrado e doutorado. Porto Alegre: Livraria do Advogado; São Leopoldo: UNISINOS, 2001.

BUFFON, Marciano. Tributação ambiental: a prevalência do interesse ecológico mediante a extrafiscalidade. *In*: STRECK, Lenio Luiz; ROCHA, Leonel Severo; ENGELMANN, Wilson (org.). *Constituição, sistemas sociais e hermenêutica: anuário do Programa de Pós-graduação em Direito da UNISINOS*: mestrado e doutorado. Porto Alegre: Livraria do Advogado; São Leopoldo: UNISINOS, 2012.

BUFFON, Marciano. *Tributação e dignidade humana*: entre os direitos e deveres fundamentais. Porto Alegre: Livraria do Advogado, 2009.

BUFFON, Marciano. Tributação e direitos sociais: a extrafiscalidade como instrumento de efetividade. *Revista Brasileira de Direito, IMED*, v. 8, n. 2, jul./dez. 2012. Disponível em: https://dialnet.unirioja.es/descarga/articulo/5120198.pdf. Acesso em: 1 fev. 2022.

BUFFON, Marciano. Tributação no Brasil: a legitimação do gasto social inclusivo. *Constituição, sistemas sociais e hermenêutica*: anuário do programa de Pós-Graduação em Direito da Unisinos: mestrado e doutorado. *In*: STRECK, Lenio Luiz; ROCHA, Leonel Severo; ENGELMANN, Wilson. Porto Alegre: Livraria do Advogado; São Leopoldo: UNISINOS, 2017.

BUFFON, Marciano. *Tributação, desigualdade e mudanças climáticas*: como o capitalismo evitará seu colapso. Curitiba: Brazil Plublisching, 2019.

BUFFON, Marciano. Tributación e Ingresos Básicos: Cómo Minimizar Algunos Efectos de la Pandemia. *In*: BRAVO, Álvaro Sánchez. *Sensibilidad, Sociología y Derecho*. Espanha, 2021. ISBN 978-84-19090-86-7.

BYUNG-CHUL, Han. *Psicopolítica*. Barcelona: Herber, 2014.

CALVACANTE, Denise Lucena. Avanços da tributação ambiental no Brasil. *In:* CAVALLÉ, Angel Urquizu. *Políticas de protección ambiental en siglo XXI*: medidas tributárias, contaminación y empresas. Espanha: Bosch Librería, 2013. (Colección Fiscalidad)

CAMBI, Eduardo. *Neoconstitucionalismo e neoprocessualismo*: direitos fundamentais, políticas públicas e protagonismo judiciário. São Paulo: Almedina, 2016.

CAMBI, Eduardo; BARBOSA, Victor Hugo de Araújo. Desigualdade social e erradicação da pobreza. *Revista do Programa de Pós-Graduação em Direito da UFC*, v. 39, n. 1, p. 227-242, jan./jun. 2019. Disponível em: http://periodicos.ufc.br/nomos/article/view/31172/99398. Acesso em: 13 jan. 2022.

CAMPOS, Álvaro. No ano da pandemia, Brasil ganha 11 novos bilionários na lista da Forbes. *Valor Econômico*, 6 abr. 2021, São Paulo. Disponível em: https://valor.globo.com/financas/noticia/2021/04/06/brasil-ganha-11-novos-bilionarios-na-lista-da-forbes.ghtml Acesso em: 10 abr. 2022.

CARINHATO, Pedro Henrique. Neoliberalismo, reforma do estado e políticas sociais nas últimas décadas do século XX no Brasil. *Aurora*, Ano 2, n. 3, p. 37-46, dez. 2008. Disponível em: http://www.marilia.unesp.br/Home/RevistasEletronicas/Aurora/aurora_n3_miscelanea_01.pdf. Acesso em: 27 nov. 2021.

CARLI, Franco Guerino de; RIBAS, Lídia Maria. Smart Cities: extrafiscalidade como indutora do desenvolvimento de cidades inteligentes. *Interações*, Campo Grande, MS, v. 21, n. 3, p. 131-150, jul./set. 2020. Disponível em: https://www.scielo.br/j/inter/a/9gBHZytZKHybVVSpXtKF7Dx/?lang=pt&format=pdf. Acesso em: 15 nov. 2021.

CARRAZA, Roque Antônio. *Curso de Direito Constitucional tributário*. 24. ed., rev., ampl. e atual. até a Emenda Constitucional n. 56/2007. São Paulo: Malheiros, 2008.

CARRAZZA, Roque Antônio. *ICMS*. 16. ed. rev. e. ampl. até a EC 67/2011, e de acordo com a Lei Complementar 87/1996, com suas ulteriores modificações. São Paulo: Malheiros, 2012.

CARVAJAL VILLAPLANA, Álvaro. El análisis filosófico de las nociones de pobreza y desigualdad económica. *Revista de Filosofía de la Universidad de Costa Rica*, v. 48, n. 123-124, p. 77-84, jan./ago. 2010.

CARVALHO, André Luis de. A pejotização como via para a terceirização de indivíduos. *Le Monde Diplomatique Brasil*, 22 ago. 2019. Disponível em: https://diplomatique.org.br/a-pejotizacao-como-via-para-a-terceirizacao-de-individuos/. Acesso em: 23 nov. 2021.

CASADO OLLERO, G. El principio de capacidad y el control constitucional de la imposición indireta (II). *Revista Español de Derecho Financiero*, Madrid, n. 34, p. 185-236, 1982.

CASADO OLLERO, Gabriel. *Los fines no fiscales de los tributos*: Comentarios a la ley General Tributaria y líneas de su reforma. Madrid: IEF, 1988. v. I

CASSOLATO, José E.; LASTRES, Helena M. M. Políticas de inovação e desenvolvimento. *In*: COUTINHO, Diogo R.; FOSS, Maria Carolina; MOUALLEM, Pedro Salomon B. *Inovação no Brasil*: avanços e desafios jurídicos e institucionais. São Paulo: Blucher, 2017.

CASTRO, Fábio Ávila de; BUGARIN, Maurício Soares. A progressividade do imposto de renda de pessoa física no Brasil. *Estudos Econômicos*, São Paulo, v. 47, n. 2, p. 259-293, abr./jun. 2017. Disponível em: http://www.scielo.br/scielo.php?script=sci_arttext&pid=S0101-41612017000200259&lng=en&nrm=iso&tlng=pt. Acesso em: 8 nov. 2021.

CAVALCANTE, Z. V.; SILVA, M. L. S. da. A importância da Revolução Industrial no mundo da Tecnologia. *In:* ENCONTRO INTERNACIONAL DE PRODUÇÃO CIENTÍFICA, 7., 2011. Maringá. *Anais eletrônico*, Maringá. 2011. Disponível em: https://www.unicesumar.edu.br/epcc-2011/wpcontent/uploads/sites/86/2016/07/zedequias_vieira_cavalcante2.pdf. Acesso em: 21 jul. 2022.

CAVEDON, Ricardo. O princípio do não confisco e sua interpretação constitucional. *Redes – Revista Eletrônica Direito e Sociedade*, Canoas, v. 2, n. 1, p. 85-113, maio 2014. Disponível em: http://www.revistas.unilasalle.edu.br/index.php/redes. Acesso em: 7 fev. 2022.

CERVI, Jacson Roberto. Política Nacional de Meio Ambiente e Interação Social no Brasil, p. 328-332. *In:* BRAVO, Álvaro Sánchez. *Sensibilidad, Sociología y Derecho*: Libro homenaje al Prof. Dr. José Alcebiades de Oliveira Junior. Espanha: Álvaro Sánchez Bravo, 2021. ISBN 978-84-19090-86-7

CHRISTIANS, Allison; MAGALHÃES, Tarcísio DINIZ. Um tributo global sobre lucros excessivos como pilar três da OCDE. *Consultor Jurídico*, 25 jun. 2020. Disponível em: https://www.conjur.com.br/2020-jun-25/christians-magalhaes-tributo-global-lucros-excessivos Acesso em: 21 abr. 2022.

CINGANO, Federico. Trends in Income Inequality and its Impact on Economic Growth. *OECD Social, Employment and Migration Working Papers*, OECD Publishing, n. 163, 2014. Disponível em: http://dx.doi.org/10.1787/5jxrjncwxv6j-en. Acesso em: 24 nov. 2021.

CIPOLLA, Carlo M. (1974). *História Econômica da População Mundial*. Rio de Janeiro: Zahar, 1977.

COBBY, William. Adaptar los impuestos a las realidades económicas globales tras la pandemia. *Agenda económica*, 18 out. 2021. Disponível em: https://agendapublica.es/adaptar-los-impuestos-a-las-realidades-economicas-globales-tras-la-pandemia/. Acesso em: 6 dez. 2021.

COLLIER, Paul. *O futuro do capitalismo*: enfrentando as novas inquietações. Tradução de Denise Bottmann. 1. ed. Porto Alegre: L&PM, 2019.

COMISIÓN ECONÓMICA PARA LATINOAMÉRICA Y EL CARIBE – CEPAL. *A ineficiência da desigualdade*. Síntese (LC/SES.37/4), Santiago, 2018.

COMISIÓN ECONÓMICA PARA LATINOAMÉRICA Y EL CARIBE – CEPAL. *Dimensionar los efectos del COVID-19 para pensar en la reactivación*. abr. 2020.

COMISIÓN ECONÓMICA PARA LATINOAMÉRICA Y EL CARIBE – CEPAL. Instituciones resilientes para una recuperación transformadora pospandemia en América Latina y el Caribe: aportes para la discusión. *XVIII Reunión del Consejo Regional de Planificación del Instituto Latinoamericano y del Caribe de Planificación Económica y Social (ILPES)*. Naciones Unidas, Santiago, 2021. Disponível em: https://repositorio.cepal.org/bitstream/handle/11362/47316/1/S2100383_es.pdf. Acesso em: 15 nov. 2021.

COMISIÓN ECONÓMICA PARA LATINOAMÉRICA Y EL CARIBE – CEPAL. La autonomía económica de las mujeres en la recuperación sostenible y con igualdad. *Informe especial COVID-19*, 2021. Disponível em: https://www.cepal.org/es/publicaciones/46633-la-autonomia-economica-mu-jeres-la-recuperacion-sostenible-igualdad. Acesso em: 2 nov. 2021.

COMISIÓN ECONÓMICA PARA LATINOAMÉRICA Y EL CARIBE – CEPAL. *Panorama Social da América Latina 2020*. (LC/PUB.2021/3-P). Santiago, p. 18-20, 2021. Disponível em: https://www.cepal.org/sites/default/files/publication/files/46784/S2000967_pt.pdf. Acesso em: 27 abr. 2022.

COMISIÓN EUROPEA – CE. *Europa 2020*: una estrategia para un crescimento inteligente, sostenible e integrador. Disponível em: http://ec.europa.eu/commission_2010-2014/presidente/News/documents/pdf/20100303_1_es.pdf. Acesso em: 13 nov. 2021.

COMISSÃO EUROPEIA. Carta dos Direitos Fundamentais da União Europeia. *Jornal Oficial da União Europeia*, 26 out. 2012. Disponível em: https://eur-lex.europa.eu/legal-content/PT/TXT/HTML/?uri=CELEX:12012P/TXT&from=EN. Acesso em: 12 jan. 2022.

COMPREENDA quais são os efeitos sociais da pandemia no trabalho e renda. *Oxfam Brasil*, São Paulo, 23 set. 2020. Disponível em: https://www.oxfam.org.br/blog/trabalho-e-renda/. Acesso em: 18 mar. 2022.

COMUNICACIÓN DE LA COMISIÓN AL PARLAMENTO EUROPEO, AL CONSEJO EUROPEO, AL CONSEJO, AL COMITÉ ECONÓMICO Y SOCIAL EUROPEO Y AL COMITÉ DE LA REGIONES. *Um nuevo modelo de Industria para Europa*. COM (2020) 102. Bruselas. 10 mar. 2020.

CONCEIÇÃO, César S.; FARIA, Luiz A. E. Padrões históricos da mudança tecnológica e ondas longas do desenvolvimento capitalista. *In*: DATHEIN, R. (org.). *Desenvolvimentismo*: o conceito, as bases teóricas e as políticas [*online*]. Porto Alegre: Ed. UFRGS, 2003. Estudos e pesquisas IEPE series, p. 223-255. Disponível: http://books.scielo.org/id/8m95t/pdf/dathein-9788538603825-07.pdf. Acesso em: 21 jul. 2022. ISBN 978-85-386-0382-5

CONFEDERAÇÃO NACIONAL DAS INSTITUIÇÕES FINANCEIRAS. *Apenas 4% da população detêm 37,4% da renda, revela estudo*. Disponível em: https://cnf.org.br/apenas-4-da-populacao-detem-374-da-renda-revela-estudo/. Acesso em: 29 mar. 2022.

CORREDOR, Zulema Calderón. *Princípios impositivos de justicia y eficiencia:* fundamentos, conflito y proyección. Madrid: Dykinson, 2017. (Colección Fiscalidad)

CORREIA NETO, Celso de Barros; AFONSO, José Roberto Rodrigues; FUCK, Luciano Felício. A tributação na era digital e os desafios do sistema tributário no Brasil. *Revista Brasileira de Direito*, Passo Fundo, v. 15, n. 1, p. 145-167, jan./abr. 2019. Disponível em: https://dialnet.unirioja.es/servlet/articulo?codigo=7219824. Acesso em: 17 abr. 2022. ISSN 2238-0604

CORSATTO, Olavo Nery. Imposto sobre grandes fortunas. *Revista de Informação Legislativa*. Brasília, Senado Federal, a. 37, n. 146, p. 93-108, abr./jun. 2000.

COSTA, Ana Maria Nicolaci da. Revoluções tecnológicas e transformações subjetivas. *Psicologia – Teoria e Pesquisa*, Brasília, v. 18, n. 2, p. 193-202, maio/ago. 2002. Disponível em: https://www.scielo.br/j/ptp/a/B8YrM538mSbqLJk6hwSdcPN/?format=pdf&lang=pt . Acesso em: 21 jul. 2022.

COSTA, Janaina Oliveira Pamplona da; MENDONÇA, Sandro; CAMPOS, André Sica de. Resenha The Entrepreneurial State: debunking public *vs.* private sector myths. *Rev. Bras. Inov.*, Campinas, v. 14, n. esp., p. 203-208, jul. 2015.

COSTA, Lúcia Cortes da. Pobreza, desigualdade e exclusão social. *In*: COSTA, Lúcia Cortes da; SOUZA, Maria Antonia de. *Sociedade e cidadania desafios para o século XXI*. Ponta Grossa: UEPG, 2005.

COUTINHO, Luciano. A Terceira Revolução Industrial e tecnológica: as grandes tendências das mudanças. *Economia e Sociedade*, Campinas, v. 1, n. 1, p. 69-87, ago. 1992. Disponível em: https://periodicos.sbu.unicamp.br/ojs/index.php/ecos/article/view/8643306/10830. Acesso em: 23 jul. 2022.

DATHEIN, Ricardo. Inovação e revoluções industriais: uma apresentação das mudanças tecnológicas determinantes nos séculos XVIII e XIX. *Publicações DECON Textos Didáticos 02/2003*. DECON/UFRGS, Porto Alegre, p. 01-08, fev. 2003. Disponível em: https://lume-re-demonstracao.ufrgs.br/artnoveau/docs/revolucao.pdf . Acesso em: 22 jul. 2022.

DE BOLLE, Monica. A agenda da cidadania. *Cidadania 23*, Brasília, 18 maio 2020. Disponível em: https://cidadania23.org.br/2020/05/13/monica-de-bolle-a-agenda-da-cidadania/. Acesso em: 15 nov. 2021.

DUMÉNIL, Gérard; LÉVY, Dominique. *A crise do neoliberalismo*. São Paulo: Boitempo, 2014.

DUMÉNIL, Gérard; LÉVY, Dominique. Neoliberalismo: Neo-imperialismo. *Revista Economia e Sociedade*, Campinas, v. 16, n. 1 (29), p. 1-19, abr. 2007. Disponível em: http://www.scielo.br/pdf/ecos/v16n1/a01v16n1. Acesso em: 21 mar. 2022.

DWORKIN, Ronald. Introdução: A igualdade é importante? *In*: DWORKIN, Ronald. *A virtude soberana*: a teoria e a prática da igualdade. Tradução de Jussara Simões. São Paulo: Martins Fontes, 2005. p. X.

EDVINSSON, L; MALONE, M. S. *Capital intelectual*: descobrindo o valor real de sua empresa pela identificação de seus valores internos. São Paulo: Makron, 1998.

ENCUENTRO EMPRESARIAL SOBRE EMPRESAS Y ADMINISTRACIONES PÚBLICAS. *Empresas y Administraciones Públicas*: el papel de las diferentes Administraciones em el fomento de la innovación tecnológica. Fundación COTEC para la Innovación Tecnológica. Madrid, España, 2002.

ENGELS, F. *A situação da classe trabalhadora na Inglaterra*. São Paulo: Global, 1986.

ERBER, F. Innovation and the development convention in Brazil. *Revista Brasileira de Inovação*, v. 3, n. 1, p. 35-54, 2009.

ESPINOSA, Julio Serrano. La pandemia de la desigualdade. *CE Noticias Financieras*, Spanish ed. Miami, 26 nov. 2020. Disponível em: https://www.proquest.com/docview/2464852492?accountid=14744&pq-origsite=primo. Acesso em: 2 nov. 2021.

EUROPEAN ENVIRONMENT AGENCY. *Healthy environment, healthy lives*: How the environment influences health and well-being in Europe, Luxembourg: Publications Office, 2020. Disponível em: https://data.europa.eu/doi/10.2800/53670. Acesso em: 27 nov. 2021.

EUROSTAT. Distribution of income by quantiles. *Centro de Documentanción Europea*. Universidad de Sevilla/ES. 14 out. 2021.

EUROSTAT. Gini coefficient of equivalised disposable income. *Centro de Documentanción Europea*. Universidad de Sevilla/ES. 14 out. 2021.

EUROSTAT. Income share of the bottom 40 % of the population. *Centro de Documentación Europea*. Universidad de Sevilla/ES, 20 nov. 2021.

EUROSTAT. Inequality of income distribution. *Centro de Documentación Europea*. Universidad de Sevilla/ES, 20 nov. 2021

FAORO, Raymundo. *Os donos do poder*: formação do patronato brasileiro. 15. ed. São Paulo: Globo, 2000. v. I e III

FERRAZ LEMOS TAVARES, Diogo. *Los tributos del mercado financiero*: uma perspectiva extrafiscal. Marcial Pons: Madrid, 2016.

FILGUEIRAS, Luiz. O neoliberalismo no Brasil: estrutura, dinâmica e ajuste do modelo econômico. *In*: BASUALDO, Eduardo M.; ARCEO, Enrique. Neoliberalismo y sectores dominantes. *Tendencias globales y experiencias nacionales*. CLACSO: Consejo Latinoamericano de Ciencias Sociales, Buenos Aires, ago. 2006. Disponível em: http://bibliotecavirtual.clacso.org.ar/ar/ libros/grupos/basua/C05Filgueiras.pdf. Acesso em: 27 out. 2021.

FLOR, Luis María Romero; YOHAN, Andrés Campos Martínez. Evolución del tradicional concepto de establecimiento permanente hacia una presencia económica y digital significativa. Fiscalidad internacional y comunitaria. *Monográfico 2019 de la revista Nueva Fiscalidad*, 2019-12-05.

FOLLONI, André. Isonomia na tributação extrafiscal. *Revista Direito GV*, São Paulo, v. 10, n. 1, p. 201-220, jun. 2014. Disponível em http://www.scielo.br/scielo.php?pid=S1808-24322014000100008&script=sci_arttext. Acesso em: 9 abr. 2022.

FOLLONI, André; FLORIANO NETO, Antonio Bazílio. Desigualdade econômica na Constituição e as possibilidades de diminuição através dos impostos. *Revista Novos Estudos Jurídicos - Eletrônica*, v. 23, n. 2, maio/ago. 2018. Disponível em: www.univali.br/periodicos. Acesso em: 13 jan. 2022.

FRANCISCO, Santo Padre. *Carta Encíclica Laudato Si*: sobre el cuidado de la casa común. 24 de mayo de 2015. Disponível em: http://w2.vatican.va/content/francesco/pt/encyclicals /documents/papa-francesco_20150524_enciclica-laudato-si.html. Acesso em: 27 mar. 2021.

FRANKFURT, Harry. Equality as a Moral Ideal. *Ethics*, The University of Chicago Press, v. 98, n. 1, p. 21-43, out. 1987.

FREEMAN, C; LOUÇÃ, F. *As time goes by*: from the Industrial Revolution to the Information Revolution. New York: Oxford University Press, 2001.

FREITAS, Juarez. *Sustentabilidade*: direito ao futuro. Belo Horizonte: Fórum, 2011.

FRENKEL, Roberto. *Sistema financeiro e política econômica em uma era de instabilidade:* lições sobre crises financeiras. Goiânia: UFG; Brasília: UnB, 1997. Fundo de Cultura, 1961.

GALAPERO FLORES, Rosa María. *Estudio jurídico de los elementos conceptuais do Derecho Tributário*. Valência: Tirant lo Blanch, 2020.

GARCIA DORADO, Francisco. *Prohibicion constitucional de confiscatoriedad y deber de tributacion*. Madrid: Dykinson, 2002.

GARCÍA GUERRERO, David. La conjunción de las ideas de no confiscatoriedad y progressividade em la contemplación de las ganacias patrimoniales y la titulariedad del patrimônio em nuestro sistema fiscal: la mezscla de índices de capacidade económica. *In:* ESPAFADOR, Carlos María López (dir.). *Estudios sobre progressividade y no confiscatoriedad en matéria tributaria*. Navarra: Thomson Reuters, 2018.

GARCÍA, Eusebio González. Los tributos extrafiscales em el Derecho español. *In:* PALAO, Carmen Banacloche; PALAO, Julio Banacloche; PALAO, Begoña Banacloche (coord.). *Justicia y Derecho Tributario*: Libro Homenaje al professor Julio Banacloche Pérez. La Ley: Madrid, 2008. ISBN: 978-84-9725-938-5

GARCIA, Rubio. El tercer sector frente a las transformaciones del Estado de Bienestar. *Cuadernos de Trabajo Social*, v. 20, p. 275-287, 2007. Disponível em: https://revistas.ucm.es/ index.php/CUTS/article/view/CUTS0707110275A/7554. Acesso em: 4 nov. 2021.

GASPARINO, João Henrique; DA COSTA, Igor Lopes. Robôs, mercado de trabalho e tributação: o que esperar da era da Inteligência Artificial? *Revista de Direito e as Novas Tecnologias*, v. 3, n. 9, out./ dez. 2020. Disponível em: https://dspace.almg.gov.br/ bitstream/11037/39042/1/Jo%C3%A3o%20Henrique%20Gasparino.pdf. Acesso em: 23 abr. 2022.

GASSEN, Valcir. D'ARAÚJO, Pedro Júlio Sales. PAULINO, Sandra Regina da F. Tributação sobre Consumo: o esforço em onerar mais quem ganha menos. *Sequência*, Florianópolis, n. 66, p. 213-234, jul. 2013. Disponível em: http://www.scielo.br/pdf/seq/ n66/09.pdf. Acesso em: 9 nov. 2021.

GERHARD, Felipe; Júnior, Jeová Torres Silva; CÂMARA, Samuel Façanha. Tipificando a economia do compartilhamento e a economia do acesso. *Revista Organizações & Sociedade*, v. 26, n. 91, p. 795-814, out./dez. 2019. Disponível em: https://www.scielo.br/j/osoc/a/3Dhy h4y7gXWwMxNdGcJv6BM/?lang=pt. Acesso em: 23 nov. 2021. DOI 10.1590/1984-9260919

GIRALDO, Pedro Chaves; CAMPO, Carlos Prieto Del; GALLEGOS, René Ramírez. *Crisis del capitalismo neoliberal, poder constituyente y democracia real*. Madrid: Traficantes de Sueños, 2013.

GOBETTI, Sérgio Wulff. Tributação do Capital no Brasil e no mundo. Texto para discussão. *Instituto de Pesquisa Econômica Aplicada*. Brasília: Rio de Janeiro: Ipea, 1990.

GOLDSCHMIDT, Fábio Brun. *O princípio do não confisco no Direito Tributário*. São Paulo: Revista dos Tribunais, 2003.

GÓMEZ SABAINI, J. C.; JUAN PABLO JIMÉNEZ PODESTÁ, A. Tributación, evasión y equidad en America Latina y el Caribe. *In:* JIMÉNEZ, J. P.; GÓMEZ SABAINI, J. C. y PODESTÁ, A. *Evasión y equidad em América Latina*. Documentos de Proyecto, nº 309 (LC/W.309), Santiago do Chile: Comisión Económica para América Latina y el Caribe (CEPAL), 2010.

GONZALEZ, Checa. Los impuestos con fines no fiscales: Notas sobre las causas quelos justifican y sobre su admisibilidad constitucional. *Civitas REDF*, n. 40,1983.

GONZALEZ, Luis Manuel Alonso. *Los impuestos autonômicos de caráter extrafiscal*. Madrid: Marcial Pons, 1994.

GOROSPE OVIEDO, Juan; HERRERA, Pedro M. La virtualidad del principio de capacidad económica em el odenamiento tributario español. *In:* ALBIÑANA, César. *Estudios en homenaje al professor Pérez de Ayala*. Madrid: CEU-Universidad San Pablo, 2007. p. 29-56, ISBN 978-84-9849-030-5. Disponível em: http://hdl.handle.net/10637/133. Acesso em: 13 nov. 2023.

GOULARTI, Juliano Giassi. A escalada da desigualdade em meio à "coronacrise". *Le Monde Diplomatique Brasil*. ed. 155, 1 jun. 2020. Disponível em: https://diplomatique.org.br/a-escalada-da-desigualdade-em-meio-a-coronacrise/. Acesso em: 30 out. 2021.

GRAU, Eros Roberto. *A ordem econômica na Constituição de 1988*. São Paulo: Malheiros, 2010.

GUIDDENS, Anthony. *O mundo na era da Globalização*. Lisboa: Presença, 2000. Disponível em: http://www.ufjf.br/pur/files/2011/04/Texto-GIDDENS-Globalizacao.pdf Acesso em: 30 mar. 2022.

GUIMARAES-IOSIF, Ranilce. *Educação, pobreza e desigualdade no Brasil:* impedimentos para a cidadania global emancipada. Brasília: Líber Livro, 2009.

GUTERRES, António. Enfrentando a pandemia da desigualdade: um novo contrato social para uma nova era. *CE Noticias Financieras*, ed. Espanhol; Miami. 31 jul. 2020. Disponível em: https://www.proquest.com/docview/2429519372?accountid=14744&pq-origsite=primo. Acesso em: 2 nov. 2021.

HARVEY, D. *Breve historia del neoliberalismo*. Madrid: Ediciones Akal, 2007.

HENRIQUES, Ricardo. Desnaturalizar a desigualdade e erradicar a pobreza no Brasil. *In:* JOVCHELOVITCH, Marlova; WERTHEIN, Jorge (org.). *Pobreza e desigualdade no Brasil:* traçando caminhos para a inclusão social. Brasília: UNESCO, 2014.

HERRERA MOLINA, Pedro Manuel. *Capacidad económica y sistema fiscal*: análisis del ordenamiento español a la luz del Derecho alemán. Madrid: Marcial Pons, 1998.

HIDALGO, Guilhermo Sánchez-Archidona. El impuesto sobre determinados servicios digitales español a la luz de su naturaleza jurídica. *In:* COLLADO YURRITA, Miguel Ángel (dir.). *Tributación de la economia digital*. Barcelona: Atelier Libros Jurídicos, 2020.

HOBSBAWM, Eric J. (1968). *Da Revolução Industrial Inglesa ao Imperialismo*. Rio de Janeiro: Forense-Universitária, 1983.

HOLANDA, Sérgio Buarque de. *Raízes do Brasil*. São Paulo: Cia das Letras, 2006.

HOPE, David; LIMBERG, Julian. The economic consequences of major tax cuts for the rich. Working paper 55. *International Inequalities Institute*. December, 2020. Disponível em: https://eprints.lse.ac.uk/107919/1/Hope_economic_consequences_of_major_tax_cuts_published.pdf. Acesso em: 23 nov. 2021.

INSTITUTO BRASILEIRO DE GEOGRAFIA E ESTATÍSTICA – IBGE. Informativo PNAD Contínua de 2012 a 2019. *Síntese de Indicadores Sociais:* em 2019, proporção de pobres cai para 24,7% e extrema pobreza se mantém em 6,5% da população. Editora: Estatísticas Sociais, 12 nov. 2020. Disponível em: https://agenciadenoticias.ibge.gov.br/agencia-sala-de-imprensa/2013-agencia-de-noticias/releases/29431-sintese-de-indicadores-sociais-em-2019-proporcao-de-pobres-cai-para-24-7-e-extrema-pobreza-se-mantem-em-6-5-da-populacao. Acesso em: 18 mar. 2022.

INSTITUTO BRASILEIRO DE GEOGRAFIA E ESTATÍSTICA – IBGE. Pesquisa Nacional por Amostra de Domicílios (PNAD), 2019. Disponível em: https://www.ibge.gov.br/estatisticas/sociais/populacao/9127-pesquisa-nacional-por-amostra-de-domicilios.html. Acesso em: 26 out. 2021.

INSTITUTO BRASILEIRO DE PLANEJAMENTO E TRIBUTAÇÃO – IBPT. Disponível em: https://ibpt.com.br/. Acesso em: 20 jan. 2022.

JUDT, T. *Algo va mal*. Madrid: Taurus, 2010.

JUSTO, Marcelo. Quatro enigmas da economia da América Latina em 2015. *BBC Brasil*, 6 jan. 2015. Disponível em: http://www.bbc.co.uk/portuguese/noticias/2015/01/150105_america_latina_ economia_mdb_lgb. Acesso em: 16 out. 2021.

KEYNES, John Maynard. *Teoria General del empleo, el interés y el dinero*. 4. ed. San Diego: Fondo de Cultura Económica, 2003.

KHAIR, Amir. *Imposto sobre Grandes Fortunas* (IGF). Disponível em: http://www.ie.ufrj.br/aparte/pdfs/akhair190308_2.pdf. Acesso em: 9 nov. 2021.

KHAIR, Amir. O orçamento diante da crise. *Le Monde Diplomatique Brasil*, 4 jan. 2009. Disponível em: http://www.diplomatique.org.br/artigo.php?id=415. Acesso em: 25 out. 2021.

KLEIN, Herbert S. Klein, H. S. Estudiar la desigualdad: contribuciones de historia. *Historia Mexicana*, v. 70, n. 3, p. 1437-1474, 2020. Disponível em: https://doi.org/10.24201/hm.v70i3.4188. Acesso em: 26 out. 2021.

KLIASS, Paulo. A União Europeia e a Taxa de Tobin. *Rev. Carta Maior*, 25 abr. 2013. Disponível em: http://cartamaior.com.br/?/Coluna/A-Uniao-Europeia-e-a-Taxa-Tobin/28660. Acesso em: 10 nov. 2021.

KNIGHT, W. This Robot Could Transform Manufacturing. *MIT Technology Review*, 18 set. 2012. Disponível em: http://www.technologyreview.com/news/429248/this-robot-could-transform-manufacturing/. Acesso em: 27 jul. 2022.

KOGAN, Maurice. Modos de conhecimento e padrões de poder. *In: Sociedade de conhecimento versus economia do conhecimento*: conhecimento, poder e política. Brasília: UNESCO, SESI, 2005.

KUZNETS, Simon. *Crescimento econômico moderno*: taxa, estrutura e *spread* (Estudo em Economia Comparada). New Haven: Yale University Press, 1967.

LAKS, Larissa Rodrigues. Extrafiscalidade e incentivos à inovação tecnológica. *Revista do Direito Público*, Londrina, v. 11, n. 2, p. 230-259, ago. 2016. DOI: 10.5433/1980-511X.20 16v11n2p230. ISSN: 1980-511X.

LANDES, David S. (1969). *Progreso Tecnologico y Revolucion Industrial*. Madrid: Editorial Tecnos, 1979.

LAPATZA, José Juan Ferreiro. *Direito Tributário*: teoria geral do tributo. Barueri: Manole; Espanha: Marcial Pons, 2007.

LAZONICK, W; TULUM, Y. O. *US Biopharmaceutical Finance and the Sustainability of the Biotech Business Model*. Research Policy, 20, 9 nov. 2011.

LIMA, Elaine Carvalho de; NETO, Calisto Rocha de Oliveira. Revolução Industrial: considerações sobre o pioneirismo industrial inglês. *Revista Espaço Acadêmico*, n. 94, p. 102-113, jul. 2017. Disponível em: https://periodicos.uem.br/ojs/index.php/EspacoAcademico/article/download/32912/19746/. Acesso em: 22 jul. 2022.

LORENZETTO, Bruno Meses. *Os caminhos do constitucionalismo para a democracia*. 2014. 312 p. Tese (Doutorado em Direito) – UFPR, Curitiba, 2014. Disponível em: https://acervodigital.ufpr.br/bitstream/handle/1884/36517/R%20-%20T%20-%20BRUNO%20MENESES%20LORENZETTO.pdf?sequence=1&isAllowed=y.

LOSADA, Soraya Rodríguez. Al hilo de la creación de impuestos sobre servicios digitales: sugerenciais de la OCDE, propuestas de la EU y soluciones adoptadas em algunos Estados. *In:* COLLADO YURRITA, Miguel Ángel (dir.). *Tributación de la economía digital*. Barcelona: Atelier Libros Jurídicos, 2020.

LOZANO SERRANO, Carmelo; QUERALT, Juan Martín; OLLERO, Gabriel Casado; LÓPEZ, José Manuel Tejerizo. *Curso de derecho financiero y tributario*. 13. ed. Madrid: Tecnos, 2002.

MACEDO, M. F. G.; BARBOSA, A. L. F. *Patentes, pesquisa & desenvolvimento*: um manual de propriedade intelectual [*online*]. Rio de Janeiro: FIOCRUZ, 2000. 164 p. ISBN 85-85676-78-7, p. 11. Disponível em: http://books.scielo.org/id/6tmww/pdf/macedo-9788575412725-02.pdf. Acesso em: 21 jul. 2022.

MACHADO, Hugo de Brito. *Os princípios jurídicos da tributação na Constituição de 1988*. 5. ed. São Paulo: Dialética, 2004.

MALASPINA, Lucas. El regresso de los Estados-Nación. *In:* STANCANELLI, Pablo. *El atlas de la revolución digital*: del sueño libertário al capitalismo de vigilancia. Madrid: Clave Intelectual, 2020.

MANDEL, Ernest. *O capitalismo tardio*. São Paulo: Abril Cultural, 1982.

MARTÍN, Carlos de Cabo. *La crisis del Estado Social*. 1. ed. Barcelona: P.P.U., 1986. (Colección Apuntes sobre Constitución y Política)

MARX, Karl. *O capital*. Rio de Janeiro: Civilização Brasileira, 1980. Livro III.

MARX, Karl. *O capital*: crítica da economia política. São Paulo: Difel, 1982.

MASSEY, D; QUINTAS P.; WIELD, D. *High-tech fatansies*: Science parks in Society. Londres: Science and Space, 1992.

MATTOS, Fernando Augusto Mansor de; NETO, João Hallak Neto; PRONI, Marcelo Weishaupt. A visão utópica da CEPAL e a desigualdade de renda no Brasil. *Revista Crítica de Ciências Sociais*, v. 124, p. 131-156, 26 maio 2021. Disponível em: http://journals.openedition.org/rccs/11605. Acesso em: 27 out. 2021. DOI: https://doi.org/10.4000/rccs.11605

MAZUR, Orly. Taxing Robots. *Pepperdine Law Review*, v. 46, 2019.

MAZZUCATO, Mariana. *El Estado emprendedor*: mitos del sector público frente al privado. Tradución Javier Sanjulían y Anna Solé. RBA: Barcelona/España, 2019.

MAZZUCATO, Mariana. *Misión economía*: una carrera espacial para cambiar el capitalismo. Traducción de Ramón Gonzáles Férriz y Marta Valdivieso Rodríguez. Taurus: Barcelona, 2021.

MAZZUCATO, Mariana. *O Estado emprendedor*: desmascarando o mito do setor público vs. setor privado. Tradução de Elvira Serapicos. 1. ed. São Paulo: Portfolio-Penguin, 2014.

MAZZUCATO, Mariana; PENNA, Caetano. The Brazilian Innovation System: A missionriented policy proposal. Temas estratégicos para o Desenvolvimento do Brasil – sumário executivo. Brasília: *Centro de Gestão e Estudos Estratégicos*, 2016, p. 5. Disponível em: https://www.cgee.org.br/documents/10195/1774546/The_Brazilian_Innovation_System-CGEE-MazzucatoandPenna-FullReport.pdf . Acesso em: 21 out. 2021.

MELLO, Guilherme. Reforma tributária solidária: uma oportunidade para mudar o Brasil. *Le Monde Diplomatique Brasil*, 27 set. 2019. Disponível em: https://diplomatique.org.br/reforma-tributaria-solidaria-uma-oportunidade-para-mudar-o-brasil/. Acesso em: 24 nov. 2021.

MENEZES, Laura Nunes de; LIRA, Marcela Cristine de Alencar; NEIVA, Laédna Souto. IoT and knowledge Economy: Two Strong Pillars of Industry 4.0. *Scientia Cum Industria*, v. 9, n. 1, p. 10-15, 2021. Disponível em: http://www.ucs.br/etc/revistas/index.php/scientiacumindustria/article/view/8919. Acesso em: 29 jul. 2022.

MIGUEZ, Santiago Díaz de Sarralde. *Tributación, digitalización de la economía y Economía Digital*. Panamá: Centro Interamericano de Administraciones Tributarias (CIAT), 2018.

MILANOVIC, Branko. *Global inequality a new approach for the age of globalization*. Cambridge: Harvard University Press, Massachusetts, 2016.

MILANOVIC, Branko. *Los que tienen y los que no tienen*: una breve y singular historia de la desigualdad global. Traducción Francisco Muñoz de Bustillo Llorente, 2012. Madrid: Alianza Editorial, 2012.

MOEDAS VIRTUAIS. *Site do Banco do Brasil*. Disponível em: https://www.bcb.gov.br/acessoinformacao/legado?url=https:%2F%2Fwww.bcb.gov.br%2Fpre%2Fbc_atende%2Fport%2Fmoedasvirtuais.asp%3Fidpai%3DFAQCIDADAO. Acesso em: 24 jun. 2022.

MORAES, Bernardo R. de. *Compêndio do Direito Tributário*. 3. ed. Rio de Janeiro: Forense, 1999. v. 2.

MORALES, E. Causas y posibles soluciones de la desigualdad en la sociedad desde la percepción de Joseph E. Stiglitz. *Economía Sociedad Y Territorio*, 19 ago. 2014. Disponível em: https://doi.org/10.22136/est002014399. Acesso em: 26 out. 2021.

MORCEIRO, P. *Desindustrialização na economia brasileira no período 2000-2011*: abordagens e indicadores. São Paulo: Unesp, 2012.

MOREIRA NETO, Diogo Figueiredo. *Direito de Participação política*: legislativa, administrativa, judicial: fundamentos e técnicas constitucionais da democracia. Imprenta: Rio de Janeiro: Renovar, 1992.

MOREIRA, André Mendes; FONSECA, Fernando Daniel de Moura; RAUSCH, Aluizio Porcaro. Um novo marco da tributação internacional: *blueprints* para os pilares 1 e 2 da OCDE. *Sacha Calmon Mizabel Derzi Advogados*, 18 nov. 2020. Disponível em https://sachacalmon.com.br/publicacoes/artigos/um-novo-marco-da-tributacao-internacional-blueprints-para-os-pilares-1-e-2-da-ocde/. Acesso em: 21 abr. 2022.

MOREIRA, Assis. Gigantes da internet pagam até 75% menos impostos do que outros setores no Brasil. *Valor Econômico*, Genebra, 6 abr. 2021. Disponível em: https://valor.globo.com/brasil/noticia/2021/04/06/gigantes-da-internet-pagam-at-75-pontos-percentuais-menos-impostos-do-que-outros-setores-no-brasil.ghtml Acesso em: 17 abr. 2022.

MORENO, Isidoro. Mundialización, globalización y nacionalismos: la quebra del modelo de estado-nación. *In*: ATIENZA, Javier Corcuera. *Los nacionalismos*: globalización y crisis del estado-nación. Madrid: Consejo General Del Poder Judicial, 1999.

MORENO, Luis; SARASA, Sebastià. Génesis y desarrollo del estado del bienestar en España. *Revista Internacional de Sociología*, Madrid, n. 6, p. 27-69, set./dez. 1993. Disponível em: https://www.proquest.com/docview/1299264733?pq-origsite=primo&accountid=14744&imgSeq=16. Acesso em: 4 nov. 2021.

MURAT, José. Pandemia agrava desigualdade social. *CE Noticias Financieras*, ed. Espanhol; Miami, 8 mar. 2021. Disponível em: https://www.proquest.com/docview/2499354257/fulltext/1A86FB41B5054F3BPQ/1?accountid=14744. Acesso em: 2 nov. 2021.

NABAIS, José Casalta. Da sustentabilidade do Estado Fiscal. *In*: NABAIS, José Casalta; SILVA, Suzana Tavares da. *Sustentabilidade Fiscal em tempos de crise*. Coimbra: Almedina, 2011.

NABAIS, José Casalta. *O dever fundamental de pagar impostos*: contributo para compreensão do estado fiscal contemporâneo. Coimbra: Almedina, 2009.

NAVALPOTRO, Felipe R. Debasa. *Jean Monnet y la carta fundacional de la Unión Europea*: la declaración de 9 de mayo de 1950. Universidad Rey Juan Carlos. DIKINSON: Madrid, 2004.

NAVARRETE, Jorge Eduardo. Pandemia y desigualdad: 3 viñetas. *CE Noticias Financieras*, ed. Espanhol; Miami, 7 jan. 2021. Disponível em: https://www.proquest.com/docview/2476305664/citation/C7BC3EEDA0B04A60PQ/1?accountid=14744. Acesso em: 2 nov. 2021.

NAVARRO, Vera Lúcia; PADILHA, Valquíria. Dilemas do trabalho no capitalismo contemporâneo. *Psicologia & Sociedade*, Porto Alegre, v. 19, n. spe, p. 14-20, 2007. Disponível em: http://www.scielo.br/scielo.php?script=sci_arttext&pid=S0102-71822007000400004. Acesso em: 23 jul. 2022.

NAVAS NAVARRO, Susana et al. *Inteligencia artificial*: tecnologia derecho. Valencia/España: Tirant lo blanch, 2017.

NEVES, Ricardo. *Tempo de pensar fora da caixa:* a grande transformação das organizações rumo à economia do conhecimento. Rio de Janeiro: Elsevier, 2009.

NIETO, Estela Rivas. La protección del médio ambiente y la extrafiscalidad en España. *In*: URQUIZU CAVALLÉ, Angel; SALASSA BOIX, Rodolfo R. *Políticas de protección ambiental en el siglo XXI*. Barcelona: JM BOSCH EDITOR, 2013.

O VALOR do seu imposto. Cinco propostas tributárias para reduzir desigualdades. *Oxfam Brasil*. São Paulo. Disponível em: https://www.oxfam.org.br/justica-social-e-economica/o-valor-do-seu-imposto/. Acesso em: 9 nov. 2021.

O VÍRUS da desigualdade. *Oxfam Brasil*. Disponível em: https://www.oxfam.org.br/wp-content/uploads/2021/01/bp-the-inequality-virus-110122_PT_Final_ordenado.pdf?utm_campaign=davos_2021_-_pre_lancamento%26utm_medium=email%26utm_source=RD+Station. Acesso em: 18 mar. 2022.

OCDE abre consulta pública para acordo de tributação digital *Abrasca*, 3 nov. 2020. Disponível em: https://www.abrasca.org.br/noticias/sia-cia-1523-ocde-abre-consulta-publica-para-acordo-de-tributacao-digital. Acesso em: 21 abr. 2022.

OLIVEIRA, Rosane Machado de. Revolução Industrial na Inglaterra: um novo cenário na Idade Moderna. *Revista Científica Multidisciplinar Núcleo do Conhecimento*. Edição 7, Ano 2, v. 01, p. 89-116, out. 2017. Disponível em: https://www.nucleodoconhecimento.com.br/wp-content/uploads/artigo-cientifico/pdf/revolucao-industrial-na-inglaterra.pdf. Acesso em: 22 jul. 2022. ISSN:2448-0959

OLOPADE, Bosede Comfort; OKODUA, Henry; OLADOSUN, Muyiwa; MATTHEW, Oluwatoyin; URHIE, Ese; OSABOHIEN, Romanus; ADEDIRAN, Oluwasogo; JOHNSON, Olubunmi H. Economic Growth, Energy Consumption and Human Capital Formation: Implication for Knowledge-based Economy. *International Journal of Energy Economics and Policy*, v. 10, n. 1, p. 37-43, 2020.

ORGANISATION FOR ECONOMIC CO-OPERATION AND DEVELOPMENT – OECD. *Addressing the Tax Challenges of the Digital Economy*, Action 1 - 2015 Final Report, OECD/G20.Base Erosion and Profit Shifting Project. Paris: OECD Publishing, 2015.

ORGANISATION FOR ECONOMIC CO-OPERATION AND DEVELOPMENT – OECD. *Tax Challenges Arising from Digitalisation* – Report on Pillar One Blueprint: Inclusive Framework on BEPS, OECD/G20 Base Erosion and Profit Shifting Project. Paris: OECD Publishing, 2020. Disponível em: https://doi.org/10.1787/beba0634-en. Acesso em: 21 nov. 2021.

ORGANISATION FOR ECONOMIC CO-OPERATION AND DEVELOPMENT – OECD. *The Sharing and Gig Economy*: Effective Taxation of Platform Sellers: Forum on Tax Administration. Paris: OECD Publishing, 2019. Disponível em: https://doi.org/10.1787/574b61f8-en. Acesso em: 21 abr. 2022.

ORTI, Alfonso. De la dualización a la democratización del trabajo. *Éxodo,* n. 22, p. 40-46, Madrid, 1996.

PALMA, Clotilde C. A tributação da economia digital e a evolução recente da União Europeia. *In:* PISCITELLI, Tathiane (Coord.). *Tributação da Economia Digital.* São Paulo: Thompson Reuters Brasil, 2018.

PARADA, Luis Miguel Muleiro. El Futuro De La Tributación De La Economía Digital En La Unión Europea. *Crónica Tributaria,* v. 170, n. 1, p. 109-142, 2019. Disponível em: https://www.ief.es/vdocs/publicaciones/1/170.pdf#page=109. Acesso em: 23 nov. 2021.

PAULO, Sávio Freitas. A Terceira Revolução Industrial e a estagnação da acumulação capitalista. *Revista Mundo Livre,* Campos dos Goytacazes, v. 5, n. 2, p. 54-77, ago./dez. 2019. Disponível em: https://periodicos.uff.br/mundolivre/article/view/40349/24031, Acesso em: 23 jul. 2022.

PELLINI, Arnaldo; WEYRAUCH, Vanesa; MALHO, Maria; CARDEN, Fred. State Capability, Policymaking and the Fourth Industrial Revolution: Do Knowledge Systems Matter? *Discussion paper,* p. 1-3. Disponível em: https://demoshelsinki.fi/wp-content/uploads/2019/02/ks4ir-discussion-paper-final_15-feb.pdf . Acesso em: 29 jul. 2022.

PEREIRA, Luis Carlos Bresser. Estratégia nem wage-led nem export-led, mas novo-desenvolvimentista. *In:* MODENESI, André de Melo *et al.* (org.). *Sistema financeiro e política econômica em uma era de instabilidade:* tendências mundiais e perspectivas para a economia brasileira. Rio de Janeiro: Elsevier, 2012.

PÉREZ DE AYALA, José Luis. Las cargas públicas: Principios para su distribución. *Review of Public Economicsn,* Acienda Pública Española, n. 59, p. 87-112, 1979, ISSN 0210-1173.

PEREZ, C. Technological revolutions and techno-economic paradigms. *Cambridge Journal of Economics,* v. 34, Issue 1, p. 185-202, jan. 2010. https://doi.org/10.1093/cje/bep051

PIKETTY, Thomas. *Capital e ideologia.* Traducción de Daniel Fuentes. Barcelona: Ediciones Deusto, 2019.

PIKETTY, Thomas. *El capital del siglo XXI.* Madrid: Fondo de Cultura Económica FCE, 2014.

PIKETTY, Thomas. Manifiesto para la democratización de Europa. *La Vanguardia.* 9 dez. 2018. Disponível em: https://www.lavanguardia.com/internacional/20181209/453460993963/manifiesto-para-la-democratizacion-de-europa-thomas-piketty.html. Acesso em: 12 dez. 2021.

PIKETTY, Thomas. *O capital do século XXI.* Rio de Janeiro: Intrínseca, 2014.

PIKETTY, Thomas. Putting Distribution Back at the Center of Economics: Reflections on Capital in the Twenty-First Century. *Journal of Economic Perspectives,* v. 29, n. 1, p. 67-88, 2015. Disponível em: https://www.aeaweb.org/articles?id=10.1257/jep.29.1.67. Acesso em: 13 nov. 2023.

PIKETTY, Thomas. *A economia da desigualdade.* Tradução de André Telles da edição francesa de 1997. Rio de Janeiro: Intrínseca, 2015.

PIKETTY, Thomas. *Viva el socialismo:* crónicas 2016-2020. Traducción de Daniel Fuentes. Barcelona: Ediciones Deusto, 2020.

PINO DÍEZ, Raul; GÓMES, Alberto; ABAJO MARTÍNEZ, Nicolás de. *Introdución a la inteligencia artificial*: sistemas expertos, redes neuronales atificiales y computación evolutiva. Universidade de Oviedo, servicio de publicaciones, 2001.

PIOVESAN, Flávia. Ações afirmativas da perspectiva dos direitos humanos. *Cadernos de Pesquisa*, v. 35, n. 124, p. 47, jan./abr. 2005. Disponível em: http://www.scielo.br/pdf/cp/v35n124/a0435124.pdf. Acesso em: 16 jul. 2022.

PIRES, Hindenburgo Francisco. Bitcoin: a moeda do ciberespaço. *GEOUSP Espaço e Tempo* [online], v. 21, n. 2, p. 407-424, 2017. Disponível em: https://doi.org/10.11606/issn.2179-0892.geousp.2017.134538. Acesso em: 24 jun. 2022. DOI: 10.11606/issn.2179-0892.geousp.2017.134538

PIRES, Manuel. Tributação, equidade e crescimento econômico. *Observatório de Política Fiscal*, 22 fev. 2021. Disponível em: https://observatorio-politica-fiscal.ibre.fgv.br/politica-economica/outros/tributacao-equidade-e-crescimento-economico#_ftnref4. Acesso em: 24 nov. 2021.

POCHMANN, M. Capitalismo e desenvolvimento. *In: Brasil sem industrialização*: a herança renunciada [online]. Ponta Grossa: Ed. UEPG, 2016. p. 16-64. Disponível em: http://books.scielo.org/id/yjzmz/pdf/pochmann-9788577982165-02.pdf . Acesso em: 22 jul. 2021. ISBN 978-85-7798-216-5

POCHMANN, M. *Economia global e a nova Divisão Internacional do Trabalho*. Campinas: IE/Unicamp; Mimeo, 1997.

POLANYI, Karl (1944). *The great transformation*: the political and economic origins of our time. Boston, Beacon, 2001.

POLANYI, Karl. *La gran transformación*: crítica del liberalismo económico. La Piqueta: Madrid, 1989.

POVERTY and Shared Prosperity 2020: Reversals of Fortune. *World Bank*, 2020. Disponível em: https://elibrary.worldbank.org/doi/abs/10.1596/978-1-4648-1602-4WorldBank. Acesso em: 2 nov. 2021.

RAMIÓ, Carles. *La Administración pública del futuro (Horizontes 2050)*. Instituciones, política, mercado y sociedade de la innovación. Madri: Editorial Tecnos, 2017.

REZENDE, José Francisco de Carvalho. *Balanced Scorecard e a gestão do Capital Intelectual*: alcançando a mensuração equilibrada na economia do conhecimento. 6. reimp. Rio de Janeiro: Elsevier, 2003.

RIBEIRO, Ricardo Lodi. Piketty e a reforma tributária igualitária no Brasil. *Revista de Finanças Públicas, Tributação e Desenvolvimento*. [S. l.], v. 3, n. 3, 2015. Disponível em: file:///C:/Users/MICRO/Downloads/15587-52017-2-PB%20(1).pdf. Acesso em: 8 nov. 2021.

ROCHA, Glauter; RAUEN, André. *Mais desoneração, mais inovação?* Uma avaliação da recente estratégia brasileira de intensificação dos incentivos fiscais a pesquisa e desenvolvimento. Texto para discussão. Brasília: Rio de Janeiro: Ipea, 2018, p. 16. Disponível em: http://repositorio.ipea.gov.br/bitstream/11058/8517/1/TD_2393.PDF. Acesso em: 15 nov. 2021.

ROCHA, Sônia. Os "novos" programas de transferências de renda: impactos possíveis sobre a desigualdade no Brasil. *In:* BARROS, Ricardo Paes de; FOGUEL, Miguel Nathan; ULYSSEA, Gabriel. (org.). *Desigualdade de renda no Brasil*: uma análise da queda recente. Brasília: Ipea, 2006. v. 2.

ROCHA, Sônia. Pobreza e transferência de renda. *In:* JOVCHELOVITCH, Marlova; WERTHEIN, Jorge (org.). *Pobreza e desigualdade no Brasil*: traçando caminhos para a inclusão social. Brasília: UNESCO, 2014.

ROSA JÚNIOR, Luiz Emygidio F. da. *Manual de Direito Financeiro & Direito Tributário:* Doutrina, Jurisprudência e Legislações Atualizadas. 20. ed. Rio de Janeiro: Renovar, 2007.

RUIZ, María Amparo Grau. *Sostenibilidad Global y actividad financeira*: los incentivos a la participación privada y su control. Navarra: Aranzadi, 2019.

SABBAG, Eduardo. *Manual de Direito Tributário*. 3. ed. São Paulo: Saraiva, 2011.

SÁINZ DE BUJANDA, F. *La contribución territorial urbana*: trayectoria histórica y problemas actuales. Consejos General de las Cámaras de Propriedad Urbana. Valencia, 1987.

SAKURAI, Ruudi; ZUCHI, Jederson Donizete. As revoluções industriais até a Indústria 4.0. *Revista Interface Tecnológica*, p. 480-491. Disponível em: https://revista.fatectq.edu.br/index.php/interfacetecnologica/article/download/386/335/2147. Acesso em: 10 jun. 2022. DOI: 10.31510/infa.v15i2.386

SALERNO, Mario Sergio. Políticas de Inovação no Brasil: desafios de formulação, financiamento e implantação. *In:* COUTINHO, Diogo R.; FOSS, Maria Carolina; MOUALLEM, Pedro Salomon B. *Inovação no Brasil*: avanços e desafios jurídicos e institucionais. São Paulo: Blucher, 2017.

SALM, Cláudio. Modernização industrial e a questão dos recursos humanos. *Economia e Sociedade*, Campinas, v. 1, n. 1, p. 111-133, ago. 1992. Disponível em: https://periodicos.sbu.unicamp.br/ojs/index.php/ecos/article/view/8643311/14360. Acesso em: 23 jul. 2022.

SÁNCHEZ BRAVO, Álvaro. Estrategia ambiental europea de recuperación pos-COVID: Plan Verde. *In:* SÁNCHEZ RUBIO, David; SÁNCHEZ BRAVO, Álvaro (ed.). *Temas de teoría y filosofía del derecho en contextos de pandemia.* Madrid: Dykinson, 2020

SÁNCHEZ BRAVO, Álvaro. Marco europeo para uma inteligencia artificial basada en las personas. *In:* SÁNCHEZ BRAVO, Álvaro. *Derecho, Inteligencia Artificial y Nuevos Entornos Digitales.* Sevilha/Espanha, 2020. ISBN: 978-84-18416-15-6.

SÁNCHEZ BRAVO, Álvaro. Prognosis Marxista sobre globalización y la crisis del estado: la necesidad de la revolución. *In:* SÁNCHEZ BRAVO, Álvaro; ARAUJO, Thiago Luiz Rigon de; MENUZZI, Jean Mauro. *Crise e transformações do estado*: apontamentos e perspectivas. Erechim: Deviant, 2018.

SANTOS, Graciele Mafalda dos. A (in)efetividade do controle democrático pela Administração Pública: uma abordagem a partir do caso do Conselho Estadual de Saúde do Rio Grande do Sul. 2010. 148 f. Dissertação (Mestrado em Direito) – UNISINOS, Programa de Pós-Graduação em Direito, São Leopoldo, 2010. Disponível em: http://www.repositorio.jesuita.org.br/bitstream/handle/UNISINOS/3264/inefetividade_controle.pdf?sequence=1&isAllowed=y. Acesso em: 05 out. 2021.

SARLET, Ingo Wolfgang. Direitos fundamentais sociais, mínimo existencial e direito privado. *Revista de Direito do Consumidor*, São Paulo, v. 16, n. 61, p. 90-125, jan./mar. 2007.

SARRO, Iván Gonzáles. *Políticas Públicas Neoliberais y desigualdade*: México, Estados Unidos, Francia y España. Instituto Universitario de Investigación en Estúdios Latinoamericanos – Univesidad de Alcalá: Madrid, 2019.

SCHMIDT, H. D. D. You cannot buy Innovation. *Asymco*, 30 enero 2012. Disponível em: http://www.asymco.com/2021/01/30/you-cannot-buy-innovation/?utm_source=feedburner&utm_medium-feed&utm_campaign-Feed%3A+Asymco-%about28asymco%29. Acesso em: 13 out. 2021.

SCHUMPETER, J. A. *Capitalismo, socialismo e democracia*. Rio de Janeiro: Ed. Unesp, 2017.

SCHUMPETER, J. Business Cycles: *A Theoretical, Historical and Statiscal Analysis of the Capitalist Process*. McGraw-Hill Book: New York, 1939.

SCHWAB, Klaus; DAVIS, Nicholas. *Aplicando a Quarta Revolução Industrial*. Tradução de Daniel Moreira Miranda. São Paulo: EDIPRO, 2018.

SECRETARIA DO TESOURO NACIONAL. Estimativa da Carga Tributária Bruta do Governo Geral. *Boletim*, 30 mar. 2021. Disponível em: https://sisweb.tesouro.gov.br/apex/f?p=2501:9::::9:P9_ID_PUBLICACAO:38233. Acesso em: 9 nov. 2021.

SECRETARIA DO TESOURO NACIONAL. Estimativa da Carga Tributária Bruta do Governo Geral. *Boletim*, abr. 2022. Disponível em: https://sisweb.tesouro.gov.br/apex/f?p=2501:9::::9:P9_ID_PUBLICACAO:43205. Acesso em: 26 jul. 2022.

SEN, Amartya. *A ideia de Justiça*. Rio de Janeiro: Companhia das Letras, 2011.

SEN, Amartya. *Nuevo examen de la desigualdad*. Madrid: Aianza Editorial, 1995.

SEN, Amartya. *The Ideal of Justice*. Cambridge (MA): The Belknap Press, 2009.

SERRANO ANTÓN, Fernando. *Medidas tributarias medioambientales*: la ecotasa de la Unión Europea. Derecho del Medio Ambiente y Administración local. Madrid: Diputació de Barcelona; Civitas, 1996.

SILVA, M. C. A. da; GASPARIN, J. L. *A Segunda Revolução Industrial e suas influências sobre a Educação Escolar Brasileira*. 2015. Disponível em: http://www.histedbr.fe.unicamp.br/acer_histedbr/seminario/seminario7/TRABALHOS/M/Marcia%20CA%20Silva%20e%20%20Joao%20L%20Gasparin2.pdf. Acesso em: 10 jun. 2022.

SILVA, Silvio Bitencourt da. *Orquestração de redes de inovação em* Living Labs *brasileiros para o desenvolvimento de inovações sociais*. 2015. 210 f. Tese (Doutorado em Administração) – Universidade do Vale do Rio dos Sinos, Programa de Pós-Graduação em Administração, São Leopoldo, 2015.

SILVEIRA, Fernando Gaiger; PASSOS, Luana; GUEDES, Dyeggo Rocha. Reforma tributária no Brasil: por onde começar? *Saúde Debate*, Rio de Janeiro, v. 42, n. especial 3, p. 212-225, nov. 2018. Disponível em: https://www.scielosp.org/article/sdeb/2018.v42nspe3/212-225/. Acesso em: 24 nov. 2021.

SIQUEIRA, Julio Pinheiro Faro Homem de. Mínimo existencial e o dever de pagar tributos, ou financiando os direitos fundamentais. *Constituição, Economia e Desenvolvimento: Revista da Academia Brasileira de Direito Constitucional*, Curitiba, n. 1, p. 111-133, ago./dez. 2009.

SIQUEIRA, Julio Pinheiro Faro Homem de. O critério da capacidade econômica na tributação. *Revista de Derecho de La Pontificia Universidad Católica de Valparaíso*, Valparaíso, n. 35, 2010. Disponível em: http://www.scielo.cl/scielo.php?pid=S0718-68512010000200012&script=sci_arttext. Acesso em: 9 abr. 2022.

SOARES, Matias Gonsales. A Quarta Revolução Industrial e seus possíveis efeitos no direito, economia e política. *Boletim Jurídico*, Uberaba/MG, a. 13, n. 1524. Disponível em: https://www.boletimjuridico.com.br/doutrina/artigo/4566/a-quarta-revolucao-industrial-seus-possiveis-efeitos-direito-economia-politica. Acesso em: 11 jun. 2022.

SOTELO, I. Globalización y crisis de Estado Social. *El País*. 21 dez. 1998.

SOUZA, Jorge Henrique de Oliveira Souza. *Tributação e meio ambiente*. Belo Horizonte: Del Rey, 2009.

SOUZA, Murilo. Projeto zera tributos incidentes sobre itens da cesta básica. Agência Câmara de Notícias: *Câmara dos Deputados*, 27 jan. 2021. Disponível em: https://www.camara.leg.br/noticias/722887-projeto-zera-tributos-incidentes-sobre-itens-da-cesta-basica/. Acesso em: 6 nov. 2021.

SOUZA, Pedro H. G. Ferreira de; OSORIO, Rafael Guerreiro; PAIVA, Luis Henrique; SOARES, Sergei. *Os efeitos do Programa Bolsa Família sobre a pobreza e a desigualdade*: um balanço dos primeiros quinze anos. Texto para discussão / Instituto de Pesquisa Econômica Aplicada. Brasília: Rio de Janeiro: Ipea, 1990.

SPAGNOL, Werther Botelho. *Curso de Direito Tributário*. Belo Horizonte: Del Rey, 2004.

STIGLITZ, Joseph E. *Capitalismo progressista*: la respuesta a la era del malestar. Tradución Jaime Collyer. Barcelona: Taurus, 2019.

STIGLITZ, Joseph E. *O preço da desigualdade*. Lisboa: Bertrand, 2013.

STIGLITZ, Joseph E; GREENWALD, B. C. *La creación de una Sociedad del Aprendizaje*. Madrid: La Esfera de Los Libros, 2016.

STREECK, Wolfgang. *Tempo comprado*: a crise adiada do capitalismo democrático. Lisboa: Conjuntura Actual, 2013.

SVEIBY, K. E. *Measuring intangibles and intelectual capital*: na emerging first standard. Suécia, 1988. Disponível em: www.sveiby.com.au/library. Acesso em: 19 jul. 2022.

TIPKE, Klaus. La ordenanza tributaria alemana de 1977. *Civitas*, REDF, Madrid, n. 14, 1977.

TIPKE, Klaus. *Moral tributaria del Estado y de los contribuyentes*. Madrid: Marcial Pons, 2002.

TOLENTINO FILHO, Pedro Delarue. Progressividade da tributação e justiça fiscal: algumas propostas para reduzir as inequidades do sistema tributário brasileiro. *In*: RIBEIRO, José Aparecido Carlos; LUCHIEZI JUNIOR, Álvaro; MENDONÇA, Sérgio Eduardo Arbulo. (org.). *Progressividade da tributação e folha de pagamento*: elementos para reflexão. Brasília: Ipea; Sindifisco Nacional, Dieese, 2011. Disponível em: http://www.

ipea.gov.br/agencia/images/stories/PDFs/livros/livros/livro_progressividade_tributacao.pdf. Acesso em: 9 nov. 2021.

TOURAINE, Alain. La globabalización como ideologia. *El país*, 29 set. 1996.

TRONCOSO, María Cecilia; REBOLLEDA, José María Gorosabel; HUETE, Joaquín Pérez. *IRPF, Patrimonio y sucesiones y donaciones*: fiscalidad práctica. Navarra: Editorial Aranzadi, 2018.

TRUYO, Antonio Cubero. *Los principales impuestos del Sistema Tributario*. Madrid: Tecnos, 2019.

UNGER, Roberto Mangabeira. *Economia do conhecimento*. Tradução de Leonardo Castro. São Paulo: Autonomia Literária, 2018.

UNIÃO EUROPEIA. Declaração Schuman, de maio de 1950. *Site oficial da União Europeia*. Disponível em: https://european-union.europa.eu/principles-countries-history/history-eu/1945-59/schuman-declaration-may-1950_pt. Acesso em: 12 jan. 2022.

VALLAS, S. P.; KLEINMAN, L.; BISCOTTI, D. Political Structures and the Making of US Biothecnology. Em BLOCK, F. L.; KELLER, M. R. (eds.). State of Innovation: The US Government's Role in Thecnology Development. Boulder/Colorado: Paradigm Publishers, 2009.

VICENTE-ARCHE DOMINGO, F. Apuntes sobre el instituto del tributo, con especial referencia al Derecho español. *Revista Española de Derecho Financiero*, Madrid, n. 7, Civitas, 1975.

VIEIRA, Flávio Vilela; VERÍSSIMO, Michele Polline. Crescimento econômico em economias emergentes selecionadas: Brasil, Rússia, Índia, China (BRIC) e África do Sul. *Economia e Sociedade*, Campinas, v. 18, n. 3 (37), p. 513-546, dez. 2009. Disponível em: https://www.scielo.br/j/ecos/a/ccGn4DV48xvBxhzTQ8WJ6tN/?lang=pt. Acesso em: 26 out. 2021.

WESTIN, Ricardo. Porque a fórmula de cobrança de impostos do Brasil piora a desigualdade social. *Agência Senado*. 28 maio 2021. Disponível em: https://www12.senado.leg.br/noticias/infomaterias/2021/05/por-que-a-formula-de-cobranca-de-impostos-do-brasil-piora-a-desigualdade-social. Acesso em: 6 nov. 2021.

WOLFF, Jonathan. Social equality and social inequality. *In*: FOURIE, C.; SCHUPPERT, F.; WALLIMANN-HELMER, I. (eds.). *Social Equality*: Essays on what it means to be Equals. Oxford: Oxford University Press, 2015.

WOLFFENBÜTTEL, Andréa. O que é – Índice de Gini. *Revista Desafios do Desenvolvimento*, ano 1, ed. 4, 2004. Disponível em: http://www.ipea.gov.br/desafios/index.php?option=com_content&id=2048:catid=28&Itemid=23. Acesso em: 25 mar. 2022.

WORLD ECONOMIC FORUM. Deep Shift: Technology Tipping Points and Societal Impact. *Survey Report*, September, 2015. Disponível em: http://www3.weforum.org/docs/WEF_GAC15_Technological_Tipping_Points_report_2015.pdf . Acesso em: 27 jul. 2022.

YAZAGUIRRE, Vicente Enciso. *Análisis dinâmico, comparativo y estructural del comportamiento del impuesto sobre el patrimônio neto em España*. Madrid: Instituto de Estudos Fiscales, 2004.

YEBRA MARTUL-ORTEGA, P. *Comentarios sobre un precepto olvidado*: el artículo cuarto de la Ley General Tributaria. Hacienda Pública Española, n. 32, 1975.

ZUAZO, Natalia. Los dueños de internet. *In:* STANCANELLI, Pablo. *El atlas de la revolución digital*: del sueño libertário al capitalismo de vigilancia. Madrid: Clave Intelectual, 2020.

ZUBOFF, Shoshana. *La era del capitalismo de la vigilancia*: la lucha por um futuro humano frente a las nuevas fronteras del poder. Tradución de Albino Santos Mosquera. Barcelona: Planeta (Paidós), 2020.